SÉQUENCES

Intermediate French through Film

SÉQUENCES

Intermediate French through Film

Third Edition

Michèle Bissière
University of North Carolina at Charlotte

Nathalie Degroult
Siena College (New York)

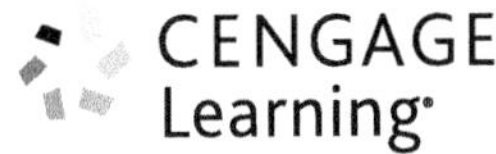

Australia • Brazil • Canada • Mexico • Singapore • United Kingdom • United States

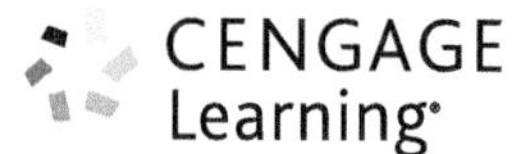

Séquences: Intermediate French Through Film, Third Edition
Michèle Bissière | Nathalie Degroult

Product Director: Beth Kramer

Senior Product Manager: Martine Edwards

Managing Developer: Katie Wade

Senior Content Developer: Isabelle Alouane

Senior Content Project Manager: Esther Marshall

Product Assistant: Jacob Schott

Associate Content Developer: Daniel Cruse

Managing Media Developer: Patrick Brand

Senior Print Buyer: Betsy Donaghey

Senior Art Director: Linda Jurras

Intellectual Property Analyst: Jessica Elias

Intellectual Property Project Manager: Farah Fard

Production Service: Lumina Datamatics, Inc.

Cover designer: Roycroft Design

Cover image credit:
© Hal Bergman/E.+/Getty Images

Compositor: Lumina Datamatics, Inc.

Library of Congress Control Number: 2014941928

Student Edition ISBN 13: 978-1-305-10563-8

ISBN 13: 978-1-305-38753-9

Cengage Learning
20 Channel Center Street
Boston, MA 02210
USA

Printed at CLDPC, USA, 11-22

TABLE DES MATIÈRES

TO THE STUDENT

Welcome to the third edition of *Séquences*! A *séquence,* or sequence in English, is a succession of related shots or scenes developing a single subject or portion of a film story. *Séquences* was chosen as the title of this textbook because it is organized around the study of nine subtitled French and Francophone films. You will analyze the opening sequence of each movie as an introduction to each film. With *Séquences,* you will continue to learn to understand, speak, read, and write French, but you will do so while discussing interesting topics raised by the films.

The benefits of learning language with film are many. Thanks to the films, you will experience language and culture from within and develop a deeper understanding of other people's worldviews and ways of life. You will hear French as it is really spoken in different parts of the French-speaking world. You will remember some vocabulary as you memorize your favorite lines from each movie. Film will even help you understand grammar better: deciding when to use the **passé composé** and the **imparfait,** for example, is much easier when you need to describe a visual scene that is fresh in your memory. Movies also create a congenial class atmosphere and provide a common background that your instructor will use to make connections across chapters or to reinforce language skills. Finally, studying French with several films will increase your curiosity about the Francophone world and encourage you to discover more—by watching other films, attending film screenings on and off campus, or even visiting some of the places featured in the movies.

The addition of such a strong cultural component to the intermediate program requires some openness on your part, and your cooperation is essential to ensure your progress and the success of the class.

- You will need to watch each film at least once, either on your own, in class, or at a group screening organized by your instructor. Since many activities in *Séquences* are based on the film, it is very important that you view the film before the second section of each chapter, **Les mots pour le dire.** Make sure you take notes so you can remember the main elements of the plot and your reactions to certain scenes.

  The films for chapters 1–8 can be rented from local video stores or libraries or purchased at a reasonable price from a U.S. or Canadian distributor, including Amazon.com and Facets Multimedia (www.Facets.org). As of April 2014, *Monsieur Lazhar, Le Placard,* and *Intouchables* were also available for streaming on Netflix and Amazon Instant Video. *Tableau Ferraille* is available for instant viewing at **http://cinema.tv5monde.com.**

- You will also be expected to study formal grammar explanations on your own. The grammar program at the intermediate level is an in-depth presentation of new material and a review of the points you studied in your elementary courses. To facilitate your independent review of the material, the grammar explanations that appear at the end of each chapter are in English, and they are followed by self-corrected **Application immédiate** exercises. After reviewing the rules and testing yourself to ensure that you have understood them, you will be directed to the ***Cahier*** to practice grammar in contextualized exercises related to the film. Using the answer key, you can correct many of the ***Cahier*** activities yourself; your instructor will review the open-ended ones in class. Make sure to write down questions as you complete your assignments so you can play an active role in class.

- Finally, you will review concepts introduced in the film and the textbook and prepare for class by doing homework in the ***Cahier.*** In **Les mots pour le dire,** you will practice the vocabulary for the chapter. **Préparation à la discussion** will help you recall the film and describe the plot using the new vocabulary and grammar. In **Pour aller plus loin,** you will prepare for analyzing and discussing themes in more depth and expressing your opinions. **Préparation à la lecture** includes language- and culture-based activities to orient you to the authentic reading you will do in class. In **Préparation à l'écriture,** you will synthesize everything you've learned and follow step-by-step prompts to complete a solid piece of writing on varied and stimulating topics related to the themes of the film and/or readings. The book is organized with clear annotations and homework directions throughout to help you navigate the different components of the course.

Preparing for class, completing your assignments listed in the **Avant le prochain cours** sections, and being open to new films will enable you to spend class time on activities that are essential to learning a language. The preparation work will give you the tools and the confidence you need to discuss interesting issues and to express yourself creatively. Be prepared for a course that is stimulating and fun at the same time. **Bonne projection!**

Supplements

Audio program

The Audio Program, available on the *Séquences* website (**www.cengagebrain.com**) contains the audio input for in-text and workbook listening activities, which include cultural and plot-based passages, recordings from the films for the **Le français parlé** activities, dictations, and pronunciation exercises.

Website

The *Séquences* website (**www.cengagebrain.com**) contains the complete Audio Program as well as supplementary cultural and language activities related to the grammar, vocabulary, film content, and chapter themes. It also features opportunities for you to explore related films through links to sites worldwide. The *Séquences* web activities are carefully correlated with the text and workbook to provide you with challenging, interactive exercises designed to enhance your reading and writing skills and expand your cultural knowledge. On the website, you can

- consult reference material designed specifically for *Séquences*
- read and review authentic cultural sites, such as film critiques, film festivals, and literary sites
- discover vocabulary flash cards containing words and phrases

ACKNOWLEDGMENTS

We wish to thank the following reviewers for their thoughtful comments and suggestions:

Ali Alalou	*University of Delaware*
Sarah Barbour	*Wake Forest University*
Lynne Barnes	*Colorado State University*
Anne-Sophie Blank	*University of Missouri – St. Louis*
Sylvie Blum-Reid	*University of Florida*
Joan Debrah	*University of Hawaii*
Laura Dennis-Bay	*Cumberland College*
Margaret Dempster	*Northwestern University*
Mary Ellen Eckhart	*East Los Angeles College*
Tama Engelking	*Cleveland State University*
Betty Facer	*Old Dominion University*
Margaret Flinn	*University of Illinois at Urbana-Champaign*
Sarah Gendron	*Marquette University*
Elizabeth Guthrie	*University of California, Irvine*
Cecile Hanania	*Western Washington University*
Ruth Hottell	*University of Toledo*
Amy Hubbell	*Kansas State University*
Stacey Katz Bourns	*Harvard University*
Molly Robinson Kelly	*Lewis and Clark College*
Katherine Kurk	*Northern Kentucky University*
Michael Lastinger	*West Virginia University*
Scott Lerner	*Franklin & Marshall*
Marc Lony	*Loyola Marymount University*
Catherine Monfort	*Santa Clara University*
Kathryn Murphy-Judy	*Virginia Commonwealth University*
Rebecca Pauly	*West Chester University*
Scooter Pegram	*Indiana University Northwest*
Jeff Persels	*University of South Carolina*
Anna Rocca	*Pace University*
Isabel Roche	*Bennington College*
Michelle Scatton-Tessier	*University of North Carolina at Wilmington*
Timothy Scheie	*University of Rochester*
Sandrine Teixidor	*Randolph-Macon College*
Catherine Theobald	*College of Staten Island*
Brian Thompson	*University of Massachusetts – Boston*

San San Hnin Tun	*Cornell University*
Joan West	*University of Idaho*
Catherine Wiebe	*University of Oregon*
Lawrence Williams	*University of North Texas*
Wynne Wong	*Ohio State University*
Wendy Carson Yoder	*University of Louisville*

Michèle Bissière and Nathalie Degroult wish to express their deep gratitude to Martine Edwards, Isabelle Alouane, Esther Marshall, and Daniel Cruse at Cengage Learning. It was a true pleasure working closely with Isabelle Alouane, Senior Content Developer, who provided steady direction and encouragement. Thank you also to Kelle S. Truby of University of California—Riverside, whose work on the first edition of the ***Cahier*** continues to inspire the subsequent editions, and to Elizabeth Knutson of the United States Naval Academy for her wonderful additions to the third edition of the ***Cahier***.

Both authors would like to recognize their students and colleagues at the University of North Carolina at Charlotte and Siena College. Their students' enthusiasm for learning French through film is a constant source of inspiration. Michèle extends a special thank you to her department for continuing to provide the opportunity to teach film-based courses at different levels. Nathalie would like to express her heartfelt gratitude to Michèle for inviting her to work on the third edition of *Séquences*. She also wants to give special thanks to Father Kevin Mullen (President of Siena College), Linda Richardson (VPAA of Siena College), Janet Shideler (former Dean of Liberal Arts), Michael Sham (Chair of Modern Languages and Classics), and colleagues from her Department, especially Carolyn Malloy-Madrid, who have provided her with the necessary time and support to work on this project.

Finally, the authors wish to acknowledge their families. Michèle is very grateful to her daughters Carin, Audrey, and Léa for their continued support. Nathalie thanks her husband, Adam, for his patience and moral support, and their children, Salomé, Shaina, and Noah for their love and encouragement.

France
MER DU NORD
Pays-Bas
Allemagne
Angleterre
Belgique
Dunkerque
Calais
NORD-PAS-DE-CALAIS
Lille
Valenciennes
LA MANCHE
Luxembourg
Cherbourg
HAUTE-NORMANDIE
Amiens
Le Havre
Rouen
PICARDIE
Reims
Meuse
Metz
Rhin
Caen
Seine
LORRAINE
ALSACE
BASSE-NORMANDIE
Paris
CHAMPAGNE-ARDENNE
Nancy
Strasbourg
Saint-Malo
Versailles
VOSGES
Brest
ÎLE-DE-FRANCE
Fougères
Troyes
Moselle
BRETAGNE
Rennes
Le Mans
Orléans
Seine
Mulhouse
PAYS DE LA LOIRE
Saône
Angers
Blois
Chambord
BOURGOGNE
St-Nazaire
Loire
Tours
Dijon
Besançon
Chenonceaux
Nantes
Chinon
Azay-le-Rideau
Bourges
Chalon-sur-Saône
FRANCHE-COMTÉ
Suisse
Nevers
JURA
CENTRE
Loire
Poitiers
Vichy
La Rochelle
LIMOUSIN
Clermont-Ferrand
Annecy
OCÉAN
POITOU-CHARENTES
Limoges
Rhône
Lyon
Saint-Étienne
RHÔNE-ALPES
Italie
ATLANTIQUE
Grenoble
Périgueux
AUVERGNE
ALPES
Bordeaux
MASSIF CENTRAL
Rhône
PROVENCE-ALPES-CÔTE-D'AZUR
Rodez
AQUITAINE
Garonne
Avignon
Monte-Carlo
MIDI-PYRÉNÉES
Nîmes
Tarascon
Grasse
Monaco
Montpellier
Biarritz
Aix-en-Provence
Toulouse
Bayonne
Béziers
Nice
Pau
Toulon
Marseille
Carcassonne
Narbonne
Cannes
PYRÉNÉES
LANGUEDOC-ROUSSILLON
MER MÉDITERRANÉE
Perpignan
Espagne
Andorre
CORSE
0
75 km
Ajaccio

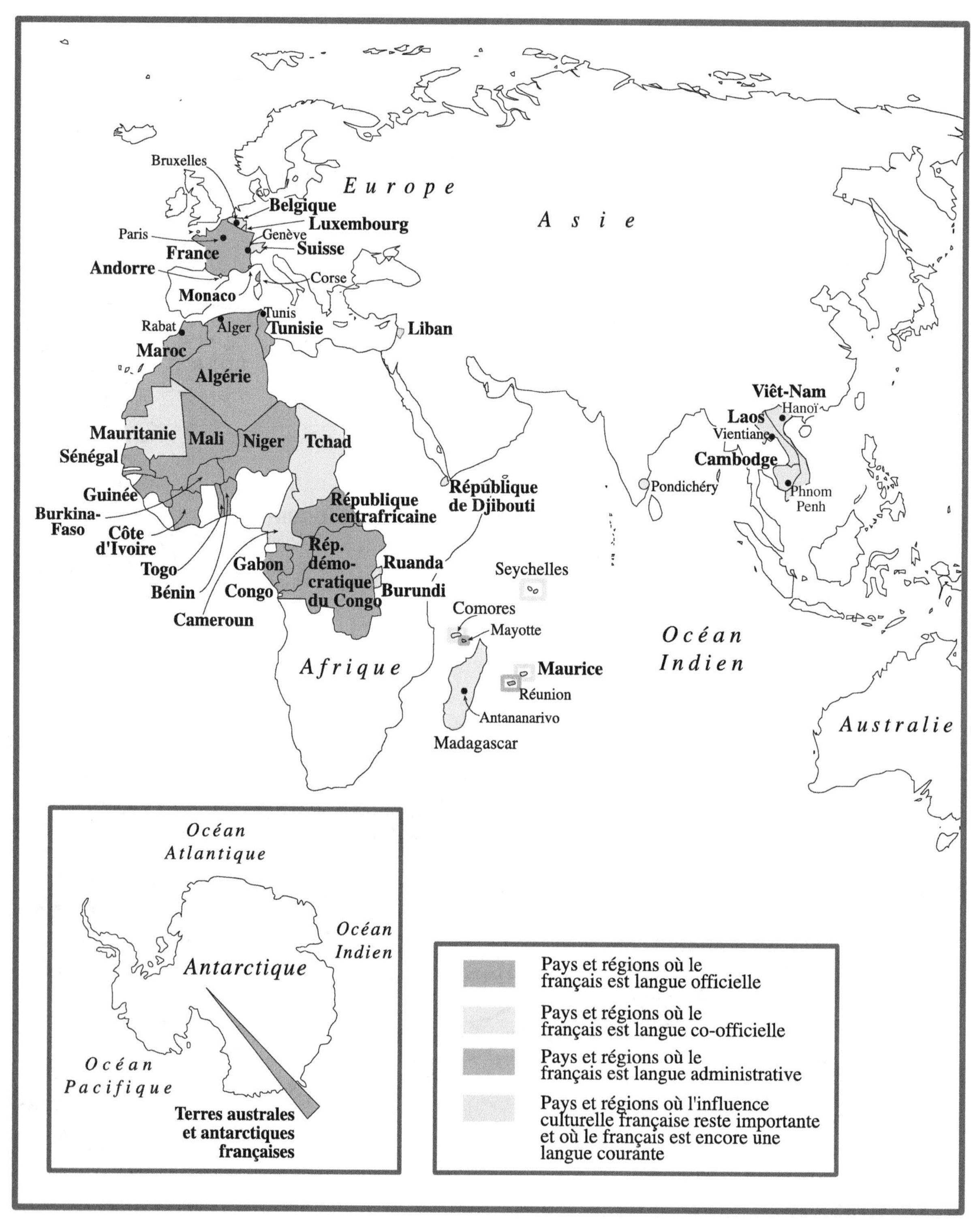

Europe
Asie
Bruxelles
Belgique
Luxembourg
Paris
Genève
France
Suisse
Andorre
Corse
Monaco
Tunis
Rabat
Alger
Tunisie
Liban
Maroc
Algérie
Viêt-Nam
Hanoï
Laos
Vientiane
Mauritanie
Mali
Niger
Tchad
Sénégal
Cambodge
Guinée
République de Djibouti
Pondichéry
Phnom Penh
Burkina-Faso
Côte d'Ivoire
République centrafricaine
Togo
Bénin
Gabon
Congo
Rép. démo-cratique du Congo
Ruanda
Burundi
Cameroun
Seychelles
Comores
Mayotte
Océan Indien
Afrique
Maurice
Réunion
Antananarivo
Madagascar
Australie
Océan Atlantique
Océan Indien
Antarctique
Océan Pacifique
Terres australes et antarctiques françaises
Pays et régions où le français est langue officielle
Pays et régions où le français est langue co-officielle
Pays et régions où le français est langue administrative
Pays et régions où l'influence culturelle française reste importante et où le français est encore une langue courante

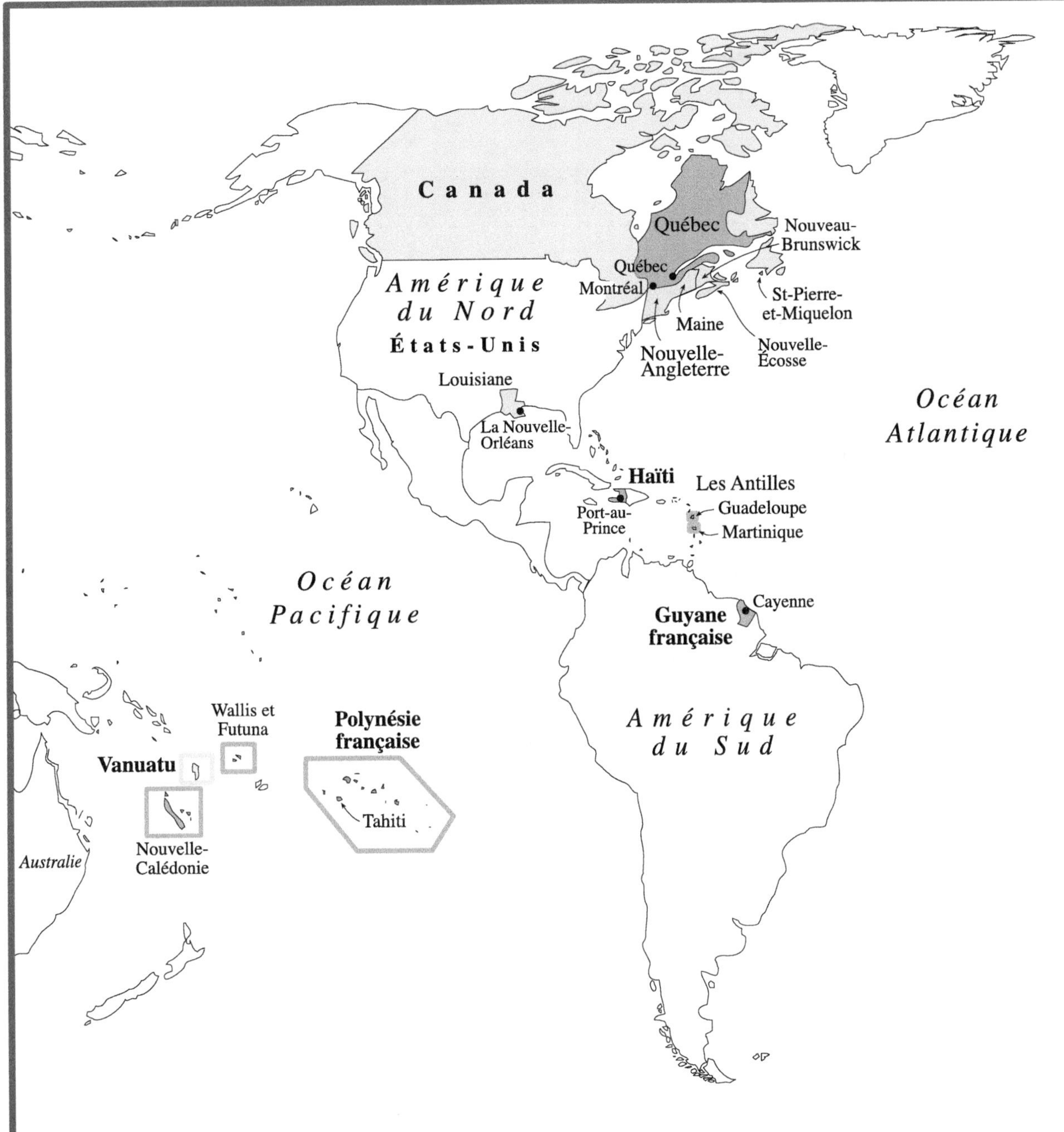
Canada
Québec
Nouveau-Brunswick
Québec
Montréal
St-Pierre-et-Miquelon
Maine
Nouvelle-Écosse
Nouvelle-Angleterre
Amérique du Nord
États-Unis
Louisiane
La Nouvelle-Orléans
Océan Atlantique
Haïti
Les Antilles
Guadeloupe
Martinique
Port-au-Prince
Océan Pacifique
Cayenne
Guyane française
Amérique du Sud
Wallis et Futuna
Polynésie française
Vanuatu
Tahiti
Nouvelle-Calédonie
Australie

Le monde francophone

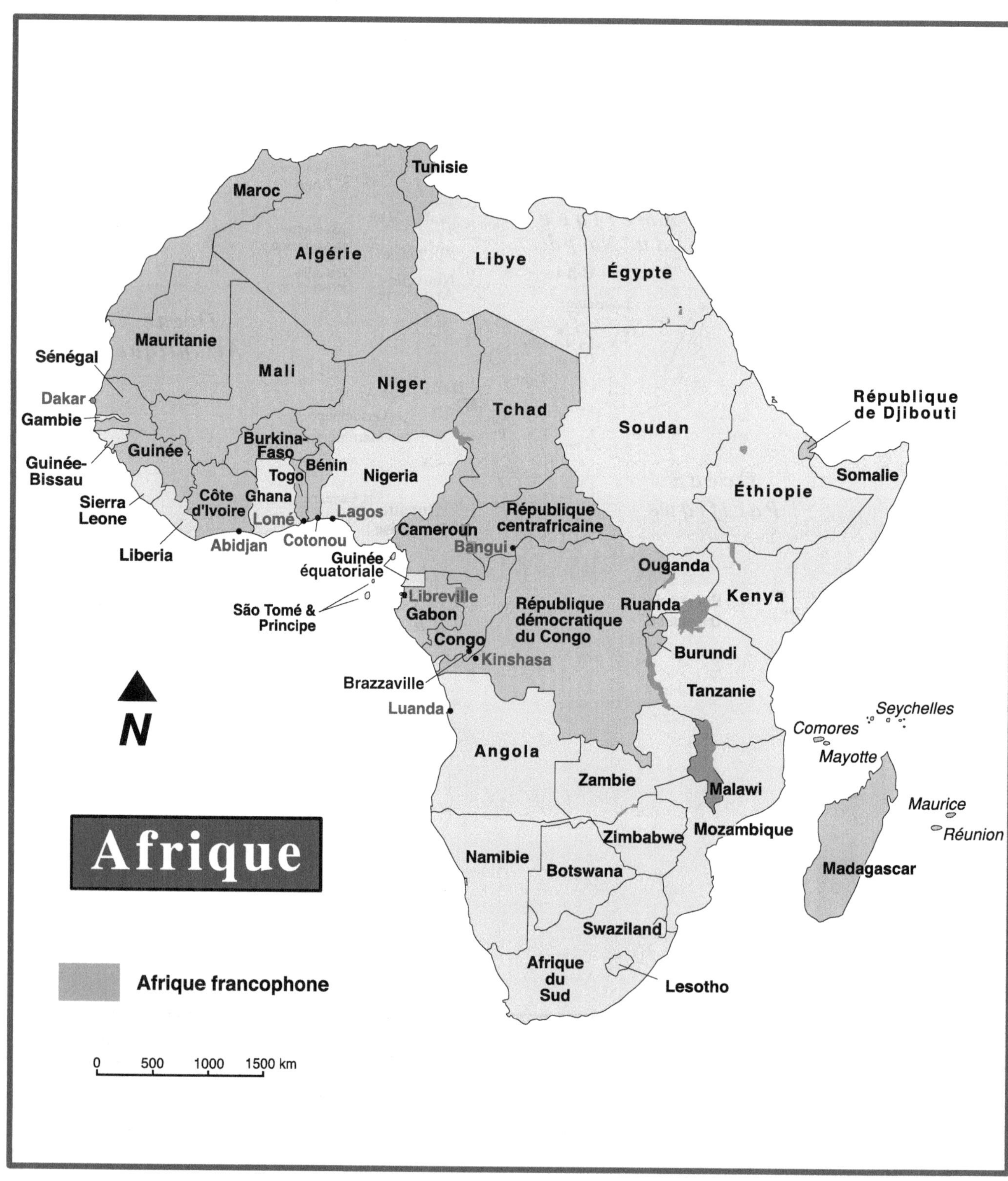
Tunisie
Maroc
Algérie
Libye
Égypte
Mauritanie
Sénégal
Mali
Niger
Tchad
Dakar
Gambie
Soudan
République de Djibouti
Burkina-Faso
Guinée
Guinée-Bissau
Togo
Bénin
Nigeria
Somalie
Éthiopie
Sierra Leone
Côte d'Ivoire
Ghana
Lomé
Lagos
Cameroun
République centrafricaine
Liberia
Abidjan
Cotonou
Bangui
Guinée équatoriale
Ouganda
Kenya
Libreville
São Tomé & Principe
Gabon
République démocratique du Congo
Ruanda
Burundi
Congo
Kinshasa
Brazzaville
Tanzanie
Luanda
Seychelles
Comores
Mayotte
N
Angola
Zambie
Malawi
Maurice
Réunion
Afrique
Zimbabwe
Mozambique
Namibie
Botswana
Madagascar
Swaziland
Afrique francophone
Afrique du Sud
Lesotho
0 500 1000 1500 km

Chapitre P

PRÉLIMINAIRE

Bernd Tschakert/Alamy

In this chapter, you will learn about the importance of cinema in French culture and acquire essential vocabulary for talking about film. You will also get a preview of the films of *Séquences* and become familiar with the textbook.

A. Discussion

1. Quand vous sortez pour voir des films, quel type de salle préférez-vous? L'amphithéâtre de votre université? Un multiplexe (un grand cinéma où il y a beaucoup de salles)? Un cinéma de quartier (un petit cinéma avec quelques salles)? Une salle d'art et d'essai (un cinéma où on montre des films indépendants, des films classiques et des films étrangers)?
2. Comment décidez-vous quel film vous allez voir? Classez les phrases suivantes de la plus à la moins pertinente, en les numérotant de 1 à 5.

   ___ Je vais voir les films qui sont recommandés par les critiques de cinéma.

   ___ Je suis les recommandations de mes amis.

   ___ Je choisis un film si j'aime la bande-annonce (*trailer*).

   ___ J'aime un cinéma/une salle en particulier, alors je vais voir tous les films qui passent dans ce cinéma/cette salle.

   ___ Je me limite à un genre de film spécifique.

3. Quels films français et francophones avez-vous vus? Les avez-vous vus en version originale (VO) avec des sous-titres ou en version doublée? Lesquels avez-vous aimés? Lesquels vous ont laissé(e) indifférent(e)? Lesquels n'avez-vous pas du tout aimés? Pourquoi?

B. Les Français et le cinéma

Que savez-vous sur la place du cinéma français et international dans la vie culturelle en France? Vous trouverez des informations à ce sujet dans le texte suivant, extrait du livre *Le Cinéma français aujourd'hui*.

La Sortie des Usines, a silent, one-minute film released on December 28, 1895, is considered the first film ever made. French photographers Auguste and Louis Lumière made this film to showcase a machine they had invented, called **le cinématographe** (the predecessor of the movie camera). The subject of this landmark film is workers leaving the Lumière factory in Lyon.

Time Life Pictures/Getty Images

Auguste Lumière (1862–1954) et Louis Lumière (1864–1948)

1. Préparation

1. À quels mots les mots suivants sont-ils apparentés? Devinez (*Guess*) leur signification en fonction de leurs racines (*roots*) et du contexte.

   Exemple: **changement (ligne 8)**
   Mot apparenté: ***changer***
   Signification: ***change***

   a. devance (ligne 15)
   Mot apparenté: _______ Signification: _______
   b. reconnaissance (ligne 52)
   Mot apparenté: _______ Signification: _______

2. Trouvez un synonyme pour les mots suivants à partir du contexte.
   a. se rendre (ligne 2)
   b. au même titre que (ligne 50)
   c. adhérents (ligne 58)
   d. comprennent (lignes 72–73)

Quand les Français vont au cinéma

« Un amusement de foire° », telle fut la conclusion° après la première projection en 1895 du film « La Sortie des Usines » selon le procédé « cinématographe » des fameux frères Lumière… Et pourtant cet amusement de foire a conquis la terre entière…

Un loisir…

Aujourd'hui, les Français ne sont plus que 120 millions à se rendre dans une salle de cinéma; ils étaient 400 millions dans les années 1950 et sont restés jusqu'au début des années 1980 quelque 200 millions à fréquenter les salles obscures.

Malgré ce changement [dû à l'impact de la télévision, puis des cassettes vidéos et des DVD], le cinéma reste le loisir le plus fréquent: un Français sur deux de plus de quinze ans y va au moins une fois par an, et près d'un tiers d'entre eux sont des spectateurs réguliers.

Le cinéma devance encore toutes les autres activités de loisirs: fête foraine°, visite de musées ou monuments historiques, matchs sportifs, expositions, théâtre, concerts de rock ou de jazz, spectacles de danse ou d'opéra.

Quand ils vont au cinéma, les Français vont voir d'abord des films comiques (57 %), des films d'aventures (49 %), des policiers (46 %), des films historiques (40 %), puis des histoires d'amour (29 %), des dessins animés (18 %), des films de science-fiction (18 %), des comédies musicales (16 %), des films politiques (14 %), enfin des films d'épouvante° (12 %).

… Et si pendant longtemps ils ont préféré les films français, ils trouvent aujourd'hui les films américains plus attractifs (55 % des entrées contre 35 % pour les films français).

Une pratique culturelle

… En 1993, la négociation commerciale du GATT souhaite traiter les films comme n'importe quel autre° produit et les soumettre à la loi de la concurrence°; cinéastes européens, cinéphiles, intellectuels refusent cette idée et se mobilisent au nom de la culture pour défendre le cinéma en tant qu'art…

En France, autant qu'un divertissement°, le cinéma est un art, le Septième art. Presse, radio, télévision, relations sociales ou amicales, on parle partout de cinéma. Et un film est un objet d'analyse, de débat, de critique et de conversation au même titre qu'un livre ou une pièce de théâtre.

Cette reconnaissance culturelle s'explique par le rôle pédagogique essentiel que les ciné-clubs ont joué dans la formation° des spectateurs depuis 1945: il existe actuellement° en France 11.000 ciné-clubs qui regroupent plus d'un million d'adhérents; par ailleurs, 770 salles classées « Art et Essai » ont pour objectif de faire connaître des films d'auteurs du monde entier. Paris est une fête pour les cinéphiles: il n'est pas rare de pouvoir voir la même semaine, en version originale, des films de 40 nationalités différentes.

…

L'école et l'université ont aussi joué un rôle dans la reconnaissance culturelle du cinéma: il existe une épreuve° de cinéma pour le baccalauréat°, on peut préparer une licence° de cinéma à l'université, et certains concours° nationaux comprennent une épreuve de cinéma.

→

L'exception culturelle

In France, films are considered commercial products, but more importantly, works of art. French cultural policy includes support of its film industry through various subsidies, including advances on earnings given to directors on the basis of the artistic merit of their projects. This aid is financed in part by a tax on cinema tickets. This became a major stumbling block during the GATT (General Agreement on Tariffs and Trade) negotiations of 1993–1994, which attempted to extend free-trade agreements to intellectual property. The French government fought ferociously to exempt the film industry from the agreements and won a "cultural exception." They were backed by European actors, directors, and intellectuals, who wanted to protect the European film industry.

une foire: *amusement fair*
telle fut la conclusion: *was the general opinion*
une fête foraine: *fair*
des films (m) d'épouvante: *horror films*
n'importe quel autre: *any other*
la concurrence: *competition*
un divertissement: un loisir, un amusement
la formation: l'éducation
actuellement: *presently*
une épreuve: un examen
le baccalauréat: *the comprehensive exam taken at the end of high school*
une licence: *a bachelor's degree*
un concours: *competitive exam*

Jacques Pécheur, *Le cinéma français aujourd'hui*

Enfin, les Festivals sont une des manifestations les plus spectaculaires du rôle culturel du cinéma. On n'en compte pas moins de 40, consacrés à des thèmes (jeune cinéma, cinéma des régions, cinéma des femmes), à des genres (comédie, policier, documentaire, court métrage°, dessins animés), à des pays (américain, italien, arabe, britannique, méditerranéen…), à de grands réalisateurs, au patrimoine° (Ciné mémoire); le plus important reste bien sûr le Festival de Cannes. Créée en 1946, la première manifestation mondiale du cinéma rassemble chaque année plus de 40.000 participants, 4.000 journalistes, 3.000 professionnels et permet d'assister à la projection d'environ 500 films dont° une vingtaine en compétition. Rendez-vous des amoureux du cinéma, des principaux acteurs du marché du film, Cannes est ce « miracle de l'art et de l'argent » toujours recommencé.

un court métrage: *short film*
le patrimoine: héritage culturel
dont: *including*

The International Cannes Film Festival, which began in 1946, is one of the most prestigious film festivals in the world. For about two weeks each May, it draws thousands of actors, directors, critics, film lovers, and journalists to Cannes, a resort town on the French Riviera. A limited number of films, selected among thousands of entries, participate in the official "Competition" in several categories, and others are shown "Out of Competition." The most prestigious award is the **Palme d'Or** (*Golden Palm*) for the best feature film.

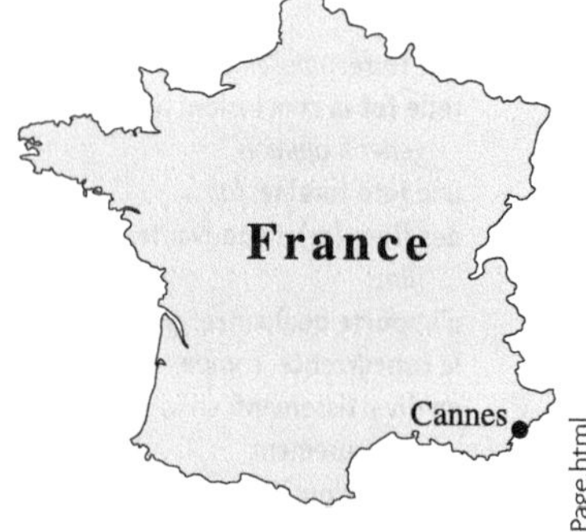

Le Palmarès des 10 derniers Festivals de Cannes

2013	**LA VIE D'ADÈLE** [Adele's Life] d'Abdellatif Kechiche [Tunisie/ France]
2012	**AMOUR** [Love] de Michael HANEKE [Autriche]
2011	**THE TREE OF LIFE** (L'ARBRE DE LA VIE) de Terrence Malick [États-Unis]
2010	**LOONG BOONMEE RALEUK CHAT** (ONCLE BOONMEE CELUI QUI SE SOUVIENT DE SES VIES ANTÉRIEURES) [Uncle Boonmee Who Can Recall His Past Lives] de Apichatpong WEERASETHAKUL [Thaïlande]
2009	**DAS WEIßE BAND** (LE RUBAN BLANC) [The White Ribbon] de Michael HANEKE [Autriche]
2008	**ENTRE LES MURS** [The Class] de Laurent CANTET [France]
2007	**4 LUNI, 3 SAPTAMANI SI 2 ZILE** (4 MOIS, 3 SEMAINES ET 2 JOURS) [4 Months, 3 Weeks and 2 Days] de Cristian MUNGIU [Roumanie]
2006	**THE WIND THAT SHAKES THE BARLEY** (LE VENT SE LÈVE) de Ken LOACH [Royaume-Uni]
2005	**L'ENFANT** [The Child] de Jean-Pierre et Luc DARDENNE [Belgique]
2004	**FAHRENHEIT 9/11** de Michael MOORE [États-Unis]

Adapté de http://www.festival-cannes.com/fr/archivesPage.html

Le Festival de Cannes

2. Compréhension

1. À quoi est-ce qu'on a comparé le cinéma quand les frères Lumière ont projeté le premier film en 1895?
2. Le cinéma a deux fonctions dans la vie des Français. Lesquelles?
3. Quelle est la place du cinéma dans les loisirs des Français?
4. Quels lieux, institutions et manifestations ont joué un rôle dans la reconnaissance culturelle du cinéma en France?
5. Quel est le rôle du Festival de Cannes?
6. Citez des exemples du texte (notez les lignes) qui montrent que les Français s'intéressent au cinéma du monde entier.

How to Answer Questions about the Reading

Avoid general answers by referring to specifics in the passage. Note line numbers in your answers so you can refer your classmates to the words you are citing and speak concretely about French movie-viewing history and habits.

3. Réactions

1. Comment est-ce que les goûts des spectateurs français et américains se ressemblent? Basez votre réponse sur les types de films que les Français apprécient.
2. Pourquoi allez-vous au cinéma? Est-ce que vous considérez plutôt les films comme des divertissements ou comme des œuvres d'art? De quoi discutez-vous avec vos amis après avoir vu un film ensemble?
3. Quels commentaires vous inspire la note sur « l'exception culturelle », page 3?
4. Avez-vous vu quelques-uns des films qui ont reçu la Palme d'Or à Cannes? (Regardez la liste page 4.) Si oui, comment décririez-vous ces films?

4. Questions de langue

1. Quelle expression est utilisée pour parler… ?
   a. des salles de cinéma (section « Un loisir », paragraphe 1)
   b. du cinéma, comme activité ou institution (section « Une pratique culturelle », paragraphe 2)
2. Comment peut-on traduire les deux versions du mot « manifestation » dans le dernier paragraphe du texte (lignes 74–75 et 88)?
3. Dans les trois derniers paragraphes (lignes 52–97), faites attention aux verbes au présent.
   a. Soulignez les verbes en -**er** qui sont au présent.
   b. Trouvez une forme du présent des verbes **avoir, être** et **pouvoir.**
   c. Trouvez deux verbes en -**re** qui sont au présent.
4. Complétez chaque blanc avec le verbe qui convient. Aidez-vous des lignes 1 à 7 du texte et faites attention à la structure des phrases pour trouver le bon verbe.

   aller   assister   fréquenter   se rendre

   a. On _______ une salle de cinéma.
   b. On _______ à une projection/un concert/une pièce de théâtre.
   c. On _______ au cinéma ou on _______ au cinéma.

Paris is divided into twenty districts called **arrondissements.** The movie theaters UGC Montparnasse and MK2 Parnasse are located on the Left Bank, south of the sixth **arrondissement** and near the fourteenth, in an area called **le quartier Montparnasse.** In the first half of the twentieth century the area was home to many artists and intellectuals from around the world, like Hemingway, Picasso, Chagall, Giacometti, Jean-Paul Sartre, and Simone de Beauvoir. Nowadays the **quartier Montparnasse** still has a vibrant cultural life, with many cinemas, theaters, art galleries, cafés, and restaurants. It is well-known for the **tour Montparnasse,** the only skyscraper in the city of Paris.

C. Une soirée au cinéma

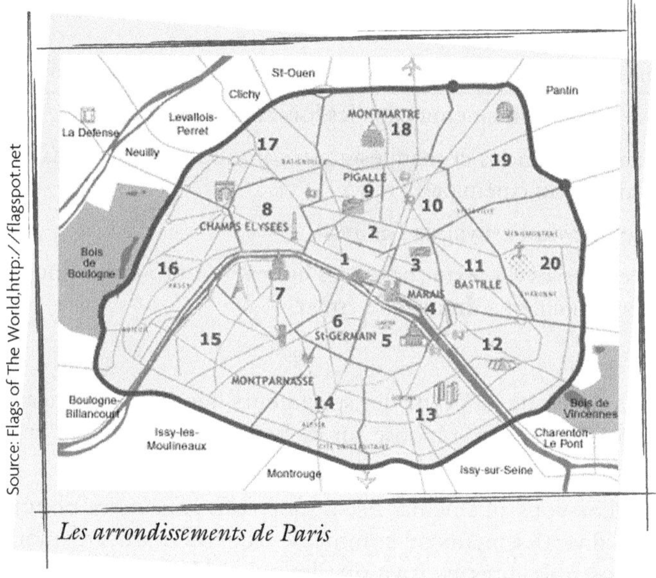

Les arrondissements de Paris

Refer to **Le genre des films** in the **Liste de vocabulaire** to complete this section.

1. Les films à l'affiche

Regardez la liste des films qui sont à l'affiche dans deux cinémas de la capitale, puis répondez aux questions.

1. Quels sont la nationalité et le genre des films qui sont à l'affiche au cinéma UGC?
2. Quel type de cinéma est le MK2 Parnasse? Comparez les films qu'on y montre à ceux qui passent à l'UGC Montparnasse.
3. Pourquoi est-ce que les films *Rango* et *Rio* apparaissent deux fois sur la liste des films du cinéma UGC Montparnasse?
4. Renseignez-vous sur le prix des places au MK2 Parnasse.
   a. Combien coûte un billet à tarif normal?
   b. Qui peut obtenir un tarif réduit?
   c. Quand est-ce que les demandeurs d'emploi et les seniors bénéficient d'une réduction?
   d. Qu'est-ce que les gens qui adorent le cinéma peuvent faire pour payer moins cher?
5. Comment est-ce que les films projetés dans ces deux cinémas confirment ce que vous avez appris dans le texte « Quand les Français vont au cinéma »?
6. Comparez les films qui passent dans ces deux cinémas à ceux qui passent dans un cinéma américain typique.

LES SALLES

MK2 Parnasse

Adresse: 11, rue Jules Chaplain (Paris 6e)
Métro : Vavin

Cirkus Columbia
Réalisé par : Danis Tanovic
Avec : Miki Manojlovic, Mira Furlan,...
Film : Bosnie Herzégovine, France, Royaume Uni, Allemagne, Slovénie, Belgique, Serbie, drame, 2010, Couleur, Tout public, VO
Durée : 1h 50min
Séances : Tous les jours à 13h45(direct) 15h50 19h55(sauf mercredi).

Easy Money
Réalisé par : Daniel Espinosa
Avec : Joel Kinnaman, Matias Padin,...
Film : Suède, Drame, Thriller, 2009, Couleur, Interdit -12 ans, VO
Durée : 1h 59min
Séances : Tous les jours à 14h10 16h40 21h30.

Le Nom des gens
Réalisé par : Michel Leclerc
Avec : Jacques Gamblin, Sara Forestier,...
Film : France, comédie, 2010, Couleur, Tout public
Durée : 1h 44min
Séances : Tous les jours à 22h05 (sauf mercredi).

True Grit
Réalisé par : Ethan Coen, Joel Coen
Avec : Barry Pepper, Josh Brolin,...
Film : Etats-Unis, western, 2010, Couleur, Tout public, VO
Durée : 2h 05min
Séances : Tous les jours à 15h30 17h45 20h00 22h15.

Waste Land
Réalisé par : Lucy Walker
Avec : Vik Muniz,...
Film : Brésil, Royaume Uni, documentaire, 2010, Couleur, Tout public, VO
Durée : 1h 38min
Séances : Tous les jours à 18h00.
Mercredi à 20h30, séance suivie d'un débat avec Francis Perrin, Membre du Bureau Exécutif d'Amnesty International France.

We Want Sex Equality
Réalisé par : Nigel Cole
Avec : Miranda Richardson, Rosamund Pike,...
Film : Royaume Uni, historique, 2010, Couleur, Tout public, VO
Durée : 1h 53min
Séances : Tous les jours à 19h10.

Source: mk2.com

Tarifs

Nos Tarifs	Tarifs	Tarifs 3D*
Normal	8,70 €	11,70 €
Senior (+65 ans) Tous les jours du lundi au jeudi, et le vendredi jusqu'à 18h30 sauf jours fériés (sur présentation d'un justificatif)	7,90 €	10,90 €
Etudiants/Apprentis Tous les jours (sur présentation d'un justificatif)	7,20 €	10,20 €
Demandeurs d'emploi Tous les jours du lundi au jeudi, et le vendredi jusqu'à 18h30 sauf jours fériés (sur présentation d'un justificatif)	7,20 €	10,20 €
Moins de 18 ans Tous les jours (sur présentation d'un justificatif)	6,00 €	9,00 €
Chèque ciné		+3 €
L'Abonnement MK2!		
Carte 5 places Valable 2 mois, 1 à 3 personnes par séance	34,50 € frais de gestion inclus	+3 € par place pour les lunettes 3D
Carte UI1 Abonnement annuel MK2/UGC pour 1 personne	20,08 € par mois	+2 € par place pour les lunettes 3D
Carte UI2 Abonnement annuel MK2/UGC pour 1 à 2 personnes	35,50 € par mois	+2 € par place pour les lunettes 3D

Chèques acceptés à partir de 15 €

*Ce tarif comprend notamment la location des lunettes 3D qui devront être restituées à la fin de la séance.

Source: mk2.com

UGC Montparnasse

Adresse: 83, bd du Montparnasse (Paris 6e)
Métro : Montparnasse-Bienvenüe

L'AGENCE (VO)
Science fiction (01h47min) - De George Nolfi, avec Matt Damon, Emily Blunt
séances :
Ve Sa Di Lu Ma à : 10:45, 13:15, 15:25, 17:35, 19:50, 22:05

LA PROIE (VF) (Int -12 ans) nouveauté!
Action (01h42min)
Interdit aux moins de 12 ans
De Eric Valette, avec Albert Dupontel, Alice Taglioni
séances :
T.L.J à : 10:20, 12:20, 14:20, 16:20, 18:20, 20:20, 22:20

MORNING GLORY (VO)
Comédie (01h47min) - De Roger Michell, avec Rachel McAdams, Harrison Ford
séances :
Me Sa Di Lu Ma à : 10:25, 12:45, 15:00, 17:20, 19:40, 21:50 Je Ve à : 19:40, 21:50

RANGO (VO)
Animation (01h40min)
Film pour enfants à partir de 6 ans
De Gore Verbinski, avec Johnny Depp, Isla Fisher
séances :
Me Sa Di Lu Ma à : 19:35, 21:45

RANGO (VF)
séances :
T.L.J à : 10:30, 13:05, 15:15, 17:25

RIO (VF 3D) nouveauté!
Animation (01h30min)
Film pour enfants à partir de 3 ans
De Carlos Saldanha, avec Anne Hathaway, Jesse Eisenberg
séances :
T.L.J à : 10:10, 12:10, 14:10, 16:10, 18:10

RIO (VO 3D) nouveauté!
séances :
T.L.J à : 20:10, 22:10

SCREAM 4 (VO)
(Int -12 ans) nouveauté!
Epouvante-horreur (01h50min) -
Interdit aux moins de 12 ans
De Wes Craven, avec Neve Campbell, David Arquette
séances :
T.L.J à : 11:00, 13:20, 15:30, 17:50, 20:05, 22:15

TITEUF LE FILM (VF 3D)
Animation (01h27min)
Film pour enfants à partir de 6 ans
De Zep, avec Donald Reignoux, Maria Pacôme
séances :
T.L.J à : 10:00, 12:00, 14:00, 16:00, 18:00, 20:00, 22:00
Ve à : 10:00, 12:00, 14:00, 16:00, 18:00

Tarifs

Avant 12h
5.90 € Tous les jours - Première séance du matin

Etudiants/Apprentis
7.00 € sur présentation d'un justificatif du dimanche 19h au vendredi 19h sauf veilles de fêtes après 19h et jours fériés

Autres billets
10.40 €

Majoration 3D
+2 €

Source: allocine.fr et ugc.fr

© infografick/Shutterstock.com

Refer to **Le genre des films, Les éléments d'un film,** and **Les salles** in the **Liste de vocabulaire** to complete the activities in this section.

2. Rendez-vous au cinéma

Vous êtes à Paris pour vos études. Cette semaine, vous avez décidé d'aller au cinéma avec un(e) ami(e). Vous devez vous mettre d'accord: Quel film allez-vous voir? À quelle heure est votre rendez-vous? Où allez-vous vous retrouver? Utilisez les informations à la page précédente et imaginez la conversation.

Structure suggérée:

- Début de la conversation: Vous discutez des sorties possibles et vous décidez d'aller au cinéma.
- Le film: Lisez la liste des films qui sont à l'affiche et parlez de deux ou trois films qui vous attirent (**J'ai bien envie de voir... parce que...**). Décidez si vous allez voir un film français ou étranger; si c'est un film étranger, allez-vous le voir en version française ou en version originale?
- La séance: Pour choisir la séance, tenez compte de votre emploi du temps (*your schedule*) et du prix des billets. Vérifiez quels jours et à quelle heure vous pouvez obtenir un tarif réduit.
- Fin de la conversation: Vous décidez où et à quelle heure vous allez vous rencontrer.

D. Les films de *Séquences*

1. Introduction aux films

L'Auberge espagnole

Fox Searchlight Pictures/Photofest

Music Box Films/Photofest

2.4.7. Films/The Kobal Collection/Picture desk

"Le Placard" a film by Francis Veber. © 2000 GAUMONT / EFVE FILMS

Indochine

Sony Pictures Classics/Photofest

Chaos

New Yorker/Photofest

Sony Pictures Classics/Photofest

The Weinstein Company/Photofest

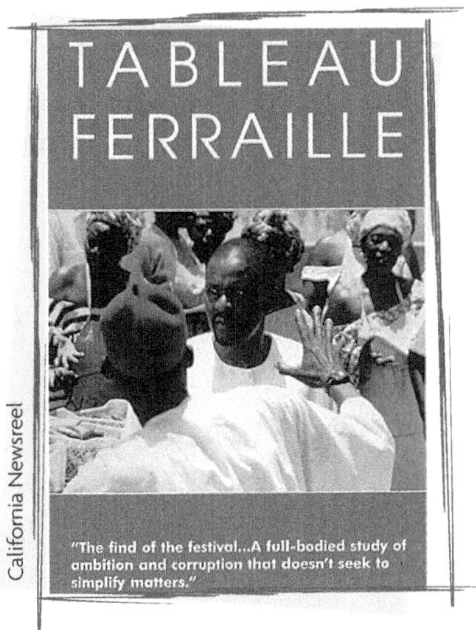

California Newsreel

Voici les affiches des films qui constituent les chapitres de votre manuel, suivies par des résumés. Reliez (*Link*) les affiches aux descriptions.

___ **1.** *L'Auberge espagnole*

___ **2.** *Monsieur Lazhar*

___ **3.** *Persépolis*

___ **4.** *Le Placard*

___ **5.** *Indochine*

___ **6.** *Chaos*

___ **7.** *Entre les murs (The Class)*

___ **8.** *Intouchables*

___ **9.** *Tableau Ferraille*

a. La rencontre d'une jeune prostituée arabe en difficulté va radicalement transformer la vie d'Hélène et semer la discorde dans son couple.

b. Un professeur de français et ses élèves partagent de bons et de mauvais moments au cours d'une année scolaire.

c. Un jeune Français part faire un séjour linguistique à Barcelone et partage un appartement (et des aventures) avec des étudiants de nationalités différentes.

d. Un politicien honnête et respecté perd sa réputation à cause de l'une de ses femmes. Son autre femme doit décider si elle va le suivre dans sa disgrâce.

e. Une jeune fille iranienne quitte sa famille pour échapper aux tensions politiques de son pays. Elle se retrouve seule en Europe et a du mal à s'adapter à sa nouvelle vie.

f. L'arrivée d'un nouvel instituteur originaire d'Algérie transforme les habitudes de ses jeunes élèves et les aide à surmonter une grande tristesse.

g. Pour pouvoir garder son travail, François se fait passer pour un homosexuel, à la grande surprise de ses collègues de bureau.

h. Driss est noir et pauvre; Philippe est blanc et riche. Leur rencontre explosive change leurs vies pour toujours, à la plus grande joie des spectateurs.

i. Les relations entre Éliane et sa fille adoptive, Camille, se détériorent en même temps que les liens entre la France et son ancienne colonie du sud-est asiatique.

Divide up the questions among students or small groups.

2. Quelques détails

Pour vous familiariser avec votre manuel, consultez les informations qui se trouvent au début du chapitre correspondant au film et trouvez les informations manquantes.

1. *L'Auberge espagnole* (page 13)
   a. Le programme d'échange auquel l'étudiant français participe s'appelle ___________.
   b. L'actrice française qui a joué dans *Da Vinci Code* et *Amélie* a un petit rôle dans le film. Elle s'appelle ___________.
2. *Le Placard* (page 85)
   a. Le chef du personnel est joué par l'acteur ___________.
   b. Le genre de ce film est ___________.
3. *Indochine* (page 109)
   a. L'actrice principale du film s'appelle ___________.
   b. Le film a obtenu l'Oscar du ___________.
4. *Chaos* (page 131)
   a. Le film a obtenu un prix qui s'appelle un ___________ (l'équivalent français d'un Oscar).
   b. La lecture du chapitre est un article du journal ___________.
5. *Entre les murs* (page 155).
   a. Les acteurs de ce film sont ___________.
   b. Le film a gagné un prix à ___________.
6. *Intouchables* (page 181)
   a. L'acteur principal, qui s'appelle ___________, a reçu le César du ___________ pour ce rôle.
   b. Philippe a besoin de Driss parce qu'il est ___________.

3. Imaginez

Relisez les résumés dans **Introduction aux films** (pages 8–9) et imaginez ce qui se passe dans les situations suivantes. Exprimez vos idées oralement.

1. *L'Auberge espagnole*—Imaginez quelques aventures de ces étudiants.
2. *Monsieur Lazhar*—D'après vous, pourquoi est-ce que les élèves sont tristes et comment est-ce que les choses ont changé avec l'arrivée du nouvel instituteur?
3. *Persépolis*—Selon vous, quelles difficultés est-ce que la jeune fille a rencontrées en Europe?
4. *Le Placard*—Imaginez comment François fait croire à ses collègues qu'il est homosexuel.
5. *Entre les murs*—Imaginez quelques situations désagréables pendant l'année scolaire.
6. *Tableau Ferraille*—D'après vous, qu'est-ce qui est arrivé pour que le politicien perde sa réputation?

AVANT LE PROCHAIN COURS

Manuel: Étudiez *Le présent de l'indicatif* (pages 225–230) et faites les exercices des sections **Application immédiate 1 à 3.**

LISTE DE VOCABULAIRE

Le genre des films

une comédie *comedy*
une comédie dramatique *dramatic comedy*
une comédie musicale *musical*
un dessin animé *cartoon*
un documentaire *documentary*
un drame (historique/psychologique) *(historical/psychological) drama*
un film à suspense *thriller*
un film d'animation *animated film*
un film d'horreur/d'épouvante *horror film*
un film de science-fiction *science fiction film*
un film policier *crime film, detective film*
un thriller *thriller*
un western *western*

Les éléments d'un film

doublé(e) *dubbed*
en VF (version française) *dubbed*
en VO (version originale) *original version*
sous-titré *subtitled*
une bande-annonce *movie trailer*
la bande-son *soundtrack*
un court métrage *short (film)*
le décor *set*
le dénouement *denouement, ending*
un dialogue *dialogue*
le générique *credits*
l'intrigue (f.) *plot*
un long métrage *feature-length film*
la musique *music*
un plan *shot*
une scène *scene*
un sous-titre *subtitle*

Le générique artistique (Les personnes qui ont contribué au film)

un acteur/une actrice *actor/actress*
la distribution *cast*
un(e) interprète *film or theater actor*
l'interprétation (f.) *acting, performance*
le jeu *acting*
un personnage *character*
un producteur/une productrice *producer*
un réalisateur/une réalisatrice *director*
une star *star*
une vedette *star*
interpréter (un rôle, un personnage) (comme *préférer*) *to play (a part, a character), to perform*
jouer *to act*
réaliser un film *to make a film*
tourner *to shoot (a film)*

Les salles

un billet *ticket*
l'écran (m.) *screen*
le grand écran *big screen (cinema)*
le petit écran *small screen (television)*
le plein tarif *full price*
une projection *screening*
une salle *room in a movie theater*
une salle d'art et d'essai *art-house theater*
une séance *showing*
la sortie (d'un film) *release*
un tarif réduit *reduced price*
jouer/passer un film *to play a film*
être à l'affiche *to be playing*
sortir (voir *partir*) *to be released*

→

For extra practice with the vocabulary in this chapter, refer to the web quizzes at **www.cengagebrain.com.**

Que veut dire *Séquences*?

- *une séquence: suite de plans filmés constituant une scène, une unité narrative*
- a sequence: succession of related shots or scenes developing a single subject or phase of a film story
- ***Séquences*** was chosen as the title of this textbook because the chapters are built around discussion of key sequences of each film. You will also view the introductory sequence of each film in the **Entrée en matière** section of each chapter.

Present tense verb conjugation is reviewed in **Grammaire** (pages 225–230); the Appendix on page 336 includes conjugation patterns. When there is no reference after a verb on the **Liste de Vocabulaire**, it means that the verb follows a regular ***-er*** or ***-re*** pattern. For ***-ir*** verbs, you will be referred to the conjugation of **finir** or **partir**. Irregular verbs marked "irrég." are found in the Appendix. Verbs that follow a specific pattern are followed by "**comme**..." and the verb whose pattern they follow is conjugated in the Appendix (for example, you can find the conjugation of **interpréter** by looking up **préférer**).

Each verb is listed with the preposition that follows it. For example: **réfléchir (à)** *to think (about).* When the verb can be used on its own (without the preposition), the preposition is in parentheses. In the case of **réfléchir**, one can say **je réfléchis** as well as **je réfléchis à mon problème de maths**. When the verb cannot be used without the preposition, there are no parentheses, as is the case with **appartenir à (j'appartiens à plusieurs organisations sur le campus)**.

Les spectateurs

appartenir à (un ciné-club) (comme *tenir***)** *to belong to (a film club)*
assister à *to attend*
divertir (comme *finir***)** *to entertain*
ennuyer (voir *ennuyer***)** *to bore*
réfléchir (à) (comme *finir***)** *to think (about)*
rire (irrég.) *to laugh*
se divertir (comme *finir***)** *to amuse oneself, to be entertained*
s'ennuyer (voir *ennuyer***)** *to be bored*

Chapitre 1

LA VIE ÉTUDIANTE

L'Auberge espagnole

Fox Searchlight Pictures/Photofest

Réalisateur: Cédric Klapisch, France (2002); 2 heures

In this chapter, you will follow the adventures of a French student who spends a year in Barcelona to learn Spanish. This experience—setting up his exchange program, looking for a place to stay, meeting fellow students from different European countries, and questioning his outlook on life—represents a turning point for him socially and professionally. The film features appearances by French actress Audrey Tautou, famous for her role in the 2001 film *Le Fabuleux destin d'Amélie Poulain* (known in the United States as *Amélie*). Klapisch made a sequel in 2005, *Les Poupées russes*, about the lives of the same students after they have finished university and ventured out into the working world.

To discuss the film you will acquire new vocabulary about education and living situations; you will review question formation in order to talk about your own academic and social life at the university and to prepare for a potential experience abroad. On the culture side, you will become acquainted with the European education program Erasmus.The autobiographical reading by well-known contemporary French writer Philippe Labro expands on the theme of cultural discovery. It describes what it was like being a French exchange student at an American college in the 1950s.

Les colocataires: Xavier (Romain Duris), Isabelle (Cécile de France), Wendy (Kelly Reilly), Soledad (Cristina Brondo), Alessandro (Federico D'Anna), Tobias (Barnaby Metschurat), Lars (Christian Pagh), Bruce (Olivier Raynal)

Les parents et amis: Martine (Audrey Tautou), Jean-Michel (Xavier de Guillebon), Anne-Sophie (Judith Godrèche), William (Kevin Bishop), Alistair (Iddo Goldberg), la mère de Xavier (Martine Demaret)

- Six nominations aux Césars (2003): Meilleur film, Meilleur réalisateur, Meilleur montage, Meilleur scénario, Meilleur second rôle féminin, Meilleur espoir féminin
- Un prix: Cécile de France, le César du Meilleur espoir féminin

ENTRÉE EN MATIÈRE

A. Discussion

1. **Les changements:** Avez-vous déjà changé de lycée? d'université? de ville? Expliquez votre expérience: Étiez-vous impatient(e)? inquiet (-iète) heureux (-euse)? triste? Quels changements avez-vous dû faire?
2. **Les voyages:** Avez-vous déjà voyagé ou vécu dans un pays étranger? Qu'est-ce qui vous a surpris? Avez-vous eu des difficultés de communication? Avez-vous une anecdote à raconter à la classe?
3. **Les langues:** Connaissez-vous des personnes qui parlent deux, trois ou plus de trois langues? Quels sont les avantages du plurilinguisme? Pourquoi avez-vous choisi d'étudier le français?

Note culturelle

B. ERASMUS

Les personnages principaux du film *L'Auberge espagnole* sont des étudiants qui participent au programme Erasmus. Erasmus est un programme d'échange universitaire européen créé en 1987. Il doit son nom à Érasme de Rotterdam (1465–1536), un théologien et humaniste hollandais qui a voyagé et travaillé dans plusieurs régions d'Europe. Le programme Erasmus permet aux jeunes Européens de faire des séjours de trois mois à un an dans des universités étrangères, pour un total de vingt-quatre mois. Les étudiants qui y participent continuent à payer leurs frais de scolarité dans leur université d'origine; ils suivent des cours et passent des examens à l'étranger et obtiennent des équivalences de crédits dans leur pays. L'Union européenne attribue des bourses pour aider à financer les frais de voyage et de logement. Actuellement, quatre mille établissements d'enseignement supérieur représentant trente-trois pays européens participent au programme. Depuis la création d'Erasmus, plus de trois millions d'étudiants sont partis faire des études à l'étranger. L'objectif du programme Erasmus+, lancé en 2014, est d'atteindre quatre millions d'étudiants d'ici 2020. Une dizaine d'années après sa création, Erasmus s'est diversifié. Les échanges incluent maintenant les professeurs et les membres du personnel de l'enseignement supérieur (plus de 300.000 d'entre eux y ont participé à ce jour). Au lieu de suivre des cours, les étudiants peuvent aussi faire des stages de formation en entreprise.

Erasmus a réussi un de ses objectifs principaux: contribuer à la création d'un « espace européen de l'enseignement supérieur ». Les universités adaptent graduellement leurs structures pour qu'elles soient plus compatibles avec celles de leurs partenaires et que les diplômes soient équivalents. L'impact d'Erasmus se fait aussi sentir dans l'internationalisation des programmes. Tout cela favorise la mobilité au niveau des études, mais aussi du travail. Il faut pourtant reconnaître que le programme d'échange européen ne touche encore qu'une minorité d'étudiants et qu'il attire principalement les jeunes de milieux socio-économiques privilégiés qui ont déjà voyagé ou fait des séjours linguistiques à l'étranger. On remarque aussi des déséquilibres entre les pays. Certains pays, comme le Luxembourg et le Lichtenstein, dépassent largement la moyenne européenne et envoient respectivement 8,4 % et 4,8 % de leurs étudiants à l'étranger. Dans d'autres, comme la Grèce (0,5 %), le Royaume-Uni (0,5 %) et la Roumanie (0,4 %), les étudiants sont moins nombreux à partir. Selon Magali Ballatore, sociologue et auteur d'un livre récent sur Erasmus, le Royaume-Uni attire plus d'étudiants étrangers que la moyenne parce que ceux-ci veulent se perfectionner en anglais. Par contre, les jeunes Anglais préfèrent fréquenter des universités anglophones aux États-Unis ou en Australie. 1,5 % des étudiants français ont participé à Erasmus en 2011–2012.

Adapted from Commission européenne, Direction Générale de l'Éducation et de la Culture.

1. Compréhension

1. Depuis quand est-ce que le programme Erasmus existe? Comment fonctionne-t-il?
2. Combien d'universités participent au programme? Quels genres d'échange sont possibles?
3. Comment le programme Erasmus a-t-il transformé l'enseignement supérieur en Europe?
4. Dans quels pays est-ce qu'Erasmus a le plus de succès? le moins de succès?

2. Réactions

1. Le texte mentionne l'impact d'Erasmus sur l'enseignement supérieur. D'après vous, quel est l'impact d'Erasmus sur les étudiants qui y participent?
2. Pouvez-vous trouver des explications aux déséquilibres géographiques mentionnés dans le texte?
3. Si vous étiez un(e) étudiant(e) européen(ne), est-ce que vous aimeriez participer à Erasmus? Dans quel(s) pays aimeriez-vous aller, et pourquoi?

Use **J'aimerais** (*I would like*) + a verb in the infinitive to answer the question. The conditional and hypothetical questions are taught in ch 6.

C. Lecture de comptes rendus sur le film

Voici les titres et sous-titres de quelques comptes rendus. Lisez-les pour avoir une idée du film avant de le regarder, puis regarder aux questions.

1. Titres de comptes rendus

Réunion de boy-scouts dans le joyeux loft de l'Union européenne

Un récit d'éducation balisé de lieux communs°.

Le Monde, 19 juin 2002

un lieu commun: une banalité, un cliché

Les petits riens de Klapisch

Avec « L'Auberge espagnole », film mélancolique à l'humour ravageur, Cédric Klapisch signe une comédie touchante et futée.

Le Point, 21 juin 2002

L'Auberge espagnole

Le nouveau film de Cédric Klapisch sort le 19 juin. Un tableau pertinent, humoristique et tendre de la vie étudiante.

Le Point, 14 juin 2002

Les euro-lofteurs

Un film de Cédric Klapisch. Huit jeunes Européens tentent de vivre ensemble dans un appartement de Barcelone. Pour amateurs de caricatures.

Le Nouvel Observateur, 20 juin 2002

2. Compréhension

1. Qui sont les personnages du film?
2. Quel est le thème de l'histoire et où se passe-t-elle?
3. De quel type de film s'agit-il? Quels adjectifs sont utilisés pour le décrire?
4. À votre avis, quels articles de presse vont être positifs? négatifs?
5. D'après vous, quel type de caricature est possible dans un film sur la vie en commun de jeunes Européens?

3. Compte rendu paru dans *L'Humanité*

Voici un compte rendu du film paru dans le journal *L'Humanité*. Lisez-le et répondez aux questions pour vérifier votre compréhension.

a. Préparation

1. Devinez (*Guess*) la signification de ces mots à partir de leur ressemblance avec des mots anglais.
   a. bénéficier (ligne 7)
   b. capté (ligne 16)
   c. habitudes (ligne 30)
   d. surmonter (ligne 30)
   e. susceptibilités (ligne 31)
   f. sommet (ligne 38)
   g. séduit (ligne 42)
2. Devinez la signification du verbe **héberger** (ligne 22) à partir du contexte.
3. Relisez la phrase, « … Cédric Klapisch a été séduit… » (lignes 41–44) et répondez aux questions suivantes.
   a. Qu'est-ce que le pronom **y** remplace?
   b. Pouvez-vous deviner la signification du verbe **puiser** à partir du contexte?

Refer to *Le pronom* **y** (page 289) for a review.

le flot: the flow
le service militaire: Le service militaire obligatoire a été éliminé en France en 1996.
il y a nettement plus drôle: il y a quelque chose de beaucoup plus amusant
qui ont déjà eu l'heur de: who have already been lucky to
plein de: beaucoup de
une foule (de): *a bunch (of)*
grisant: excitant
sa pellicule: *his film*
Arrivé sur place: *Once there*
un comparse: un compagnon
apprivoiser: *to tame*
menues: petites
au bercail: *in the fold, at home*
un vrai bordel (fam.): *a real mess*
un séjour: *a stay*
la capitale catalane: Barcelone

Europudding
Romain Duris incarne un étudiant parisien emporté dans le flot° de sa nouvelle vie espagnole.
France 2. 20h55.
Anne Roy

AVANT IL Y AVAIT LE service militaire°. Maintenant, il y a nettement plus drôle°, mais toujours aussi initiatique: les années d'études à l'étranger, « érasmus » pour les privilégiés qui ont déjà eu l'heur de° bénéficier de ce programme d'échange européen. Une année en terre étrangère, loin de papa, loin de maman, loin des copains et des copines. Et avec plein de° nouveaux protagonistes issus d'horizons lointains pour partager une foule° d'expériences diverses et variées. Ce petit sentiment grisant° d'inconnu et de liberté, Cédric Klapisch l'a capté sur sa pellicule°. Avec Romain Duris dans le rôle de Xavier, étudiant débarqué à Barcelone pour apprendre l'espagnol. Arrivé sur place°, il fait la connaissance de Jean-Michel et Anne-Sophie, un couple de Français, qui l'hébergent quelque temps avant qu'il trouve une chambre dans un grand appartement qu'il partage avec d'autres comparses° étrangers comme lui: Helmut, allemand, Alessandro, italien, Isabelle, belge… Où l'on baragouine une langue approximative, où l'on apprend à se connaître, à apprivoiser° les menues° habitudes, à surmonter les petites susceptibilités et les incompréhensions des uns et des autres. Au bercail° (à Paris), il a laissé la mignonnette Martine (Audrey Tautou). … « Je suis français, espagnol, anglais, danois! J'suis comme l'Europe, j'suis tout ça, j'suis un vrai bordel°… », s'exclame notre héros au sommet de son séjour°.

On raconte que c'est en rendant visite à sa jeune sœur étudiante dans la capitale catalane° que Cédric Klapisch a été séduit par cette vie multiculturelle et chaotique, et qu'il a décidé d'y puiser les éléments de sa comédie.

« Europudding » - Anne Roy - paru dans *L'Humanité* du 11 juin 2005

How to Answer Questions about a Reading

Avoid general answers by referring to specifics in the passage. Note line numbers in your responses so you can refer your classmates to the words you are citing and speak concretely about Erasmus, Xavier, and Cédric Klapisch.

b. Compréhension

1. Qu'est-ce qui a remplacé le service militaire comme rite de passage pour certains jeunes Français?
2. Érasme (1465–1536) était un intellectuel et un voyageur hollandais. Il a donné son nom au programme Erasmus mentionné dans l'article. Qu'est-ce que c'est qu'Erasmus?
3. Qui est le personnage principal du film? Quel est son rite de passage?
4. Comment est-ce que le réalisateur a trouvé son inspiration pour le film?

c. Questions de langue

1. Dans l'article, cherchez des adjectifs ou des noms qui suggèrent une vie stimulante et instable.
2. Dans le texte, cherchez des synonymes (en français familier) pour les mots suivants.
   a. de nombreux, beaucoup de (première colonne)
   b. arriver (première colonne)
   c. mal parler une langue (seconde colonne)
3. Expliquez comment ces structures de phrases diffèrent des structures anglaises correspondantes. Comment les traduiriez-vous? (*How would you translate them?*)
   a. « Ce petit sentiment grisant d'inconnu et de liberté, Cédric Klapisch l'a capté sur sa pellicule. »
   b. « "Je suis français, espagnol, anglais, danois! J'suis comme l'Europe, j'suis tout ça, j'suis un vrai bordel...", s'exclame notre héros... »

d. Réactions

1. Analysez le style de l'article. Est-ce que la journaliste est très sérieuse ou est-ce qu'elle se moque un peu du sujet du film? Donnez des exemples du texte pour justifier votre réponse.
2. Est-ce que cet article vous donne envie de voir le film?

D. Les personnages du film

De quelle nationalité sont les personnages? Devinez la nationalité probable des personnages, en formulant une phrase avec **venir de** + pays d'origine et une autre phrase avec **être** + adjectif de nationalité.

Exemple: Xavier vient probablement de France. Je pense que Xavier est français.

Pays d'origine (avec la forme correcte de la préposition **de**): d'Allemagne, de Belgique, du Danemark, d'Espagne, des États-Unis, de France, de Grande-Bretagne/d'Angleterre, d'Italie

Nationalités: allemand(e), américain(e), anglais(e), belge, danois(e), espagnol(e), français(e), italien(ne)

De/D' is used in front of a feminine country, **du** in front of a masculine one. You will work on prepositions later in this chapter.

Adjectives of nationality are not capitalized in French.

a. Isabelle
b. Martine
c. Wendy
d. Soledad
e. Alessandro
f. Tobias
g. Lars
h. Bruce

E. Visionnement d'une séquence
(sans son ni sous-titres)

De l'avion qui décolle, juste après le générique, à Xavier qui montre l'Espagne sur un globe en disant « España » (2'40–6').

1. Compréhension

Après le visionnement, notez toutes les réponses qui conviennent.

1. Les adultes à qui le jeune homme (Xavier) parle…

_______ a. lui donnent des conseils.
_______ b. lui font des reproches.
_______ c. lui demandent son opinion.
_______ d. lui racontent leur vie.

2. L'homme avec qui Xavier a rendez-vous…

_______ a. lui parle de Paris.
_______ b. évoque le passé.
_______ c. lui fait passer un entretien d'embauche (*job interview*).
_______ d. parle des boissons qu'ils consomment.

3. La femme dans la cuisine (la mère de Xavier) est une…

_______ a. BCBG (bon chic bon genre, *preppy*).
_______ b. bobo (bourgeoise bohème).
_______ c. baba (hippie, marginale).
_______ d. bourge (bourgeoise).

4. De quoi parle la mère de Xavier? Numérotez les hypothèses selon leur probabilité (1 = l'hypothèse la plus probable).

_______ a. de la Bourse (*stock exchange*)
_______ b. de nourriture
_______ c. des études de Xavier
_______ d. de politique

2. Réactions

D'après vous, quel est le rapport de cette séquence avec le thème du film (le séjour en Espagne)?

F. Deuxième visionnement de la séquence
(avec son, sans sous-titres)

Lisez les questions suivantes, puis regardez la scène une seconde fois en faisant bien attention à la bande-son. Répondez ensuite aux questions.

1. Compréhension

1. M. Perrin est _______.
a. le directeur de thèse de Xavier
b. un ami de sa mère
c. un ami que son père lui a recommandé

2. M. Perrin conseille à Xavier _______.
a. de travailler au Parlement européen
b. de faire des investissements
c. d'apprendre l'espagnol et de connaître le marché espagnol

3. Pour encourager Xavier, M. Perrin dit qu'il y a des perspectives d'avenir (*good prospects for the future*) dans les relations internationales. Il lui dit: « C'est sûr, là-dedans, _______. »
a. il y a des opportunités
b. il y a des débouchés
c. il y a des possibilités

4. Si Xavier suit ses conseils (*follows his advice*), M. Perrin _______.
a. l'acceptera dans son séminaire de recherche
b. l'aidera à trouver un poste
c. l'aidera à trouver un logement

5. Xavier a passé du temps à _______, en Espagne.
a. Malaga
b. Barcelone
c. Ibiza

6. Sa mère lui reproche _______.
a. de ne pas rester en France
b. de travailler dans un fast-food
c. de mal manger

2. Réactions

1. Cochez toutes les phrases qui peuvent décrire les techniques cinématographiques utilisées dans cette scène.
_______ a. La technique est traditionnelle.
_______ b. Il y a des retours en arrière.
_______ c. Le réalisateur utilise des images numériques (*digital images*).
_______ d. Il y a des effets spéciaux.
_______ e. Le réalisateur a filmé des scènes en accéléré (*fast action*).
_______ f. L'histoire est filmée de façon chronologique.

2. D'après vous, pourquoi est-ce que le réalisateur utilise ces techniques?

3. Le français parlé

Voici la transcription d'une partie des dialogues que vous venez d'entendre.

1. Regardez à nouveau les scènes avec M. Perrin (4'45–5'06) et la mère de Xavier (5'42–6') et soulignez (*underline*) les endroits où les personnages ne prononcent pas tous les mots ou toutes les syllabes.

   a. M. Perrin: Moi, je t'ai dit, la seule chose que je sais, c'est qu'avec les nouvelles directives européennes il y a des postes qui vont se créer dans un an, si tu fais un DEA sur un sujet qui de près ou de loin a une approche des problèmes économiques espagnols. Je dois pouvoir t'aider pour te trouver un poste. C'est sûr, là dedans, il y a des débouchés. Mais donc, il faut bien parler espagnol et il faut bien connaître le marché espagnol.

   b. Mère de Xavier: T'aimes pas le boulgour, t'aimes pas le tofu, on peut plus rien te préparer! Si tu préfères aller bouffer dans les fast food et manger leur merde, t'enfiler les OGM, les pesticides, les prions et compagnie, mais vas-y, je vais pas t'en empêcher.

2. Regardez vos notes et comparez le français des personnages et le français que vous avez étudié dans vos cours. Quelles différences remarquez-vous dans la structure des phrases et la prononciation? Donnez des exemples précis.
3. Lisez les passages a et b et faites attention au vocabulaire. Quel passage ressemble le plus au français que vous étudiez en classe? Lequel utilise un langage plus familier?
4. Entraînez-vous à prononcer ces passages comme dans le film.

Le DEA (Diplôme d'Études Approfondies) est un diplôme obtenu après la maîtrise, en préparation du doctorat.

G. Préparation au visionnement du film

En regardant le film, faites attention aux aspects suivants et prenez des notes sur vos observations.

1. Les personnages du film: Qui sont les personnages principaux et quelles sont leurs personnalités? Est-ce que les personnages correspondent aux stéréotypes que l'on associe généralement avec leurs nationalités?
2. La technique et le style cinématographiques: Qu'est-ce qui n'est pas traditionnel? Qu'est-ce que le réalisateur peut exprimer grâce aux (*thanks to*) effets spéciaux?

Viewing Tips

Notice:
- special effects and discussions about language

Ask yourself:
- What are some characteristics of the director's style?
- How does the director treat national stereotypes?

Anticipate:
- a few discussions about (homo)sexuality and a brief episode of nudity

AVANT LE PROCHAIN COURS

1. ***L'Auberge espagnole:*** Regardez le film.
2. ***Cahier:*** Faites **Les mots pour le dire.**
3. ***Manuel:*** Étudiez *Pays, langues, nationalité* (page 232) et faites l'exercice de la section **Application immédiate 1.**

Les mots pour le dire

A. Définitions

1. Le mot juste

Quels mots de la **Liste de vocabulaire** (pages 35–38) répondent aux questions suivantes?

1. Qu'est-ce qu'on doit remplir pour s'inscrire à l'université?
2. À quoi assiste-t-on quand on fait des études?
3. Qui se sent un peu perdu la première semaine de l'année universitaire?
4. Où s'inscrit quelqu'un qui veut devenir juriste?
5. Avec qui est-ce qu'on partage son logement quand on n'a pas beaucoup d'argent?
6. Comment est un logement où les choses ne sont pas à leur place?
7. Dans quoi est-ce qu'on met la nourriture pour la conserver?
8. À quoi participent souvent les étudiants qui vont à l'étranger?
9. Quelle qualité est importante pour s'adapter?
10. Qu'est-ce qui cause parfois des problèmes entre les peuples?

Références à consulter
- Liste de vocabulaire, pages 35–38
- Votre dictionnaire personnel (page 1, *Cahier*)

This exercise requires passive recognition of interrogative forms. You will review question formation in this chapter on pages 233–243.

Un peuple means *a people*; **des/les peuples** means *peoples*; **les gens** are *people* in the general sense (**j'aime les gens** means *I like people*).

2. Vos définitions

Posez trois autres questions auxquelles on peut répondre par un mot de la **Liste de vocabulaire.**

B. Le français familier

Après avoir révisé le **Vocabulaire familier** en fin de chapitre, remplacez les mots soulignés par des expressions équivalentes en français standard.

Exemple: Xavier a eu des difficultés au début de son séjour, mais il a fini par <u>s'éclater</u>.
<u>beaucoup s'amuser</u>

1. Quand il <u>a débarqué</u> à Barcelone, Xavier <u>a galéré</u>.
2. Avant de partir, il <u>s'est engueulé</u> avec sa copine.
3. Au début de son séjour, il était complètement <u>paumé</u>.
4. Il ne voulait pas <u>bouffer</u>.
5. Finalement, il a trouvé un logement en cohabitation avec des personnes <u>vachement sympas</u>.
6. Personne ne faisait le ménage, alors l'appartement était souvent <u>dégueulasse</u>.

C. Structures: *Plaire* et *manquer*

Après avoir lu les explications sur la structure des verbes **plaire** et **manquer** dans l'Appendice, page 330, réécrivez les phrases en utilisant un de ces deux verbes et un pronom complément d'objet indirect (**lui, leur** et **me** dans cet exercice).

Exemple: Martine n'aime pas la chambre de Xavier. *La chambre de Xavier ne lui **plaît** pas.*

Xavier et ses amis regrettent Barcelone. *Barcelone leur **manque.***

1. Le propriétaire n'aime pas ses locataires.
2. Les colocataires n'aiment pas l'attitude de William.
3. Anne-Sophie n'aime pas Barcelone.
4. Xavier regrette ses amis.
5. Xavier ne regrette pas ses parents, mais ses parents le regrettent.
6. J'aime ce film.

D. Et vous?

Faisons connaissance! Les colocataires de Xavier lui posent beaucoup de questions pour faire sa connaissance et pour décider s'ils vont l'accepter dans leur appartement. Comme eux, vous avez envie de mieux connaître les personnes qui vous entourent pour trouver de nouveaux amis. À tour de rôle, posez les questions ci-dessous à un(e) camarade de classe.

1. Tu es d'où?
2. Depuis quand (*Since when*) est-ce que tu es à l'université? Tu es en quelle année?
3. Quelle est ta spécialisation? Est-ce que tu as une sous-spécialisation?
4. Quels cours est-ce que tu suis ce semestre?
5. Pourquoi est-ce que tu suis un cours de français? Est-ce que tu parles bien français ou est-ce que tu baragouines quelques mots (*a few words*)?
6. Est-ce que tu t'es adapté(e) facilement à la vie universitaire? Qu'est-ce qui te plaît dans cette université? Qu'est-ce qui te manque?
7. Est-ce que tu partages un logement avec d'autres personnes? Elles sont comment? Tu aimes vivre avec quel type de personnes?

1-3

E. À l'écoute: L'université en France

Xavier fait ses études à Nanterre, en banlieue parisienne. En le suivant dans les couloirs (*hallways*) de son université, vous avez probablement remarqué des différences avec votre université. Le texte que vous allez entendre mentionne d'autres différences entre les systèmes français et américain. Lisez les questions, puis écoutez le passage et vérifiez si vous avez compris en répondant aux questions.

1. En général, les étudiants français vont à l'université _______.
   a. là où on les a sélectionnés
   b. loin de chez eux
   c. près de chez eux

2. Pour être admis dans une université française, il faut _______.
   a. avoir de bonnes lettres de recommandation
   b. avoir le baccalauréat
   c. passer un examen d'entrée spécifique à cette université
3. Les étudiants français choisissent leur domaine général de spécialisation (études littéraires, scientifiques, commerciales, etc.) _______.
   a. avant d'entrer à l'université
   b. en première année universitaire
   c. après deux années d'université
4. En France, les études universitaires _______.
   a. sont gratuites
   b. coûtent quelques centaines d'euros par an
   c. coûtent entre mille et cinq mille euros par an
5. On peut recevoir une bourse _______.
   a. si on étudie dans un domaine où il n'y a pas assez d'étudiants
   b. si on réussit brillamment au baccalauréat
   c. si la famille a des revenus modestes
6. Pendant la semaine, les étudiants français vivent le plus souvent _______.
   a. en colocation
   b. dans des chambres universitaires individuelles
   c. chez leurs parents

L'Université Nice Sophia Antipolis

L'Université de la Sorbonne, à Paris

AVANT LE PROCHAIN COURS

1. ***Manuel:*** Étudiez *Les questions auxquelles on peut répondre par* oui ou non, *Les adverbes interrogatifs,* ***Depuis quand?/Depuis combien de temps?/Pendant combien de temps?****, L'adjectif interrogatif* **quel**, *Le pronom interrogatif* **lequel**, *Le français parlé I* aux pages 233–243 et faites les exercices des sections **Application immédiate 2** à **7.**
2. ***Cahier:*** Faites les exercices de la section **Préparation à la discussion.**

DISCUSSION

A. Chronologie

Rétablissez la chronologie des scènes du film en les numérotant de 1 à 7. Puis partagez vos réponses avec la classe ou un(e) camarade de classe et ajoutez quelques détails pour chaque scène.

______ Xavier fait la connaissance de Jean-Michel et d'Anne-Sophie.

______ Martine rompt avec Xavier.

______ Xavier s'inscrit au programme Erasmus.

______ Wendy reçoit la visite d'Alistair.

______ Isabelle emménage avec les colocataires.

______ Xavier abandonne son poste pour devenir écrivain.

______ Xavier passe un entretien pour trouver un logement.

B. Quelques détails

Répondez le plus vite possible aux questions suivantes. Répondez par un ou plusieurs mots, mais ne faites pas de phrases complètes.

Fox Searchlight Pictures/Photofest

Comment s'est passée la visite de Martine?

1. L'histoire se passe dans quelle ville?
2. Quelles langues est-ce qu'on parle dans cette ville? Laquelle est-ce que les étudiants Erasmus comprennent le mieux?
3. Combien de pays sont représentés dans l'appartement? Lesquels?
4. Comment est l'appartement des étudiants Erasmus?
5. Où est-ce que Xavier a rencontré Jean-Michel et Anne-Sophie?
6. Le prof fait son cours en quelle langue?
7. Où est-ce que le prof suggère à Isabelle d'aller quand elle se plaint (*complains*)?
8. Quelle est la langue maternelle de Tobias?
9. Quel peintre célèbre est mentionné pendant la conversation au café?
10. D'où était Érasme?
11. Wendy vient de quel pays?
12. Depuis quand est-ce que le programme Erasmus existe?

C. Réactions

Barcelone est la capitale de la Catalogne, une région du nord-est de l'Espagne où les langues officielles sont l'espagnol (le castillan) et le catalan. Le bilinguisme est un thème qui intéresse particulièrement Isabelle, car elle vient de Belgique, où l'on parle flamand (*Flemish*) dans le nord et français dans le sud.

1. Pourquoi est-ce que Xavier participe au programme d'échange Erasmus, et qu'est-ce qu'il doit faire pour préparer son dossier?
2. Est-ce qu'il est facile de trouver un logement à Barcelone? Qu'est-ce que Xavier fait pour trouver le sien (*his*)?
3. Quelles sont les caractéristiques des étudiants avec qui Xavier partage l'appartement? Justifiez vos opinions par des exemples précis. Est-ce que ces caractéristiques sont liées à la nationalité, d'après vous?
4. À quelles difficultés de la vie en commun est-ce que les colocataires sont confrontés?
5. Quel problème linguistique est-ce que les étudiants rencontrent à l'université? Quelles opinions expriment-ils à ce sujet dans leur discussion au café? Est-ce que la question du bilinguisme ou du plurilinguisme se pose en Amérique du Nord? Expliquez.
6. Comment est-ce que la visite de William transforme la vie tranquille du groupe? Racontez une de ses interactions avec les colocataires.

7. Comment Jean-Michel, Anne-Sophie et William sont-ils différents des autres personnages? Qu'est-ce qu'ils représentent?
8. Comment est-ce que le proverbe « Les voyages forment la jeunesse » s'applique à l'expérience de Xavier en Espagne? Qu'est-ce qu'il apprend pendant son séjour? Comment est-ce que son expérience le transforme?
9. À la fin du film, pourquoi est-ce que Xavier décide de quitter son nouveau poste à la Commission européenne? (Parlez un peu de ses collègues.)
10. Comment interprétez-vous le titre du film? (Reliez-le [*Link it*] à l'expérience de Xavier.)
11. Est-ce que vous aimez ce film? Qu'est-ce qui vous plaît ou déplaît dans le film? Quelle est votre scène préférée?
12. Stylistiquement, qu'est-ce que les scènes suivantes ont en commun? Pourquoi est-ce que le réalisateur les a filmées de cette manière?
    a. le week-end de Xavier à la plage avec Jean-Michel et Anne-Sophie
    b. la visite de Martine
    c. le voyage de Xavier à Paris pour revoir Martine

Fox Searchlight Pictures/Photofest

Si vous deviez choisir un(e) colocataire parmi les personnages du film, qui choisiriez-vous et pourquoi?

Au sens figuré, **auberge espagnole** signifie: situation où on trouve seulement ce qu'on a apporté. L'expression vient d'une comparaison avec les auberges en Espagne, où il était recommandé d'apporter à manger et à boire si on ne voulait pas avoir faim ou soif.

D. Et vous?

Comparez votre expérience à l'université à celle de Xavier. Discutez des questions suivantes avec un(e) camarade de classe.

1. Qu'est-ce que tu as fait pour t'inscrire à l'université?
2. Compare les aventures de Xavier dans les bureaux de l'université à ta situation quand tu as arrivé(e) sur le campus: Est-ce que tu as eu des difficultés avec la bureaucratie? Est-ce que tu es passé(e) de bureau en bureau comme Xavier? Est-ce que les secrétaires étaient plus/moins gentilles et serviables (*helpful*)?
3. Comment as-tu trouvé ton logement? Compare-le à l'appartement des étudiants Erasmus.
4. Tu as des colocataires? À quels personnages du film est-ce qu'ils ressemblent le plus? Explique.
5. Est-ce que ton expérience à l'université a changé ta vie (tes projets professionnels, tes relations avec certaines personnes, etc.)?
6. Est-ce que tu t'identifies avec Xavier quand il dit: « Je sais pas pourquoi ma vie a toujours été un tel bordel. Elle a toujours été compliquée, mal foutue, pas rangée, en vrac (*all these are synonyms of "disorganized"*). Les autres, j'ai l'impression, ont une vie plus simple, plus cohérente, plus logique quoi. »

1-8

E. À l'écoute: L'Auberge espagnole

Carine doit faire une présentation sur *L'Auberge espagnole* dans son cours de français. Elle demande à une amie francophone de lire ce qu'elle a écrit pour s'entraîner à prononcer correctement. Écoutez ce qu'elle dit et vérifiez si vous avez compris en répondant aux questions qui suivent.

1. Carine dit qu'au début, Xavier _______.
   a. était enthousiaste
   b. se sentait perdu
   c. parlait espagnol

2. _______ manquait à Xavier.
   a. Sa mère
   b. Son meilleur ami
   c. Sa petite amie

3. Après un certain temps, Xavier _______.
   a. s'est adapté
   b. avait toujours le mal du pays
   c. ne se plaisait toujours pas à Barcelone

4. Xavier et ses colocataires _______.
   a. ont fait leurs devoirs ensemble
   b. ont suivi des cours de catalan
   c. ont partagé les tâches ménagères

5. Les colocataires ont appris à _______.
   a. se supporter (*to put up with one another*)
   b. être indépendants
   c. apprécier la nourriture espagnole

6. Pour Xavier, le séjour à Barcelone a constitué _______.
   a. un moment intéressant
   b. un tournant
   c. un amusement

7. Carine _______.
   a. s'est sentie différente des étudiants
   b. s'est identifiée aux étudiants
   c. a voyagé comme les étudiants

8. Après avoir vu le film, Carine a envie _______.
   a. de voyager en Europe
   b. d'apprendre l'espagnol
   c. d'étudier à l'étranger

AVANT LE PROCHAIN COURS

1. ***Manuel:*** Étudiez *Les pronoms interrogatifs* **qui** et **que/quoi** et *Le français parlé II* aux pages 240–243 et faites les exercices des sections **Application immédiate 8** à **12.**
2. ***Cahier:*** Préparez **Pour aller plus loin.**

POUR ALLER PLUS LOIN

A. Qui a dit quoi?

1. Les citations dans leur contexte

Notez quel personnage de la liste suivante a dit chaque phrase, puis expliquez la signification de chaque citation dans le contexte du film. Vous pouvez utiliser les noms des personnages plusieurs fois.

Anne-Sophie	Isabelle	Jean-Michel	Martine
la mère de Xavier	Monsier Bernard	Xavier	

1. _____________: « Je l'avais fait, mais ils ont perdu mon dossier. C'est quand même pas de ma faute s'ils paument les dossiers. Je voulais juste savoir c'est quoi les autres papiers dont j'ai besoin... euh, pour... euh, le dossier, qu'il soit complet? »

2. _____________: « Sens-toi à l'aise, hein. Moi je sais ce que c'est. Ça a été pareil quand j'ai débarqué ici la première fois. Entre Gaulois il faut s'aider, pas vrai? Tu peux dormir sur le canapé. »

3. _____________: « Ça doit être super déstabilisant d'être tout le temps comme ça entre deux langues!

   _____________: —Mais c'est pas la même chose en Belgique? »

4. _____________: « Vous me trouvez vieux jeu?

   _____________: —Disons que vous êtes pas trop rock and roll comme fille. »

5. _____________: « Mais toi aussi, tu m'aimes plus!

   _____________: —Mais bien sûr que je t'aime. Si je suis parti, ça a rien à voir avec le fait que je t'aime pas. C'est une chance de vivre ce que je vis, c'est juste débile qu'on puisse pas le vivre ensemble, mais c'est pas une raison pour se quitter vraiment... J'ai besoin de toi, moi.

   _____________: —Mais tu m'aimes pas, tu m'as jamais aimée, tout simplement parce que tu es incapable d'aimer qui que ce soit. »

6. _____________: « Excuse-moi. Je crois que ça va mal. Je dors plus, je suis déprimé. Je sais pas si c'est normal. »

7. _____________: « Ça m'a fait drôle d'acheter de la viande. J'ai l'impression que j'en ai pas acheté depuis des années. Tu vas te régaler. »

8. _____________: « Alors en ce qui concerne les dossiers, il faut pas se tromper, hein. Il y a les jaunes, les bleus, les rouges... Ils sont assez tatillons (*finicky*) là-dessus à la Commission européenne. »

Gaulois is a familiar term for "French." The Gauls were Celtic peoples who lived in Western Europe from the 5th century BC to the 3rd century AD. Astérix, the hero of a French comic book series created in 1959, is a fearless Gaul who fights against the Romans at the time of Julius Caesar.

2. Le français parlé

1. Quel type de question prédomine dans les citations 1 à 4: intonation, inversion ou **est-ce que**?
2. Réécrivez les questions suivantes en français courant:
   a. « C'est quoi les autres papiers dont j'ai besoin? » (citation 1)
   b. « Mais c'est pas la même chose en Belgique? » (citation 3)

→

3. Trouvez un synonyme pour « pas vrai? » (citation 2)
   a. en français courant
   b. en français soutenu
4. Relevez les structures négatives dans les citations 4 à 8. Que remarquez-vous?
5. Lisez les questions des citations 2 à 4 en faisant attention à l'intonation.
6. Écoutez les citations 1 et 5 sur votre *Audio Program* et répétez-les comme vous les entendez en vous mettant dans la peau des personnages.

1-9, 1-10

Source: *L'Auberge espagnole*

B. Réactions

1. Nous avons tous des idées préconçues sur les caractéristiques nationales. Faisons un inventaire de ces clichés. Quels stéréotypes est-ce que vous associez aux nationalités suivantes? Vous pouvez utiliser les suggestions et ajouter vos propres idées.

avoir	de l'humour, les yeux bleus/marron
être	blond(e), brun(e), grand(e), gros(se), petit(e), mince, désordonné(e) (bordélique [fam.]), chaleureux (-euse) (*warm*), cultivé(e), souvent en retard, excentrique, farfelu(e), froid(e), impulsif (-ive), matérialiste, ordonné(e), organisé(e), passionné(e), ponctuel(le), tête en l'air (*scatterbrained*)
autres verbes	(ne pas) réfléchir avant d'agir

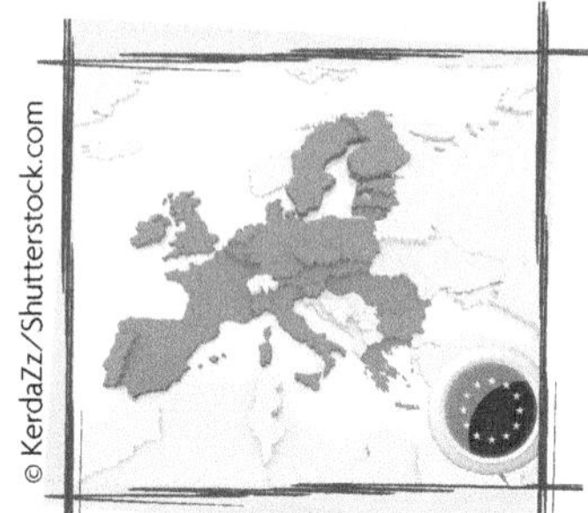
© KerdaZz/Shutterstock.com

Exemple: **On dit que les Anglais sont farfelus et qu'ils ont de l'humour.**

a. On dit que les Italiens...
b. On dit que les Espagnols...
c. On dit que les Allemands...
d. On dit que les Danois...
e. On dit que les Belges...
f. On dit que les Français...
g. On dit que les Américains...

2. D'où viennent les clichés? De la réalité? De la presse et de la télévision? Du cinéma? Est-ce que les clichés changent aussi vite que la société?
3. Quelle est l'attitude du réalisateur face aux stéréotypes nationaux? Est-ce qu'il en utilise? Est-ce qu'il les critique?

C. Les avantages d'un séjour à l'étranger

Imaginez que vous étudiez en France et que votre professeur vous demande de faire une recherche sur le programme Erasmus en interviewant un ancien participant francophone. Vous avez décidé d'interviewer Xavier ou Isabelle.

Review *Les adverbes interrogatifs* (page 235), *L'adjectif interrogatif* ***quel*** (pages 237–238), *Le pronom interrogatif* ***lequel*** (pages 238–239) and *Les pronoms interrogatifs* ***qui*** *et* ***que/quoi*** (pages 240–242).

1. Le témoignage d'une étudiante Erasmus

Avant de parler à Xavier ou Isabelle, vous devez établir une liste de questions et vous décidez de vous inspirer de témoignages (*accounts*) d'étudiants qui ont participé au programme Erasmus. Voici le témoignage de Monique, une étudiante belge qui a fait des études en Suède dans le cadre du programme Erasmus.

Après l'avoir lu, rédigez des questions qui correspondent aux différents passages numérotés qui sont en caractères gras (*bold*).

This account is based on feedback on the Erasmus program found online and modified for the purposes of this exercise.

Belgique – Monique

Quand je me suis inscrite au programme Erasmus, **je voulais surtout apprendre l'anglais, et j'avais envie de découvrir de nouveaux horizons (1). J'étais étudiante en médecine à l'Université Libre de Bruxelles (2).** Le responsable du programme à la faculté de médecine de mon université m'a proposé d'aller **à Stockholm, en Suède (3),** pour suivre les cours du Karolinska Institutet, qui sont enseignés en anglais. J'ai trouvé cette proposition intéressante, et je suis donc partie en septembre 1999.

Je suis restée trois mois à Stockholm (4), où j'ai suivi **des cours de pédiatrie en anglais (5).** En dehors des cours, j'ai fait la connaissance de nombreux Suédois et d'étudiants de nationalités diverses. **Je me suis familiarisée avec la nourriture suédoise, et j'ai appris à sauter toute nue dans un lac glacé en sortant du sauna. Le contact avec la nature m'a beaucoup plu. Par contre, j'ai eu du mal à m'habituer au fait que les jours sont très courts en Scandinavie en automne (6).** C'est déprimant.

Quand je suis rentrée en Belgique, j'ai poursuivi mes études de médecine et, comme j'avais adoré mes cours de pédiatrie en Suède, j'ai opté pour cette spécialisation. Depuis 2004, je travaille comme pédiatre dans un cabinet médical à Liège (7).

Je recommande fortement le programme Erasmus. **Mon expérience a été déterminante au point de vue professionnel, puisque mes études à Stockholm ont influencé mon choix de carrière. Mon séjour a été très enrichissant aussi pour ma vie personnelle. Je suis encore en contact avec plusieurs étudiants Erasmus (8).** En fait, je viens de me fiancer avec un Allemand que j'ai rencontré à Stockholm, et nous devons nous marier l'année prochaine. **Les paysages suédois nous manquent beaucoup (9),** alors nous avons décidé de faire notre voyage de noces en Suède.

Adapted from Union européenne - europa.eu

2. Les questions sur Erasmus

Sur une feuille séparée, écrivez des questions sur les passages en caractères gras.

1. Pourquoi est-ce que tu as participé au programme Erasmus?
2. Qu'est-ce que… ?
3. Où… ?

3. L'interview de Xavier ou Isabelle

Gardez les questions les plus intéressantes et transformez-les un peu si c'est nécessaire. Vous êtes prêt(e) à interviewer Xavier ou Isabelle. Faites l'interview oralement avec un(e) camarade de classe.

D. À l'écrit: La publication de votre interview

Vous avez décidé de publier l'entretien de Xavier ou Isabelle dans le journal de votre université. Sélectionnez cinq questions et formulez des réponses. Faites attention à varier la structure de vos questions et à utiliser le vocabulaire que vous avez appris dans le chapitre.

AVANT LE PROCHAIN COURS

Cahier: Faites les exercices de **Préparation à la lecture.**

LECTURE

A. Discussion

1. Quels rituels associez-vous à la vie d'un(e) étudiant(e) américain(e)? Savez-vous si ces rituels existent dans d'autres pays?
2. Avez-vous déjà parlé à des élèves ou étudiants étrangers? Qu'est-ce que vous avez appris sur les différences entre leur système universitaire et le vôtre?
3. Répondez à ces questions sur la vie aux États-Unis dans les années 1950.
   a. Qu'est-ce qui était différent de maintenant?
   b. Est-ce qu'il y avait beaucoup d'étudiants étrangers dans les universités américaines?
   c. D'après vous, comment est-ce qu'un(e) jeune Français(e) des années 1950 pouvait obtenir des informations sur la vie aux États-Unis?

B. *L'Étudiant étranger*

Le passage ci-dessous est extrait du roman *L'Étudiant étranger* (1986), de Philippe Labro. D'inspiration autobiographique, l'histoire raconte le séjour d'un jeune Français de dix-huit ans dans une petite université de Virginie en 1954. Le narrateur découvre une vie différente, marquée par de nombreux rituels. Il fait aussi l'expérience de la ségrégation (dans le sud des États-Unis dans les années 1950). Petit à petit, il améliore sa compréhension de la langue anglaise et arrive à s'intégrer à un monde nouveau pour lui. Le roman a eu un grand succès en France. Il a reçu un prix littéraire (le prix Interallié) en 1986.

How to Approach the Reading

The text is somewhat difficult because the narrator uses poetic and colloquial language. Rather than trying to understand every word, focus on grasping information about:
- the narrator (origins and personality)
- the university that provided his academic scholarship
- the differences that he noticed between the educational systems

1. La vie sur un campus américain

On partage tous notre chambre avec quelqu'un. On ne l'a pas choisi. Parfois ça tombe bien°, et l'autre peut devenir votre ami pour la vie. Parfois, c'est un désastre, mais au moins on est deux, et ça aide. … Je déteste mon compagnon de chambre. Je suis furieux contre le sort° qui m'a désigné un Autrichien pour partager ma vie pendant toute l'année universitaire.

Je croyais que c'était le sort. Maintenant, je vois bien qu'on nous avait accouplés parce que nous étions les deux étudiants étrangers, présents pour une année seulement, titulaires d'une bourse d'échange et que nous n'avions aucune chance, ni possibilité, de nous intégrer au système social que fabrique la vie d'université. Nous ne faisions pas partie du plan de modelage du citoyen américain°. Avec le recul°, je comprends le souci d'efficacité° de celui qui présida au choix de la répartition des chambres°. N'empêche°, ça m'a révolté, alors. J'ai vu assez vite, très vite même, et de façon lumineuse, que le fait de vivre avec l'autre étranger du campus allait faire de moi un garçon en marge, déclassé, une petite anomalie dans cette communauté si fermée et si dure à percer.

Je ne supporte pas° cela. Je veux me conformer. Je veux être américain comme eux, comme les *freshmen* (première année), les *sophomores* (deuxième année), les *juniors* (troisième année) et les *seniors* (dernière année), parce que je me dis que c'est la seule chance de survivre à l'immense solitude qui se profile devant moi. Ça m'exalte d'être là, dans cette vallée perdue de Virginie, sur ce campus si beau et si impeccable que j'en ai eu un coup à la poitrine° lorsque je l'ai découvert; ça m'exalte, parce que là-bas, loin, très loin, en France, mes frères ne le vivront jamais et les amis que j'ai laissés derrière moi, au lycée, au lendemain du bac philo°, eux aussi ont raté cette formidable aventure.

… Je me dis confusément ceci: Fenimore Cooper, Jack London, les films de Gary Cooper et de Rita Hayworth, la prairie, l'inconnu, l'appel américain, tu t'es nourri de tout cela dans ton enfance, mais t'y voilà, c'est là, et même si ça n'est pas ça, c'est ça! C'est « l'ailleurs° » auquel tu as tant aspiré et sur quoi tu écrivais des pages et des pages redondantes sur tes cahiers secrets d'écolier. Alors, je me plonge dans cette rivière et je veux devenir comme les Américains que je côtoie°, je change de peau°.

ça tombe bien: *you're lucky*
le sort: *fate*
nous ne faisions pas partie... américain: *we did not need to be turned into proper American citizens*
Avec le recul: *In hindsight*
le souci d'efficacité: *concern for efficiency*
la répartition des chambres: *room assignment*
N'empêche: *In any case*
Je ne supporte pas: *I can't bear*
j'en ai eu un coup à la poitrine: *literally, it hit me in the chest, i.e., I lost my breath*
au lendemain du bac philo: juste après le baccalauréat (*philosophy track*)
« l'ailleurs »: *the faraway place*
que je côtoie: *whom I interact with*
je change de peau: *literally, I change skin, I take on a new identity*

a. Compréhension

1. Associez chaque paragraphe de l'extrait ci-dessus à un titre.

_____ paragraphe 1 — a. Le rêve d'aventure
_____ paragraphe 2 — b. La peur d'être marginalisé
_____ paragraphe 3 — c. Le camarade de chambre
_____ paragraphe 4 — d. Le désir de se conformer

2. Avec qui est-ce que le narrateur partage sa chambre? D'après lui, pourquoi est-ce qu'on lui a assigné cette personne? Est-il content de ce choix?

3. Quel est le plus grand désir du narrateur pendant son séjour en Virginie?

4. À qui et à quoi est-ce qu'il associait les États-Unis quand il était en France?

5. Comment est-ce qu'il exprimait son rêve américain quand il était jeune?

6. Que savez-vous sur le narrateur et sur l'université où il a fait un échange?

b. Questions de langue

1. Dans le troisième paragraphe, le narrateur dit qu'il est exalté par son expérience américaine. Analysez le paragraphe pour déterminer comment le style exprime cette exaltation.
   a. Quels mots sont répétés?
   b. Quels adjectifs expriment l'admiration du narrateur?
   c. Quel adverbe renforce deux de ces adjectifs?
   d. Quel élément de ponctuation donne un rythme exalté aux phrases?

2. Cherchez les prépositions qui vont avec les verbes suivants.
   a. faire partie (ligne 8) (*to belong to, to be a part of*)
   b. se nourrir (ligne 23) (*to feed on, to be nourished by*)

3. Dans le dernier paragraphe, expliquez pourquoi le mot « américain » est en majuscules (*capitalized*) dans la phrase « je veux devenir comme les Américains » et en minuscules (*in lower case*) dans l'expression « l'appel américain ».

VOCABULAIRE UTILE
pour 1. d

les deux points: *colon*
le point: *period*
le point d'exclamation: *exclamation point*
le point d'interrogation: *question mark*
le point-virgule: *semi-colon*
la virgule: *comma*

For Questions de langue 3., refer to *Les noms et adjectifs de nationalité* (page 233).

2. Les rendez-vous

Heureusement, l'Autrichien ne parle pas français, nous nous adressons la parole en anglais. Nous échangeons, malgré° la sourde hostilité qui règne dans la pièce, les nouvelles expressions que nous avons recueillies°, l'argot° incompréhensible qu'il faut à tout prix assimiler. C'est notre seul combat commun: briser° la barrière du langage.

Un mot a très vite fait son apparition: *date*. C'est un verbe, c'est aussi un mot, ça veut dire un rendez-vous avec une fille, mais ça désigne la fille elle-même: je vais boire un verre avec une *date*. Une fille vous accorde une *date* et elle devient votre *date* régulière si vous sortez plus d'une fois avec elle. Si vous êtes un nouveau, et que vous ne connaissez pas de filles, on peut vous emmener en *blind date*—rendez-vous aveugle, c'est-à-dire que vous ignorez tout de la fille avec qui vous allez sortir ce soir-là, et c'est votre copain ou sa propre amie qui feront les présentations. Le rendez-vous aveugle peut conduire aux pires catastrophes, comme aux surprises miraculeuses. On peut tomber sur° des laiderons imbéciles et insupportables, on peut décrocher une fille exquise. Mais c'est plus rare, puisque les filles exquises ne prennent jamais le risque de sortir en aveugle. Et comme elles sont très demandées, elles exigent souvent de connaître à l'avance la qualité et le genre° du garçon avec lequel elles sortiront. Alors on se soumet à cette loi° et l'on va en voyage de reconnaissance chez les jeunes filles pour passer une espèce d'examen de pré-rendez-vous.

→

When tackling a text for the first time, be attentive to the structure of verbs. In this chapter, pay attention to the prepositions that follow certain verbs. You need to know them in order to formulate questions about the reading.

malgré: *in spite of*
que nous avons recueillies: *that we have culled/learned*
l'argot: *slang*
briser: *to break*
On peut tomber sur: *One can be paired up with, One can meet by chance*
le genre: *the type*
on se soumet à cette loi: *one obeys the law, plays the game*

C'est un rite, et je me suis aperçu ici, sans le formuler de façon aussi claire, que tout est rite, tout est cérémonie, signe, étape° d'un immense apprentissage°. Il y a un Jeu et des jeux à l'intérieur de ce grand Jeu de la vie américaine et tout mon être° aspire à les jouer… .

Il y a autre chose que j'ai bien vu, quelque chose de concret, de cruel, d'inévitable: si vous n'avez pas de voiture, vous êtes cuit°. Vous êtes une non-personne. Soit° vous en possédez une, soit vous faites alliance ou amitié avec un garçon qui roule en Ford, Chevrolet, Chrysler ou tous ces autres noms d'automobiles dont la sonorité me remplit de satisfaction. Les jeunes filles ne se trouvent pas si l'on va à pied. L'Autrichien va à pied. Il n'aura pas de *dates*. Moi, je veux y parvenir°. Je connais Pres et Pres conduit une Buick verte décapotable°, le veinard°!

étape: *stage*
apprentissage: *education*
tout mon être: *my whole being*
vous êtes cuit: *you are done for*
Soit... soit: *Either . . . or*
parvenir: *succeed*
décapotable: *convertible*
le veinard: *lucky dog*

a. Compréhension

1. Associez chaque paragraphe de l'extrait ci-dessus à un titre.

_____ paragraphe 1 a. Les rapports avec les jeunes filles
_____ paragraphe 2 b. L'importance des rites
_____ paragraphe 3 c. L'importance de la voiture
_____ paragraphe 4 d. Un point commun avec son camarade de chambre

2. Quel mot/rituel en particulier intrigue le narrateur? Pourquoi, à votre avis?

3. Qu'est-ce que c'est qu'un « rendez-vous aveugle »? Quels scénarios de « rendez-vous aveugle » sont mentionnés? Lequel est le plus probable, d'après le narrateur?

4. Qu'est-ce qui est absolument indispensable pour obtenir un rendez-vous? Comment le narrateur va-t-il faire pour réussir dans ce domaine?

b. Questions de langue

1. Trouvez la traduction des mots suivants dans le deuxième paragraphe.
   a. a date (the action)
   b. a date (the person)
   c. to date

2. Comment pourriez-vous reformuler ces expressions du texte (en utilisant un synonyme ou une expression équivalente)?
   a. nous nous adressons la parole (premier paragraphe)
   b. je me suis aperçu (troisième paragraphe)
   c. les jeunes filles ne se trouvent pas (dernier paragraphe)

3. Cherchez les prépositions qui vont avec les verbes suivants dans le deuxième paragraphe.
   a. conduire (ligne 11) (*to lead to*)
   b. tomber (ligne 12) (*to meet by chance*)
   c. se soumettre (ligne 16) (*to submit to*)

3. Les traditions de l'université

La Règle° de la Parole était l'une des deux traditions indestructibles de l'université, avec le port obligatoire de la veste et de la cravate. Il s'agissait de saluer verbalement (« *Hi!* ») toute personne que vous croisiez° ou de répondre à celle qui vous croisait, si elle vous avait salué en premier. Au début, j'avais été surpris, pas tellement° par l'idée de dire bonjour à un inconnu° qui traverse le campus, mais plutôt par la perspective d'avoir à le dire, et le dire et le dire et le redire, à longueur de journée°, quelle que soit mon humeur ou quelle que soit la tête de celui qui venait à ma hauteur°. Mais j'avais suivi la Règle. Ce n'était pas une loi écrite sur les murs du collège, mais enfin, comme° tout le monde le faisait, si vous ne le faisiez pas, vous passiez très vite pour un loup° solitaire ou un type mal élevé°, ou un type qui ne voulait pas jouer le jeu—ce qui revenait au même°. D'ailleurs, si par hasard° vous aviez négligé de respecter la Règle de la Parole, il se trouvait toujours quelqu'un, au moins une fois dans la journée, pour° vous le faire remarquer. Soit en appuyant de façon ironique sur le « *Hi!* » et en vous fixant droit dans les yeux, ce qui vous forçait à répondre. Soit en prévenant° le Comité d'Assimilation. Il y avait beaucoup de comités, de sociétés, de fraternités, d'associations, de clubs et d'unions sur ce petit campus et il me fallut quelque temps° pour comprendre leur utilité et les différencier les uns des autres, mais je sus° très vite à quoi servait le Comité d'Assimilation. Son nom était clair: il servait à vous assimiler, à bien vous faire prendre conscience des règles. On dit bonjour, on répond, on s'habille comme il faut°, on est un gentleman. Le comité était composé d'étudiants, comme tous les comités sur le campus, puisqu'il existait un gouvernement d'étudiants qui était élu une fois par an. Ce gouvernement travaillait parallèlement avec l'administration et la faculté.

ilippe Labro,
tudiant étranger
Éditions Gallimard;
ww.gallimard.fr

La Règle: *The Rule*
que vous croisiez: *that you met, came across*
pas tellement: *not so much*
un inconnu: *a stranger*
à longueur de journée: *all day long*
quelle que soit... ma hauteur: *whatever mood I was in or whoever crossed my path*
comme: *since*
un loup: *a wolf*
un type mal élevé: *a bad-mannered guy*
ce qui revenait au même: *which was the same thing*
par hasard: *by chance*
il se trouvait toujours quelqu'un... pour: *there was always someone . . . who*
en prévenant: *by warning*
il me fallut quelque temps: *it took me some time*
je sus: *I learned*
comme il faut: *appropriately*

a. Compréhension

1. Quelles étaient les « deux traditions indestructibles de l'université »?
2. Qu'est-ce que c'est que la « Règle de la Parole »? Quel aspect de cette règle surprend particulièrement le narrateur?
3. Comment étaient considérés et traités ceux qui ne respectaient pas la « Règle de la Parole »?
4. Quel autre aspect de l'université américaine a surpris le narrateur?

b. Questions de langue

1. Dans le texte, cherchez des synonymes pour les mots et expressions suivants.
   a. être considéré comme (ligne 9)
   b. ce qui était la même chose (ligne 10)
   c. correctement (ligne 20)
2. Cherchez les prépositions qui vont avec les verbes suivants.
   a. passer (ligne 9) (*to be considered*)
   b. négliger (ligne 11) (*to neglect to, to fail to*)
   c. forcer (ligne 14) (*to force to*)
   d. servir (ligne 18) (*to serve to*)
   e. prendre conscience (ligne 19) (*to become aware of*)
   f. être composé (ligne 20) (*be composed of*)

c. Réactions

1. Le narrateur utilise des mots anglais dans son texte. Pourquoi, à votre avis?
2. Est-ce que les particularités de l'université américaine citées par le narrateur existent toujours? Qu'est-ce qui a changé? Qu'est-ce qui n'a pas changé? Avez-vous l'impression qu'il existe beaucoup de « règles » (explicites ou non) dans la vie sociale des universités (ou des lycées) aux États-Unis?
3. Dans son enfance, le narrateur associait « Fenimore Cooper, Jack London, les films de Gary Cooper et de Rita Hayworth, la prairie, l'inconnu » aux États-Unis. D'après vous, qu'est-ce qu'un(e) jeune Français(e) d'aujourd'hui associe aux États-Unis?
4. Avez-vous déjà eu un rendez-vous aveugle? Avec qui? Qui l'a organisé? Êtes-vous tombé(e) sur un « laideron » ou sur un homme ou une femme « exquis(e) »? Racontez!

To review interrogative words and question formation, refer to **Grammaire** pages 235–241.

4. Quelle est la question?

Les extraits qui suivent sont tirés du premier passage de la lecture. Quelle question faut-il poser pour obtenir la réponse en italique? Faites attention aux verbes qui sont suivis d'une préposition.

1. « Je déteste *mon compagnon de chambre.* »
2. « ... on nous avait accouplés *parce que nous étions les deux étudiants étrangers...* »
3. « nous étions les deux étudiants étrangers, présents *pour une année seulement...* »
4. « *Ça* m'exalte *d'être là, dans cette vallée perdue de Virginie...* »
5. « ... *eux aussi [ils]* ont raté cette formidable aventure. »
6. « ... tu t'es nourri *de tout cela* dans ton enfance... »

5. Vous êtes le professeur

Vous préparez un questionnaire sur la lecture pour vérifier si vos étudiants ont compris les détails. Choisissez une des trois sections du texte et écrivez quatre questions sur cette section. Ensuite, posez-les à un(e) camarade de classe qui y répondra oralement.

AVANT LE PROCHAIN COURS

Cahier: Faites **Préparation à l'écriture.**

INTERACTIONS

This section contains activities that allow you to work creatively with the vocabulary and structures in the chapter.

A. Sketch (*Skit*)

Choisissez un sujet, préparez la scène et jouez-la devant la classe.

1. Imaginez une conversation entre Xavier et son père. Son père veut savoir pourquoi il a abandonné son poste de fonctionnaire (*civil servant/government employee*) pour devenir écrivain. Il l'encourage à reconsidérer sa décision.
2. Imaginez la conversation de Martine et Xavier pendant leur dernier rendez-vous.

3. De retour en France, Xavier parle à un copain du couple de Français qu'il a rencontré à Barcelone. Jouez le dialogue.
4. Un entretien pour trouver un(e) colocataire:

   Vous louez un appartement avec trois autres personnes. Un(e) de vos colocataires a fini ses études et vous voulez le/la remplacer. Avec les deux autres colocataires, réfléchissez aux questions que vous voulez poser à un(e) nouveau (nouvelle) colocataire, puis organisez un entretien avec un(e) candidat(e).

Fox Searchlight Pictures/Photofest

Le parc Güell, à Barcelone

B. Exposé

Préparez un des sujets à la maison pour le présenter en classe.

1. Présentez un séjour que vous avez fait à l'étranger. Décrivez les circonstances de votre séjour, puis parlez des difficultés que vous avez rencontrées et de ce que vous avez appris.
2. Interviewez un(e) étudiant(e) étranger (-ère) sur le campus et posez-lui des questions sur les différences entre l'université et les études dans son pays (n'oubliez pas d'incorporer des questions suggérées par le texte *L'Étudiant étranger*). Vous pouvez faire votre présentation de deux manières: (1) sous forme d'exposé ou (2) sous forme d'interview, en invitant la personne en classe.
3. Faites une présentation sur Barcelone en incluant des endroits que Xavier et Anne-Sophie ont visités ensemble, comme le parc Güell ou l'église de la Sainte Famille (*Sagrada Familia*).

Use French-language sites on the Internet to research question 3.

For extra practice with the vocabulary in this chapter, refer to the web quizzes at www.cengagebrain.com.

Liste de vocabulaire

Les études

Noms

college, university *une université, une fac*
graduation *la remise des diplômes*
bachelor's degree *la licence*
master's degree *la maîtrise; le master*
PhD *le doctorat*
higher education *l'enseignement supérieur*
law school *la fac(ulté) de droit*
lecture class *un cours magistral, un cours en amphi(théâtre)*
medical school *la fac(ulté) de médecine*
registration *l'inscription (f.)*
subject *une matière*
tuition and fees *les frais universitaires*

Verbes

to attend (a class) *assister à / suivre* (irrég.) *un cours de*
J'assiste à un cours de chimie. Je suis un cours de chimie.
to attend (an institution) *aller à / être étudiant à / étudier à / faire des études à*
Je vais/Je suis étudiant à l'Université de Californie.
to be a freshman, sophomore, junior, senior *être (étudiant[e]) en première, deuxième, troisième, quatrième année*
to graduate obtenir (conjugué comme *tenir) un diplôme*
Je vais obtenir mon diplôme dans deux ans.

→

Unlike the other vocabulary, the vocabulary related to studies is grouped together and presented in English first. This is because it is high-frequency, often difficult vocabulary. There are many false cognates and words that do not have exact cultural and linguistic equivalents. Refer to **Lecture** (page 30) to see how *L'Étudiant étranger* highlights some of these linguistic difficulties.

The translations for diplomas are those typically found in dictionaries. Because university studies are more specialized in France, some American universities recognize the DEUG, a degree granted after two years, as the equivalent of a bachelor's degree.

to major in something *se spécialiser en / être étudiant(e) en / faire des études de*
Je me spécialise en histoire. Je suis étudiant(e) en géologie. Je fais des études de marketing.
to major in engineering/to get an engineering degree *faire des études d'ingénieur*
to major in nursing/to get a nursing degree *faire des études d'infirmier (-ère)*
to minor in something *avoir/préparer/faire une sous-spécialisation en*
Je prépare une sous-spécialisation en sciences politiques.
to pass an exam *réussir (à) un examen* (comme *finir*)
to register (at the university, for a class) *s'inscrire (à la fac, à un cours)* (comme *écrire*)
to take a class *suivre* (irrég.) *un cours*
to take an exam *passer un examen*

Adjectifs

agaçant(e) *irritating, annoying*
à l'aise/mal à l'aise *at ease/ill at ease*
amoureux (-euse) (de) *in love (with)*
amusant(e) *amusing, funny*
angoissé(e) *anxious*
asocial(e) *antisocial*
calme *calm*
coléreux (-euse) *prone to anger*
confus(e) *confused*
désordonné(e) *messy (for a person or a place)*
discipliné(e) *disciplined*
émotif (-ive) *emotional (for a person)*
enrichissant(e) *rewarding, fulfilling*
étranger (-ère) *foreign*
gay, homosexuel(le) *gay*
gentil(le) *kind, nice*
immature *immature*
inconnu(e) *unknown*
insupportable *unbearable*
lesbienne *lesbian*
maniaque *particular, fussy*
mûr(e) *mature*
naïf (-ïve) *naive*
ordonné(e) *clean, orderly (for a person or a place)*
ouvert(e) (à) *open (to)*
perdu(e) *lost*
propre *clean*
réservé(e) *reserved*
sale *dirty*
sérieux (-euse) *serious*
sociable *sociable*
stéréotypé(e) *stereotypical*
travailleur (-euse) *hardworking*
vieux jeu (invariable) *old-fashioned*

Noms

une auberge *inn*
une baignoire *bathtub*
une bourse *scholarship*
la bureaucratie *bureaucracy*
une caricature *caricature*
un cliché *cliché*
la cohabitation *living together*
un(e) colocataire *housemate/roommate*
la colocation *sharing the rent, shared rental*
un CV (curriculum vitæ) *résumé*
le désordre *mess*
un dossier *file, dossier*
un écrivain *writer*
les effets (m.) spéciaux *special effects*
un entretien d'embauche *job interview*
un formulaire *form*
une image numérique *digital image*
un(e) inconnu(e) *stranger*
la langue maternelle *native language*
une lettre de motivation *statement of purpose*
un logement *place to live, housing*
le loyer *rent*
la maturité *maturity*
l'ordre (m.) *tidiness, order*
l'ouverture (f.) d'esprit *open-mindedness*
un poste *position, job*

un prêt *loan*
un programme d'échange *exchange program*
un(e) propriétaire *owner, landlord*
un récit d'éducation/d'apprentissage/de formation *a coming-of-age story*
un réfrigérateur (frigo) *refrigerator (fridge)*
une règle *ruler (to draw lines); rule, regulation*
un rendez-vous *appointment; date*
un séjour *stay*
un stéréotype *stereotype*
les tâches (f.) ménagères *household chores*
un tournant *turning point*
la voix off *voice-over*

Verbes

avoir du mal à faire quelque chose *to have difficulties doing something*
avoir le coup de foudre *to fall in love at first sight*
blesser *to hurt; to hurt someone's feelings*
cohabiter *to live together*
emménager (comme *voyager*) *to move in*
faire la connaissance de quelqu'un *to meet someone*
faire une demande de *to apply for (a scholarship, a loan, a passport)*
faire le ménage *to do the housework*
héberger (comme *voyager*) *to put (someone) up*
louer *to rent; to lease*
manquer à quelqu'un *to be missed by someone (tu me manques: I miss you)*
nettoyer (voir *nettoyer*) *to clean*
parler couramment *to speak fluently*
partager (comme *voyager*) *to share*
participer (à) *to take part (in)*
permettre (comme *mettre*) à quelqu'un de faire quelque chose *to allow someone to do something*
plaire (irrég.) à quelqu'un *to be liked by someone (il me plaît: I like him)*
quitter (une personne, un endroit) *to leave (a person, a place)*
recevoir (irrég.) *to receive; to get*
remplir (comme *finir*) *to fill; to fill out*
rompre (irrég.) (avec) *to break up (with)*
s'adapter (à) *to adapt (to)*
se disputer *to fight, to have an argument*
s'entendre (bien) *to get along (well)*
se fâcher (contre quelqu'un) *to get angry (at someone)*
se familiariser avec *to familiarize oneself with*
s'habituer à *to get used to*
s'identifier à *to identify with*
se quitter *to say good-bye; to separate*
se retrouver *to meet again; to see one another again*
se sentir + adjectif (comme *partir*) *to feel + adjective*
supporter *to stand, to bear*

Present-tense verb conjugation is reviewed in the *Chapitre préliminaire* (page 225); the Appendix on page 336 includes conjugation patterns. When there is no reference after a verb in the **Liste de vocabulaire,** it means that the verb follows a regular **-er** or **-re** pattern. For **-ir** verbs, you will be referred to the conjugation of **finir** or **partir**. Irregular verbs marked "irrég." are found in the Appendix, as well as **aller, avoir, être,** and **faire.** Irregular verbs that follow a specific pattern are followed by "conjugué comme...," and the verb whose pattern they follow is conjugated in the Appendix (for example, you can find the conjugation of **obtenir** by looking up **tenir**).

Each verb is listed with the preposition that follows it. For example: **s'adapter (à)** *to adapt (to)*. When the verb can be used on its own (without the preposition), the preposition is in parentheses. In the case of **s'adapter,** one can say **je m'adapte facilement** as well as **je m'adapte à ma nouvelle vie.** When the verb cannot be used without the preposition, there are no parentheses, as is the case with the verb **s'identifier à** (**je m'identifie à ma mère**).

Adverbes et expressions adverbiales

ailleurs *elsewhere*
à l'étranger *abroad*
en désordre *messy (for a place)*
en ordre *clean, orderly (for a place)*

Refer to the Appendix on page 330 for explanations on **manquer** and **plaire.**

Refer to the Appendix on page 334 for explanations on **sentir, ressentir,** and **se sentir.**

Refer to the Appendix on pages 332–333 for explanations on **quitter** and **partir.**

Vocabulaire familier (entendu dans le film)

Noms

le bordel *chaos, mess*
la galère *hell (C'est la galère.)*
une meuf = une femme
un toubib = un médecin

According to one explanation, **baragouiner** comes from the Breton words **bara** (*bread*) and **gwin** (*wine*). Legend has it that soldiers from Brittany requested more bread and wine during the war of 1870, but the French-speaking officers did not understand their regional language and thought that they did not make any sense, hence the meaning of **baragouiner**. (Source: vouloirtoujourstoutsavoir.blogspot.com)

Verbes

baragouiner = mal parler une langue
bouffer = manger
débarquer = arriver
embêter = ennuyer (*to bother, to annoy*)
galérer (comme *préférer*) = passer des moments difficiles
paumer = perdre
plaquer quelqu'un = rompre avec quelqu'un
s'éclater = beaucoup s'amuser
s'engueuler = se disputer
se tirer = s'en aller, partir

Adjectifs et adverbes

coincé(e) = très mal à l'aise *(inhibited)*
cool = bien
dégueulasse = très sale, dégoûtant(e)
gaulois(e) = français(e)
mortel(le) = très ennuyeux (-euse)
sympa = sympathique
vachement (adverbe) = très (il est vachement sympa)

Vocabulaire supplémentaire

Noms

un accéléré *fast action*
la Bourse *stock exchange*
le cerveau *brain*
un examen par IRM (imagerie par résonance magnétique) *MRI*
une mouche *fly*
un neurologue *neurologist*
une panne d'électricité *power outage*
un split screen *split screen*
un téléphérique *cable car*
le tiers-monde *Third World*
le vertige (avoir le vertige) *vertigo; dizziness (to be dizzy)*

Verbes

avoir le mal du pays *to be homesick*
faire des analyses *to undergo medical tests*
s'évanouir (comme *finir*) *to faint*

Chapitre 2

L'EXIL ET LA PERTE

Music Box Films/Photofest

Monsieur Lazhar

Réalisateur: Philippe Falardeau, Québec, Canada (2011); 94 minutes

D'après la pièce de théâtre *Bashir Lazhar* (2002) d'Évelyne de la Chenelière.

Set in Montreal, the film for this chapter tells the story of an Algerian political refugee who is hired to replace a sixth-grade teacher after she has hanged herself in the classroom. The vocabulary and grammar will enable you to discuss themes of immigration and loss in the context of the film. You will also talk about the people and events that have marked your own childhood and adolescence. The reading by Haitian author Emmelie Prophète will deepen your understanding of issues of exile and loss.

Les personnages:
Les adultes: Bachir Lazhar (Mohamed Fellag), Mme Vaillancourt (Danielle Proulx), Claire Lajoie (Brigitte Poupart), Julie Latendresse (Nicole-Sylvie Lagarde), Gaston (Jules Philip), Martine Lachance (Héléna Laliberté), Mme L'Écuyer (Évelyne de la Chenelière)

Les enfants: Alice L'Écuyer (Sophie Nélisse), Simon (Émilien Néron), Marie-Frédérique (Marie-Ève Beauregard), Victor (Vincent Millard), Abdelmalek (Seddik Benslimane), Boris (Louis-David Leblanc), Shanel (Marianne Soucy-Lord)

- 6 Génie: meilleur film, meilleure réalisation, meilleur montage, meilleur premier rôle masculin (Fellag), meilleur rôle féminin de soutien (Sophie Nélisse) et meilleure adaptation (2012)
- 5 Jutra: meilleur film, meilleure réalisation, meilleur acteur de soutien (Émilien Néron), meilleure actrice de soutien (Sophie Nélisse) et meilleure scénario (2012)
- Meilleur film canadien — Festival du film international de Toronto (2012)
- Prix spécial du jury — Festival du film francophone de Namur (2012)
- Prix Variety — Festival de Locarno (2012)
- Prix du public québécois (2012)

Entrée en matière

A. Discussion

1. Connaissez-vous Montréal? Qu'évoque pour vous cette ville francophone? Comment est le climat? Quel est le sport national du pays? Le français utilisé y est-il différent?
2. Comment imaginez-vous l'Algérie? Où se trouve ce pays? Quelle relation existe-t-il entre la France et l'Algérie?
3. Pensez à une ou deux personnes qui, dans votre enfance, ont eu une grande influence sur vous. Qui étaient ces personnes? Pourquoi étaient-elles importantes?
4. Est-ce que vous aimiez aller à l'école quand vous aviez douze ans? Étiez-vous bon(ne) élève? À quoi associiez-vous l'école?

B. Le Québec

L'action du film se passe à Montréal, la métropole économique et la plus grande ville de la province du Québec avec près de 2 millions d'habitants. Cependant, la ville de Québec est la capitale de la province, même s'il n'y a qu'un peu plus de 516 000 habitants. L'histoire québécoise est étroitement liée à celle de la France et débute en 1534 lorsque le roi de France François Ier charge Jacques Cartier d'explorer l'Amérique du Nord. Cartier découvre le Québec, qu'il nomme Canada, région qui était alors habitée par les autochtones. Sous Henri IV, la colonisation de cette partie du Canada, appelée alors Nouvelle France, commence avec, notamment, la création de la ville de Québec par Samuel de Champlain en 1608. Après de nombreuses guerres civiles qui divisent le Canada, Louis XV cède la colonie aux Britanniques en 1763. La Nouvelle France disparaît et la province s'appelle désormais Québec. Celle-ci n'oubliera jamais son héritage français et ne cessera de promouvoir sa différence culturelle. Depuis 1978, par exemple, on trouve la devise du Québec, « Je me souviens », sur les plaques d'immatriculation des véhicules de « la belle province ».

Le Québec est réputé pour son climat continental, ce qui inclut un hiver long, froid et rude durant lequel des activités sportives et des événements culturels ont lieu, notamment le « Carnaval de Québec », le plus grand carnaval d'hiver au monde. L'origine de cette grande fête populaire date de l'époque de la Nouvelle France, où les habitants se réunissaient pour festoyer avant la période du Carême. Depuis, ce carnaval est devenu une activité hivernale incontournable qui se déroule chaque année de la fin janvier à la mi-février.

Le cinéma québécois est un art fort respecté et encouragé par des aides financières gouvernementales. C'est le deuxième cinéma francophone le plus important (par son nombre de productions) après celui de la France. Les années 1960–1970 ont vu l'arrivée d'une génération de réalisateurs majeurs comme Claude Jutra (1930–1986) et Michel Brault (1928–2013), dont les œuvres respectives *Mon oncle Antoine* (1971) et *Les ordres* (1974) sont des miroirs de la société québécoise. Le «prix Jutra» a été créé en 1999 pour récompenser le meilleur cinéma québécois de l'année.

En 1971, on a également créé le «Festival du nouveau cinéma», qui n'a cessé de s'agrandir et montre chaque octobre une sélection de films du monde entier. La section « Focus» est exclusivement réservée aux films de réalisateurs québécois.

Philippe Falardeau fait partie d'une nouvelle génération de réalisateurs qui, depuis les années 1990, a redonné de la vitalité au cinéma québécois. Falardeau aime assez le cinéma naturaliste, et la réalité tient une place importante dans ses films. Ainsi on remarque son penchant pour les thèmes sociaux et politiques avec un intérêt particulier pour l'enfant et sa psychologie. Falardeau a réalisé trois longs métrages avant *Monsieur Lazhar* (2011): *La moitié gauche du frigo* (2000), *Congorama* (2006) et *C'est pas moi, je le jure!* (2008).

1. Compréhension

1. Quelle est la capitale du Québec? Quelle ville a le plus d'habitants?
2. Qui est Jacques Cartier? Quelle est son importance dans l'histoire du Québec?
3. Quand est-ce que la Nouvelle France a été établie? Qui a joué un rôle essentiel dans cet événement? Expliquez.
4. Que s'est-il passé en 1763? Quel est le rapport avec « Je me souviens »?
5. Qu'est-ce que le « Carnaval de Québec »?
6. Quelle est l'importance du cinéma québécois? De quoi parle-t-il majoritairement?
7. Quel type de cinéma Philippe Falardeau fait-il?

2. Réactions

1. À votre avis, comment la proximité géographique du Canada anglophone et des États-Unis influence-t-elle la culture et la langue québécoises?
2. En vous basant sur ce que vous savez du Québec et ce que vous venez de lire, imaginez comment Philippe Falardeau va représenter la société québécoise.

C. Lecture d'un compte rendu sur le film

Voici un compte rendu sur le film paru dans *La Croix* le 5 septembre 2012. Lisez-le pour avoir une idée du film et des thèmes qu'il aborde, puis répondez aux questions.

1. Préparation

1. Indiquez l'infinitif des verbes conjugués qui suivent.
   a. s'est pendue (ligne 2)
   b. se plaignent (ligne 14)
   c. renvoient (ligne 58)
2. Devinez la signification des adjectifs suivants en vous aidant de leur ressemblance avec des mots français ou anglais que vous connaissez.
   a. maladroit (ligne 7)
   b. capital (ligne 41)
   c. valorisée (ligne 61)

2. « Monsieur Lazhar » ou le poids de la mort et les secrets de l'exil

le poids: the weight
des méthodes surannées: outdated methods
d'ailleurs: from elsewhere
soudée: united
tâtonne: gropes around
les témoins: the witnesses
se resserre: tightens
le sort: the fate
la pudeur et la retenue: modesty and restraint
désarroi: distress
œuvre: work

La Croix
5 septembre 2012

Jean-Claude Raspiengeas

Dans une école de Montréal, une enseignante s'est pendue dans sa classe, à l'heure de la récréation. Quelques jours plus tard, un homme d'origine algérienne se présente pour prendre le poste. Il dit qu'il a déjà enseigné.

Maladroit, portant sur ses épaules le poids° et les mystères de l'exil, Bachir Lazhar se montre appliqué mais avec des méthodes surannées° (dictées, leçons de grammaire, lectures de Balzac, attachement à la langue française) que rejettent les élèves et dont se plaignent les parents.

Pourtant, cet homme discret venu d'ailleurs° se fait adopter, sans renoncer à ses principes, en observant, en écoutant la petite communauté humaine autour de lui, soudée° par un lourd secret qui pourrait expliquer le geste désespéré de l'enseignante.

Il s'attache à ses élèves, aux personnalités variées, et tâtonne° dans ce monde nouveau où sa différence est respectée [...] Bachir Lazhar, en attente d'être accepté par les autorités comme réfugié politique, cache un drame qui a dévasté sa vie et l'a brutalement poussé à fuir son pays.

Tout en délicatesse et en finesse psychologique, ce film de Philippe Falardeau *(La moitié gauche du frigo, Congorama)* avance en douceur, teinté par une belle palette de sentiments, jouant sur des touches d'émotion et d'humour léger [...]

Deux élèves ont été les témoins° de la pendaison et portent en eux les traces de ce traumatisme qui se resserre° [...] sur un épisode capital. Parallèlement, sans que personne ne le devine, le sort° de Bachir Lazhar est suspendu à une décision administrative.

Philippe Falardeau traite subtilement de questions délicates comme la mort, le deuil, la culpabilité, la douleur, la tristesse, l'exil, l'intégration, la compassion, la solidarité. Magnifique dans la pudeur et la retenue°, Fellag, acteur algérien qui a trouvé refuge au Québec dans les années soixante-dix avant d'enchaîner les succès au théâtre en France, interprète Bachir Lazhar avec une justesse de jeu, une gravité [...], une empathie face aux incertitudes et au désarroi° de l'enfance qui renvoient aux tourments secrets de son personnage.

[...] La communauté des enseignants est aussi valorisée. Adaptée du monologue écrit par Évelyne de la Chenelière, cette belle œuvre° [...] témoigne de la vitalité inspirée du cinéma québécois.

How to Answer Questions about a Reading

Avoid general answers by referring to specifics in the passage. Note line numbers in your responses so you can refer your classmates to the words you are citing.

3. Compréhension

1. Où se situe l'action du film *Monsieur Lazhar*?
2. Qui est Bachir Lazhar? Quelle est sa nationalité? Pourquoi les élèves et les parents ne l'apprécient-ils pas au début?
3. Bachir Lazhar se fait-il accepter? Justifiez votre réponse.
4. À votre avis, pour quelles raisons Bachir Lazhar a-t-il dû quitter son pays?
5. Quelles sont les qualités de ce film?
6. Quels sont les deux grands drames du film?
7. En quoi Fellag ressemble-t-il à son personnage Bachir Lazhar?
8. Quelle est l'origine du film *Monsieur Lazhar*?

4. Réactions

1. D'après vous, quels sont les thèmes importants du film?

2. Comment l'affiche du film illustre-t-elle les informations que vous avez trouvées dans le compte rendu?

5. Questions de langue

1. Trouvez un synonyme dans le texte pour:
a. une maîtresse (paragraphe 1)
b. un travail (paragraphe 1)
c. abandonner (paragraphe 3)
d. une action malheureuse (paragraphe 3)
e. une tragédie (paragraphe 4)
f. un immigré (paragraphe 4)
g. l'assimilation (paragraphe 7)
h. un sentiment de pitié, de sympathie (paragraphe 7)

2. Qu'est-ce que le pronom d'objet direct « l' » remplace (ligne 29)?

D. Visionnement d'une séquence
(avec son, sans sous-titres)

Du début du film jusqu'au moment où on voit la directrice, Mme Vaillancourt, de dos (5'44). Lisez les questions ci-dessous, puis regardez la scène en faisant bien attention aux sons. Répondez ensuite aux questions.

1. Compréhension

1. Qu'est-ce qui se passe dans cet extrait? À quelle période de l'année sommes-nous?

2. Quelles émotions voyez-vous sur le visage du garçon?

2. Réactions

1. Quels sons entend-on à l'extérieur, puis à l'intérieur?

2. Comment Falardeau établit-il un contraste visuel entre l'extérieur et l'intérieur?

E. Deuxième visionnement de la séquence
(avec son, sans sous-titres)

Lisez les questions ci-dessous, puis visionnez la scène en faisant bien attention aux dialogues. Répondez ensuite aux questions.

1. Compréhension

1. Qu'est-ce qu'on entend à l'arrière-plan (*in the background*) avant que les deux enfants ne parlent?
a. « Il va faire une belle journée. »
b. « Au revoir, mon chéri. »
c. « Merci. Bonne journée. »

2. La fille demande au garçon _______.
a. où il était
b. ce qu'il a fait
c. pourquoi il est en retard

3. Quelle question est-ce que la fille pose ensuite?
   a. « C'est ton tour pour les berlingots? »
   b. « C'est pas ton jour pour les berlingots? »
   c. « C'est quand ton tour pour les berlingots? »
4. Que dit l'enseignant qui siffle après l'élève?
   a. « Où tu vas? »
   b. « Où est-ce que tu vas? »
   a. « Où vas-tu? »
5. L'enseignante qui arrive dans le couloir en courant dit à tous les ________ de garder leurs manteaux.
   a. étudiants
   b. enfants
   c. élèves
6. Quelle phrase l'enseignante répète-t-elle trois fois?
   a. « On retourne dans la cour. »
   b. « On retourne dans la classe. »
   c. « On ne retourne pas dans la classe. »

2. Réactions

1. Décrivez la relation entre les deux enfants et leurs réactions dans cette scène. Comment imaginez-vous la suite du film?
2. Quelles émotions ressentez-vous après avoir vu cette première séquence?
3. Pourquoi est-ce qu'un homme repeint la salle de classe? Que pensez-vous des couleurs choisies? Que symbolisent-elles?

F. Préparation au visionnement du film

Viewing Tips

Notice:
- camera movements, close-ups, and sounds
- the use of Quebecois vocabulary (Refer to the list of **Vocabulaire québécois** on page 60.)

Ask yourself:
- How do the children cope with their teacher's suicide?
- What is Bachir's impact on his pupils?

Anticipate:
- difficulties understanding Quebecois pronunciation

En regardant le film, faites attention aux aspects suivants et prenez des notes.

1. Les personnages: Quelle est la signification des prénoms et noms de famille des personnages?
2. L'esthétique du film: Quels décors voit-on? Où est placée la caméra? Quelle est l'importance de la musique?
3. Le français utilisé dans le film: Quelles sont les différences de prononciation et de vocabulaire?

AVANT LE PROCHAIN COURS

1. *Monsieur Lazhar:* **Regardez le film.**
2. ***Manuel:*** **Étudiez *L'imparfait* (pages 244–247) et faites les exercices des sections Application immédiate 1 à 3.**
3. ***Cahier:*** Faites **Les mots pour le dire.**

Les mots pour le dire

A. Définitions

1. Le mot juste

Quels mots correspondent aux descriptions suivantes?

1. difficile
2. ne pas dire la vérité (verbe)
3. le nouveau pays où l'immigré habite
4. sentiment que l'on ressent quand on est isolé, seul
5. ce que fait quelqu'un qui ne peut pas rester dans son pays
6. petite table où les élèves s'assoient
7. un adjectif qui décrit quelqu'un qui a subi un choc
8. ce que font les parents quand leurs enfants font des bêtises (verbe)
9. un adjectif qui décrit une personne bien adaptée à sa nouvelle culture
10. grande douleur qu'on ressent après la mort de quelqu'un

Références à consulter
- Liste de vocabulaire, page 58
- Votre dictionnaire personnel (page 25, *Cahier*)

2. Vos définitions

Inventez des définitions pour trois mots de la **Liste de vocabulaire** à la page 58.

B. Le français québécois

Associez les phrases de la première colonne (expressions québécoises) à celles de la deuxième colonne (équivalents français).

_____ 1. Niaise-moi pas.	a. Son mari n'est pas venu.
_____ 2. Son chum n'est pas venu.	b. La situation a été difficile pour elle.
_____ 3. Veux-tu un lift?	c. Elle m'a embrassé.
_____ 4. Elle m'a donné un bec.	d. Ne me dis pas n'importe quoi.
_____ 5. Elle a trouvé ça tough.	e. Elle est devenue folle.
_____ 6. Elle a pété sa coche.	f. Je peux te déposer quelque part?

C1. Références à consulter:
- *Les prépositions avec les villes, les pays et les États américains (page 232)*
- *Les prépositions* (page 329)

C. Situations

Dans cette section, vous allez vous remémorer les activités quotidiennes d'Alice, puis vous allez comparer votre vie à l'âge de 12 ans à celle d'Alice.

1. La vie d'Alice

Complétez les phrases en utilisant une des prépositions suivantes.

à au chez dans de en
Ø (pas de préposition)

Quand elle avait une douzaine d'années, Alice vivait _______ (1) Montréal, une grande ville située _______ (2) Québec. Elle habitait _______ (3) une petite maison avec sa mère. _______ (4) Le (le) matin, Alice mettait son uniforme et elle allait _______ (5) l'école _______

© Vlad G/Shutterstock.com

Un hiver à Québec

(6) pied. En général, elle n'était pas _______ (7) retard. Chaque jour, elle mangeait _______ (8) la cantine _______ (9) midi. Pendant la récréation, elle jouait _______ (10) la cour avec ses copines. Parfois, elle préférait parler _______ (11) Monsieur Lazhar. L'après-midi, elle rentrait _______ (12) l'école, elle faisait ses devoirs et regardait la télé. Quand sa mère était en voyage, elle allait parfois _______ (13) sa voisine. _______ (14) Le (le) soir, elle se couchait tôt et rêvait qu'elle était _______ (15) Alger, _______ (16) Algérie.

2. Et vous?

Comparez votre vie à l'âge de 12 ans à celle d'Alice. Avec un(e) partenaire, répondez aux questions oralement.

1. Où habitiez-vous?
2. Comment était votre maison?
3. Où et comment alliez-vous à l'école?
4. Portiez-vous un uniforme?
5. Où preniez-vous votre déjeuner?
6. Que faisiez-vous après les cours?
7. Comment vous amusiez-vous?
8. De quoi rêviez-vous?

1-12

D. À l'écoute: L'Algérie

Le texte que vous allez entendre présente quelques étapes importantes de l'histoire de l'Algérie. Lisez les questions, puis écoutez le passage et vérifiez si vous avez compris en répondant aux questions.

1. L'Algérie est un pays _______.
   a. d'Afrique du Nord
   b. d'Afrique de l'Ouest
   c. d'Afrique subsaharienne
2. Les premiers habitants d'Algérie étaient les _______.
   a. Berbères
   b. Français
   c. Indiens
3. La France a commencé à coloniser l'Algérie _______.
   a. au 18e siècle
   b. au 19e siècle
   c. au 20e siècle
4. Les pieds noirs sont originaires _______.
   a. d'Afrique
   b. d'Amérique
   c. d'Europe
5. La guerre entre la France et l'Algérie a duré _______.
   a. 5 ans
   b. 8 ans
   c. 10 ans
6. L'Algérie est devenue indépendante en _______.
   a. 1865
   b. 1954
   c. 1962
7. La langue officielle du pays est _______.
   a. l'arabe
   b. l'espagnol
   c. le français

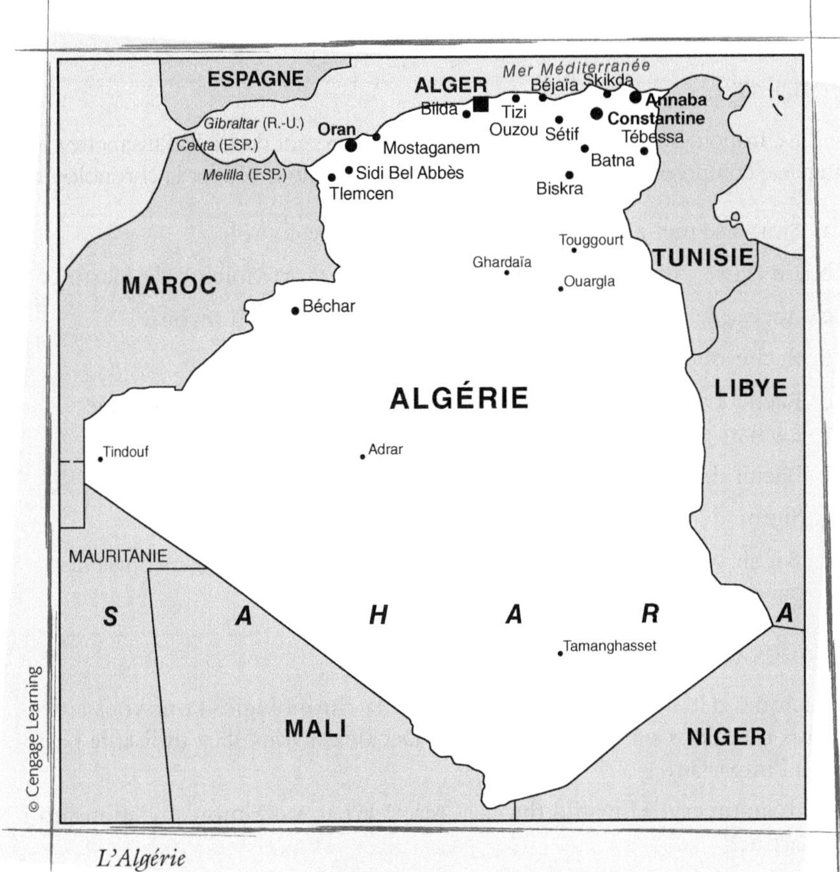

L'Algérie

Les lieux du film
Alger: C'est l'endroit où Bachir Lazhar habitait avec sa famille. On dit « Alger la Blanche » en référence à la blancheur de ses immeubles et bâtiments.
Montréal: C'est la ville natale d'Alice et la ville d'accueil de Bachir Lazhar.

AVANT LE PROCHAIN COURS

1. ***Manuel:*** Étudiez *Le passé composé* (pages 247–251) et *Le passé composé et l'imparfait* (pages 252–255) et faites les exercices des sections **Application immédiate 4 à 11.**
2. ***Cahier:*** Faites **Préparation à la discussion.**

Alger la Blanche

DISCUSSION

The education system in Quebec is slightly different from that of France or the United States. Quebecois education starts at age five with **la maternelle** (Kindergarden) and with **l'école primaire** (grade 1-6). **L'école secondaire** (Secondary school – middle school and high school) is five years (grades 7-11). Then students can spend two years in **l'enseignement collégial** (pre-university – grades 12-13) or three years in **l'enseignement collégial technique.** This adds up to thirteen years of pre-university studies (as opposed to twelve years in American, French, and other Canadian provinces). In *Monsieur Lazhar,* the 6th graders are considered elementary school students.

A. Chronologie

Rétablissez la chronologie des scènes du film en les numérotant de 1 à 8. Puis mettez les phrases au passé composé et lisez-les à voix haute en classe pour vérifier la chronologie.

__7__ a. Simon se met à pleurer en classe, et Bachir le console.
__4__ b. En classe, Alice fait une présentation sur la mort violente de Martine.
__8__ c. Alice se jette dans les bras de Bachir pour lui dire au revoir.
__6__ d. Bachir obtient le statut de réfugié politique.
__2__ e. Bachir Lazhar propose à Mme Vaillancourt de remplacer Martine Lachance.
__3__ f. Bachir donne une dictée extraite d'un livre de Balzac aux élèves.
__1__ g. Simon découvre Martine Lachance morte dans la salle de classe.
__5__ h. Bachir va dîner chez Claire. Ils parlent de ses voyages dans plusieurs pays africains.

B. Quelques détails

Ajoutez quelques détails pour chaque phrase de la chronologie. Pour vous aider, répondez aux questions suivantes en français. Décidez si vous allez utiliser le passé composé ou l'imparfait.

a. Why did Simon cry? How did the class react? What was Simon's relationship with Martine?

b. What type of student was Alice? What did she say in her presentation? Why was it an important scene?

c. Why did Bachir have to leave the school?

d. What justification was given for this new status? What was his life like in Algeria?

e. What were his qualifications?

f. What did the students think about the dictation and Bachir's pedagogy?

g. What were the children doing when Martine hanged herself? Why was Simon in the building before everyone else? What did Simon do when he saw Martine?

h. Who was Claire? What were her thoughts on immigration and exile? Why did Bachid disagree with her?

C. Réactions

1. Comment l'immigrant est-il représenté dans ce film? Comment s'intègre-t-il à la société québécoise? Est-il facilement accepté par les autres? Expliquez.
2. Décrivez les activités et tâches ménagères que faisait Bachir chez lui. (Utilisez l'imparfait: Qu'est-ce qu'il faisait chaque dimanche?)
3. Comparez les méthodes pédagogiques de Bachir au début et à la fin du film. Comment a-t-il changé son style d'enseignement?
4. Quel est l'héritage culturel des élèves de Bachir?
5. Pourquoi est-ce que Mme Vaillancourt parle de la « tolérance zéro » à Bachir? Quelle est l'opinion de Gaston à ce sujet?

6. Pourquoi est-ce que Simon est envoyé chez Mme Vaillancourt pendant la fête? Que demandent certains parents?
7. Comment le film traite-t-il du thème de la mort et du deuil? Comment les enfants et les adultes y font-ils face? Quels sentiments ressentent les personnages?
8. Identifiez les personnages suivants et décrivez leur relation avec Bachir Lazhar:

Mme Vaillancourt	Simon
Alice	Gaston
Claire	le commissaire d'immigration

9. Que pensez-vous de la fable qu'écrit Bachir? Que raconte-t-elle?
10. Comment imaginez-vous la vie de Bachir Lazhar après la fin du film? D'après vous, où travaillera-t-il? Comment sera sa vie personnelle?
11. Qu'est-ce que vous pensez de l'histoire et de la manière dont Falardeau l'a filmée? Avez-vous été touché(e) ou bouleversé(e) par un personnage ou une scène en particulier?

D. Et vous?

Comparez votre vie à celle d'Alice. Discutez des questions suivantes avec un(e) camarade de classe.

Students can tell the story they told in **Cahier, Et vous?**

1. Où et avec qui est-ce que tu vivais quand tu avais l'âge d'Alice (une douzaine d'années)?
2. Comment était ton école? Est-ce que tu t'entendais bien avec tes camarades de classe? Quel était leur héritage culturel?
3. Quel type d'élève étais-tu? Aimais-tu lire? Quel(s) livre(s) t'a/ont le plus marqué(e)/influencé(e)?
4. Est-ce que tu as connu un(e) instituteur/institutrice comme Bachir Lazhar qui t'a beaucoup aidé(e)? Quelles étaient ses qualités?
5. Quel événement inoubliable (drôle ou triste) s'est passé dans ta classe ou dans ton école? Raconte cet événement.
6. Est-ce que tu faisais beaucoup de bêtises? Raconte une bêtise que tu as faite.

E. À l'écoute: *Monsieur Lazhar*

1-17

Ce soir, on montre le film *Monsieur Lazhar* dans un ciné-club. La présidente du ciné-club présente le film avant la projection. Écoutez sa présentation et vérifiez si vous avez compris en répondant aux questions qui suivent.

1. La présentatrice est heureuse parce que (qu') ______.
   a. le réalisateur assiste à la projection du film
   b. il y a beaucoup de spectateurs
   c. on inaugure une nouvelle salle
2. Le film est sorti en France en ______.
   a. 2010 b. 2011 c. 2012
3. C'est un beau film ______.
   a. drôle b. touchant c. ennuyeux
4. La présentatrice dit que Simon et Martine sont traumatisés parce qu'ils ______.
   a. aimaient beaucoup Martine
   b. ont vu Martine morte
   c. s'étaient moqués de Martine

5. Quand Bachir Lazhar a proposé de remplacer Martine, il était _______.
   a. demandeur d'asile
   b. réfugié politique
   c. résident permanent
6. Pendant les cours, Bachir utilise _______.
   a. des textes classiques
   b. des documents sur sa culture algérienne
   c. des méthodes modernes
7. Quel personnage aide les enfants à parler du suicide de Martine?
   a. Claire
   b. Gaston
   c. Julie
8. La présentatrice espère que les spectateurs aimeront _______.
   a. l'harmonie musicale du film
   b. les magnifiques silences
   c. l'accent québécois

AVANT LE PROCHAIN COURS

1. ***Manuel:*** Étudiez *L'accord du participe passé* (pages 255–257) et *Le plus-que-parfait* (page 258) et faites les exercices des sections **Application immédiate 12 à 14.**
2. ***Cahier:*** Préparez **Pour aller plus loin.**

POUR ALLER PLUS LOIN

A. *Qui a dit quoi?*

1. Les citations dans leur contexte

Les phrases ci-dessous sont extraites du film. Complétez-les avec la forme et le temps du verbe (présent, imparfait ou passé composé) indiqués entre parenthèses. Puis notez quel personnage a dit chaque phrase et expliquez son importance dans le contexte du film.

Alice	Bachir Lazhar	la mère d'Alice
Simon	Mme Vaillancourt	le père de Marie-Frédérique

1. ________: « Je ________ (vouloir, présent) qu'ils comprennent que l'école ________ (continuer, présent). »
2. ________: « C'est trop bizarre. C'________ (être, présent) à elle que tu aurais dû la donner pour t'excuser. »
3. ________: « Rien n'________ (être, présent) jamais tout à fait normal en Algérie. »
4. ________: « La loi n' ________ (admettre, présent) pas qu'un professeur lève la main sur un élève. Pas de contact. Rien. Tolérance zéro. »

5. ________: « Vous n'êtes pas d'ici. On ________ (préférer, présent) que vous vous contentiez d'enseigner, pas d'éduquer notre fille. »
6. ________: « Non, l'exil, pour la majorité des immigrants, c'est être sans papier, déraciné dans un pays dont on ________ (ignorer, présent) la culture. »
7. ________: « Dis-le que tu ________ (penser, présent) que c'est ma faute, ce qui ________ (arriver, passé composé).

   ________: C'est toi qui le dis.

   ________: Ben, c'est ça. ________: [...] C'est pas de ma faute. »
8. ________: « La classe est un endroit d'amitié, de travail, de tenue [...] pas un lieu où on ________ (jeter, présent) son désespoir. »
9. ________: « Je ________ (vouloir, imparfait) vous remercier. Elle ________ (s'accrocher, passé composé) à vous. Vous ________ (être, passé composé) solide. »
10. ________: « On ne ________ (partir, présent) pas sans prévenir. »

-18, 1-19

2. Le français parlé

1. Remarquez la structure des citations 2 et 7.

   Qu'est-ce qui est mis en relief (*emphasized*)? Comment est-ce que cette mise en relief est réalisée?
2. « Pas de contact. Rien. Tolérance zéro. » (citation 4). Qu'est-ce qui contribue à la force de ce message?
3. Imaginez comment les personnages prononcent les citations de **Qui a dit quoi?** Puis écoutez les citations 4 et 7 de l'*Audio Program* et répétez-les comme vous les entendez en vous mettant dans la peau des personnages.
4. En écoutant les citations 4 et 7, soulignez les mots qui sont prononcés différemment en français québécois. Quelles différences remarquez-vous?

B. Réactions

1. Qu'est-ce que les citations ci-dessus et leur contexte révèlent sur:
   a. l'immigrant?
   b. le deuil et la perte?
   c. le rôle de l'enseignant et le système scolaire?
2. À partir des citations, souvenez-vous des exemples de différences culturelles que Bachir Lazhar rencontre. Comment essaie-t-il de s'intégrer à son nouvel environnement?
3. Comment Bachir et les élèves s'entraident-ils pour surmonter leur traumatisme respectif?

Music Box Films/Photofest
« *Moi aussi, je l'ai vue.* »

C. Monsieur Lazhar et Alice

Dans le récit suivant, Bachir Lazhar raconte à Alice sa vie en Algérie, l'urgence de l'exil, son arrivée au Québec et la mort tragique de sa famille.

1. L'histoire de Bachir Lazhar

Mettez les verbes à la forme correcte du passé composé, de l'imparfait ou du plus-que-parfait pour compléter l'histoire.

Oran: *coastal Algerian city located 250 miles from Algers*
sur les bancs de l'université: *at college*
maîtrise de droit: *Master of Law*
quitter la terre: mourir
bien avant: *long before*
dans le but de: pour

Bachir: Ma petite Alice, laisse-moi te raconter mon histoire. Il ____ (1) (être) une fois en Algérie, un homme heureux qui ____ (2) (s'appeler) Bachir Lazhar. Il ____ (3) (épouser) vingt-cinq ans auparavant Leïla Kechba, une Algérienne originaire d'Oran° qu'il ____ (4) (rencontrer) sur les bancs de l'université° lorsqu'il ____ (5) (préparer) sa maîtrise de droit°. Elle, Leïla, ____ (6) (adorer) la littérature française et ____ (7) (rêver) de devenir professeur et écrivaine. Quand ils ____ (8) (se marier), toute la famille de Leïla ____ (9) (venir) d'Oran, mais les oncles et les tantes ____ (10) (regretter) d'avoir à voyager. En effet, Bachir et Leïla ____ (11) (choisir) de rester à Alger car Bachir ____ (12) (travailler) maintenant pour le gouvernement algérien. C'____ (13) (être) un excellent poste et on ____ (14) (voir) déjà la garantie d'une réussite professionnelle. La vie ____ (15) (continuer) avec ses joies et ses tristesses. Deux ans après leur mariage, ce sont les parents de Leïla qui ____ (16) (mourir) dans un accident de voiture. Les parents de Bachir, eux, ____ (17) (quitter) la terre° bien avant° son mariage. Mais en 1990, le bonheur ____ (18) (revenir) avec la naissance de Yasmine; puis trois ans plus tard, Sofiane ____ (19) (naître) lui aussi. Les années ____ (20) (passer), les enfants ____ (21) (grandir) et Leïla ____ (22) (devenir) une voix féministe reconnue en Algérie. Mais ses livres ____ (23) (ne pas plaire) à tout le monde et c'est à ce moment-là qu'elle ____ (24) (commencer) à recevoir des menaces de mort.

Alice: Mais qu'est-ce que vous avez fait, alors?

Bachir: Bien sûr, nous ____ (25) (aller) à la police pour porter plainte, mais cela ____ (26) (ne rien changer). Alors, nous ____ (27) (décider) de quitter le pays et d'émigrer au Québec. Pour rendre cet exil plus facile, je ____ (28) (partir) le premier, tout seul, dans le but d°'obtenir un statut de refugié politique, trouver un travail, un logement, puis faire venir ma famille. Je (J') ____ (29) (ne pas avoir) le temps de préparer leur arrivée car un incendie terroriste ____ (30) (tuer) ma femme et mes enfants. Aujourd'hui, il ne me reste qu'une photo, des souvenirs et beaucoup de chagrin.

2. Compréhension

1. Qui est Leïla Kechba dans le texte?
   a. la mère de Bachir Lazhar
   b. la femme de Bachir Lazhar
   c. la fille de Bachir Lazhar
2. Où habitait la famille de Leïla?
   a. au Maroc
   b. en Tunisie
   c. en Algérie
3. Quel événement important se passe en 1993?
   a. la naissance de la fille de Bachir
   b. la naissance du fils de Bachir
   c. la mort des parents de Leïla

4. Quelle était la réputation professionnelle de Leïla avant sa mort?
   a. une auteure populaire à grand succès
   b. une auteure spécialiste des romans policiers
   c. une auteure engagée et polémique
5. Quel sentiment domine aujourd'hui la vie de Bachir?
   a. la tristesse
   b. la joie
   c. la peur

D. À l'écrit: Les mémoires d'Alice

Imaginez qu'Alice, une fois adulte, écrit ses mémoires. Écrivez cinq phrases dans lesquelles Alice parle de Bachir Lazhar et de l'importance qu'il a eue dans sa vie. Utilisez les temps du passé et le vocabulaire que vous avez appris dans le chapitre. Suivez les directives pour chaque phrase.

1. Faites une description physique de Bachir Lazhar du point de vue d'Alice.
2. Faites des commentaires généraux sur ce que Bachir Lazhar faisait et disait.
3. Racontez un souvenir spécifique pour illustrer l'influence de Bachir Lazhar sur la vie d'Alice.

AVANT LE PROCHAIN COURS

Cahier: Faites **Préparation à la lecture.**

LECTURE

A. Discussion

1. Quelles scènes peut-on voir dans un aéroport? Quels types de passagers s'y trouvent?
2. Quand on pense à son enfance, quelles sont les images, paroles et voix qui viennent à l'esprit?
3. Comment imaginez-vous Haïti? Et Port-au-Prince, sa capitale?

B. *Le testament des solitudes*

Le texte que vous allez lire est extrait du récit *Le testament des solitudes* (2007), d'Emmelie Prophète, écrivaine haïtienne. Comme dans *Monsieur Lazhar,* les thèmes d'immigration, d'exil et de mort sont au cœur de ce récit. Une narratrice de nom inconnu raconte l'histoire de trois générations de femmes qui ont quitté Haïti pour immigrer dans d'autres pays, dont les États-Unis. Le récit commence avec l'expérience de la première génération, représentée par trois sœurs: Christie,

Odile et la mère de la narratrice. Dans cet extrait, la narratrice est dans un aéroport américain en partance pour (*flying to*) Haïti, et elle se souvient de son passé en Haïti. Elle parle parfois des trois sœurs à la troisième personne, et parfois elle leur parle directement en utilisant le pronom « vous ».

1. Souvenirs d'Haïti

comme tels: *as such*
côtoient: *mix, coexist*
la province bleue: Haïti
les galets: *pebbles*
ma robe se prend dans les buissons: *my dress gets caught in the bushes*
rue en terre battue: *dirt road*
Elle ne se souviendrait pas ... souvenirs: *She would not remember [this episode of their past], she would be too ashamed of these memories.*
pourrait: *could*
la dalle: *tombstone*
sentier: *path*
cadence: *rythmic flow*
la vôtre: *yours (your story)*
que vous semiez en chemin aux papillons: *that you threw to the butterflies on the way*
papillons de la Saint-Jean: *migratory butterflies observed on June 24, a Haitian holiday*
envahissent: *invade*
dérisoire: *insignificant*
La mort... dans l'absolu: *Death will be the only step you will ever have taken into the absolute*
d'un haut-parleur: *from a loudspeaker*
Personne n'a l'air: *No one seems to*

© Picasso/Shutterstock.com

Les aéroports sont des condensés du monde. Il me plaît de les considérer comme tels°. S'y côtoient° à la fois l'espoir de partir et l'envie de rentrer. Tous les voyages sont permis. Ma tête s'envole encore vers cette province bleue°, je ne sais plus pourquoi je l'attache systématiquement à du bleu. Ce n'est même pas ma couleur préférée.

Pour comprendre, il faut reprendre la longue route de terre, les galets°. C'est un jour d'été, d'une année d'enfance, ma robe se prend dans les buissons°. Un homme va seul à bicyclette. On dit qu'il s'ennuie. Une tombe fait face à la rue en terre battue°, sa femme est enterrée là depuis quelques semaines. Les femmes vivent mieux dans le souvenir. Je lui cherche des tristesses et des nostalgies.

Dina est avec moi, aujourd'hui. Elle ne se souviendrait° pas, elle aurait trop honte° de ces souvenirs, elle pourrait° même en mourir. Des femmes reviennent de l'église. Nous mesurons silencieusement, d'un regard, nos ressemblances avec elles, nous sourions l'une à l'autre. Nous avons des exils d'avance, des grandes villes et des projets. Pour survivre, il faut nourrir tôt son exil, sa fuite ou sa mort.

L'homme à la bicyclette s'avance, j'essaye de deviner à quoi a dû ressembler cette jeune épouse allongée sous la dalle°. Je suis trop jeune pour me demander si elle a aimé, si elle l'a aimé.

Elles sont parties mourir ailleurs, Christie, Odile et bientôt peut-être sa fille Dina. Parties pour avoir le droit de choisir leur mort. Elles étaient nées ici, à la fin de la dernière guerre et au début de toutes les guerres.

Je suis dans une rue de Port-au-Prince et je cherche quelques morceaux de vous, vos voix, noyées dans ces cris inutiles. Je suis terrifiée de ne plus reconnaître ces lieux pourtant encore habités par vos espoirs.

[...] Maman m'a raconté les jours d'école, un sentier° perdu, la peur. Je les imagine marcher les trois sœurs. Aujourd'hui que j'ai appris à aimer, je les mets dans la peau des écolières que je vois passer, je les déplace dans un autre temps. Rien n'a changé. Les pas ont gardé la même cadence°: pauvres, incertains qu'il peut exister d'autres jours. Chacun des rires de ces écolières jette à la face du jour une histoire sans suite, portant des mots qui ne racontent pas la vôtre°.

Vos mots que vous semiez en chemin aux papillons°. À la Saint-Jean°, disaient-elles, il y en avait des milliers, réveillés du même sommeil, comme ceux qui envahissent° ma tête maintenant. J'en ai rencontré un jour, pas dans votre Sud, mais ils doivent être parents.

Vous faisiez chanter les grammaires et les arithmétiques en d'autres saisons, vous appreniez le dérisoire°, ce qui ne reste pas. La mort sera le seul pas que vous aurez jamais fait dans l'absolu°.

© suns07butterfly/Shutterstock.com

Des voix qui sortent d'un haut-parleur°. Différentes voix qui expliquent en plusieurs langues ce qu'il ne faut pas faire, ce que les lois fédérales interdisent. Personne n'a l'air° d'écouter. Moi non plus.

Emmelie Prophète, *Le testament des solitudes*, Montréal, Éditions

a. Compréhension

1. Où se trouve physiquement la narratrice? Dans quels paragraphes l'apprend-on? Où se trouve mentalement la narratrice?
2. Pourquoi la narratrice nous parle-t-elle de l'homme à la bicyclette? Qu'est-il arrivé à sa femme?
3. En quoi la narratrice et Dina diffèrent-elles des femmes qu'elles observent à la sortie de l'église?
4. D'après la narratrice, comment peut-on survivre en Haïti?
5. Comment étaient les jours d'école des trois sœurs? Qu'apprenaient-elles?
6. Quelle est l'importance des papillons? Comparez leur signification à celle des papillons dans le film *Monsieur Lazhar*.

b. Questions de langue

1. Cherchez dans le texte les mots qui correspondent aux définitions suivantes:
   a. quitter un pays
   b. un endroit où on enterre une personne
   c. des sentiments de chagrin
   d. un adverbe qui indique l'absence de bruit
   e. autre part, dans un autre pays, dans une autre ville
   f. des jeunes filles qui sont élèves
2. Identifiez l'infinitif de chaque participe passé suivant:
   a. permis (ligne 5)
   b. battue (ligne 16)
   c. parties (ligne 35)
   d. nées (ligne 38)
   e. perdu (ligne 48)
   f. appris (ligne 50)
3. Expliquez l'utilisation de l'imparfait dans les deux avant-derniers paragraphes (lignes 60–71).

2. L'exil en Amérique

La narratrice raconte l'exil de ses tantes Christie et Odile en Amérique, la blessure de l'exil et la difficulté de survivre. Chacune choisit un destin différent.

L'Amérique, ouverte et sanglotant°, avait accueilli Christie un samedi. Depuis, nous ne l'avons plus revue. Les rumeurs étaient que le temps s'écoulait° lentement avec un nouvel homme de temps à autre, de petites acquisitions par-ci, par-là qui faisaient sourire de fierté les gens d'ici.

Odile, elle, était partie avec ses deux filles, Dina et Rachel, cela remontait à trop longtemps pour que je me souvienne vraiment. Rachel, la plus jeune, n'avait pas de cœur, c'est ce qu'ils ont dit là-bas°, ou plutôt ce qu'elle avait comme cœur n'était pas bon. Elle est morte dans un hôpital sans rien comprendre sans doute, sans souvenir ni repère°. Je ne me souviens ni du jour, ni de la date, ni de l'année. Personne d'ailleurs° ne s'en souvient.

Odile passait ses nuits de tristesse et de deuil à dessiner pour Christie les cartes du bonheur qu'elle devait étendre sur les tables basses° quand, comme elle, Christie aurait enfin gagné sa place°. Il n'était pas bien de prendre du retard sur sa mort.

→

sanglotant: *sobbing*
le temps s'écoulait: *time passed*
là-bas: en Amérique
sans repère: *completely lost*
d'ailleurs: *by the way*
étendre sur les tables basses: *to lay down on the coffee tables*
elle aurait gagné sa place: *she would have earned the right to emigrate*

penser à ceux qui: *think of those who*
ce pays: Haïti
Desséchée: *Dried up*
rêves ratés: *failed dreams*
quadragénaire: *woman in her forties*
s'étaient tues: *had gone quiet*
congréganiste: *parochial school (with a religious affiliation)*
elle s'en veut: *she's angry with herself*
faire taire autour d'elle: *to silence around her*
au bord du gouffre: *on the edge of the abyss*
malles: *trunks*

Christie est partie. Elle a vécu deux ans en Amérique. Elle était arrivée à temps pour enterrer Odile, faire des enfants, penser avec compassion à ceux qui° étaient restés dans ce pays° à ne rien vivre, à ne rien attendre. C'était cela l'idée du bonheur.

Odile est morte peut-être deux ou trois ans après l'arrivée de Christie. Desséchée° dans la mémoire de ses rêves ratés°, dans son corps de quadragénaire° sans passé.

Personne ne s'en souvient. Il n'y a pas d'histoire à écrire. Pas d'anniversaire à fêter.

Odile avait laissé une fille vivante. Dina était vivante pour elle-même seulement et pour sa liberté. Sans papiers et sans passé, Dina a fait mieux que tout le monde. Elle a oublié. Elle s'est appliquée à oublier. Les rivières de la province bleue s'étaient tues° dans sa tête, les chevaux qu'elle avait aimés, la petite école congréganiste° dans laquelle elle était allée, tout ça est aujourd'hui presque une honte. Elle a tout brûlé dans sa tête. Je crois qu'elle s'en veut° de continuer à reconnaître les accents de sa langue maternelle qu'elle a mille fois essayé de faire taire autour d'elle°.

Je me fais des promesses dans cet aéroport, quel départ prendre? Je suis si seule et si limitée avec mon passeport haïtien. Tout le monde doit me voir au bord du gouffre° quand ils passent, pressés, tirant des malles° aux mille secrets, des malles pleines de paysages, de souvenirs, de temps renouvelables.

Emmelie Prophète, *Le testament des solitudes*, Montréal, Éditions Mémoire d'encrier, 2013

a. Compréhension

1. À quoi ressemblait l'idée du bonheur pour Christie?
2. Décrivez la vie d'Odile.
3. Qui a émigré la première? Christie ou Odile?
4. Qui est Rachel? Qu'est-qu'il lui est arrivé? Pourquoi?
5. Qui est Dina? En quoi a-t-elle mieux réussi que les autres?
6. Où se trouve la narratrice? Comment se sent-elle?

b. Questions de langue

1. Trouvez les mots de vocabulaire qui expriment:
   a. le voyage
   b. le temps
   c. le chagrin
   d. l'oubli
2. Dans les cinq premiers paragraphes:
   a. Notez les verbes à l'imparfait et expliquez leur emploi.
   b. Notez les verbes au passé composé et expliquez leur emploi.
   c. Notez les verbes au plus-que-parfait et expliquez leur emploi.
3. Mettez le dernier paragraphe au passé.

   Hier, je me __________ des promesses dans cet aéroport, quel départ prendre? J'__________ si seule et si limitée avec mon passeport haïtien. Tout le monde __________ me voir au bord du gouffre quand ils __________, pressés, tirant des malles aux mille secrets, des malles pleines de paysages, de souvenirs, de temps renouvelables.

c. Réactions

1. Comparez la vie de Christie, d'Odile et de sa fille Dina dans le pays d'exil.
2. Expliquez l'effet du temps sur les différents personnages.
3. La mort est très présente dans ces deux passages. Voyez-vous des parallèles ou des différences entre les personnages du *Testament des solitudes* et Bachir de *Monsieur Lazhar*?

AVANT LE PROCHAIN COURS

Cahier: Faites **Préparation à l'écriture.**

INTERACTIONS

A. Sketch

Choisissez un sujet, préparez la scène et jouez-la devant la classe.

1. Conversation entre Alice et Bachir Lazhar: Alice pose des questions à Bachir Lazhar sur sa vie ou sur la vie en général. Il répond et lui donne des conseils.
2. Conversation entre Alice et Simon, après le départ de Bachir Lazhar: Ils parlent et comparent leurs deux professeurs, Martine Lachance et Bachir Lazhar. Chacun justifie sa préférence pour l'un deux.
3. Conversation entre Mme Vaillancourt et Julie Latendresse: Elles discutent de l'état psychologique des élèves de Martine Lachance et de l'influence de Bachir Lazhar.
4. Conversation entre Claire Lajoie et Gaston, le prof de sport: Ils ont appris que Bachir Lazhar est en fait un réfugié politique qui n'a jamais enseigné à Alger. Ils échangent leurs opinions contradictoires sur la question de l'immigration et de l'enseignement.
5. Conversation entre Bachir Lazhar et la collègue qui a apporté des Rice Krispies à la fête de l'école. Elle lui demande comment il a fait ses gâteaux algériens (les tcharek et les makrout el louz) et lui explique comment elle a préparé les Rice Krispies. Ils parlent aussi des souvenirs qu'ils associent à ces gâteaux.

This section contains activities that will allow you to work creatively with the vocabulary and structures from the chapter.

B. Exposé

Préparez un des sujets à la maison pour le présenter en classe.

1. Dans *Monsieur Lazhar,* Alice et Simon font un exposé sur la violence à l'école. Que pouvez-vous dire à propos de la violence qui existe dans le milieu scolaire américain? Pensez à donner des exemples précis sur ce problème. Avez-vous été directement ou indirectement confronté(e) à la violence?
2. Faites un exposé sur l'immigration contemporaine aux États-Unis. De quels pays les immigrants viennent-ils? Pourquoi? Quelles difficultés rencontrent-ils? Quelles sont les politiques américaines sur l'immigration (pensez aux différences qui existent selon les États)? Connaissez-vous des personnes qui ont immigré récemment? Depuis combien de temps votre propre famille est-elle aux États-Unis? De quels pays est-elle issue?

3. Faites un exposé sur un aspect de l'Algérie contemporaine (l'économie, la situation politique, les coutumes, la littérature, la chanson, la gastronomie, la langue...).

Music Box Films/Photofest

Pourquoi Bachir Lazhar sourit-il en regardant ses élèves?

4. Vous vous souvenez probablement de la scène où Bahir Lazhar s'inspire de la fable *Le loup et l'agneau* de Jean de La Fontaine pour créer sa propre fable, *L'arbre et la chrysalide*. À votre tour, écrivez une fable que vous partagerez avec le reste de la classe. Utilisez votre imagination!

Liste de vocabulaire

Adjectifs

arrogant(e) *arrogant*
bouleversant *deeply distressing*
bouleversé *deeply distressed*
combatif (-ive) *combative, with a fighting spirit*
compréhensif (-ive) *understanding*
dépressif (-ive) *depressed*
déraciné *uprooted*
énergique *energetic*
exigeant(e) *demanding*
exilé(e) *exiled*
fier (-ère) *proud*
fort(e) *strong*
honnête/malhonnête *honest/dishonest*
incompréhensible *incomprehensible*
inimaginable *unthinkable*
(bien/mal) intégré *(well/badly) integrated*
intolérant(e) *intolerant*
juste/injuste *just/unjust*
libre *free (having liberty)*
mort(e) *dead*
obstiné(e) *obstinate*
puni(e) *punished*
révolté(e) *rebellious*
sensible *sensitive*
seul(e) *alone; lonely*
sévère *strict*
traumatisé(e) *traumatised*
travailleur (-euse) *hard working*
triste *sad*
vif (-ive) *bright (for a person, a color)*
violent(e) *violent*

Noms

un attentat *attack*
un(e) avocat(e) *lawyer*
une bêtise *something stupid, silly;* la bêtise *stupidity*
le bouleversement *disruption*
une cantine *school cafeteria*
un cauchemar *nightmare*
le chagrin *sorrow*
un(e) clandestin(e)/« sans papier » *illegal immigrant*
le collège *middle school*
une crise d'angoisse *anxiety attack*
la culpabilité *guilt*
un demandeur, une demandeuse d'asile *asylum-seeker*
le deuil *grief*
une dictée *dictation*
une école primaire *primary school*
l'éducation (f.) *education*
un(e) élève *primary- or secondary-school student*
un(e) enseignant(e) *teacher*
l'enseignement (m.) *teaching*
l'exil (m.) *exile*
une fable *fable*
la fierté *pride*
l'héritage (m.) culturel *cultural heritage*
un(e) immigré(e) *immigrant*
un incendie *fire*
un instituteur, une institutrice *elementary school teacher*
l'instruction (f.) *schooling*
la justice/l'injustice (f.) *justice/injustice*
un maître, une maîtresse *master; elementary school teacher*
une menace de mort *death threat*
un mensonge *lie*
un pays/une ville d'accueil *host country/town*
un pays/une ville natal(e) *native country/hometown*
une perte *loss*
un poste *position*
un(e) psychologue *psychologist*
une punition *punishment*
un pupitre *desk*
une rangée *row*
un(e) réfugié(e) politique *political refugee*
un(e) remplaçant(e) *substitute teacher*
un(e) résident(e) permanent(e) *permanent resident*
un rêve *dream*
la salle de classe *classroom*
la solitude *loneliness*
le souvenir *memory*
le suicide *suicide*
un traumatisme *trauma*
la tristesse *sadness*
le tutoiement *the use of* tu *(informal you)*
la violence *violence*
le vouvoiement *the use of* vous *(formal you)*

Verbes

accueillir (irrég.) *to welcome*
accuser quelqu'un de (faire) quelque chose *to accuse someone of (doing) something*
aider quelqu'un (à) *to help someone to do something*
apprendre (comme *prendre*) *to learn*
apprendre quelque chose à quelqu'un *to teach someone something*
cogner *to hit*
connaître (irrég.) *to know*
conseiller à quelqu'un de faire quelque chose *to advise someone to do something*
demander à quelqu'un de faire quelque chose *to ask someone to do something*
déménager (comme *voyager*) *to move (to change residence)*
éduquer/élever (un enfant) (comme *acheter*) *to raise, to bring up (a child)*
émigrer *to emigrate*
enseigner quelque chose à quelqu'un *to teach something to someone*
faire l'appel *to take attendance*
faire une bêtise *to do something stupid, silly, to get into trouble*

faire son deuil *to grieve*
faire des études *to go to school*
fuir (irrég.) *to flee*
gifler *to slap*
immigrer *to immigrate*
lutter *to fight*
mentir (comme *partir*) *to lie*
obtenir (comme *tenir*) *to get*
perdre quelque chose/quelqu'un *to lose something/someone*
pleurer quelqu'un *to grieve someone*
porter un nom *to bear a name*
poser (une question) *to ask (a question)*
punir (comme *finir*) *to punish*
raconter une histoire *to tell a story*
recevoir (irrég.) *to receive; to get*
renoncer *to give up*
réussir à (comme *finir*) *to succeed*
s'amuser *to play, to have fun*
se battre (voir *battre*) *to fight*
s'excuser/présenter ses excuses *to apologize*
s'exiler *to exile oneself*
s'installer *to settle*
se pendre *to hang oneself*
se sentir (coupable/triste) (comme *partir*) *to feel (guilty/sad)*
se souvenir (de) (comme *venir*) *to remember something/someone*
se suicider *to commit suicide*

Prépositions et expressions adverbiales

à Montréal *in Montreal*
au Québec *in Quebec*
en Algérie *in Algeria*
en Haïti *in Haiti*
en danger *in danger*
en retard *late (in the sense of "later than planned")*

Vocabulaire supplémentaire

un berlingot (de lait) *small milk carton*
un casier *locker*
une chrysalide *cocoon, pupa*
un commissaire (d'immigration) *Commissionner*
se défenestrer *to throw oneself through a window*
deviner *to guess*
un foulard *scarf*
mettre le feu (à) (irrég.) *to set fire (to)*
une pendaison *hanging*
un saignement de nez *nose bleed*
un tampon *stamp*
viser quelqu'un/quelque chose *to aim at; to be directed against someone/something*

Vocabulaire québécois

Noms

un chum *boyfriend/husband*
le taxage *racket*

Verbes et expressions

donner un bec *to give a kiss*
péter sa coche *to loose one's temper, to go crazy*
prendre les présences *to take attendance*
Elle a trouvé ça tough. *She found that tough.*
Niaise-moi pas. *Don't take me for a fool.*
Vous voulez un lift? *Do you want a lift?*

Chapitre 3

DE L'ADOLESCENCE À L'ÂGE ADULTE

2.4.7. FILMS/THE KOBAL COLLECTION/ Picture Desk

Persépolis

Réalisateurs: Marjane Satrapi et Vincent Paronnaud, France (2007); 95 minutes

Persépolis is an animated film based on a popular graphic novel by Marjane Satrapi, an Iranian-born writer, artist, and director who lives and works in France. The autobiographical film follows Marjane from her childhood in Iran to her adolescence in Austria to her return to Iran as a young adult and her final move to France. In Iran Marji witnessed the Iranian Revolution of 1979 and the fall of the Shah, and she experienced life under the repressive Islamic Republic that followed (and is still in place today). In Austria and France she experienced culture shock and the loneliness of exile.

As you work through this chapter, you will acquire vocabulary useful for speaking about politics, war, and the experience of growing up. Reviewing articles, nouns, and adjectives will help you describe people and situations in more detail. The reading by Quebecois writer Monique Proulx also deals with the experience of exile and discovering a new city, Montreal.

Les personnages principaux: Marjane jeune adulte (voix de Chiara Mastroianni), Mme Tadji Satrapi (voix de Catherine Deneuve), M. Ebi Satrapi (voix de Simon Abkarian), la grand-mère de Marjane (voix de Danielle Darrieux), l'oncle Anouche (François Jerosme).

Les personnages secondaires: À Téhéran: Reza, le mari, l'oncle Taher; les voisins et les amis: Siamak, Mme Nasrine, Kia, Ramine; À Vienne: les amis Momo, Thierry, Olivier, Ève, Birgit, Fernando et Markus, la logeuse Frau Schloss et son chien Youki; Autres: Dieu et Karl Marx

- Prix du Jury au Festival de Cannes (2007)
- Six nominations aux Césars et deux Césars (2008): Meilleur premier film, Meilleure adaptation
- Nomination aux Oscars dans la catégorie Meilleur film d'animation (2008)

Entrée en matière

A. Discussion

1. Quelles associations faites-vous quand vous entendez le mot « Iran »?
2. Pourquoi dit-on que l'adolescence est une période difficile de la vie? Quels changements ont lieu pendant l'adolescence?
3. Pour quelles raisons est-ce que certaines personnes choisissent de quitter leur pays d'origine pour s'installer à l'étranger?
4. À quelles difficultés est-ce que les immigrés sont généralement confrontés?

B. Écrire ou filmer en français

Le film *Persépolis* est l'adaptation d'une bande dessinée du même titre de Marjane Satrapi, une Iranienne naturalisée française. Satrapi a choisi d'écrire en français, même si ce n'est pas sa langue maternelle. Comme elle, d'autres écrivains connus ont adopté le français comme langue d'écriture. Ce phénomène n'est ni nouveau ni propre au monde francophone, mais il s'est intensifié avec la mondialisation.

Marjane Satrapi est née en Iran en 1969. Elle a grandi à Téhéran et y a commencé ses études secondaires au lycée français. En 1979, la situation politique de l'Iran a changé et une république islamique a remplacé le régime du Shah. Les parents de Satrapi préféraient qu'elle vive dans un pays démocratique, ils l'ont donc envoyée au Lycée français de Vienne, en Autriche, à l'âge de 14 ans. Elle est ensuite rentrée dans son pays et elle a fait des études supérieures en art avant de s'installer en France, où elle a travaillé comme graphiste, dessinatrice et réalisatrice. En Autriche et en France, on lui a posé beaucoup de questions sur son pays, et c'est la raison pour laquelle elle a décidé d'écrire *Persépolis*. Elle voulait surtout combattre les clichés, montrer que les Iraniens ne sont pas tous des intégristes religieux et rappeler que son pays a une longue histoire et une riche civilisation. Elle a écrit sa BD en français parce qu'elle voulait faire comprendre la situation de l'Iran dans son pays d'adoption.

Comme elle, un certain nombre d'étrangers célèbres ont adopté le français comme langue d'écriture. Pour certains, comme Tahar Ben Jelloun (Maroc) ou Leïla Sebbar (Algérie), le français était la langue de leur pays avant l'indépendance. D'autres, comme Milan Kundera (ex-Tchécoslovaquie), Jorge Semprun (Espagne) ou Irène Némirovsky (Russie), se sont réfugiés en France pour échapper à la répression politique dans leur pays d'origine et ont adopté le français pour oublier les mauvais souvenirs du passé ou pour rendre hommage à leur pays d'accueil. Samuel Beckett (Irlande) écrivait en français pour se distinguer de son célèbre compatriote James Joyce. Pour d'autres, le choix du français est une passion ou un défi personnel.

Certains de ces écrivains ont obtenu les plus grands honneurs dans leur langue d'adoption. Léopold Sédar Senghor (Sénégal), François Cheng (Chine) et Assia Djebar (Algérie) ont été élus à l'Académie française, une institution créée en 1635 qui compte parmi ses membres quarante personnalités (écrivains, scientifiques, médecins, religieux, militaires) qui se sont illustrées dans leur utilisation de la langue française. Le prix Goncourt, un prix littéraire prestigieux, a été attribué à quatre écrivains d'origine non francophone dans les vingt dernières années: Amin Maalouf (Liban, 1993), Andreï Makine (Russie, 1995), Jonathan Littell (États-Unis, 2006) et Atiq Rahimi (Afghanistan, 2008).

Ce phénomène n'est pas propre à la France. On le retrouve par exemple au Québec, où la scène littéraire compte des écrivains de nationalités très diverses. Ces échanges contribuent au développement personnel des écrivains concernés et à l'enrichissement de leur langue et culture d'adoption.

L'Académie française, à Paris

You will learn about immigrant writers who write in French in Quebec in the *Cahier*, **Préparation à la lecture**.

1. Compréhension

1. Où est-ce que Marjane Satrapi a vécu avant d'émigrer en France? Pourquoi a-t-elle quitté l'Iran pendant son adolescence?
2. Comment a-t-elle eu l'idée d'écrire *Persépolis*? Pourquoi l'a-t-elle fait en français?
3. Pour quelles raisons est-ce qu'on peut décider d'écrire dans une langue autre que sa langue maternelle?
4. Quelles sont des preuves de succès pour les écrivains non francophones qui écrivent en français?

2. Réactions

1. Imaginez les avantages et les inconvénients d'écrire dans une langue autre que sa langue maternelle.
2. Écrivez-vous parfois des histoires ou des remarques personnelles dans une autre langue? Si oui, pourquoi? Si non, pensez-vous pouvoir le faire un jour?

C. Lecture d'un compte rendu sur le film

Voici un compte rendu du film paru dans le journal *Le Monde*. Lisez-le et répondez aux questions pour vérifier votre compréhension.

1. Préparation

Devinez la traduction de ces mots à partir de leur ressemblance avec des mots français ou anglais que vous connaissez.

1. chute (ligne 13)
2. hilarant (ligne 33)
3. installation (ligne 39)
4. rupture (ligne 48)

Le Monde, 25 mai 2007

« Persépolis » ou la douleur° intime de l'exil

Jacques Mandelbaum

... La sélection de *Persépolis* en compétition [au festival de Cannes] ... fait découvrir au spectateur une dimension rarement utilisée dans le dessin animé, celle de l'autofiction.

Persépolis est l'adaptation par Vincent Paronnaud et Marjane Satrapi de la bande dessinée° en quatre volumes et à succès réalisée par cette dernière entre 2000 et 2003 (éd. L'Association), dans laquelle elle évoque un fragment décisif de sa vie, de la chute du régime du Chah° en Iran en 1978 (Marjane a 8 ans) jusqu'à l'exil en Autriche de l'adolescente rebelle qu'elle est devenue six ans plus tard... Ce film témoigne de qualités humaines et artistiques qui le destinent, bien au-delà° de la trame historique° et du drame intime, à un public universel.

L'histoire est celle d'une petite fille issue d'une famille d'intellectuels de Téhéran, sur la famille et la nation de laquelle la chape théocratique de l'intégrisme va brusquement se

→

douleur: *pain*
bande dessinée: *comic book, here graphic novel*
Chah: *another spelling for* Shah, *the title for the hereditary monarch of Iran*
bien au-delà: *way beyond*
trame historique: *historical plot*

sur la famille... se refermer: *whose family and nation will soon be heavily oppressed by theocracy and fundamentalism*
mettent à l'abri: *shelter*
couve, et la cueille: *lurks and hits her*
à son retour au bercail: quand elle rentre à la maison
les mollahs: *mullahs (Muslim religious leaders)*
à l'encontre de: contre

How to Answer Questions about a Reading

Avoid general answers by referring to specifics in the passage. Note line numbers in your responses so you can refer your classmates to the words you are citing.

refermer°. Marjane, qui hésitait entre devenir Bruce Lee ou prophète, se retrouve à 14 ans à Vienne, où ses parents la mettent à l'abri°.

Une nouvelle vie commence pour la jeune femme, entre choc culturel passablement hilarant, conversion punk et catastrophes amoureuses. La dépression couve, et la cueille° à son retour au bercail°, où un mariage raté et l'étude des arts plastiques selon les canons en vigueur dans le pays des mollahs° précipiteront son installation en France.

La suite de l'histoire ne fait pas partie du film, mais elle est connue: Marjane Satrapi devient française, dessine, et réalise un film qui nous parle, avec des voix françaises (celles de Chiara Mastroianni, Catherine Deneuve, Danielle Darrieux, Simon Abkarian, Gabrielle Lopes), de l'exil. L'exil comme rupture et réappropriation, comme douleur intime et émancipation de la loi commune.

Téhéran a protesté contre la sélection de *Persépolis* à Cannes, voyant dans ce film une charge contre le régime. Le ministère des affaires étrangères français a répondu que cette sélection est « *une décision artistique* » (*Le Monde* des 23 et 24 mai). Marjane Satrapi dit avoir réalisé « *un film humaniste, qui va à l'encontre de° tous les clichés sur l'Iran.* »

2. Compréhension

1. Comment est-ce que *Persépolis* diffère d'un dessin animé classique? Sur quoi est basé le film?
2. Quelle est la nationalité de la protagoniste, Marjane?
3. Où est-ce que Marjane est allée à quatorze ans et pourquoi? Qu'est-ce qui s'est passé là-bas?
4. Qu'est-ce que Marjane a fait quand elle est rentrée dans son pays? Est-elle rentrée définitivement?
5. Quels sont les deux aspects de l'exil qui sont révélés par l'histoire de Marjane Satrapi?
6. Comment est-ce que le gouvernement iranien a réagi quand le film a été sélectionné au festival de Cannes?

3. Réactions

1. D'après le résumé que vous venez de lire, quels aspects de l'histoire de Marjane vous semblent universels?
2. Imaginez pourquoi l'exil était difficile pour Marjane.
3. Quels clichés est-ce qu'on associe souvent à l'Iran? Imaginez comment la réalisatrice peut combattre ces clichés dans son film.

D. Visionnement d'une séquence
(sans sous-titres)

L'extrait (0'–5':30) inclut deux scènes dans des aéroports, une fête, une scène dans un appartement et une manifestation dans la rue.

Compréhension

1. À quel aéroport est la jeune fille dans la première scène, et où veut-elle aller?
2. Qu'est-ce qui se passe dans les toilettes?
3. D'après vous, pourquoi est-ce qu'on passe d'une scène en couleur à des scènes en noir et blanc? Où se passent les scènes en noir et blanc?
4. Quels aspects de la vie sociale et de la vie politique en Iran sont montrés dans les premières scènes?
5. Selon vous, quel est le rapport entre la jeune fille du début et la petite fille à Téhéran?
6. Décrivez la personnalité de la petite fille. Dans quel milieu social vit-elle?

E. Deuxième visionnement de la séquence
(avec son, sans sous-titres)

Lisez les questions ci-dessous, puis visionnez la partie en noir et blanc une seconde fois (2'57–5'30) en faisant bien attention à la bande-son. Répondez ensuite aux questions.

1. Compréhension

Après le visionnement, notez la bonne réponse.

1. Nioucha, la jeune fille qu'on attend à l'aéroport de Téhéran, arrive de ____.
   a. Paris
   b. Vienne
   c. Londres
2. Quand elle était jeune, la narratrice aimait ____.
   a. les bonbons
   b. les frites avec du ketchup
   c. le basket-ball
3. Le héros de la narratrice quand elle était jeune était ____.
   a. son père
   b. sa grand-mère
   c. Bruce Lee
4. Pendant la fête, l'homme moustachu et la femme aux lunettes parlent de ____.
   a. leurs enfants
   b. quelqu'un qui est en prison
   c. l'ambiance de la fête
5. Pendant que sa grand-mère tricote (*knits*), la petite fille ____.
   a. lui lit une charade
   b. fait des résolutions pour l'avenir
   c. parle de ses amies

6. La petite fille aimerait ____.
   a. avoir de meilleures notes à l'école
   b. regarder la télévision
   c. que les personnes âgées ne souffrent pas
7. Dans la rue, les manifestants (= les gens qui protestent) crient ____.
   a. « À bas le Shah! »
   b. « Vive le Shah! »
   c. « Le pouvoir au Shah! »
8. L'homme moustachu est ____.
   a. contre les manifestants
   b. pour les manifestants
   c. indifférent à la situation

2. Réactions

1. Qu'est-ce qui a changé entre le passé à Téhéran et le présent (quand la jeune fille attend à l'aéroport)?
2. Quels vont être les thèmes et la structure du film d'après cette première séquence?

F. Préparation au visionnement du film

Viewing Tips

Notice:
- the changes in Iran after the downfall of the Shah
- how Marjane is perceived by people in Vienna
- the transitions from the past to the present

Ask yourself:
- What is the effect of the use of black and white?
- How does Marjane's life compare to the life of a typical teenager?

Anticipate:
- some violence
- some crude language from the main character and her grandmother
- (at the beginning) some criticism of American and British support for the Shah

En regardant le film, faites attention aux aspects suivants et notez vos observations.

1. La structure: Pourquoi Marjane est-elle à l'aéroport au début du film? Va-t-elle partir quelque part? Qu'est-ce qui se passe dans la dernière scène à l'aéroport? Combien de parties y a-t-il dans le film? Qu'est-ce qui différencie les scènes dans le présent et dans le passé?
2. Les thèmes: Quelles sont les étapes importantes de l'évolution de Marjane? Est-ce que les cultures européenne et iranienne sont représentées de manière équilibrée?
3. Le style: Quel est l'effet de l'utilisation du noir et blanc et de la voix off? Quelles sont les différences stylistiques entre les scènes de guerre et de violence et les scènes représentant la vie de Marjane? Reconnaissez-vous des allusions à des films ou à des tableaux?

AVANT LE PROCHAIN COURS

1. ***Persépolis:*** Visionnez le film.
2. ***Cahier:*** Faites **Les mots pour le dire.**
3. ***Manuel:*** Étudiez *Les noms* (pages 260–261) et faites l'exercice de la section **Application immédiate 1.**

LES MOTS POUR LE DIRE

A. Définitions

1. Le mot juste

Quels mots de la **Liste de vocabulaire** (pages 82–84) correspondent aux définitions suivantes?

1. adjectif décrivant une personne qui n'accepte pas l'autorité
2. synonyme de « film d'animation »
3. un conflit armé entre deux pays
4. ce qu'on prend pour se soigner quand on est malade
5. dire les choses franchement sans s'inquiéter de la réaction des gens
6. expression signifiant « souffrir d'être loin de son pays et de sa famille »
7. le fait de sortir d'une dépression et d'apprécier à nouveau la vie
8. ce qu'on fait aux opposants politiques sous un régime répressif
9. quitter son pays définitivement ou pour très longtemps
10. expression signifiant « en dehors de son pays d'origine »

2. Vos définitions

Inventez des définitions pour trois autres mots de la **Liste de vocabulaire.**

B. Associations

Éliminez le mot qui ne va pas avec les autres. Utilisez la **Liste de vocabulaire** et le **Vocabulaire supplémentaire.**

1. digne	intègre	lâche	honnête
2. insolent	idéaliste	vulgaire	grossier
3. foulard	voile	témoin	cagoule
4. manifestation	ombre	émeute	révolte
5. chagrin	souffrance	dépression	guerre
6. hôpital	internat	médicament	médecin
7. oublier	se souvenir	se rappeler	se remémorer
8. s'enfuir	dessiner	s'exiler	partir

C. Structures: Les verbes *quitter (se quitter)* et *partir*

Lisez les explications sur l'emploi des verbes **quitter** et **partir** (*Appendix*, pages 332–333) et complétez les phrases suivantes avec le verbe approprié à l'imparfait, au passé composé, au plus-que-parfait ou à l'infinitif.

1. Quand elle était adolescente, Marjane ______________ en Autriche pour faire ses études secondaires au Lycée français de Vienne. Cette expérience a été difficile parce qu'elle ______________ (utilisez la négation **ne... jamais** avec le verbe) ses parents auparavant.
2. À Vienne, elle s'est disputée avec les religieuses qui la logeaient, alors elle ______________ de l'internat et elle a trouvé une chambre chez un professeur de philosophie.
3. L'oncle Anouche ______________ l'Iran pour des raisons politiques. Il ______________ très vite parce qu'il était recherché par la police du Shah.
4. En Iran, Marjane et sa famille ______________ leur appartement de temps en temps pour aller à des fêtes.
5. Marjane était déçue par son mari, Reza, alors elle l'(le) ______________. Marjane et Reza ______________ après quelques mois de mariage.
6. Au début du film, Marjane rêvait de ______________ à Téhéran pour rendre visite à sa famille.

D. Et vous?

Discutez des questions suivantes avec un(e) camarade de classe.

1. Où est-ce que tu as grandi? Tu as souvent déménagé?
2. À quel âge est-ce que tu as quitté ta famille pour la première fois? Tu as réagi comment?
3. D'après toi, quels sont les avantages et les inconvénients d'être pensionnaire? Est-ce que tu as fait une partie de tes études dans un internat? Si non, est-ce que tu avais envie d'aller dans un internat?
4. Est-ce que tu as envie de partir vivre à l'étranger? D'après toi, quels sont les aspects positifs et négatifs d'une vie à l'étranger?
5. Est-ce que tu as une opinion sur le port du voile par les femmes musulmanes dans les lieux publics? Quelle est l'attitude face au port du voile dans les écoles et universités américaines? Est-ce que tu sais si on est plus ou moins tolérant dans ce domaine en France?
6. En 2011, il y a eu beaucoup d'émeutes et de manifestations dans le monde arabe. Est-ce que tu te rappelles où et pourquoi ces événements ont eu lieu?

1-21

E. À l'écoute: Le contexte historique de *Persépolis*

L'histoire occupe une place importante dans le film *Persépolis* et dans la vie de Marjane et de sa famille. Marjane Satrapi a choisi *Persépolis* comme titre de son film parce que l'Iran s'appelait autrefois la Perse et avait comme capitale la ville de Persépolis, près de la capitale actuelle, Téhéran. Au début du film, le père de Marjane lui rappelle la grandeur de la civilisation perse et il lui explique l'histoire de son pays pour qu'elle puisse comprendre les événements présents. Le paragraphe que vous allez entendre est une brève présentation de l'évolution de l'Iran au 20e siècle.

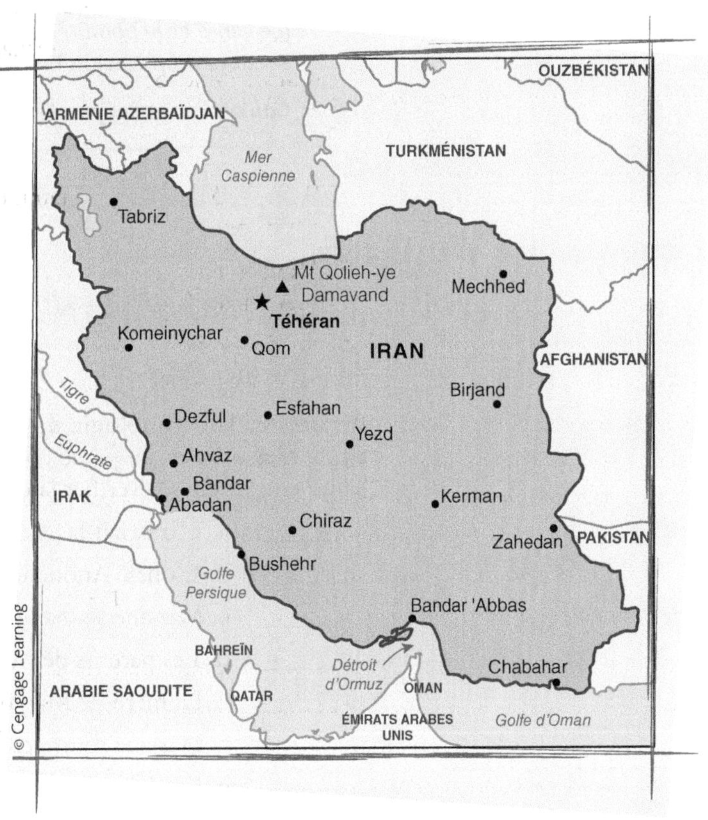

1. Pendant la plus grande partie du 20e siècle, l'Iran était _______.
   a. une monarchie
   b. une république
   c. une république islamique
2. Le nom « Shah » est le nom donné _______ iranien.
   a. à un dignitaire religieux
   b. au président
   c. au roi
3. Le grand-père de Marjane était _______.
   a. un Kadjar
   b. un Pahlavi
   c. un Shah
4. Les Shahs Pahlavi ne voulaient pas _______.
   a. associer la religion et la politique
   b. moderniser l'Iran
   c. améliorer la condition des femmes iraniennes
5. Les opposants au régime du Shah avaient en commun _______.
   a. les valeurs démocratiques
   b. le désir d'établir une république islamique
   c. le désir de libérer leur pays des influences étrangères
6. En 1978, il y a eu _______.
   a. une crise économique en Iran
   b. des émeutes en Iran
   c. un conflit entre l'Iran et la Grande-Bretagne
7. Après la chute de son régime, le Shah _______.
   a. a été emprisonné
   b. a été exécuté
   c. s'est exilé

8. Le régime qui a succédé au Shah _______.
   a. a voté des lois conformes au Coran
   b. a collaboré avec tous les groupes qui s'étaient opposés au Shah
   c. a collaboré avec les communistes

AVANT LE PROCHAIN COURS

1. ***Manuel:*** Étudiez *Les articles, Les expressions de quantité, Les adjectifs démonstratifs, Les adjectifs possessifs, Les adjectifs qualificatifs (Le genre et le nombre)* (pages 260–268) et faites les exercices des sections **Application immédiate 2** à **5.**
2. ***Cahier:*** Faites **Préparation à la discussion.**

DISCUSSION

A. Chronologie

Rétablissez la chronologie des scènes du film en les numérotant de 1 à 8. Puis, mettez les phrases au passé composé ou à l'imparfait, et lisez les phrases à voix haute en classe pour vérifier la chronologie.

______ a. L'Irak fait la guerre à l'Iran.
______ b. L'oncle Anouche est emprisonné et exécuté.
______ c. Marjane se marie et divorce peu après.
______ d. Les parents de Marjane décident de l'envoyer à Vienne.
______ e. La mère de Marjane lui conseille de quitter l'Iran définitivement.
______ f. Marjane rentre en Iran parce qu'elle est gravement malade.
______ g. Le régime du Shah d'Iran est remplacé par une république islamique.
______ h. Marjane fait une dépression nerveuse, puis elle suit des cours à l'université.

B. Quelques détails

Ajoutez quelques détails pour chaque phrase de la chronologie. Faites attention à bien utiliser les temps du passé (l'imparfait, le passé composé et le plus-que-parfait).

C. Réactions

1. Comment le film est-il structuré? Combien de parties peut-on distinguer? Quel titre pouvez-vous donner à chaque partie?
2. Quels moments importants de l'histoire iranienne sont mentionnés dans le film, et quels sont les rapports entre l'histoire politique et la vie de la famille de Marjane?

3. Décrivez la famille de Marjane et la vie de Marjane quand elle était enfant en Iran.
4. Comment est-ce que la vie a changé quand la République islamique a été instaurée? (Pensez à l'école, à l'université, à la vie culturelle et sociale, aux relations entre garçons et filles.)
5. Pourquoi est-ce que ses parents ont décidé de l'envoyer en Europe? Quelles difficultés a-t-elle eues pour s'adapter? Quel genre de personnes a-t-elle fréquentées?
6. Qu'est-ce qui avait changé en Iran quand elle est rentrée après son séjour en Autriche? Qu'est-ce qu'elle a fait quand elle est rentrée en Iran?

Sony Pictures Classics/Photofest

Pourquoi est-ce que la mère de Marjane pleure?

7. Quelle importance est-ce que son oncle Anouche a eue dans sa vie?
8. Quelle place est-ce que sa grand-mère a occupée dans sa vie? Quels conseils est-ce qu'elle lui donnait (utilisez l'impératif)? Quand est-ce qu'elle lui a fait des reproches?
9. Racontez les histoires d'amour de Marjane: Avec qui est-elle sortie? Qu'est-ce qui s'est passé?
10. Pourquoi est-ce que Marjane Satrapi a écrit son histoire et réalisé le film, d'après vous? Comment a-t-elle représenté les cultures occidentale et iranienne?
11. Qu'est-ce que vous pensez du film? De quelle scène est-ce que vous vous souvenez le mieux?
12. Est-ce que le genre du film d'animation est un bon choix pour cette histoire? Pourquoi?

D. Et vous?

Discutez des questions suivantes avec un(e) camarade de classe.

1. Quelles sont les différences entre ta vie de jeune adulte et celle de Marjane et de ses amis en Iran au début des années 1990?
2. Est-ce que tu peux t'identifier à Marjane? Pourquoi?
3. Marjane a découvert la vie alternative de Vienne avec ses amis de lycée. Et toi, tu as découvert des idées ou des manières de vivre différentes au lycée ou à l'université?
4. Est-ce que tu comprends la dépression de Marjane au milieu du film ou est-ce que tu penses qu'elle manquait de courage?
5. Marjane n'hésite pas à exprimer ses opinions dans des situations potentiellement dangereuses (quand elle parle à sa prof de religion, par exemple, ou au conseil des étudiants de l'université). Est-ce que tu as déjà exprimé des opinions courageuses? Donne un exemple et explique ce qui s'est passé après.
6. Qui a eu une influence déterminante dans ta vie?

1-26

E. À l'écoute: *Persépolis*

La conversation que vous allez entendre est un entretien fictif entre un journaliste et Marjane Satrapi basé sur quelques entretiens réels. Écoutez la discussion et vérifiez si vous avez compris en répondant aux questions de l'exercice ci-dessous.

1. Marjane Satrapi a fait un film adapté de sa BD *Persépolis* parce qu'_______.
   a. elle avait toujours voulu le faire
   b. on lui a proposé beaucoup d'argent
   c. elle aimait l'idée de travailler avec son co-réalisateur, Vincent Paronnaud

2. Dans leur adaptation de la BD, les co-réalisateurs ont développé le thème de _______.
   a. l'exil
   b. la guerre
   c. l'extrémisme religieux

3. Un des buts de Marjane Satrapi était de _______.
   a. montrer que les Iraniennes n'ont pas de liberté
   b. critiquer l'état des universités iraniennes
   c. présenter une image équilibrée de la société iranienne

4. La réalisatrice voulait aussi montrer que _______.
   a. les policiers étaient trop violents
   b. personne n'était totalement méchant
   c. les fêtes étaient interdites

5. Qui est diabétique?
   a. un jeune policier
   b. la mère d'un policier
   c. la grand-mère d'un policier

6. Les deux réalisateurs ont choisi des images _______.
   a. réalistes
   b. impressionnistes
   c. stylisées

7. Ils se sont inspirés du cinéma _______.
   a. allemand
   b. italien
   c. japonais

8. Au début du film, Marjane était à l'aéroport d'Orly parce qu'elle _______.
   a. allait partir pour Téhéran
   b. attendait quelqu'un qui arrivait d'Iran
   c. rêvait d'aller en Iran

AVANT LE PROCHAIN COURS

1. ***Manuel:*** Étudiez *La position des adjectifs, Le comparatif des adjectifs, Le superlatif des adjectifs* (pages 268–271), et faites les exercices des sections **Application immédiate 6** à **8.**
2. ***Cahier:*** Préparez **Pour aller plus loin.**

POUR ALLER PLUS LOIN

A. Qui a dit quoi?

1. Les citations dans leur contexte

Notez quel personnage de la liste suivante a dit chaque phrase, puis expliquez la signification de chaque citation dans le contexte du film. Vous pouvez utiliser les noms des personnages plusieurs fois.

un(e) ami(e) de Marjane à Vienne	Marjane	l'oncle Anouche
un étudiant à Téhéran	la mère de Marjane	le père de Marjane
la grand-mère de Marjane	Mme Nasrine (la voisine des Satrapi)	un policier

1. ______________________: « Tu as vu qu'ils préparent les élections pour bientôt?
 ______________________: —Il faut faire confiance aux gens. Après toutes ces années de dictature ils feront tout pour conserver leur liberté. »
2. ______________________: « J'ai beaucoup souffert. J'ai élevé mes cinq enfants avec les larmes de mes yeux. Maintenant ces messieurs veulent me prendre mon aîné contre cette clé. »
3. ______________________: « Allez, descends! Papiers d'identité, carte grise, permis de conduire.
 ______________________: —OK, OK.
 ______________________: —Approche-toi, souffle! T'as bu.
 ______________________: —Non, pas du tout.
 ______________________: —Tu te fous de moi. Ça se voit à ta cravate, espèce de sale ordure occidentalisée.
 ______________________: —Ça suffit, petit. Ça fait vingt ans que je travaille pour ce pays, et tu oses me parler comme ça! »
4. ______________________: « Qu'est-ce que je vais m'emmerder avec mes parents à Monte Carlo!
 ______________________: —Monte Carlo, ça va encore. Je te dis pas la galère. Moi, je dois aller voir mon père au Brésil. J'ai au moins treize heures de vol! »
5. ______________________: « Alors comme ça tu es française?
 ______________________: —Mamie, arrête!
 ______________________: —Non, c'était juste une question. Je savais pas que tu étais française, c'est tout.
 ______________________: —Si tu crois que c'est facile d'être iranienne ici. »
6. ______________________: « Aussi je demande aux demoiselles ici présentes de porter des pantalons moins larges et des cagoules plus longues. Qu'elles couvrent bien leurs cheveux et qu'elles ne se maquillent pas. »

7. ______________________: « J'ai toujours voulu que tu deviennes indépendante, éduquée, cultivée, et voilà que tu te maries à vingt et un ans. Je veux que tu partes d'Iran, que tu sois libre et émancipée. »

8. ______________________: « Écoute-moi bien. Moi je l'ai fait il y a cinquante-cinq ans. Et je peux te dire qu'à l'époque, personne ne divorçait. »

2. Le français parlé

Relisez les citations de **Qui a dit quoi?** et faites les activités suivantes.

1. Relevez les citations qui sont en français familier et celles qui sont en français courant ou soutenu. Quelles différences remarquez-vous entre le registre familier et les deux autres registres?
2. Soulignez les expressions familières. Expliquez-les en proposant un synonyme, une paraphrase ou une traduction.
3. Relevez tous les adjectifs dans les citations 1 à 8. Prononcez-les avec le substantif (nom) ou le pronom qu'ils qualifient.
4. Imaginez comment les personnages prononcent les citations de **Qui a dit quoi?** Puis écoutez les citations 4 et 5 sur votre *Audio Program* et répétez-les comme vous les entendez en vous mettant dans la peau des personnages.

1-27, 1-28

Source: *Persépolis*

B. Réactions

1. Qu'est-ce que les citations de **Qui a dit quoi?** révèlent sur la vie sous la République islamique?
2. Comment est-ce que les idées exprimées par la mère et la grand-mère de Marjane (citations 7 et 8) diffèrent de l'idéal féminin du régime?
3. Qu'est-ce que les citations 4 et 5 révèlent sur les difficultés d'adaptation de Marjane en Autriche? Pourquoi est-ce qu'elle a eu du mal à s'intégrer?
4. Avez-vous essayé de vous intégrer à un groupe déjà constitué? Comment avez-vous fait?

C. Les histoires d'amour de Marjane: Markus

Dans le film *Persépolis,* Marjane raconte avec humour ses premières relations amoureuses, en particulier celle avec Markus à Vienne.

1. Remémorez-vous l'histoire d'amour de Marjane et Markus en lisant le paragraphe suivant. Complétez-le en mettant les verbes entre parenthèses à l'imparfait.

   Marjane (1) __________ (être) très amoureuse de Markus. Elle le (2) __________ (trouver) beau comme un cœur, généreux, brillant et courageux. Il (3) __________ (sembler) avoir bon caractère. Ils (4) __________ (aimer) danser ensemble et ils (5) __________ (faire) des batailles de boules de neige. Marjane (6) __________ (penser) que Markus (7) __________ (être) l'homme de sa vie. Voici comment elle (8) __________ (parler) de leur relation: « J'avais enfin trouvé l'amour. Plus rien ne m'(9) __________ (effrayer, *to scare*) et l'avenir me (10) __________ (paraître) radieux. Markus

(11) _________ (aller) être un grand écrivain. Nous (12) _________ (se retrouver) dans sa chambre où il m'/me (13) _________ (lire) les extraits de sa pièce. Nous ne (14) _________ (faire) qu'un. »

2. Décrivez l'image ci-contre et expliquez comment elle exprime le bonheur de Marjane. Pour vous aider, répondez aux questions suivantes et consultez le **Vocabulaire utile.**
   a. Pourquoi est-ce que la route est ondulée? (À quoi ressemble-t-elle?)
   b. De quels styles sont les bâtiments? Pourquoi est-ce qu'ils ne sont pas droits?
   c. Quel élément du dessin est le plus lumineux? Pourquoi?
   d. Quels autres détails rendent l'atmosphère romantique?
   e. Quelles références orientales trouve-t-on dans ce dessin? Pourquoi sont-elles là?
3. Comment a fini la relation entre Marjane et Markus? Comment est-ce que le regard de Marjane sur Markus a changé? (Retournez à la description de Markus dans #1 et expliquez comment Marjane le décrivait après leur rupture.)

Sony Pictures Classics/Photofest

« Un matin du mois de novembre, ce fut au tour de Markus d'entrer dans ma vie. »
Source: *Persépolis*

VOCABULAIRE UTILE **pour 2**

beau comme un cœur: très beau
ciel: *sky*
étoile: *star*
occidental: *western*
oriental: *eastern*
tapis magique/volant: *magic/flying carpet*
voler: *to fly*

VOCABULAIRE UTILE

avare: *stingy*
déception amoureuse: *heartbreak*
échec: *failure*
infidèle: *unfaithful*
lâche: *cowardly*
laid (comme un pou): très laid [**pou:** *louse*]
rompre: *to break up*
une rupture: *breakup*
se séparer: *to separate*
tromper: *to cheat (on)*

4. Comment est-ce que les réalisateurs créent l'humour dans l'histoire d'amour de Marjane et Markus?
5. Quel impact est-ce que cette relation a eu sur Marjane?

D. À la recherche de l'âme sœur

Vous allez lire quelques annonces de rencontre (*personal ads*) du magazine *Le Nouvel Observateur.* Elles contiennent beaucoup d'adjectifs qui décrivent la personne qui cherche l'âme sœur et la personne recherchée.

1. Voici quelques adjectifs qui apparaissent dans les annonces que vous allez lire. Remarquez qu'ils sont abrégés. Les reconnaissez-vous? Écrivez les formes masculine et féminine de ces adjectifs sur une feuille séparée.

a. div.	g. sér.	m. mce
b. fém.	h. ssible	n. non prat.
c. gd	i. cult.	o. raff.
d. génrx	j. dce	p. retr.
e. intel.	k. dist.	q. sens.
f. respect.	l. lib.	r. tdre

Personals in France often start with a number that corresponds to the **département** of residence (see map). For example, 92 is the number of les **Hauts-de-Seine**, which is located to the west of Paris. The ad in the second example includes an abbreviation, **RP**, which means **région parisienne.** The **départements** were created in 1789 and given the names of local geographical features. They are numbered in alphabetical order. Thus, the **département** called **Ain** (01) is named after the Ain river. As of 2014, there were 101 **départements,** including 96 in metropolitan France and 5 overseas.

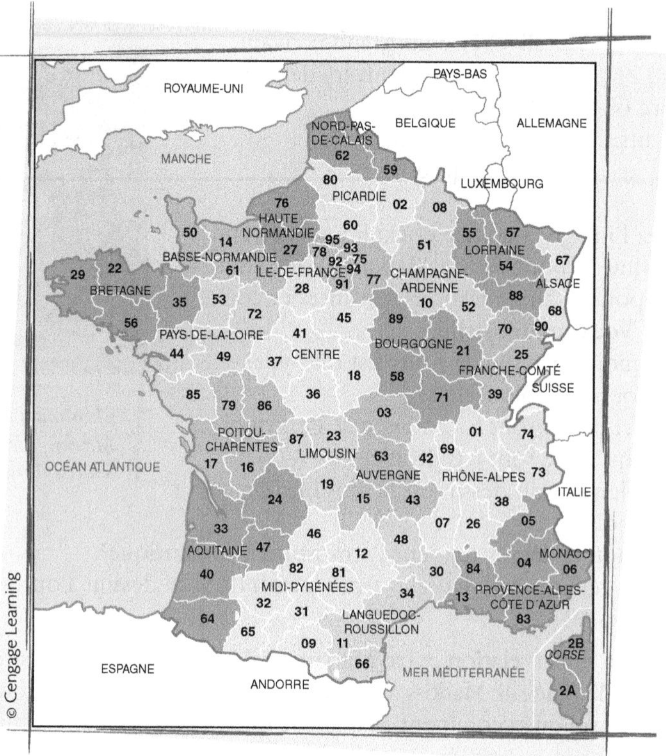

2. Devinez la signification des abréviations dans les annonces suivantes.

RP F 52a div. Juive non prat. ch. H 50–65a même profil pr relation durable; photo souhaitée.

92 bel H tendre sensuel ét. sup. 48a ch. jolie JF sexy sportive.

a. H
b. a
c. ch.
d. JF
e. F
f. pr

3. Maintenant lisez les petites annonces suivantes pour déterminer les caractéristiques que chaque sexe recherche chez l'autre.

a. Expliquez quelles caractéristiques les hommes recherchent le plus chez les femmes et vice versa. Faites des phrases selon le modèle suivant.

Exemple: ***Les femmes aiment les hommes sociables, les hommes riches, etc.***

Les hommes recherchent des femmes intéressantes, de belles femmes, etc.

Les femmes aiment les hommes…
Les hommes recherchent des femmes…

b. Est-ce que les hommes et les femmes recherchent des qualités différentes? Êtes-vous surpris(e) par ces résultats?

PARTICULIERS FEMMES

Jolie créature brune de 41a personnalité forte et attachante ch. H âge mûr aisé génrx et compréhensif pr une belle histoire d'amour; réponse assurée **Écrire journal réf. 1240/10 G**

75 F 41a intérimaire de l'amour cherche CDI. Dans le désordre amoureux: petite, brune, sexy, divorcée, une enfant rêvée, cherche alter-ego, mélange de Clint East Wood dy Allen et Raphael CV avec photo please!! **Écrire journal réf. 1240/10 H**

75 belle F 56a dist. enthousiaste ch. H lib., 55-60a, gd, ssible, NF, pr part. émotions, voy., lect., sorties, rel. dur.; ph. souh. **Écrire journal réf. 1240/10 J**

RP F 52a div. juive non prat. ch. H 50-65a même profil pr relation durable; photo souhaitée **Écrire journal réf. 1240/10 K**

17 Avant grip. aviaire 2 oies cendrées 60a cult. raff. intellig. attend. canard huppé 68 + susc. off. parcours hs piste ds harm. luxe conniv. migrat. de haut vol? lettre dét. + photo ex. **Écrire journal réf. 1240/10 L**

89 F 45a char. mce ch. H culti. équil. quête intér. pr rel. dur. **Écrire journal réf. 1240/10 N**

75 F 50a 1,68 div. dce, ouverte ch. H 45-60a pr relat. complice **Écrire journal réf. 1240/10 O**

Ch. H (45-55a), libre, honnête respect. volontaire et animé d'assez de dynam. et de joie de vivre Pour accomp. dans la vie F 45a, cultivée féminine, gaie, mince, aimant sorties (théâ., concert, dîners à 2 ou amis, golf, bridge). H mariés s'abstenir; photo souhaitée **Écrire journal réf. 1240/9 B**

Parisienne 65a désire amitié amoureuse avec H chaleureux et droit 55-65a libre aussi le we **Écrire journal réf. 1240/9 C**

41 F 72a assez bien enfin! rêve compagnon pr cœur câlins, sérieux max 75a, Sologne espérée **Écrire journal réf. 1240/9 D**

S-E/92 vraie F b. niv. soc-cult. sens. rousse yx verts 65a 1,62 mce NF ch. H 65–70 gd m. profil pr rel. sens. tdre sér. ph. souh. **Écrire journal réf. 1240/9 E**

Charm. mamy 65a aimt nat. cult. espère ami cœur esprit pr part. essentiel et superflu ds harm. **Écrire journal réf. 1240/9 F**

Particuliers femmes et Particuliers hommes, *Le Nouvel Observateur*, no 2140, 10-16 novembre 2005

PARTICULIERS HOMMES

Direct. Sté div. 50a 1,80 bcbg ht niv. soc. épicurien et tr. sympa ch. tr. belle JF 30a aimt la vie, les sorties et les voyages; rép. assurée (photo impérative) **Écrire journal réf. 1240/10 A**

Paris ing. 72a sportif musicol., marié privé d'affect. très dispo shte renc, dame 60-65a qui aussi rech. tdresse rel. dur., NF **Écrire journal réf. 1240/10 B**

75 50a bonne sit. aimant la vie sincère altruiste esprit ch. femme bon niveau en vue vie à 2 **Écrire journal réf. 1240/10 C**

75/40 Comment le dire? 56 ans libre, prof. lib., mais il veut continuer à dire je t'aime et à se l'entendre dire, à partager des projets et un amour. Alors pourquoi pas nous? **Écrire journal réf. 1240/10 D**

H, 41 ans, ingénieur, sportif, cherche une JF en vue de construire une relation durable **Écrire journal réf. 1240/10 1**

75 Dirigeant haut niveau, 57a, offre appui et soutien à JF étudiante ou cadre débutante à Paris, 30a maxi, sexy, sensuelle. tél. et photo souhaités. **Écrire journal réf. 1240/10 E**

84 H marié 54a ch. ami-amante pour cultiver jardin hédoniste avec tendresse et sincérité **Écrire journal réf. 1240/10 R**

34 et + beau gentleman 56a lib. sportif humour aisé golf cult, voy. ch. JF fine intel. pr vie à 2 **Écrire journal réf. 1240/10 S**

75 H retr. c. sup. div. ch. amie sens. pr rel. amicale tdre loisirs **Écrire journal réf. 1240/10 T**

92 bel H tendre sensuel ét sup. 48a ch. jolie JF sexy sportive **Écrire journal réf. 1240/10 X**

92 Hauts de Seine 61/1,74/67, tendre, sincère cherche ami 50-60 ans, même profil pour relation simple et harmonieuse avec brin d'humour **Écrire journal réf. 1240/10 U**

RP H 61/172/72 ét. sup. sport. éq. cps-esp. ch. hum. sens. sh. F < 47a jol. mce fém. pr rel. qual. tdre harm. ss à priori **Écrire journal réf. 1240/10 W**

94 H 50e div. b. phys. exc. niv. soc. aisé ch. JJF raff. min. ssuel. pr part. plais. de la vie sort. we rel. compl. durab. voir +, ph. **Écrire journal réf. 1240/10 Y**

75 H 67a phys. agré. épicur. tdre pas lib. dispo shte sortir rire aimer F classe désira. Reçoit **Écrire journal réf. 1240/10 Z**

Bretagne/RP, PDG dit bet H, libre, 1,82, brun, sportif, calme, humain génér×humour, goûts éclec. procht libre, activ. pro., shte engager projet qualité et complicité avec jolie JF 30–40a, raffinée, sens., équilibrée. ttes origines, enft accept. photo svp **Écrire journal réf. 1240/9 A**

E. À l'écrit: Une petite annonce

Écrivez une petite annonce pour Marjane et une pour vous sur une feuille séparée.

AVANT LE PROCHAIN COURS

Cahier: Faites **Préparation à la lecture.**

LECTURE

A. Discussion

1. Imaginez que vous avez déménagé loin de votre famille et de vos amis et que vous voulez écrire à quelqu'un pour parler de votre nouvelle vie. À qui écrivez-vous? Quels aspects de votre vie évoquez-vous?
2. Le narrateur de l'histoire est un jeune garçon qui a déménagé d'une petite ville du Costa Rica à Montréal, au Canada. Imaginez quelles différences il peut remarquer entre les paysages et la manière de vivre à Montréal et au Costa Rica.

B. *Les Aurores montréales*

Les Aurores montréales (1996) de Monique Proulx est un livre de nouvelles qui décrivent diverses facettes de la vie à Montréal. Les histoires montrent Montréal vue par des enfants, des personnes âgées, des couples, des SDF (sans domicile fixe), des gens qui sont nés à Montréal, des immigrants. Le titre du livre est une variation sur le terme « aurore boréale » (une aurore boréale est un phénomène lumineux des régions polaires qui est caractérisé par la présence de couleurs vives dans le ciel la nuit). Le livre est divisé en cinq parties introduites par des prologues. Dans le premier prologue, intitulé « Gris et blanc », un narrateur écrit à son correspondant pour lui raconter ses impressions de la ville.

Gris et blanc

Je t'écris, Manu, même si tu ne sais pas lire. J'espère que ta vie se porte à merveille° et que les rochers de Puerto Quepos se dressent fièrement quand tu nages dans la mer. Nous sommes installés, maintenant. Nous avons un sofa, un matelas° neuf, deux tables, quatre chaises droites presque de la même couleur et un réfrigérateur merveilleux qui pourrait contenir des tortillas en grand nombre. Je dors sur le sofa, à côté du réfrigérateur merveilleux. Tout va bien, je me réveille souvent parce que le réfrigérateur ronfle°, mais le chemin vers la richesse est rempli de bruits qui n'effraient pas° l'oreille du brave. De l'autre côté de la fenêtre, il y a beaucoup d'asphalte et de maisons grises. On voit des autos qui passent sans arrêt et ce ne sont jamais les mêmes, Manu, je te le dis sans me vanter°.

se porter à merveille: *to be in excellent health*
un matelas: *a mattress*
ronfle: *snores*
qui n'effraient pas: *that do not scare*
sans me vanter: *without bragging*

Ça s'appelle Montréal. C'est un endroit nordique et extrêmement civilisé. Toutes les autos s'arrêtent à tous les feux rouges° et les rires sont interdits passé certaines heures. Il y a très peu de *guardias* et très peu de chiens. Le mot « nordique » veut dire qu'il fait froid comme tu ne peux pas imaginer même si c'est seulement novembre. En ce moment, j'ai trois chandails en laine° de Montréal sur le dos, et mamá se réchauffe° devant la porte ouverte du four qui appartient au poêle° qui est grand et merveilleux, lui aussi. Mais on s'habituera, c'est sûr, le chemin vers la richesse est un chemin froid.

Ce ne sera pas encore ce mois-ci que tu pourras venir, mais ne désespère pas. Je fais tous les soirs le geste de te caresser la tête avant de m'endormir, ça m'aide à rêver de toi. Je rêve qu'on attrape des lézards ensemble et que tu cours plus vite que moi sur la grève° de Tarmentas et que la mer fait un grondement terrible qui me réveille, mais c'est le réfrigérateur.

« Gris et blanc » dans *Les Aurores montréales*, Monique Proulx, Éditions du Boréal, 1996

Il y a une mer ici aussi, j'y suis allé une fois en compagnie de mon ami Jorge et c'est très différent. La mer de Montréal est grise et tellement moderne qu'elle ne sent pas les choses vivantes°. J'ai parlé de toi à Jorge, je t'ai grossi d'une dizaine de kilos pour qu'il se montre plus admiratif.

Voici comment se passent mes journées ordinaires. Il y a des moments comme se lever, manger et dormir, qui reviennent souvent et qui partent vite. Il y a les deux épiceries de la rue Mont-Royal, M. Dromann et M. Paloz, qui m'engagent° pour faire des livraisons°. Je sais déjà plein de mots anglais, comme *fast, fast*. Le reste du temps, je suis à l'école, c'est une grande école grise avec une cour en asphalte grise et un seul arbre que j'ai à moitié cassé quand j'ai grimpé° dessus. Les moments d'école sont les pires, bien entendu, j'essaie de retenir seulement les choses qui peuvent servir plus tard.

Le dimanche, avec Jorge, on fume des cigarettes et on marche, on marche. On peut marcher extrêmement longtemps, à Montréal, sans jamais voir d'horizon. Une fois, comme ça, en cherchant l'horizon, on s'est perdus et la *guardia* civile nous a ramenés très gentiment à la maison dans une auto neuve et j'ai pensé à toi, mon vieux Manu, qui aime tellement courir après les autos neuves pour faire peur aux touristes.

Je ne veux pas que tu croies que la vie n'est pas bonne ici, ce ne sera pas vrai complètement, il y a des tas de choses que je vois pour la première fois, et l'odeur de la richesse commence même à s'infiltrer dans notre pièce et demie. Hier, nous avons mangé des morceaux de bœuf énormes, Manu, et d'une tendreté comme il n'y en a pas à Puerto Quepos, je t'en envoie un échantillon° bien enveloppé. Ce qui me dérange le plus, car je ne veux pas te mentir, c'est le côté nordique de la ville, et le gris, qui est la couleur nationale. Mamá, elle, est surtout dérangée par les toilettes des magasins, c'est là qu'elle travaille et qu'on la paie pour nettoyer. Si tu voyais ces magasins, Manu, ils ont des magasins que tu dirais des villages en plus civilisé et en plus garni, tu peux marcher des heures dedans sans avoir le temps de regarder tous les objets merveilleux que nous nous achèterons une fois rendus plus loin dans le chemin vers la richesse.

Mais la chose de ce soir, la chose dont il faut que je te parle. Mamá nettoyait le réfrigérateur et par hasard elle s'est tournée vers la fenêtre. C'est elle qui l'a aperçue la première. Elle a poussé un cri qui m'a fait approcher tout de suite. Nous sommes restés tous les deux longtemps à regarder dehors en riant comme des êtres sans cervelle°.

La beauté, Manu. La beauté blanche qui tombait à plein ciel, absolument blanche partout où c'était gris. Ah, dure° assez longtemps, Manu, fais durer ta vie de chien jusqu'à ce que je puisse te faire venir ici, avec moi, pour jouer dans la neige.

feux rouges: *red lights*
chandails en laine: *wool sweaters*
se réchauffe: *is warming herself up*
four... poêle: *oven ... stove*
la grève: *the shore*
elle ne sent pas les choses vivantes: *it does not smell like living things*
m'engagent: m'emploient
livraisons: *deliveries*
j'ai grimpé: *I climbed*
un échantillon: *a sample*
cervelle: *brain*
dure:

Montréal sous la neige

1. Compréhension

1. Qu'est-ce qu'on apprend sur le logement du narrateur?
2. Quels aspects de la vie montréalaise étonnent le narrateur? Lesquels sont positifs? Lesquels sont négatifs?
3. Quelles sont les activités du narrateur et de sa mère?
4. Quel exemple est-ce que le narrateur donne pour montrer que sa vie s'est améliorée?
5. Qu'est-ce qui s'est passé le soir où le narrateur a écrit sa lettre?
6. À qui est-ce que le narrateur écrit?

2. Réactions

1. D'après vous, quel âge a le narrateur? Pourquoi sa mère et lui sont-ils à Montréal? Quel est l'effet produit par le fait qu'on ne connaît pas le nom du narrateur?
2. Comment imaginez-vous la vie passée du narrateur à partir de sa description de sa vie présente? Qu'est-ce qui lui manque à Montréal?
3. Avez-vous été surpris(e) d'apprendre à qui le narrateur écrit? Pourquoi lui écrit-il, à votre avis? Quels détails du texte nous préparent à cette révélation?
4. Comment est-ce que le narrateur crée le suspense et la surprise dans son texte?
5. Comment interprétez-vous le titre, « Gris et blanc »?
6. Quels rapports voyez-vous entre la vie du narrateur à Montréal et celle de Marjane en Europe? Qu'est-ce que Marjane aurait pu écrire (*could have written*) à un(e) correspondant(e) ou dans son journal?

3. Questions de langue

1. Notez quatre adjectifs qui décrivent l'atmosphère de Montréal.
2. Cherchez des adjectifs au comparatif.
3. Cherchez un adjectif au superlatif.
4. Réécrivez les expressions de quantité suivantes d'une autre manière:
   a. des tortillas en grand nombre (lignes 10–11)
   b. plein de mots anglais (ligne 64)
   c. des tas de choses (lignes 86–87)

AVANT LE PROCHAIN COURS

Cahier: Faites **Préparation à l'écriture.**

Interactions

A. Sketch

Choisissez un sujet, préparez la scène et jouez-la devant la classe.

1. Rappelez-vous une scène du film et jouez-la en utilisant vos propres mots.
2. Quelqu'un engage la conversation avec Marjane au café de l'aéroport d'Orly. Il/Elle ne sait pas grand-chose sur l'Iran. Marjane lui parle de son pays et lui raconte quelques détails de son histoire personnelle.
3. Marjane et sa grand-mère. Imaginez une situation vécue par Marjane que sa grand-mère n'approuve pas. Marjane raconte la situation à sa grand-mère, qui réagit avec désapprobation.
4. Marjane et Kia. En rentrant de Vienne, Marjane rend visite à son ami Kia, qui a fait la guerre et a été grièvement blessé. Ils se racontent les dernières années de leurs vies, lui à la guerre et elle en Autriche.

Sony Pictures Classics/Photofest

« S'il te plaît, enlève cette... cagoule. Ça me rend claustrophobe. »
Source: *Persépolis*

B. Exposé

Préparez un des sujets à la maison pour le présenter en classe.

1. Faites un exposé sur un aspect de l'Iran contemporain qui vous intéresse. Si vous connaissez des étudiants iraniens, vous pouvez aussi les interroger et incorporer leurs commentaires dans votre présentation.
2. Présentez une référence picturale du film.
   a. À plusieurs moments du film, Marjane a une expression qui rappelle celle de la femme dans le tableau *Le Cri* (1893), du peintre norvégien Edvard Munch (par exemple, quand Marjane découvre qu'un missile est tombé près de chez elle et a tué ses voisins, environ 39'45–39'55). Apportez une reproduction de ce tableau en classe, faites-en une description et donnez aussi quelques informations sur le peintre. Puis ajoutez des commentaires personnels et essayez d'interpréter la présence de références à ce tableau dans le film.
   b. La scène dans laquelle Marjane décrit sa transformation physique à l'adolescence (50'50–51'25) contient des images inspirées par le cubisme, par exemple le tableau *Guernica* (1937), de Picasso. Apportez une reproduction de ce tableau en classe, faites-en une description et donnez aussi quelques informations sur le peintre et sur le contexte du tableau. Puis montrez quelques parallèles entre le tableau et la scène du film et expliquez quels autres liens on peut trouver entre le tableau et le film en général.
3. Faites une présentation sur l'évolution des intérêts musicaux de Marjane et la manière dont les chansons anglaises sont utilisées dans le film.
4. Si vous avez des talents artistiques, parlez-en à la classe. Expliquez depuis quand vous vous intéressez à votre art et ce que vous faites pour vous perfectionner. Montrez des exemples de vos œuvres ou, si vous êtes musicien(ne), apportez une vidéo de vous en train de jouer ou chanter (ou produisez-vous directement en classe).

VOCABULAIRE UTILE
pour Exposé 2 (See also the vocabulary items for body parts in the ***Cahier***.)

à droite (de): *on the right (of)*
à gauche (de): *on the left (of)*
à l'arrière-plan: *in the background*
au premier plan: *in the foreground*
déformé: *deformed*
flou: *blurred*
net: *well delineated*
vif: *vivid*
sombre: *dark*
un cadre: *frame*
un contour: *outline*
un contraste: *contrast*
une couleur: *color*
un paysage: *landscape*
un portrait: *portrait*
une toile: *canvas*
un ton: *tone*

LISTE DE VOCABULAIRE

For extra practice with the vocabulary in this chapter, refer to the web quizzes at www.cengagebrain.com.

Adjectifs

autoritaire *authoritarian*
blessé(e) *hurt*
compréhensif (-ive) *understanding*
conventionnel(le) *conventional*
critique *critical, judgmental*
cultivé(e) *cultured*
cynique *cynical*
décent(e) *decent*
déçu(e) *disappointed*
déprimé(e) *depressed*
déterminé(e) *determined*
digne *dignified*
direct(e) *direct*
énergique *energetic*
étranger (-ère) *foreign*
faible *weak*
fier (-ère) *proud*
fort(e) *strong*
fragile *fragile*
franc(he) *frank, open, honest*
grossier (-ère) *coarse, crude, rude*
idéaliste *idealistic*
ignorant(e) *ignorant*
indécent(e) *indecent*
infidèle *unfaithful*
inquiet (-ète) *worried*
insolent(e) *insolent*
intègre *who has integrity*
intellectuel(le) *intellectual*
intolérant(e) *intolerant*
lâche *cowardly*
libre *free*
marginal(e) *marginal*
moqueur (-euse) *derisive, mocking*
musulman(e) *muslim*
naïf (-ïve) *naive*
occidental(e) *western*
oriental(e) *eastern*
rebelle *rebellious*
répressif (-ive) *repressive*
respectueux (-euse) *respectful*
seul(e) *alone*
sombre *dark*
tolérant(e) *tolerant*
traumatisant(e) *traumatic*
vif (-ive) *bright*
vulgaire *vulgar*

Noms

une armée *army*
une arrestation *arrest*
un assassinat *assassination*
une bande dessinée, BD *comic book, graphic novel*
un bombardement *bombing*
la censure *censorship*
un chagrin d'amour *heartbreak*
un conseil *advice*
une déception (amoureuse, sentimentale) *disappointment (unhappy love affair)*
un déménagement *move*
une dépression (nerveuse) *depression*
un dessin animé *cartoon*
Dieu *God*
une élection *election*
une émeute *riot*
un événement *event*
l'exil (m.) *exile*
le foulard *headscarf*
une guerre *war*
un internat *boarding school*
une manifestation *demonstration*
le/du maquillage *makeup*
un médicament *medicine*
un missile *missile*
un modèle *model*
une ombre *shadow*
une ombre chinoise *silhouette*
un(e) opposant(e) *opponent*
un(e) pensionnaire *boarder, boarding-school student*
le pétrole *oil*
la police *police*
un(e) policier (-ère) *police (wo)man*
un régime *regime*
une religieuse (bonne sœur) *nun*
la répression *repression*
une révolte *uprising*

un soldat *soldier*
la souffrance *suffering*
un témoin *witness*
une tentative de suicide *suicide attempt*
la torture *torture*
le voile *veil;* le port du voile *wearing the veil*
la voix off *voice-over*

Verbes

arrêter *to arrest*
assister à *to attend*
attaquer *to attack*
avoir honte (de) *to be ashamed (of)*
avoir le mal du pays *to be homesick*
avoir son franc-parler *to speak one's mind*
bombarder *to bomb*
censurer *to censor*
combattre (comme *battre*) *to fight*
conseiller à quelqu'un de faire quelque chose *to advise someone to do something*
croire à, en (irrég.) *to believe in*
déménager (comme *voyager*) *to move (to change residence)*
dessiner *to draw*
divorcer *to get a divorce*
émigrer *to emigrate*
emprisonner *to imprison*
endoctriner *to indoctrinate*
exécuter *to execute*
faire la guerre *to fight in a war*
faire une/de la dépression *to be suffering from depression*
faire des reproches à quelqu'un *to reproach someone*
grandir (comme *finir*) *to grow up*
guérir (comme *finir*) *to recover, to heal*
idéaliser *to idealize*
interdire à quelqu'un de faire quelque chose (comme *dire*) *to forbid someone to do something*
louer *to rent, to praise*
manquer à quelqu'un *to be missed by someone* (tu me manques: *I miss you*)
mentir (comme *partir*) *to lie*
mépriser *to scorn*
oublier *to forget*
participer (à) *to participate (in), to take part (in)*
promettre à quelqu'un de faire quelque chose (comme *mettre*) *to promise someone to do something*
quitter *to leave*
reprocher à quelqu'un de faire quelque chose *to reproach someone for doing something*
retrouver *to get back, to recover, to find again*
retrouver le goût à la vie *to recover one's zest for life*
se cacher *to hide*
s'ennuyer (voir *ennuyer*) *to be bored*
s'intégrer (comme *préférer*) *to fit in*
s'enfuir (comme *fuir*) *to flee*
s'exiler *to go into exile*
s'habituer (à) *to get used to*
s'inquiéter (comme *préférer*) *to worry*
se détériorer *to deteriorate, to get worse*
se fâcher *to get angry*
se maquiller *to put on makeup*
se marier *to get married*
se rappeler (comme *appeler*) *to remember*
se remémorer *to recall*
se sentir + adjectif (coupable, seul) (comme *partir*) *to feel + adjective (guilty, lonely)*
se souvenir (de) (comme *venir*) *to remember*
se suicider *to commit suicide*
souffrir (comme *ouvrir*) *to suffer*
surmonter *to overcome*
surveiller *to keep an eye on, to watch*
tomber amoureux (-euse) (de) *to fall in love (with)*
torturer *to torture*
tromper quelqu'un *to cheat on someone*

Present tense verb conjugation is reviewed in the **Chapitre préliminaire** (pages 225–230); the **Appendix** on page 336 includes conjugation patterns.

Refer to the **Appendix** for explanations of **manquer** (page 330), **quitter** (pages 332–333), **sentir, ressentir, se sentir** (page 334), **se rappeler** and **se souvenir** (pages 328–329).

Expressions

à l'étranger *abroad*
en public *in public*
être en colère *to be angry*

Vocabulaire supplémentaire

Adjectifs

confiant(e) *trusting*
vierge *virgin*

Noms

un abri *shelter*
une bronchite *bronchitis*
une cagoule *used as synonym for headscarf in the film*
un cygne *swan*
un fauteuil roulant *wheelchair*
un imprimeur *printer (person)*
le jasmin *jasmine*
une marionnette *puppet*

Verbes

contrôler *to control*
errer *to wander*
exploser *to explode*
faire de l'aérobic *to do aerobics*
libérer (comme *préférer*) *to free, to release*
permettre à quelqu'un de faire quelque chose (comme *mettre*) *to allow someone to do something*
rendre hommage à quelqu'un *to pay homage to someone*
renier ses origines *to forget where one comes from*
se conformer *to conform*
se réfugier *to find refuge*
se soigner *to follow a medical treatment*

Vocabulaire familier (entendu dans le film)

un(e) chieur (-euse) *a pain (vulgar)*
un con, une conne *fool, idiot (vulgar)*
un mec *guy*
un pote *pal*

Chapitre 4

LA VIE PROFESSIONNELLE

Le Placard

DANIEL AUTEUIL
GÉRARD DEPARDIEU
THIERRY LHERMITTE
LE PLACARD
UN FILM ÉCRIT ET RÉALISÉ PAR
FRANCIS VEBER
Gaumont DVD

Réalisateur: Francis Veber,
France (2001);
84 minutes

In this chapter, you will see how François Pignon, a nondescript, average Frenchman, manages to get back the job from which he was fired and to rebound in his personal life as well. Set in the workplace, this film stars several well-known French actors and addresses issues of discrimination with a comic tone. You will acquire vocabulary related to the workplace and review in depth how to provide details about people and things by using relative clauses. As in Chapter 1, the reading in this chapter addresses cultural differences; this reading, from *Les Chroniques de l'ingénieur Norton: Confidences d'un Américain à Paris* (1997), relates the difficulties of a fictional Frenchman who takes a job in the United States and is puzzled by some workplace practices.

Les personnages (La distribution: les acteurs/actrices): François Pignon (Daniel Auteuil), Félix Santini, le chef du personnel (Gérard Depardieu), Jean-Pierre Belone, le voisin (Michel Aumont), Guillaume, le directeur de la communication (Thierry Lhermitte), Mlle Bertrand (Michèle Laroque), Ariane (Armelle Deutsch), M. Kopel (Jean Rochefort), Christine, l'ex-femme de François (Alexandra Vandernoot), Frank, le fils de François (Stanislas Crevillen)

- Prix du Meilleur acteur pour Daniel Auteuil au Festival International du Film de Shanghai en 2001

Entrée en matière

A. Discussion

1. Quelles difficultés peut-on rencontrer dans sa vie personnelle et professionnelle?
2. Comment peut-on réagir face à une crise? Est-ce que les moments de crise sont toujours négatifs?

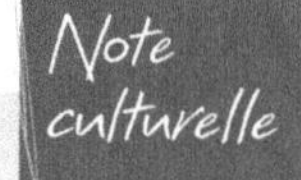

B. Francis Veber, Gérard Depardieu et Daniel Auteuil

Le Placard est une comédie de Francis Veber, un scénariste et réalisateur à succès. Depuis les années 1970, Veber réalise des comédies dans lesquelles il met en scène un duo de personnages masculins. L'un des deux personnages est fort et confiant; l'autre est timide, gauche et souvent suicidaire. Ce personnage timide porte le même nom dans plusieurs films de Veber: François Pignon. Il se trouve embarqué dans des situations incongrues dans lesquelles il crée le désordre et perturbe la vie bien organisée de l'autre personnage. Le comique de Veber est basé sur les gestes, les mots et les situations. Ses dialogues contiennent beaucoup de jeux de mots et le rythme de ses films est rapide. Le rôle de Pignon a été interprété par des acteurs variés, dont Jacques Brel (un chanteur belge bien connu) dans *L'Emmerdeur* (1973), Jacques Villeret dans *Le Dîner de cons* (1998) et Gad Elmaleh dans *La Doublure* (2005). Dans *Le Placard,* les deux rôles principaux sont interprétés par deux acteurs très célèbres en France depuis les années 1980, Gérard Depardieu (Félix Santini) et Daniel Auteuil (François Pignon).

Gérard Depardieu

Gérard Depardieu est né dans une famille modeste en 1948. Il a grandi à Châteauroux, dans le centre de la France. Il ne s'intéressait pas beaucoup à l'école et il préférait passer son temps dans la rue ou fréquenter les soldats de la base américaine près de laquelle il habitait. Il aimait beaucoup le cinéma américain et les films de François Truffaut (1932–1984), un grand réalisateur français. Il s'identifiait en particulier au personnage principal de son film *Les Quatre Cents Coups,* un jeune adolescent un peu perdu qui tombe dans la délinquance. Comme lui, Depardieu a eu une adolescence difficile, et, comme Truffaut, il a trouvé sa raison de vivre dans le cinéma. Depardieu a abandonné ses études à treize ans et il est parti à Paris, où il a fait ses premiers pas comme acteur de théâtre, puis de cinéma. Ses premiers rôles étaient des rôles de délinquant, puis il a joué dans des films policiers, des films historiques, des adaptations littéraires, des comédies et des drames. Il a reçu son premier César (l'équivalent français de l'Oscar) en 1981 pour son rôle d'acteur de théâtre pendant l'Occupation allemande dans *Le Dernier Métro,* de Truffaut. En 1990, il a obtenu son deuxième César, un prix à Cannes et une nomination à l'Oscar pour son interprétation du rôle principal dans *Cyrano de Bergerac.* Ces deux films, ainsi que son rôle dans *Jean de Florette* (1986), l'ont rendu célèbre dans le monde entier. Il a reçu de nombreuses récompenses à des festivals internationaux et il a joué aussi dans quelques films américains, dont *1492* (où il interprétait Christophe Colomb), *Green Card* et *My Father the Hero.* Depardieu est un boulimique de travail qui a joué dans plus de cent cinquante films.

Daniel Auteuil

Dans *Le Placard,* Depardieu a retrouvé Daniel Auteuil, avec qui il avait joué dans *Jean de Florette.* Depuis ce film, qui l'a révélé et pour lequel il a reçu le César du meilleur acteur, Auteuil a interprété de nombreux rôles dans des genres de films très différents. Son jeu est très intériorisé et il est capable d'incarner des personnages ambigus. Daniel Auteuil et Gérard Depardieu font partie des acteurs les mieux payés du cinéma français contemporain. Depardieu a créé la polémique en 2012 et 2013 quand il a décidé d'établir sa résidence en Belgique et de prendre la nationalité russe. Il souhaitait ainsi exprimer son désaccord avec une réforme fiscale qui devait taxer plus fortement les très hauts revenus.

1. Compréhension

1. Quelles sont les caractéristiques du cinéma de Veber?
2. Qui est François Pignon?
3. Qu'est-ce qui a influencé la carrière de Depardieu?
4. Qu'est-ce que Gérard Depardieu et Daniel Auteuil ont en commun?

2. Réactions

1. D'après vous, quels aspects du film *Le Placard* vont être faciles/difficiles à comprendre? Pourquoi?
2. Avez-vous vu certains des films mentionnés dans ce texte ou d'autres films dans lesquels Depardieu a joué? Si oui, comment pouvez-vous décrire son jeu (sa manière de jouer)?
3. Quels autres actrices ou acteurs français connaissez-vous?
4. Si vous avez vu des comédies françaises, avez-vous remarqué des différences avec les comédies américaines?

C. Lecture de comptes rendus sur le film

Voici un bref résumé du film, trouvé sur le web, suivi de quelques commentaires parus dans la presse. Lisez-les, puis répondez aux questions.

Résumé du film

1. Préparation

1. Devinez la signification des mots suivants à partir de leur ressemblance avec des mots anglais.
   a. effacé (ligne 13)
   b. rebondir (ligne 13)
   c. surprendre (ligne 13)
   d. entourage (ligne 14)
   e. entraîneur (ligne 16)
2. Le nom **regard** (ligne 15) est apparenté au verbe **regarder.** Quelle est sa signification?

préservatifs: *condoms*

Rien ne va plus pour François Pignon. Il est divorcé, son fils ne veut plus le voir, et il apprend qu'il va être licencié de son poste de comptable dans une entreprise de préservatifs°. Il est sur le point de se suicider quand survient son nouveau voisin, M. Belone, qui lui conseille de se faire passer pour un homosexuel pour garder son travail. La stratégie fonctionne. Le patron, craignant de perdre ses clients homosexuels, revient sur sa décision. François, homme timide et effacé, va rebondir et surprendre son entourage. Ses collègues et son fils vont porter un nouveau regard sur lui. La vie de Félix, l'entraîneur de l'équipe de rugby de l'entreprise, va s'en trouver changée.

Source: www.allocine.fr

How to Answer Questions about a Reading

Avoid general answers by referring to specifics in the passage. Note line numbers in your responses so you can refer your classmates to the words you are citing.

2. Compréhension

1. Quelle est la personnalité de François Pignon? Que fait-il comme travail?
2. Qu'est-ce que François Pignon a fait pour garder son travail? Est-ce que c'était une bonne idée?
3. Qu'est-ce qui a changé après cet épisode?

3. Réactions

1. Imaginez comment Pignon se fait passer pour un homosexuel.
2. Imaginez comment l'attitude de ses collègues et de son fils a changé.
3. À votre avis, qu'est-ce qui va se passer dans le film?
4. Comparez les posters français et américain. Comment expliquez-vous les différences?
5. Avez-vous déjà vu certains des acteurs? Dans quels films? Quels types de personnages jouaient-ils?

Miramax/Everett Collection

Miramax/Everett Collection

4. Questions de langue

Remplacez les expressions et mots suivants par des synonymes ou des expressions équivalentes.

a. être licencié (ligne 3)
b. Il est sur le point de (ligne 5)
c. fonctionne (ligne 10)
d. craignant (ligne 10)
e. porter un nouveau regard sur lui (ligne 15)

D. Extraits de comptes rendus

1. Préparation

1. Traduisez les adverbes de la liste et donnez les adjectifs féminins et masculins qui leur correspondent.

Adverbe	Traduction	Adjectif féminin	Adjectif masculin
a. impeccablement			
b. habilement			
c. humainement			
d. merveilleusement			
e. totalement			

Most adverbs are formed by adding **-ment** to the feminine form of the corresponding adjective; for example, **généreux** becomes **généreusement** (*generously*). The French ending **-ment** corresponds to the English *-ly*.

Adjectives ending in **-ant** have corresponding adverbs that end in **-amment**; the adverb that corresponds to **savant(e)** (*clever*) is **savamment** (*cleverly*).

2. Quel verbe reconnaissez-vous dans l'adverbe « savamment »?

3. Les noms suivants sont apparentés à des adjectifs. Quelle est leur traduction?

a. cruautés (ligne 2), de la même famille que « cruel »
b. amertume (ligne 5), de la même famille que « amer » (*bitter*)
c. gravité (ligne 5), de la même famille que « grave »
d. condensé (ligne 12), de la même famille que « condensé »

2. Extraits

Lisez les commentaires suivants pour avoir une meilleure idée du film que vous allez voir. Puis répondez aux questions qui suivent.

Le Nouvel Observateur

Comédie réussie, en ce sens qu'elle s'accompagne d'une rafale ininterrompue de rires, « Le Placard » est en même temps… une étude implacable sur les cruautés du monde de l'entreprise, en même temps que l'histoire d'un homme qui échappe à la servitude…

Source: *Le Nouvel Observateur*

Première

… le scénario est impeccablement construit et fait rire avec une certaine intelligence…

Source: *Première*

Studio Magazine

Veber a ajouté un peu d'amertume à son cocktail d'humour et de gravité, ce qui confère au *Placard* une force dramatique encore jamais atteinte dans la filmo[graphie] de son auteur.

Source: *Studio Magazine*

MCinéma.com

évite: *avoids*

... une comédie... avec une pointe de gravité qui évite° habilement la plupart des clichés liés à l'homosexualité.

Source: *MCinéma.com*

Le Figaroscope

désopilante: très amusante
pléiade: groupe

... une comédie aussi riche humainement que désopilante°. Et merveilleusement interprétée par une pléiade° de comédiens irrésistibles.

Source: *Le Figaroscope*

Cahiers du Cinéma

agencé: organisé

Dans *Le Placard,* on retrouve savamment agencé°, un condensé du cinéma populaire français des vingt dernières années...

Source: *Cahiers du Cinéma*

Les Inrockuptibles

le fond: les idées

Vivant aux États-Unis, Veber se révèle sur le fond° totalement déconnecté de la réalité de la société française.

Source: *Les Inrockuptibles*

Positif

poids lourds: *heavy weights*

... Pas une idée de cinéma, deux silhouettes féminines pour cinq poids lourds° d'un casting masculin d'évidence vébérien.

Source: *Positif*

a. Compréhension

Est-ce que vous vous attendez aux (*expect*) choses suivantes? Justifiez vos réponses en citant les commentaires de la presse.

1. un film pendant lequel on rit beaucoup — Oui/Non
2. une farce — Oui/Non
3. une comédie qui traite de thèmes sérieux — Oui/Non
4. des thèmes féministes — Oui/Non
5. un film bien structuré — Oui/Non
6. une excellente distribution (*cast*) — Oui/Non

b. Questions de langue

1. Le texte contient un certain nombre de participes passés utilisés comme adjectifs. Déterminez à quels verbes ils correspondent et traduisez-les.

Participe passé	Verbe à l'infinitif	Traduction du participe passé
a. réussie		
b. (in)interrompue		
c. construit		
d. atteinte		
e. liés		
f. interprétée		
g. agencé		
h. déconnecté		

Except for **c.** and **d.**, all past participles follow a regular formation pattern. Refer to *Le participe passé* (pages 249–250).

2. On trouve deux pronoms relatifs dans les citations (**qui** et **ce qui**):

« l'histoire d'un homme **qui** échappe à la servitude » et « Veber a ajouté un peu d'amertume à son cocktail d'humour et de gravité, **ce qui** confère au *Placard* une force dramatique encore jamais atteinte dans la filmo[graphie] de son auteur »

a. Traduisez ces pronoms relatifs en vous basant sur le contexte.
b. Quels mots est-ce que ces pronoms remplacent?
c. Quelles ressemblances et différences remarquez-vous dans la structure de ces pronoms et dans le contexte dans lequel on les utilise?

You will study relative pronouns in this chapter, beginning on page 272.

E. Visionnement d'une séquence
(sans son ni sous-titres)

Du début du film jusqu'au moment où la femme et son fils quittent leur appartement (5 minutes).

1. Compréhension

Après le visionnement, notez la meilleure réponse.

1. Les deux hommes qui parlent à Pignon quand il arrive au travail _______.
a. lui souhaitent probablement une bonne journée
b. se moquent de lui
c. admirent sa voiture

2. Le photographe est frustré parce que (qu') _______.
a. les employés sont indisciplinés
b. il y a trop de lumière (*light*)
c. il ne peut pas inclure tout le monde dans le cadre

3. Dans les toilettes, les deux hommes discutent probablement _______.
a. de la photo d'entreprise
b. du patron (l'homme qui est au milieu de la photo et qui n'est pas content)
c. du temps

4. Les collègues de François Pignon semblent être _______ à son égard.
a. amicales
b. indifférentes
c. critiques

5. Dans l'appartement, la femme et son fils se disputent un peu parce que (qu') _______.
   a. le fils a laissé ses affaires dans le salon
   b. ils pensent que l'autre personne devrait répondre au téléphone
   c. ils ne trouvent pas la clé de leur voiture

2. Réactions

1. D'après vous, pourquoi est-ce que François Pignon semble triste en sortant des toilettes?
2. Qui sont la femme et le jeune homme dans l'appartement?

F. Deuxième visionnement de la séquence
(avec son, sans sous-titres)

1. Compréhension

Lisez les questions ci-dessous, puis visionnez la scène une seconde fois en faisant bien attention à la bande-son. Notez la réponse correcte.

1. Les deux hommes qui parlent à Pignon quand il arrive au travail _______.
   a. le tutoient (lui disent « tu »)
   b. le vouvoient (lui disent «vous »)
   c. parlent de lui à la troisième personne
2. Ils lui demandent s'il a mis _______ pour se faire beau pour la photo.
   a. une belle cravate
   b. un beau costume
   c. une belle chemise
3. Le photographe dit aux employés de _______.
   a. se serrer
   b. se taire
   c. ne pas rire

Notice that both parts of the negation go in front of the infinitive in 3.c.

4. Le photographe ne connaît pas les employés, alors il appelle l'un d'eux _______.
   a. « le blouson à gauche »
   b. « la cravate rouge »
   c. « le grand brun à droite »
5. Aux toilettes, l'homme dit au photographe que l'homme qui n'a pas été photographié va perdre son travail. Il dit: _______
   a. « Il est renvoyé le mois prochain. »
   b. « Il est viré le mois prochain. »
   c. « Il est licencié la semaine prochaine. »

Source: *Le Placard*

6. Pignon va perdre son travail _______.
   a. à cause d'une restructuration
   b. parce qu'il a commis une faute professionnelle
   c. car la compagnie est en déficit
7. Les collègues de François le trouvent _______.
   a. agaçant
   b. pauvre (pas riche)
   c. gentil mais pas très marrant
8. La femme dans l'appartement dit à son fils _______.
   a. qu'elle est en retard
   b. de rappeler plus tard
   c. qu'elle rappellera plus tard

2. Réactions

1. À quoi servent les quatre scènes de l'extrait que vous venez de voir?
2. Imaginez ce que François Pignon va faire après l'extrait que vous avez vu.

3. Le français parlé

1. Lisez la transcription du dialogue de la séquence distribuée par votre professeur et analysez les points suivants.

   Vocabulaire:

   a. Notez les mots familiers et trouvez des synonymes en français standard et/ou une traduction en anglais.
   b. Notez les mots de remplissage (*conversation fillers*). Comment les traduiriez-vous en anglais?
   c. Notez un synonyme de « nous ».

   Syntaxe:

   a. Notez les négations.
   b. Quel type de question est le plus utilisé (inversion, est-ce que, intonation)?
   c. Commentez la structure des phrases suivantes. Comment diffère-t-elle de ce que vous avez appris?
   « Il en a une belle cravate, Pignon! »
   « On la fait cette photo, oui? »
   « Vous êtes toujours dehors, la cravate! »

   Prononciation:

   a. Notez les lettres qui ne sont pas prononcées.
   b. Notez les mots qui sont prononcés différemment de ce que vous avez appris.

2. Entraînez-vous à dire ce dialogue comme dans le film.

G. Préparation au visionnement du film

En regardant le film, faites attention aux aspects suivants et prenez des notes.

1. Les personnages du film: Qui sont les personnages principaux? Certains personnages sont-ils traités de manière caricaturale (sont-ils exagérés)?
2. Les gestes: La comédie est un genre où les acteurs sont très expressifs. C'est un genre idéal pour analyser les gestes et les expressions de visage, qui diffèrent parfois d'une culture à l'autre. Faites attention aux gestes et aux expressions des personnages et notez ceux qui vous semblent étranges.
3. Les thèmes: Quels thèmes sérieux sont traités sur le mode comique?
4. La technique: Qu'est-ce qui caractérise le comique de Francis Veber?

Viewing Tips

Notice:
- how colleagues greet and address each other in the office
- the director's approach to comedy

Ask yourself:
- How does the director treat stereotypes, homosexuality, and sexual harassment?

Anticipate:
- jokes that will be hard to understand
- a short sexual scene

AVANT LE PROCHAIN COURS

1. *Le Placard:* Regardez le film.
2. ***Cahier:*** Faites **Les mots pour le dire.**

LES MOTS POUR LE DIRE

A. Définitions

Identifiez les lieux, personnes et choses qui suivent en utilisant des noms de la **Liste de vocabulaire** et du **Vocabulaire supplémentaire.**

Personnes

1. la personne qui dirige une entreprise
2. l'homme qui s'occupe d'une équipe de rugby
3. quelqu'un qui achète les produits d'une entreprise
4. la femme que François aime à la fin du film

Références à consulter
- Liste de vocabulaire, page 106
- Votre dictionnaire personnel (page 67, *Cahier*)

The exercises in this section require passive recognition of the relative pronouns **qui, ce qui, que, ce que,** and **où.** You will study these pronouns in depth after this class period.

Lieux

1. l'endroit où (*place where*) François et ses collègues travaillent
2. l'endroit où les employés prennent leur déjeuner
3. l'endroit où les joueurs de rugby se changent et prennent leur douche
4. le lieu où François trouve un petit chat abandonné

Choses/Actions

1. les choses qu'on fabrique dans l'entreprise où travaille François
2. ce que Félix aime faire pour détendre l'atmosphère
3. un comportement qui n'est pas acceptable au travail
4. ce qui explique la dépression de François au début du film

B. Synonymes

Trouvez le synonyme le plus proche.

1. se venger	a. faire des suggestions
2. rater sa vie	b. être anonyme
3. dissuader	c. perdre son travail
4. être licencié	d. décourager
5. sympathiser avec quelqu'un	e. devenir ami(e) avec quelqu'un
6. conseiller	f. ne pas réussir
7. passer inaperçu(e)	g. contre-attaquer

C. Situations

1. Les situations du film

Expliquez ce que les personnages font dans les circonstances décrites. Dans chaque situation, faites une phrase complète en utilisant un verbe de la **Liste de vocabulaire** (page 106).

Exemple: ce que Mlle Bertrand essaie de faire pour vérifier si François a un tatouage

Elle essaie d'enlever la chemise de François.

Ce que/Ce qui means *what.*

1. ce que François est sur le point de faire avant que son voisin ne l'en dissuade
2. ce que fait François quand il rentre dans le bureau avec son café
3. ce qui permet à François de garder son travail
4. ce qui arrive à François quand Mlle Bertrand le fait boire
5. ce que Félix fait pour casser son image de macho homophobe
6. ce qui arrive à François quand son fils et ses collègues le respectent

Miramax/Photofest

Qu'est-ce que Guillaume conseille à Félix de faire? Comment Félix réagit-il?

2. Donnez des conseils

Les personnes suivantes ont des difficultés professionnelles et vous demandent des conseils. Conseillez-les en utilisant des verbes de la **Liste de vocabulaire** (page 106).

Exemple: Votre collègue est très stressé car il travaille trop.

Je conseille à mon collègue de se détendre / de ne pas travailler demain.

Be careful with the verb **conseiller**. The correct structure is **conseiller *à* quelqu'un *de* faire quelque chose.** You have learned that the negation **ne... pas** surrounds a conjugated verb. When an infinitive is being negated, both parts of the negation precede the infinitive, as in **ne pas travailler** in the example.

1. Votre sœur a un entretien d'embauche dans une entreprise prestigieuse, mais elle a un tatouage sur le bras.
2. Vos amis viennent d'obtenir un nouveau travail. Ils ont un peu peur car ils ne connaissent personne dans l'entreprise.
3. Votre patron aimerait se débarrasser de quelques employés. Vous n'êtes pas d'accord avec lui.
4. Votre frère n'aime pas du tout l'entreprise dans laquelle il travaille et il est déprimé.
5. Votre oncle, qui est chef d'entreprise, a des difficultés à trouver des clients pour ses produits, qui sont pourtant de très bonne qualité.

3. Et vous?

Répondez aux questions suivantes avec un(e) camarade de classe. Ajoutez quelques détails.

1. Quel bon conseil est-ce que tu as reçu un jour? Qui te l'a donné? (Utilisez la structure **X m'a conseillé de.**) Pourquoi est-ce que c'était un bon conseil?
2. Quel mauvais conseil est-ce que tu as reçu un jour? Qui te l'a donné? Quelle en a été la conséquence?

3. Est-ce que tu as un tatouage? Si oui, où est-il? Qu'est-ce qu'il représente? Si non, est-ce que tu as envie d'en avoir un? Qu'est-ce que tu aimerais comme motif?
4. Est-ce que tu fais partie d'une équipe de sport (ou est-ce que tu as une équipe préférée)? Laquelle? Qu'est-ce que tu penses de l'entraîneur?
5. (Si tu regardes la télé:) Quelle publicité est-ce que tu aimes en ce moment?
6. Qui est la dernière personne avec qui tu as sympathisé? Tu l'as rencontrée où? Qu'est-ce que vous avez en commun?

1-30

D. À l'écoute: Le harcèlement moral

Suite à plusieurs rapports de la Fondation européenne pour l'amélioration des conditions de vie et de travail depuis les années 1990, les législateurs européens ont passé des lois sanctionnant le harcèlement moral. Le texte que vous allez entendre explique en quoi consiste le harcèlement moral et qui en sont les victimes. Écoutez le texte, puis répondez aux questions suivantes.

1. Le harcèlement moral est un type de violence _______.
   a. physique
   b. psychologique
   c. domestique
2. Le harcèlement moral est _______.
   a. un nouveau phénomène
   b. un type de violence puni depuis longtemps
   c. une vieille pratique qu'on vient de définir
3. Qui n'est pas mentionné parmi les responsables de harcèlement moral?
   a. les collègues
   b. les patrons
   c. les conjoints (un mari ou une femme)
4. Quel exemple de harcèlement moral est donné?
   a. perdre des responsabilités
   b. avoir trop de responsabilités
   c. être obligé(e) de travailler en groupe
5. Le harcèlement moral peut se manifester par _______.
   a. des augmentations de salaire
   b. des diminutions de salaire
   c. des salaires qui augmentent moins vite que ceux des collègues
6. D'après le texte, les victimes de harcèlement moral sont parfois _______.
   a. agressées physiquement
   b. encouragées à démissionner
   c. licenciées sans raison
7. Les femmes sont _______ victimes de harcèlement moral que les hommes.
   a. moins souvent
   b. aussi souvent
   c. plus souvent
8. Le harcèlement moral _______.
   a. est une cause d'absentéisme
   b. permet d'augmenter la productivité
   c. n'a pas de conséquences pour l'entreprise

AVANT LE PROCHAIN COURS

1. ***Manuel:*** Étudiez *Les pronoms relatifs (Le choix du pronom relatif; Les pronoms relatifs sujets:* ***qui, ce qui;*** *Les pronoms relatifs objets directs:* ***que, ce que****); Le pronom relatif* ***où*** aux pages 272–276 et *Les pronoms démonstratifs* (pages 279–280) et faites les exercices des sections **Application immédiate 1** à **5** et **8.**
2. ***Cahier:*** Faites **Préparation à la discussion.**

DISCUSSION

A. Chronologie

Rétablissez la chronologie des scènes du film en les numérotant de 1 à 8. Puis mettez les verbes au passé et partagez vos réponses avec la classe ou un(e) camarade de classe en ajoutant quelques détails pour chaque scène.

_____ Jean-Pierre envoie une photo anonyme à l'entreprise de François.
_____ Félix essaie de sympathiser avec François.
_____ Frank s'intéresse à son père.
_____ Mlle Bertrand propose à François de dîner au bureau.
_____ On licencie François.
_____ François arrive au travail avec Mlle Bertrand.
_____ Guillaume conseille à Félix d'avoir moins de préjugés.
_____ François défile pendant la Gay Pride avec un préservatif géant sur la tête.

B. Quelques détails

Identifiez les choses ou les personnes suivantes le plus rapidement possible. Écrivez un mot ou une expression, mais ne faites pas de phrases complètes.

_____ **1.** le vêtement rouge que François porte sur la photo d'entreprise
_____ **2.** ce qui cause la dépression de François au début du film
_____ **3.** l'animal que François trouve sur son balcon
_____ **4.** le conseil que Jean-Pierre donne à François
_____ **5.** ce qui persuade les employés que François est homosexuel
_____ **6.** celle qui pense que François a les yeux ronds comme un pigeon
_____ **7.** ce que Félix aime faire pour détendre l'atmosphère
_____ **8.** le sport qui plaît à Félix
_____ **9.** là où Félix essaie de sympathiser avec François
_____ **10.** le cadeau que Félix offre à François pour sa fête
_____ **11.** ce que Mlle Bertrand veut enlever à François
_____ **12.** ce qu'il n'y a pas sur le bras de François
_____ **13.** la personne que François va voir pour accuser Mlle Bertrand
_____ **14.** la nationalité de ceux qui visitent l'usine

C. Réactions

1. Quelle est l'attitude de François Pignon face à la vie au début du film? Pourquoi? Décrivez l'attitude de ses collègues et de sa famille envers lui et imaginez comment il se sent.
2. Décrivez le stratagème de Jean-Pierre Belone pour que François Pignon garde son travail. Pourquoi Jean-Pierre donne-t-il ce conseil à François?
3. Qu'est-ce que Mlle Bertrand pense de la photo anonyme? Qu'est-ce qu'elle fait pour vérifier si François est homosexuel? Quelles en sont les conséquences? D'après vous, est-ce que la contre-attaque de François est justifiée?
4. Qui est Félix Santini? Est-ce qu'il correspond à un stéréotype aux États-Unis? Comment ses amis le traitent-ils? Pourquoi? Que pensez-vous de leur attitude envers Félix?
5. Racontez une des scènes où Félix tente de sympathiser avec François Pignon (à la cafétéria de l'entreprise, au restaurant, pour sa fête [la Saint-François], etc.). Laquelle trouvez-vous la plus amusante?
6. Pourquoi et comment François Pignon participe-t-il au défilé de la Gay Pride? Quelles en sont les conséquences?
7. Comment se termine l'histoire dans l'entreprise? Comparez la photo d'entreprise de la fin du film à celle prise un an plus tôt. Comment François a-t-il changé?
8. Comment pouvez-vous décrire le style comique de Francis Veber?
9. Que pensez-vous de la représentation des hommes et des femmes dans ce film?
10. Quelle est votre opinion du film? Quand est-ce que vous avez ri le plus? Est-ce qu'il y a des choses qui vous ont surpris(e)? Choqué(e)? Déplu?

(for 5.) On a French calendar, each day of the year is usually associated with a saint. St. Francis of Assisi is honored on October 4. On that day, people named François(e) celebrate their "Name Day." Their friends and family members greet them with **Bonne fête!** and sometimes give them a card or small gift.

La Gay Pride, also called **La marche des fiertés,** has been celebrated in Paris since the 1980s and in about twenty other French cities since the 1990s.

Déplaire is the opposite of **plaire.** Refer to page 336 if you need to review the structure of that verb.

D. Et vous?

Comparez votre expérience de la vie à celle des personnages du film. Discutez des questions suivantes avec un(e) camarade de classe.

1. Est-ce que tu connais quelqu'un comme François ou Félix? Explique comment cette personne se comporte dans un groupe et comment tu t'entends avec lui/elle.
2. Est-ce que l'atmosphère de l'entreprise du film ressemble à celle d'un endroit où tu as travaillé? Quelles sont les similarités et les différences?
3. Est-ce que tu as déjà perdu ton travail ou est-ce que tu connais quelqu'un qui a été licencié? Comment est-ce que tu as réagi? Comment est-ce que la personne a réagi? Est-ce que tu as retrouvé du travail? Est-ce que la personne a retrouvé du travail? Comment?
4. Tu as déjà rencontré des difficultés (dans tes études, dans ton travail, etc.)? Qu'est-ce que tu as fait pour les surmonter?
5. François s'est fait passer pour un homosexuel pour garder son travail. Et toi, est-ce que tu as déjà transformé la réalité pour obtenir quelque chose? Explique. (Tu peux parler d'une autre personne si tu préfères.)
6. Est-ce que tu as déjà changé d'opinion sur quelqu'un? Qu'est-ce qui explique ce changement?

Miramax/Photofest

Quel conseil est-ce que Jean-Pierre Belone donne à François? Pourquoi le chat est-il important?

-35

E. À l'écoute: *Le Placard*

Vous allez entendre une conversation entre Marc et Véronique, qui viennent de voir le film *Le Placard* et discutent de leurs impressions à la sortie du cinéma. Écoutez leur conversation et vérifiez si vous avez compris en répondant aux questions qui suivent.

1. Véronique et Marc ont beaucoup aimé _______.
   a. la distribution (*cast*)
   b. les plaisanteries
   c. la musique
2. Quel personnage est-ce que Véronique a apprécié?
   a. le voisin de François
   b. le fils de François
   c. le patron de l'entreprise
3. Véronique a trouvé le personnage de Félix _______.
   a. parfait
   b. exagéré
   c. pas assez amusant
4. Véronique pense que les femmes devraient _______ les hommes comme Félix.
   a. quitter
   b. éduquer
   c. essayer de comprendre
5. Marc a _______ que Véronique sur le traitement du harcèlement sexuel dans le film.
   a. la même opinion
   b. une opinion plus négative
   c. une opinion plus positive
6. Pour Marc et Véronique, le film montre que les gens ont des _______.
   a. préjugés
   b. difficultés professionnelles
   c. illusions
7. Quand elle parle de l'attitude des personnages envers l'homosexualité, Véronique utilise l'exemple _______.
   a. des joueurs de rugby
   b. des comptables
   c. du voisin de François
8. Marc s'intéresse _______.
   a. aux farces
   b. aux drames
   c. aux comédies sérieuses

AVANT LE PROCHAIN COURS

1. ***Manuel:*** Étudiez *Les pronoms relatifs (Les pronoms relatifs objets d'une préposition [à l'exception de* ***de****]; Les pronoms relatifs objets de la préposition* ***de: dont, ce dont***) aux pages 277–278 et faites les exercices des sections **Application immédiate 6** et **7.**
2. ***Cahier:*** Faites **Pour aller plus loin.**

POUR ALLER PLUS LOIN

A. Qui a dit quoi?

If you need to review the grammar, refer to **Grammaire**, beginning on page 272. Complete and correct the **Application immédiate** exercises in the textbook and then complete the workbook sections **Préparation à la discussion** (page 71) and **Pour aller plus loin** (page 75).

1. Les citations dans leur contexte

Les phrases ci-dessous sont extraites du film. Complétez-les avec le pronom relatif qui convient. Puis notez quel personnage de la liste suivante a dit chaque phrase et expliquez la signification de chaque citation dans le contexte du film. Vous pouvez utiliser les noms des personnages plusieurs fois.

Ariane	François	Mlle Bertrand	le patron
Félix	Jean-Pierre	Mme Santini (la femme de Félix)	

Exemple: **Guillaume: « Je te demande pas *ce que* vous avez mangé. »**

C'est ce que Guillaume dit à Félix après son repas au restaurant avec François. Il veut que Félix parle de sa conversation avec François, pas de la nourriture.

1. ____________: « Restez l'homme timide et discret ________ ils ont côtoyé (*been next to*) pendant des années... Vous verrez, ________ va changer, c'est le regard des autres. »

2. ____________: « Moi, ________ j'aime dans le rugby, c'est les douches.

   ____________: —Ah bon?

   ____________: —Oui.

   ____________: —Les douches?

   ____________: —Pas les douches elles-mêmes, eh bien parce que... les douches, on peut en prendre ailleurs qu'au rugby, quoi.

   ____________: —Eh oui... »

3. ____________: « Je sais pas ________ a envoyé ces photos, mais c'est sûrement pas un ami à vous. Remarquez, il a raté son coup (*missed his mark*) puisque c'est ________ vous a permis de garder votre place (*keep your job*). »

4. ____________: « Elle est magnifique, elle est belle, intelligente mais elle a tous les hommes ________ elle veut. Pourquoi elle s'intéresserait à moi? »

5. ____________: « Ce soir, je suis officiellement sorti d'un placard ________ j'étais jamais entré. »

6. ____________: « Je connais une foule d'hommes dans l'entreprise, Mlle Bertrand, ________ seraient ravis (*delighted*) d'être agressés par vous. »

7. ____________: « C'est vraiment dégueulasse (*disgusting*), ________ vous avez fait à Mlle Bertrand. »

8. ____________: « C'est quoi la prochaine étape, Venise?

   ____________: —Je ne veux pas que tu me suives. Je t'interdis de te conduire comme un flic. Je fais ________ me plaît et je veux qu'on me foute la paix.

   ____________: —Tu es malade, Félix, il faut te soigner. Si tu ne m'écoutes pas, tu vas te retrouver dans la chambre de cet homme, tu vas lui offrir tes chocolats...

   ____________: —Ils sont foutus, mes chocolats. »

Source: *Le Placard*

2. Le français parlé

Take a look at the left column of your pronoun table. These are the relative pronouns most frequently used in conversational French.

1. Faites une liste des pronoms relatifs qui apparaissent dans les citations à la page précédente. Quels pronoms étudiés dans ce chapitre n'apparaissent pas?

Les pronoms relatifs	
qui apparaissent dans les citations	**qui n'apparaissent pas dans les citations**
1.	
2.	
3.	
4.	
5.	

2. Reformulez les phrases suivantes en français standard.
   a. « Les douches, on peut en prendre ailleurs qu'au rugby, quoi. » (citation 2)
   b. « Pourquoi elle s'intéresserait à moi? » (citation 4)
   c. « C'est quoi la prochaine étape, Venise? » (citation 8)
   d. « Ils sont foutus, mes chocolats. » (citation 8)

6, 1-37

3. Relisez les explications sur la prononciation des pronoms relatifs dans le *Cahier,* page 71, et imaginez comment les personnages peuvent prononcer les phrases de **Qui a dit quoi?**, page 100. Puis écoutez les citations 2 et 8 sur votre *Audio Program* et répétez-les comme vous les entendez en vous mettant dans la peau des personnages.

Source: *Le Placard,* un film de Francis Veber, 2001, Gaumont Columbia Tristar

B. Le monde du travail

Vous allez parler des relations de travail dans le film et les comparer à votre expérience du monde de l'entreprise.

1. Un critique du *Nouvel Observateur* cité dans **Entrée en matière** écrit que le film est « une étude implacable sur les cruautés du monde de l'entreprise ». Quelles « cruautés du monde de l'entreprise » sont décrites dans le film? François et Félix sont-ils victimes de harcèlement moral?
2. Est-ce que l'ambiance et les personnages de l'entreprise du film correspondent à ce que vous savez sur le monde du travail? Basez-vous sur votre expérience personnelle ou sur celle de quelqu'un que vous connaissez.
3. Comment Veber traite-t-il le thème du harcèlement sexuel? Est-ce un sujet qu'il prend au sérieux et qui l'intéresse ou un sujet dont il se moque?

C. Une autre version du film

Choisissez une des trois situations ci-dessous et imaginez ce que disent les personnages dans cette situation. Écrivez cinq phrases en utilisant les cinq pronoms relatifs que vous avez notés dans la colonne de gauche de la section **Le français parlé** ci-dessus.

Situation 1: François parle de son ex-femme à Jean-Pierre.
Situation 2: À la fin de l'histoire, Mlle Bertrand donne ses impressions sur François et sur ce qui s'est passé.
Situation 3: Vous exprimez des opinions sur le film.

AVANT LE PROCHAIN COURS

Cahier: Faites **Préparation à la lecture.**

Lecture

A. Discussion

1. Imaginez qu'un employé américain arrive dans l'entreprise où travaille François Pignon. Que pense-t-il de l'atmosphère de travail et de l'attitude de Félix et de ses collègues? Est-il surpris par certaines choses?
2. Donnez un exemple de ce qui constitue le harcèlement sexuel pour vous. Pensez-vous que les attitudes et la législation dans le domaine du harcèlement sexuel soient les mêmes partout?

Montesquieu's *Lettres persanes* is a fictional exchange of letters between two Persians who are visiting Paris and a friend who stayed home in Persia (today's Iran). Montesquieu uses their status as outsiders to make humorous observations about French society. A similar, more recent example of this genre is *Borat* (2006), a film about a fictitious journalist from Kazakhstan reporting about life in the United States.

B. Un Américain dans une entreprise française

Le texte que vous allez lire est extrait du livre *Les Chroniques de l'ingénieur Norton: Confidences d'un Américain à Paris* (1997), par Christine Kerdellant. L'ingénieur Robert Norton est un Américain de quarante-deux ans qui habite à Paris depuis trois ans avec sa famille et qui travaille dans une entreprise de raffinage. Le livre consiste en une série de messages électroniques que Robert adresse à ses amis aux États-Unis et dans lesquels il leur explique les différences culturelles entre la France et son pays d'origine. Le ton est comique. Ce texte est dans la tradition d'un classique de la littérature française, *Les Lettres persanes* de Montesquieu (1721).

Dans le passage suivant, Robert Norton écrit à son ami Philip Tomkins pour lui parler des différences dans l'atmosphère de travail en France et aux États-Unis, en particulier en ce qui concerne les relations entre les sexes.

Note that when Norton uses the word **ici,** he means in France.

philip tomkins@to.com
Mardi 11 juillet 1995

À la Compagnie française de raffinages, tout le monde drague° tout le monde, et personne ne semble avoir la moindre idée de ce que signifie le mot harcèlement sexuel.

Tu peux siffler une femme à la cantine ou la prendre par la taille° sans qu'elle te dénonce au syndicat°. Ta voisine de bureau ne te traînera° pas au tribunal si tu la complimentes pour son décolleté plongeant° ou sa nouvelle coiffure.

Pour tout dire, tu as même intérêt à remarquer que ta secrétaire est passée chez le coiffeur. ... sinon elle te battra froid° le reste de la journée.

J'avais un collègue à Milwaukee (Mike Stevenson, tu le connaissais peut-être) qui a été obligé de quitter sa boîte° parce qu'il avait eu un problème avec la documentaliste. Il avait trente-trois ans, elle soixante-deux. Il lui avait posé la main sur l'épaule alors qu'il lui expliquait le fonctionnement du nouveau tableur sur son micro-ordinateur. Elle l'a accusé de harcèlement sexuel, et il n'a pas pu prouver son innocence.

Lorsque je raconte ça ici, ça les fait hurler de rire°.

Le seul qui n'ait pas le cœur à rire, c'est Patrice Saulnier, le responsable du labo — un grand jeune homme blond, *bien sous tous rapports* — qui a passé un an à Washington.

À sa descente d'avion, son nouveau patron, terrorisé à l'idée des repercussions que ne manqueraient pas d'avoir sur le climat social les gauloiseries qu'il ne pourrait s'empêcher de débiter°, a commencé par lui faire la leçon. En lui disant textuellement:

drague: *tries to pick up*
par la taille: *by the waist*
syndicat: *labor union*
traînera: *will [not] drag you*
décolleté plongeant: *plunging neckline*
elle te battra froid: *she will give you the cold shoulder*
sa boîte: son entreprise
ça les fait hurler de rire: *it makes them scream with laughter*
les gauloiseries qu'il ne pourrait s'empêcher de débiter: *the dirty jokes he could not help telling*

« Oubliez ce que vous avez appris en France, même si vous avez l'impression que toutes les Américaines rêvent du *French lover.* Et enfoncez-vous dans le crâne° ces trois règles:

Ne fermez jamais votre porte lorsque vous recevez une subordonnée: tout le monde doit pouvoir voir ce qui se passe entre vous;

Ne complimentez jamais une femme sur sa robe ou son lifting, son apparence extérieure n'est pas votre affaire;

Ne tombez jamais amoureux d'une collègue. Je sais bien que vous êtes français, mais apprenez à vous retenir°. »

C'était plutôt bien résumé, non? Malheureusement, ces précautions n'ont pas suffi.

En matière de *sexually correct,* le Français moyen est un éléphant dans un magasin de porcelaine.

Il y eut° une première alerte, six mois après son arrivée, le jour où le jeune play-boy a voulu traduire le jeu de mots choisi par une agence de pub française pour défendre l'image de son pays: « En France, les jolies filles sont dans la rue, et les Boudin° dans les musées. »

Cela n'a fait sourire personne, et un de ses collègues l'a rappelé à l'ordre.

Mais le pauvre Saulnier a récidivé°. Il plaisantait régulièrement sur les baskets° que les Américaines portent avec un tailleur lorsqu'elles se rendent° au bureau. Un jour, il a ajouté qu'il trouvait pour sa part les escarpins° beaucoup plus jolis. Deux assistantes sont allées se plaindre° au patron.

Il eut beau dire° qu'il ne leur avait jamais demandé de porter des escarpins, rien n'y a fait°. Il a été rapatrié quelques semaines plus tard.

Et quand il est arrivé en France, au beau milieu d'une grève° du métro, il a découvert que les Parisiennes, nécessité faisant loi°, s'étaient converties elles aussi aux baskets...

En fait, le harcèlement sexuel existe bien en France, mais sa définition est nettement plus restrictive que chez nous, où quelques grivoiseries° suffisent à vous faire condamner. Ici, il faut qu'il y ait eu des menaces°, des sollicitations sexuelles explicites ou un abus de pouvoir.

LES CHRONIQUES DE L'INGÉNIEUR NORTON : CONFIDENCES D'UN AMÉRICAIN À PARIS de Christine Kerdellant © Belfond, un département de Place des éditeurs, 1997

enfoncez-vous dans le crâne: *beat into your skull*
vous retenir: *restrain yourself*
Il y eut: Il y a eu
les Boudin: *paintings by Eugène Boudin (1824–1898);* **un boudin:** *a type of sausage; here, a fat, shapeless woman*
a récidivé: *relapsed*
baskets: *tennis shoes*
elles se rendent: elles vont
escarpins: *pumps*
se plaindre: *to complain*
Il eut beau dire... rien n'y a fait: *He tried to say . . . , but it was in vain.*
grève: *strike*
nécessité faisant loi: par nécessité
grivoiseries: *dirty jokes*
menaces: *threats*

This text was written before sexual harassment laws became stricter in France and Europe in 2002, and again in France in 2012. The French definition of sexual harassment is now closer to the Anglo-Saxon one. For example, offensive remarks about a person's sex are not included in the definition of sexual harassment.

1. Compréhension

Indiquez si les phrases suivantes sont vraies ou fausses, puis justifiez votre réponse.

1. Dans l'entreprise française où travaille Robert Norton, tout le monde est familier avec la signification de l'expression « harcèlement sexuel ».
2. Les Françaises n'apprécient pas les compliments sur leur apparence personnelle.
3. Aux États-Unis, les gestes de familiarité avec les femmes sont dangereux, même si la femme est beaucoup plus âgée que l'homme.
4. Les Français trouvent l'histoire de Mike Stevenson et de sa documentaliste très amusante.
5. Patrice Saulnier était considéré comme un jeune homme de bonne moralité en France.
6. Le patron américain de Patrice Saulnier a mentionné trois précautions à Patrice au sujet des relations hommes-femmes au travail.
7. Patrice a suivi ces précautions et s'est comporté avec beaucoup de délicatesse.
8. Les collègues de Patrice ont apprécié ses jeux de mots sur les Boudin.

9. Patrice aime les femmes qui portent des chaussures de sport pour aller travailler.
10. Patrice est resté longtemps dans l'entreprise américaine.
11. Les Parisiennes ne portent jamais de baskets pour aller travailler.
12. Les grivoiseries étaient considérées comme du harcèlement sexuel dans l'entreprise américaine où Patrice travaillait.

2. Réactions

1. Pourquoi est-ce que Mike Stevenson a été licencié?
2. Patrice Saulnier a été rapatrié parce qu'il a fait des faux-pas pendant qu'il travaillait aux États-Unis. Lesquels?
3. Est-ce que vous trouvez le licenciement de Mike Stevenson et le rapatriement de Patrice Saulnier justifiés?
4. Quels sont les stéréotypes sur les Français dans ce texte? Est-ce qu'ils correspondent à l'idée que vous avez d'eux? D'où viennent les stéréotypes du texte et les vôtres? De la presse? Du cinéma? De la littérature?

3. Questions de langue

1. Reformulez les phrases et expressions suivantes pour montrer que vous les comprenez.
   a. « ... personne ne semble avoir la moindre idée de ce que signifie le mot harcèlement sexuel. »
   b. « À sa descente d'avion... »
   c. « En matière de *sexually correct,* le Français moyen est un éléphant dans un magasin de porcelaine. »
2. Expliquez de façon plus simple l'idée exprimée par le jeu de mots suivant: « En France, les jolies filles sont dans la rue, et les Boudin dans les musées. »
3. Notez les pronoms relatifs et leurs antécédents.
4. Divisez la phrase suivante en quatre phrases en éliminant les pronoms relatifs. Suivez les directives.

> « Son nouveau patron, terrorisé à l'idée des répercussions que ne manqueraient pas d'avoir sur le climat social les gauloiseries qu'il ne pourrait s'empêcher de débiter, a commencé par lui faire la leçon. »

   a. Son nouveau patron ... [Look for the main verb.]
   b. Son nouveau patron était ... [How did the boss feel, and at the thought of what?]
   c. Les gauloiseries ne manqueraient pas d'avoir ____________ sur le climat social.
   d. Il [Patrice Saulnier] ne pourrait s'empêcher de débiter ____________.
5. Notez quels temps sont utilisés dans le paragraphe suivant et expliquez leur utilisation.

« J'avais un collègue à Milwaukee (Mike Stevenson, tu le connaissais peut-être) qui a été obligé de quitter sa boîte parce qu'il avait eu un problème avec la documentaliste. Il avait trente-trois ans, elle soixante-deux. Il lui avait posé la main sur l'épaule alors qu'il lui expliquait le fonctionnement du nouveau tableur sur son micro-ordinateur. Elle l'a accusé de harcèlement sexuel, et il n'a pas pu prouver son innocence. »

AVANT LE PROCHAIN COURS

Cahier: **Faites Préparation à l'écriture.**

INTERACTIONS

A. Sketch

This section contains activities that allow you to work creatively with the vocabulary and structures from the chapter.

Choisissez un sujet, préparez la scène et jouez-la devant la classe.

1. Les collègues de bureau de François Pignon viennent de recevoir la photo anonyme. Imaginez leur réaction et ce qu'elles décident de faire. Vous n'êtes pas obligé(e) d'imiter le film.

Miramax/Photofest

Qu'est-ce qui vient de se passer? Comment François va-t-il réagir?

2. François Pignon va voir le patron pour accuser Mlle Bertrand de harcèlement sexuel. Le patron lui pose des questions pour connaître les faits. Avec diplomatie, il suggère un arrangement à l'amiable et rappelle à Pignon que son entreprise combat activement la discrimination en tous genres.
3. Mme Santini est furieuse car elle vient de découvrir que son mari a acheté un joli pull rose en mohair. Imaginez une conversation entre elle et Félix quand il rentre du travail.
4. Félix essaie de sympathiser avec François Pignon. Il veut le convaincre qu'il n'est pas une brute. Vous pouvez situer la scène dans le décor du film (la cantine, le restaurant) ou imaginer d'autres circonstances.
5. Une jeune femme américaine, Mlle Smith, travaille dans une entreprise française à Paris. Elle va voir son patron pour se plaindre d'un collègue qui lui a fait un compliment sur sa nouvelle robe. Le patron ne comprend pas où est le problème.

B. Exposé

Préparez un des sujets à la maison pour le présenter en classe.

1. Votre expérience du monde du travail. Faites une présentation sur votre travail. Expliquez où vous travaillez et ce que vous faites dans l'entreprise. Parlez de vos collègues et de l'atmosphère de travail.
2. Le harcèlement sexuel ou d'autres types de discrimination. Parlez d'un cas de discrimination dont vous ou un(e) ami(e) avez (a) été victime ou que vous avez découvert dans les médias. Expliquez en quoi consistait la discrimination, ce que la victime a fait et comment on a résolu le problème. Donnez votre opinion sur cette situation.
3. Une expérience qui permet de rebondir. Dans le film, « sortir du placard » permet à François Pignon de retrouver le goût à la vie. Parlez d'un événement qui a permis à quelqu'un de rebondir. Vous pouvez parler d'une expérience personnelle ou de celle d'un de vos amis ou d'une personne célèbre.

LISTE DE VOCABULAIRE

For extra practice with the vocabulary in this chapter, refer to the web quizzes at www.cengagebrain.com.

Costaud is typically only used in the masculine; **costaude** exists, but is rarely used.

The expressions **à l'aise** and **mal à l'aise** are not adjectives in French, but their English translations are adjectives.

Adjectifs

agréable *pleasant*
à l'aise *at ease, comfortable*
anonyme *anonymous; nondescript*
brutal(e) *brutal*
costaud(e) *big and strong*
démodé(e) *out of fashion*
déprimé(e) *depressed*
discret (-ète) *reserved*
doux (-ce) *kind, mild-mannered*
dynamique *energetic*
effacé(e) *self-effacing*
énergique *energetic*
ennuyeux (-euse) *boring*
expansif (-ive) *outgoing*
faible *weak*
fort(e) *strong*
gauche *awkward*
gentil(le) *kind, nice*
gris(e) *gray*
grisâtre *grayish*
homophobe (adj. et nom) *homophobe*
homosexuel(le) (adj. et nom) *homosexual*
honnête *honest*
insignifiant(e) *insignificant*
(bien/mal) intégré(e) *(well/badly) integrated, fitting in*
lamentable *pitiful*
licencié(e) *fired*
macho (adj. inv. et nom) *macho*
maigre *(unpleasantly) thin*
mal à l'aise *uncomfortable*
médiocre *mediocre*
mince *thin*
musclé(e) *muscular*
plein(e) de bonne volonté *well-meaning, who tries hard*
plein(e) de vie *full of life*
réservé(e) *reserved*
sensible *sensitive*
seul(e) *alone*
sportif (-ive) *athletic*
sûr(e) de soi *self-confident*
timide *shy*
travailleur (-euse) *hard-working*

Noms

des baskets (f. pl.) *tennis shoes*
un blouson (en cuir) *(leather) jacket*
une cantine *work or school cafeteria*
un(e) chef d'entreprise *business owner*
une chemise *man's shirt*
un chemisier *woman's blouse*
un(e) client(e) *customer*
un comportement *behavior*
un(e) (chef-)comptable *(chief) accountant*
un conseil *piece of advice*
une cravate *tie*
un(e) entraîneur (-euse) *coach*
une entreprise *firm*
une équipe (de rugby) *(rugby) team*
le harcèlement sexuel *sexual harassment*
un licenciement *layoff*
un pantalon *pair of pants*
un(e) patron (-ne) *boss*
une photo *photo*
une plaisanterie (de bon/mauvais goût) *joke (in good/bad taste)*
un préjugé *prejudice*
un préservatif *condom*
une pub(licité) *ad(vertisement)*
un pull(-over) *sweater*
une réunion *meeting*
une robe *dress*
un tailleur *woman's business suit*
un tatouage *tattoo*

Verbes

accuser quelqu'un de (faire) quelque chose *to accuse someone of (doing) something*
agresser *to assault*
conseiller à quelqu'un de faire quelque chose *to advise someone to do something*
détendre l'atmosphère *to lighten up the atmosphere, to defuse a situation*
enlever *to take off, to remove*
essayer (de faire quelque chose) (voir *essayer*) *to try (to do something)*
être sur le point de faire quelque chose *to be about to do something*
faire de la pub(licité) (pour quelque chose) *to advertise (something)*
faire des plaisanteries *to crack jokes*
licencier *to lay off*
passer inaperçu(e) *to go unnoticed*
plaisanter *to tease, to joke*
quitter quelqu'un *to leave someone*
renverser *to knock over; to spill*
retrouver *to get back, to recover, to find again*
retrouver le goût à la vie *to recover one's zest for life*
retrouver du/son travail *to find another job/to get one's job back*
se détendre *to relax*
s'endormir (comme *dormir*) *to fall asleep*
se faire passer pour *to pass oneself off as*
se moquer (de) *to make fun (of)*
sensibiliser quelqu'un à quelque chose *to sensitize someone to something*
se réveiller *to wake up*
se sentir (comme *partir*) + adjectif/adverbe *to feel + adjective/adverb*
se suicider *to commit suicide*
s'intéresser (à) *to be interested (in)*
sympathiser (avec quelqu'un) *to strike up an acquaintance, a friendship (with someone)*
venger (comme *voyager*) *to avenge*
se venger (de) *to take revenge (against)*

Present tense verb conjugation is reviewed on pages 225–230, and the Appendix includes conjugation patterns (page 336). You will be referred to specific patterns in the Appendix every time an irregular verb is listed in the vocabulary lists.

Prépositions et expressions adverbiales

à droite (de), sur la droite (de) *to/on the right (of)*
à gauche (de), sur la gauche (de) *to/on the left (of)*
à la mode *in fashion*
à la télé(vision) *on TV*
au milieu (de) *in the middle (of)*
au premier/deuxième/... /dernier rang *in the first/second/ . . . /last row*
en bas *at the bottom*
en haut *at the top*
sur la photo *in the picture*

Vocabulaire familier (entendu dans le film)

Adjectifs

chiant(e) *boring*
embêtant(e) *boring; annoying*
marrant(e) = amusant(e)
minable *pitiful*
moche = laid(e)
viré(e) = licencié(e)

Noms

une boîte = une entreprise
une brute *bully*

Verbes

rater/louper quelque chose *to fail at something*
rater/louper sa vie *to be a failure*
sortir (comme *partir*) du placard *to come out of the closet*
virer = licencier

Vocabulaire supplémentaire

Noms

un balcon *balcony*
des betteraves (f. pl.) *beets*
un cadre *(photo) frame; executive (in a company)*
des carottes râpées (f. pl.) *shredded carrots*
un char *float (in a parade)*
un chat de gouttière *stray cat*
un défilé *parade*
une liaison *affair*
un vestiaire *locker room*

Verbes

casser le bras/la clavicule de quelqu'un *to break someone's arm/collarbone*
se casser le bras/la clavicule *to break one's arm/collarbone*
contre-attaquer *to counterattack*
défiler *to (be in a) parade*
dissuader quelqu'un de faire quelque chose *to dissuade someone from doing something*
endommager *to damage*
entrer dans le cadre *to fit in the frame*
être promu(e)/obtenir une promotion *to be promoted*
rebondir (comme *finir*) *to rebound*
rendre *to give back*
se jeter (voir *jeter*) (sur/de) *to throw oneself (on/off of something)*
se serrer *to get closer*
tromper quelqu'un *to cheat on someone*

Chapitre 5

POLITIQUE ET VIE PERSONNELLE

Indochine

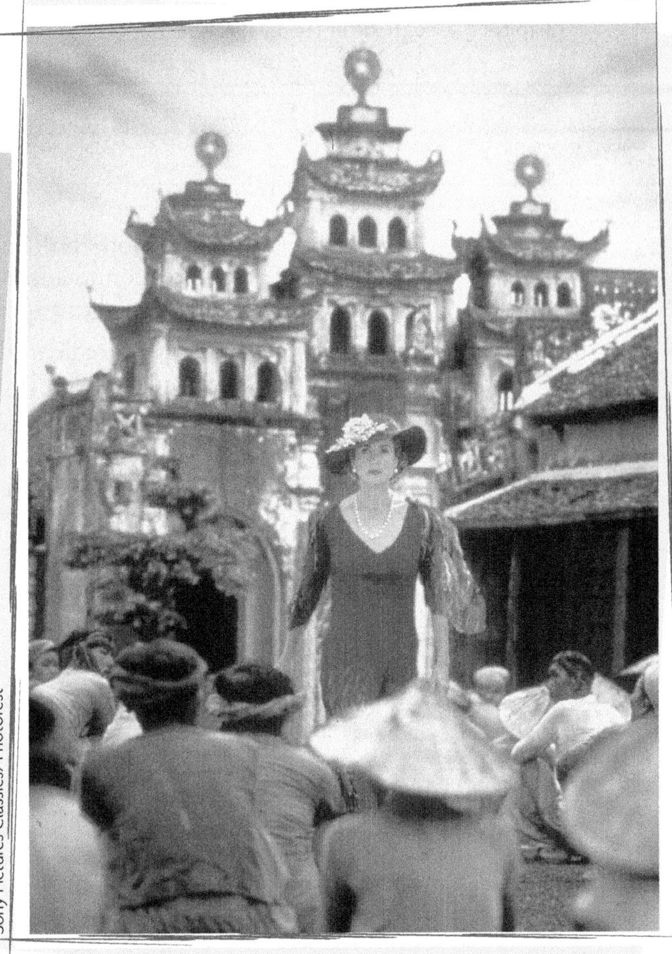
Sony Pictures Classics/Photofest

Réalisateur: Régis Wargnier, France (1992); 142 minutes

In Indochine, you will witness the personal and professional tribulations of a rubber plantation owner (played by Catherine Deneuve) during the final years of France's colonial presence in Indochina (from the 1930s to the 1950s). The plot focuses on a mother-daughter relationship and a love triangle, both of which mirror the political turmoil of the time. In this chapter, you will acquire the vocabulary necessary to discuss personal relationships and the specific historical context of the film. The grammar focus on personal pronouns will enable you to express yourself more elegantly by avoiding repetition.

Les personnages (La distribution: les acteurs/actrices): Éliane Devries (Catherine Deneuve), Jean-Baptiste Le Guen (Vincent Perez), Camille (Linh Dan Pham), Guy Asselin (Jean Yanne), Yvette (Dominique Blanc), Émile (Henri Marteau), Tanh (Éric Nguyen)

- Cinq Césars (1993) (et onze nominations): Meilleure actrice (Catherine Deneuve), Meilleur second rôle féminin (Dominique Blanc), Meilleure photographie, Meilleur décor, Meilleur son
- Un Oscar (1993): Meilleur film étranger (et une nomination pour Catherine Deneuve pour l'Oscar de la meilleure actrice)

Entrée en matière

A. Discussion

1. Est-ce que le mot « Indochine » évoque quelque chose pour vous? Si oui, est-ce que ces connotations sont négatives, positives ou neutres? Et le mot « Vietnam »? Quelles associations faites-vous quand vous pensez à ce mot?
2. Quels sont les ingrédients d'un grand film romantique? Quels films romantiques à grand spectacle connaissez-vous?
3. Quels types de conflits existent dans les familles? Dans quelles circonstances ces conflits peuvent-ils mener à la rupture (c'est-à-dire au point où les membres d'une même famille ne se voient plus et ne se parlent plus)?

There are different spellings for the word **Vietnam**, another of which appears in the reading on page 124 (**Viêt-Nam**).

B. LA PRÉSENCE FRANÇAISE EN INDOCHINE

Géographiquement, l'Indochine est le nom de la péninsule du Sud-Est asiatique, située à l'est de l'Inde et au sud de la Chine et comprenant la Birmanie, le Laos, la Thaïlande, Singapour, le Cambodge, le Vietnam et une partie de la Malaisie. Historiquement, le terme Indochine (ou Indochine française ou Union indochinoise) est le nom donné en 1884 aux territoires indochinois colonisés par la France: la Cochinchine, l'Annam, le Tonkin (qui font partie de l'actuel Vietnam) et le Cambodge. Le Laos a été annexé à l'Indochine française en 1893.

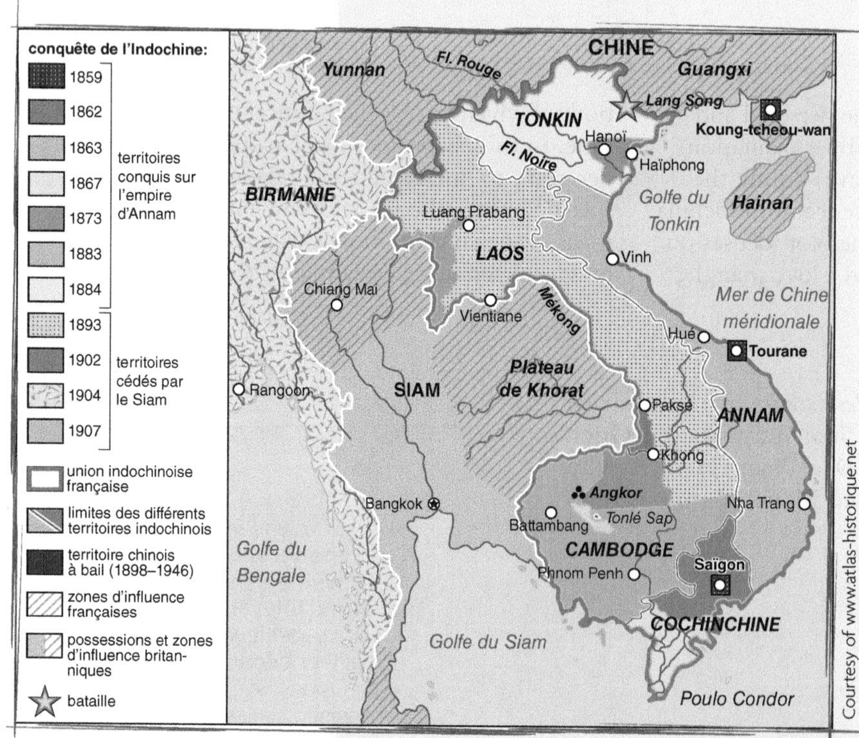

Courtesy of www.atlas-historique.net

Les Français ont colonisé l'Indochine dans la seconde moitié du 19e siècle pour protéger leurs intérêts commerciaux et leurs missionnaires catholiques. Au début du 20e siècle, des intellectuels indochinois formés dans les universités françaises ont commencé à s'opposer à la domination française. L'opposition s'est radicalisée dans les années 1930 avec la création du parti communiste vietnamien. Le parti communiste a mené la lutte contre la colonisation française, puis contre l'occupation japonaise pendant la Seconde Guerre mondiale. Le peuple vietnamien a proclamé son indépendance le 2 septembre 1945 et s'est déclaré la République démocratique du Vietnam. Mais la France a refusé d'abandonner le territoire de la Cochinchine, au sud du Vietnam, ce qui a mené à la guerre d'Indochine. Après la défaite de l'armée française à la bataille de Diên Biên Phu en 1954, la France a accepté de signer les Accords de Genève. Ces accords ont déclaré l'indépendance du Laos et du Cambodge; ils ont divisé le Vietnam en deux parties de manière temporaire et ils ont prévu d'organiser des élections pour les réunifier. Mais les différences idéologiques ont mené à une guerre entre le Vietnam du Nord, communiste, et le gouvernement du Vietnam du Sud, soutenu par les États-Unis. La réunification du pays a eu lieu après la guerre du Vietnam, en 1976.

LES ÉVÉNEMENTS HISTORIQUES DANS LE FILM

L'histoire du film est racontée en flash-back au moment des Accords de Genève (1954). L'histoire elle-même se passe au début des années 1930, marquées par le développement du nationalisme vietnamien. Dans une scène au café au début du film, le chef de la police mentionne la rébellion de Yen-Bay en 1930: Il s'agit d'une rébellion de soldats indochinois qui ont tué leurs officiers français. L'armée française a exécuté les soldats indochinois et détruit le village où ils s'étaient réfugiés. En réaction contre cette répression, des nationalistes indochinois qui vivaient à Paris ont organisé une manifestation (*demonstration*) devant le Palais de l'Élysée. Le fiancé de Camille, Tanh, étudiant à Paris, a été expulsé de France parce qu'il avait participé à cette manifestation de solidarité.

On assiste aussi à une brève scène ayant lieu en 1936 lorsque le Front populaire, gouvernement de coalition de gauche en France, a ordonné la libération des opposants politiques indochinois emprisonnés dans l'île de Poulo Condor. C'est la scène où Camille sort du bagne (*penal colony*) et revoit brièvement sa mère.

1. Compréhension

1. Rétablissez la chronologie en reliant les dates de la colonne de gauche aux événements de la colonne de droite.

1. 1884	a. Accords de Genève
2. 1936	b. Naissance de l'Indochine française
3. 1939–1945	c. Guerre d'Indochine
4. 2 septembre 1945	d. Seconde Guerre mondiale
5. 1946–1954	e. Réunification du Vietnam
6. 1954	f. Guerre du Vietnam
7. 1964–1975	g. République démocratique du Vietnam
8. juillet 1976	h. Libération des prisonniers politiques de Poulo Condor

2. Quand et pourquoi est-ce que les Français ont colonisé l'Indochine?

3. Qui étaient les nationalistes indochinois et qu'est-ce qu'ils voulaient? Quels exemples de combats nationalistes sont mentionnés?

4. Quelles sont les causes et les conséquences de la guerre d'Indochine et de la guerre du Vietnam?

2. Réactions

1. Avez-vous vu des films dont l'action se passe au Vietnam? Quels étaient les thèmes de ces films?

2. Aimez-vous les films qui combinent une histoire d'amour et un contexte historique? Quels films de ce type avez-vous vus? Où se passaient-ils?

C. Lecture d'un compte rendu sur le film

1. Préparation

1. Devinez la signification des mots suivants à partir du contexte et en pensant à des mots français apparentés.

Exemple: orageuse

Ce mot est basé sur le mot « orage » (storm). → *stormy*

a. elle a grandi (ligne 7)
b. blessure (lignes 11–12) (blesser: *to hurt*)
c. sûreté (ligne 26)
d. durci (ligne 48)

2. Devinez la signification des mots suivants à partir du contexte et en pensant à des mots anglais apparentés.

a. privée (ligne 6)
b. colon (ligne 8)
c. vaisseau (ligne 32)
d. fortuit (ligne 35)
e. sauveur (ligne 36)
f. fatalité (ligne 41)

Before reading the article by Jacques Siclier about *Indochine*, read about the cultural context of the term **Indochine** in the **Note culturelle** and refer to the map of French Indochina, both on page 110.

2. Voici des extraits d'un compte rendu sur le film paru dans *Le Monde* du 17 avril 1992. Lisez-le pour avoir une idée du genre de film que vous allez voir, puis répondez aux questions.

INDOCHINE de Régis Wargnier

Indochine, ton nom est femme. Une grande saga romanesque avec Catherine Deneuve, splendide, qui a l'aura des stars mythiques des années 30.

Jacques Siclier

... L'Indochine de Régis Wargnier, celle très précisément des années 30, est une femme qui se nomme Éliane Devries. ...

Éliane a trente ans. Née en Indochine, privée très tôt de mère, elle a grandi auprès de son père, un colon aisé dont elle dirige la plantation d'hévéas° (richesse économique de la colonie). À la suite d'une rude blessure d'amour, elle ne s'est pas mariée. Elle a adopté une princesse d'Annam, orpheline dès sa petite enfance, dont elle gère les biens°— très importants— avec les siens. Camille (Linh Dan Pham) est sa fille. Riche, indépendante, énergique, suprêmement belle, Éliane Devries appartient à la bonne société blanche de Saïgon. Elle n'a jamais vu la France et, au fond d'elle-même, elle est « asiate° ». Camille, adolescente, doit épouser un cousin, Tanh (Éric Nguyen), fils d'une femme d'affaires. Pour Éliane et son ami Guy Asselin (Jean Yanne), chef de la sûreté, ours mal léché°, qui lui demande, en vain, de l'épouser, les jeunes gens représentent l'élite indochinoise de demain.

Mais lorsque surgit, telle une apparition romantique, le beau lieutenant de vaisseau Jean-Baptiste Le Guen (Vincent Perez), tout bascule°. Éliane se laisse séduire, devient sa maîtresse. Liaison orageuse. Un incident fortuit transforme Jean-Baptiste en « sauveur » de Camille, qui en tombe amoureuse. On exile le lieutenant sur un îlot du Tonkin qui est un petit enfer°. On marie Camille. Elle s'enfuit, rejoint Jean-Baptiste au prix de mille difficultés. Une sorte de fatalité en fait des êtres pourchassés° qui sont pris en charge° par les rebelles communistes. Héroïne d'un peuple en lutte°, désormais incapable de rejoindre, d'absoudre et d'aimer le monde des « Blancs » où

Le Monde, 17 avril 1992

dont elle dirige... hévéas: *whose rubber tree plantation she runs*
dont elle gère les biens: *whose assets she manages*
au fond d'elle-même, elle est « asiate »: *deep down she is Asian*
ours mal léché: *a boor, a lout (literally, a badly licked bear)*
tout bascule: tout change radicalement
enfer: *hell*
en fait des êtres pourchassés: *turns them into fugitives*
pris en charge: aidés
en lutte: *rebelling, fighting*

How to Answer Questions about the Reading

Avoid general answers by referring to specifics in the passage. Note line numbers in your answers so you can refer your classmates to the word or words you are citing and speak about concrete details you noticed about a tumultuous affair in the context of France and Indochina.

elle a été élevée, Camille deviendra la Princesse rouge au cœur durci par l'épreuve du bagne°. …

Régis Wargnier, dans une superproduction qui n'a pas craint° les risques, a recréé une tradition du romanesque cinématographique qui n'appartient pas à nos jardins à la française°. …

Il nous emporte dans une atmosphère exaltée, des émotions, des sentiments, des passions, des aventures, des destinées marquées par un environnement social, économique, politique, exact sur le fond°, ultra-romanesque dans sa représentation. … Indochine est un coup de foudre, un coup de cœur. …

l'épreuve du bagne: *the ordeal of the penal colony*
n'a pas craint: *wasn't afraid of*
nos jardins à la française: la tradition française
exact sur le fond: *historically correct*

a. Compréhension

1. À quel milieu appartiennent les personnages principaux? Quelles sont les relations entre eux? Référez-vous au compte rendu pour compléter le tableau ci-dessous.

Milieu / profession	Relations familiales / amicales / amoureuses
Éliane	
Camille	
Tanh	
Guy	
Jean-Baptiste	

2. Qu'est-ce qui a troublé la vie tranquille d'Éliane et de ses proches? Comment?
3. Quels aspects du contexte politique sont mentionnés?

b. Réactions

1. D'après vous, quels vont être les thèmes importants du film?
2. À quel type de décor vous attendez-vous (*do you expect*)? Pourquoi?

c. Questions de langue

1. Notez les mots du texte qui suggèrent qu'*Indochine* est une superproduction, un film à grand spectacle.
2. Révisez des pronoms déjà étudiés dans ce manuel.
   a. Quel nom est-ce que le pronom démonstratif **celle** (ligne 2) remplace?
   b. Rappelez-vous qu'un pronom relatif lie (*links*) deux phrases. Éliminez le pronom **dont** dans les phrases ci-dessous et remplacez chaque phrase par deux phrases.
   - « Elle a grandi auprès de son père, … **dont** elle dirige la plantation d'hévéas. »
   - « Elle a adopté une princesse d'Annam, … **dont** elle gère les biens. »
3. Quels noms est-ce que les pronoms suivants remplacent?
   a. **lui** (pronom complément d'objet indirect, ligne 27):
   b. **l'** (pronom complément d'objet direct, ligne 27):

If necessary, refresh your memory about demonstrative pronouns (page 279) and relative pronouns (page 272).

You will study and practice pronouns of all sorts in this chapter. If you would like to better understand the role pronouns play in the article on *Indochine* that you just completed, look ahead to **Grammaire** (page 281).

D. Visionnement d'une séquence
(avec son, sans sous-titres)

Lisez les questions ci-dessous, puis visionnez la scène une seconde fois en faisant bien attention à la bande-son. Répondez ensuite aux questions.

1. Compréhension

Après le visionnement, notez la réponse correcte.

1. La narratrice _______.
   a. est née en Indochine
   b. est venue en Indochine pour les funérailles
   c. est arrivée en Indochine quand elle était enfant
2. Qui est mort?
   a. les parents de la narratrice
   b. les amis de la narratrice
   c. des dignitaires français
3. Ils sont morts dans un accident _______.
   a. de voiture
   b. d'avion
   c. de train
4. La narratrice _______.
   a. n'avait plus ses parents
   b. était mariée avec un prince
   c. a adopté une princesse
5. La narratrice évoque des choses inséparables. Lesquelles?
   a. les montagnes et la mer
   b. les humains et les animaux
   c. l'Indochine et la France
6. La plantation de Lansai _______.
   a. s'est agrandie quand la narratrice a adopté Camille
   b. est l'une des six plus grandes d'Indochine
   c. contient 60.000 hectares d'hévéas

L'ancien Hôtel de Ville de Saïgon

2. Réactions

1. Quelles classes de la société indochinoise apparaissent dans cet extrait?
2. Est-ce qu'Éliane élève Camille comme une Vietnamienne ou comme une Française? Que pensez-vous des vêtements des deux femmes?

3. Le français parlé

Regardez à nouveau la séquence. Écoutez le monologue d'Éliane et notez les liaisons et les **e** muets sur la transcription distribuée par votre professeur. Puis entraînez-vous à dire ce texte en imitant la voix de Catherine Deneuve.

E. Préparation au visionnement du film

En regardant le film, faites attention aux aspects suivants et prenez des notes sur vos observations.

1. L'utilisation du français et du vietnamien: Certains personnages parlent les deux langues. Dans quelles circonstances?
2. La structure du film (les flash-backs / retours en arrière): Notez quand vous voyez la narratrice en train de raconter l'histoire.
3. Les scènes où Éliane et Camille dansent: pourquoi ces parallèles?

AVANT LE PROCHAIN COURS

1. *Indochine:* Visionnez le film.
2. ***Cahier:*** Faites **Les mots pour le dire.**
3. ***Manuel:*** Étudiez *Les pronoms personnels;* ***y*** *et* ***en*** *(Introduction; Les pronoms compléments d'objet direct)* aux pages 282–284 et faites les exercices des sections **Application immédiate 1** et **2.**

Viewing Tips

Notice:

- parallels between scenes, the use of French and Vietnamese, the way the landscape is filmed

Ask yourself:

- How important is the historical context for the story? How is the colonial situation presented?

Anticipate:

- some disorientation due to the narrative structure

LES MOTS POUR LE DIRE

A Définitions

1. Le mot juste

Référez-vous à la **Liste de vocabulaire** (pages 128–130). À quels noms les pronoms font-ils référence dans les phrases suivantes?

Exemple: On **en** voit beaucoup sur le fleuve au début du film.
en = des bateaux

1. Émile et son équipage **l'**ont gagnée au début du film.
2. Éliane **en** a eu beaucoup, mais elle ne s'est jamais attachée à un homme en particulier.
3. Éliane **les** traite comme des enfants.
4. On **les** a célébrées dans le palais impérial; Camille et Tanh portaient des costumes traditionnels.
5. Camille **l'**a découverte quand elle cherchait Jean-Baptiste. Elle ne savait pas que son pays était si pauvre.
6. Camille est recherchée par la police parce qu'elle **en** a commis un.
7. Les nationalistes ne **les** aiment pas.
8. Éliane **en** dirige une grande.
9. Les nationalistes **l'**ont incendiée.
10. Camille **en** a eu un la première fois qu'elle a vu Jean-Baptiste. Il était si beau!

Références à consulter

- Liste de vocabulaire, page 128
- Votre dictionnaire personnel (*Cahier,* page 85)
- *Les pronoms personnels;* ***y*** *et* ***en*** *(Introduction; Les pronoms compléments d'objet direct),* pages 282–286

2. Vos définitions

À vous! Écrivez des définitions pour trois autres noms de la **Liste de vocabulaire** en utilisant des pronoms compléments d'objet direct, comme dans l'exercice précédent. Puis lisez vos phrases à la classe et demandez à vos camarades de trouver les mots que vous avez définis.

B. Les mots apparentés

Complétez les tableaux suivants en ajoutant les mots qui manquent. Consultez la **Liste de vocabulaire** (page 128).

1. Trouvez l'adjectif qui correspond au nom et vice versa.

	Adjectif	Nom
a.	compatissant(e)	
b.		le conflit
c.		la destruction
d.	ferme	
e.		l'oppression

2. Trouvez le nom qui correspond au verbe et vice versa.

	Nom	Verbe
a.		disparaître
b.	la protection	
c.		rompre
d.		se fiancer
e.		se rebeller
f.		se retrouver
g.		souffrir

Refer to the map on page 110 while doing this exercise. **L'île du Dragon** is located in Halong Bay, near Haiphong.

The pronoun **y** is translated *there* when it replaces a preposition (**dans, en, à**) followed by a place (**le Tonkin, Bretagne, Saïgon**). If you're curious to know more now, check out *Le pronom **y*** (page 289).

Saigon is the former name for Hô Chi Minh-Ville, a city in South Vietnam. There are two spellings in French, **Saïgon** and **Saigon**.

C. La géographie

Associez les phrases de la première colonne aux lieux de la deuxième colonne.

1. Éliane y possède une maison.	a. dans le Tonkin
2. On y a muté Jean-Baptiste.	b. en Bretagne
3. Camille et Jean-Baptiste s'y sont cachés.	c. en Chine
4. Camille et Jean-Baptiste veulent s'y réfugier.	d. à Poulo Condor
5. Camille y a été emprisonnée.	e. à Saïgon
6. On y a signé des accords en 1954.	f. à Paris
7. Tanh y a fait ses études.	g. dans l'île du Dragon
8. Jean-Baptiste y a grandi.	h. à Genève

D. Et vous?

Répondez aux questions suivantes avec un(e) camarade de classe. Ajoutez quelques détails.

1. Où est-ce que tu as grandi? Est-ce qu'il y avait de la misère ou de la violence à cet endroit?

2. Quand est-ce que tu t'es éloigné(e) de ta famille pour la première fois? Comment as-tu vécu cette séparation?

3. Qui ou qu'est-ce qui te manque le plus à l'université?
4. Avec quel type de personnes est-ce que tu t'entends bien?
5. À qui est-ce que tu peux faire confiance dans une situation difficile?
6. Est-ce que tu aimerais diriger une entreprise plus tard? D'après toi, quelles qualités sont nécessaires pour diriger une entreprise?

Catherine Deneuve plays Marjane's mother in *Persépolis* (Chapter 3).

E. À l'écoute: Catherine Deneuve

-39 Le texte que vous allez entendre est un bref résumé de la vie et de la carrière de Catherine Deneuve (1943–). Écoutez le passage et vérifiez si vous avez compris en répondant aux questions qui suivent.

1. Catherine Deneuve a été révélée en _______.
   a. 1964
   b. 1981
   c. 1992
2. Dans *Belle de jour*, elle joue le rôle d'une _______.
   a. jeune fille romantique
   b. prostituée
   c. directrice de théâtre
3. Elle a reçu son premier César pour _______.
   a. *Les Parapluies de Cherbourg*
   b. *Belle de jour*
   c. *Le Dernier Métro*
4. Elle joue dans _______.
   a. des films « grand public »
   b. des films d'auteur
   c. des films « grand public » et des films d'auteur
5. Deneuve a prêté son image pour représenter Marianne, qui est _______.
   a. une ligne de vêtements
   b. un parfum de Dior
   c. le symbole de la République française
6. En dehors du cinéma, Deneuve _______.
   a. fait du théâtre
   b. s'implique dans des associations
   c. fait de la recherche médicale

VOCABULAIRE UTILE

la Seconde Guerre mondiale (1939–1945): *World War II*
film d'auteur: *independent film*
l'avortement: *abortion*
la peine de mort: *death penalty*
le SIDA: *AIDS*

Un peu d'histoire

Depuis la Révolution française, un des symboles de la France est **« Marianne »**, une figure féminine qui personnifie la liberté et la raison. On la trouve sur des timbres et des pièces (*coins*), sur des tableaux et des dessins humoristiques, dans des publicités, etc. Depuis les années 1970, on la représente sous la forme d'une femme célèbre, comme les actrices Brigitte Bardot, Catherine Deneuve et Sophie Marceau; la chanteuse Mireille Matthieu; et les mannequins (*models*) Inès de la Fressange et Laetitia Casta. Cette personnalité est élue par l'Association des maires (*mayors*) de France (92 % des maires sont des hommes), et on fait un buste à son image. Les maires peuvent mettre ce buste dans leurs mairies. Il y a des gens qui critiquent cette pratique et disent que les personnalités choisies ne sont pas représentatives de la diversité de la France.

AVANT LE PROCHAIN COURS

1. ***Manuel:*** Étudiez *Les pronoms compléments d'objet indirect; Pronoms compléments d'objet direct ou indirect?; Les pronoms remplaçant un complément prépositionnel: les pronoms disjoints, **y, en*** (pages 285–290) et faites les exercices des sections **Application immédiate 3 à 8.**
2. ***Cahier:*** Faites **Préparation à la discussion.**

Discussion

A. Chronologie

Rétablissez la chronologie des scènes du film en les numérotant de 1 à 8. Puis mettez les verbes au passé et partagez vos réponses avec la classe ou un(e) camarade de classe en ajoutant quelques détails pour chaque scène.

_____ Éliane vend sa plantation et part élever Étienne à Paris.
_____ Éliane demande à Guy d'éloigner Jean-Baptiste.
_____ Camille rejoint Jean-Baptiste et tue un militaire.
_____ Jean-Baptiste meurt.
_____ Éliane et Jean-Baptiste ont une liaison.
_____ Tanh et ses amis aident Camille et Jean-Baptiste à échapper à la police.
_____ Camille sort du bagne.
_____ Éliane raconte l'histoire de Camille et Jean-Baptiste à Étienne.

B. Quelques détails

Répondez le plus vite possible aux questions suivantes. Répondez par un mot ou une brève explication.

1. _______ Éliane l'a renvoyé après l'incendie de l'usine.
2. _______ Éliane y a parlé à Jean-Baptiste pour la première fois.
3. _______ Éliane pouvait lui faire confiance dans les moments difficiles.
4. _______ Camille n'a pas voulu que son fils y reste.
5. _______ Éliane l'a retrouvée dans un cabaret.
6. _______ Émile les a entraînés pendant un mois.
7. _______ Les invités étaient heureux qu'on en serve comme dessert pendant le repas de Noël.
8. _______ À Genève, les bateaux lui ont fait penser à l'Indochine.
9. _______ Tanh se battait pour que son pays l'obtienne.
10. _______ Guy dit que Jean-Baptiste l'a fait pour échapper à la cour martiale.

C. Réactions

1. Comment était composée la société en Indochine sous la colonisation? Comment est-ce que les relations entre les différents groupes sont décrites dans le film?
2. Quelles sont les valeurs de Jean-Baptiste au début du film, et comment évolue-t-il? (Comparez la scène où il ordonne de brûler le sampan et la scène du marché aux esclaves.)

Un **sampan** is a flat-bottomed Chinese boat.

3. Quelle est l'attitude d'Éliane envers ses employés? D'après vous, est-ce une bonne chef d'entreprise?
4. Comment Éliane élevait-elle Camille? Pourquoi a-t-elle demandé à l'officier d'éloigner Jean-Baptiste? Que pensez-vous de cela?
5. Pourquoi Camille s'est-elle mariée avec Tanh? Pourquoi Tanh a-t-il accepté qu'elle parte juste après le mariage?

6. Qu'est-ce que Camille a appris pendant son voyage à travers le Vietnam? Comment est-ce que cela a influencé son évolution politique? Comment ses vêtements illustrent-ils son évolution?
7. D'après vous, comment Jean-Baptiste est-il mort? S'est-il suicidé? A-t-il été assassiné? Si oui, par qui?
8. Comment expliquez-vous la transformation de Camille et sa décision d'oublier sa famille après sa sortie du bagne?
9. D'un point de vue politique, est-ce que c'était une bonne idée de laisser Camille en prison? Quels étaient les avantages de la laisser en prison et les avantages de la libérer?
10. Pourquoi Camille a-t-elle demandé à sa mère adoptive d'emmener Étienne en France? De quoi voulait-elle le protéger?
11. Pourquoi est-ce qu'Étienne a refusé de parler à sa mère à la fin? Comprenez-vous sa décision?
12. À quoi servent les scènes et personnages suivants?
    - la course d'aviron/de bateaux au début du film
    - la scène de la vente aux enchères
    - les scènes où Éliane et Camille dansent
    - le personnage d'Yvette (la femme du contremaître qui devient chanteuse de cabaret)

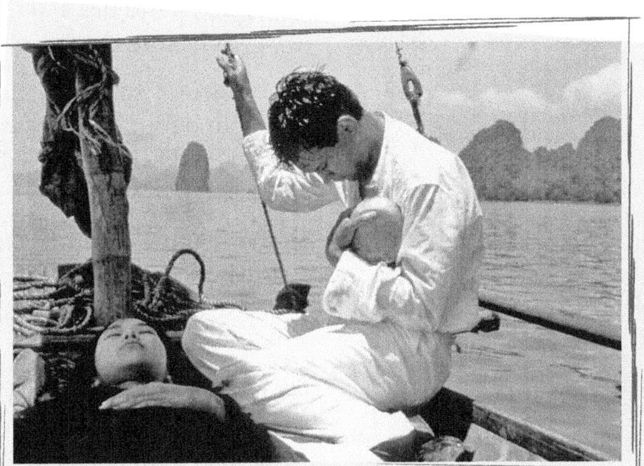

Sony Pictures Classics/Photofest

Où sont Camille et Jean-Baptiste? Qu'est-ce qui vient de se passer?

D. Et vous?

Discutez des questions suivantes avec un(e) camarade de classe.

1. Est-ce que tu aimerais avoir une patronne ou une mère comme Éliane? Pourquoi (pas)?
2. Quand tu étais adolescent(e), qu'est-ce que tu faisais pour être différent(e) de tes parents ou de tes amis?
3. Est-ce que tu as déjà vécu un événement qui t'a ouvert les yeux sur un aspect de la société que tu ne connaissais pas?
4. Quel événement historique t'a le plus marqué(e) (= a eu un grand impact sur toi)? Explique pourquoi.
5. On dit que « les voyages forment la jeunesse », c'est-à-dire qu'on apprend beaucoup de choses pendant un voyage. Est-ce que tu aimes voyager? Tu as déjà fait un voyage intéressant? / Où est-ce que tu as envie d'aller?
6. Tu as aimé *Indochine*? Quels aspects du film est-ce que tu as le plus/le moins aimés?

1-44

E. À l'écoute: *Indochine*

La conversation que vous allez entendre est un (faux) entretien à la radio entre un journaliste et une critique de cinéma après la cérémonie des *Academy Awards* où le film *Indochine* a reçu l'Oscar du Meilleur film étranger. Écoutez la conversation et vérifiez si vous avez compris en répondant aux questions qui suivent.

La Baie d'Halong

1. Quel élément n'est pas mentionné pour expliquer le succès du film?
   a. la notoriété du réalisateur
   b. la qualité des acteurs
   c. la beauté des images
2. L'histoire se passe _______.
   a. au début des années 1930
   b. à la fin des années 1930
   c. au début des années 1940
3. La critique dit qu'Éliane et sa fille _______ au début du film.
   a. ne sont pas très proches
   b. se disputent parfois
   c. s'entendent bien
4. La critique pense qu'Éliane a fait muter Jean-Baptiste _______.
   a. parce que son ami Guy lui avait conseillé de le faire
   b. parce qu'elle était jalouse
   c. parce qu'elle ne s'entendait plus avec lui
5. Le voyage à travers l'Indochine était important pour _______.
   a. la maturation politique de Camille
   b. l'éducation de Camille
   c. l'évolution psychologique de Camille
6. Le journaliste et la critique ont trouvé les retrouvailles entre Éliane et Camille _______.
   a. étouffantes
   b. éprouvantes
   c. émouvantes

AVANT LE PROCHAIN COURS

1. ***Manuel:*** Étudiez *Les pronoms disjoints, **y, en:** récapitulation* et *La position des pronoms* (pages 290–293), et faites les exercices des sections **Application immédiate 9** à **12.**
2. ***Cahier:*** Préparez **Pour aller plus loin.**

POUR ALLER PLUS LOIN

A. *Qui a dit quoi?*

Pay attention to the use of pronouns in these quotes. If you need to review the grammar, refer to **Grammaire**, beginning on page 281. Complete and correct the **Application immédiate** exercises and then complete the workbook sections **Préparation à la discussion** (page 89) and **Pour aller plus loin** (page 93).

1. Les citations dans leur contexte

Notez quel personnage de la liste suivante a dit chaque phrase, puis expliquez la signification de chaque citation dans le contexte du film. Vous pouvez utiliser les noms des personnages plusieurs fois.

l'amiral	un enfant	Jean-Baptiste
Camille	Étienne	un travailleur indochinois
Éliane	Guy	

1. ________________: « J'espère tout de même que mes marins vont leur flanquer une bonne raclée (*give them a good thrashing*).

   ________________: —Voyons... , c'est mon équipe!

   ________________: —C'est comme je le pense, ma chère... Il ne faut pas leur donner des idées de victoire, à ces gens-là.

   ________________: —Je vous parie 2000 piastres.

   ________________: —Tenu, mais vous allez perdre. »

La piastre was the currency used in French Indochina.

2. ________________: « Dites-moi pourquoi vous l'aimez, pourquoi vous le trouvez beau, et je vous le laisse.

   (Voix off) —Finissons-en! Madame Devries, cinq cents [piastres]? »
3. ________________: « Tu as voulu fuir. Tu es un déserteur. Tu m'as obligée à te battre. Tu crois qu'une mère aime battre ses enfants?

   ________________: —Tu es mon père et ma mère. »
4. ________________: « La sauver de moi? Tu veux te venger. C'est tout. Tu ne supportes pas la liberté; elle te menace.

   ________________: —Lâche-moi!

   ________________: —Tu ne supportes pas que les autres vivent.

   ________________: —Lâche-moi! »
5. ________________: « Tu me jures que tu me caches rien?

   ________________: —C'est toujours pareil, on la cherche partout... Elle est en train de devenir une légende, une Jeanne d'Arc d'Indochine. »
6. ________________: « Elle n'a pas eu le temps de s'attacher à toi. Tu venais juste de naître... Je me suis longtemps demandé si tu devais savoir cette histoire. »
7. ________________: « C'est pas moi; c'est mes parents; ils disent que vous êtes... une rouge, une sale communiste.

   ________________: —Tu leur diras que c'est vrai. »
8. ________________: « Va en France. Emmène-le. Ton Indochine n'existe plus. Elle est morte. »

45, 1-46

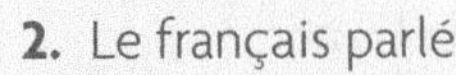

2. Le français parlé

a. Comparez les deux phrases suivantes:

« Il ne faut pas leur donner des idées de victoire, à ces gens-là. » (citation #1)

Il ne faut pas donner des idées de victoire à ces gens-là.

Quelles différences remarquez-vous entre ces deux phrases? Qu'est-ce qui est mis en relief dans la première phrase? Laquelle des deux phrases est plus caractéristique du français parlé?

b. Imaginez comment les personnages prononcent les citations ci-dessus. Puis écoutez les citations 1 et 4 sur votre *Audio Program* et répétez-les comme vous les entendez en vous mettant dans la peau des personnages.

Source: Indochine

Sony Pictures Classics/Photofest

Que veut dire Éliane quand elle se compare à une mangue?

B. L'Indochine et la France

1. Qu'est-ce que les situations évoquées dans la section **Qui a dit quoi?** révèlent sur les relations coloniales?
2. Des critiques du film *Indochine* ont vu dans la relation entre Éliane et Camille un miroir de la relation entre la France et l'Indochine. Selon cette interprétation, Éliane représente la France et Camille l'Indochine. Quels parallèles pouvez-vous trouver entre les deux relations? Écrivez une ou deux phrases pour chaque section ci-dessous en vous référant à **Votre dictionnaire personnel** (page 85, ***Cahier***) et au **Vocabulaire utile.**

VOCABULAIRE UTILE

(in)dépendant(e): *(in)dependent*
malsain(e): *unhealthy*
sain(e): *healthy*
un climat de confiance: *atmosphere of trust*
l'hostilité: *hostility*
l'initiative: *initiative*
les règles: *rules*
la rivalité: *rivalry*
autoriser quelqu'un à faire quelque chose: *to allow someone to do something*
construire son identité: *to build one's identity*
interdire à quelqu'un de faire quelque chose: *to forbid someone to do something*
prendre une décision: *to make a decision*
surveiller: *to supervise, to watch over*
voler de ses propres ailes: *to try one's wings, to strike out on one's own*

Refer to the **Note culturelle** on page 110 if you need to review the historical context.

a. La relation entre Éliane et Camille: Considérez leurs personnalités, leurs comportements et leurs réactions.

Exemple: ***Éliane est autoritaire et Camille lui obéit quand elle est jeune.***

b. La relation entre la France et l'Indochine: Cherchez des parallèles entre les remarques que vous venez de faire et les liens entre la France et l'Indochine.

Exemple: ***La France impose sa domination et de nombreux Indochinois sont soumis.***

Éliane and Camille are allegorical figures—standing for ideas in addition to having a life of their own.

c. Maintenant, faites des parallèles entre les individus et les pays.

Exemple: ***Au début du film, Camille obéit à sa mère; les Indochinois acceptent la domination française.***

C. Interview

Lors de leur séjour à Genève en 1954, Camille et Éliane ont accepté de répondre aux questions d'un(e) journaliste. Choisissez le rôle de Camille ou d'Éliane et travaillez avec un(e) partenaire. Répondez aux questions sur votre personnage, puis transformez-vous en journaliste pour interviewer votre partenaire.

1. Questions pour Éliane

1. Comment avez-vous élevé Camille et qu'est-ce que vous espériez pour elle?
2. Quand vous l'avez adoptée, étiez-vous consciente des difficultés potentielles?
3. Pourquoi avez-vous éloigné Jean-Baptiste quand vous avez compris que Camille était amoureuse de lui?
4. Comment est-ce que votre vie a changé quand Camille vous a quittée pour rejoindre Jean-Baptiste?
5. Pourquoi avez-vous décidé de vendre votre plantation et de vous installer en France?
6. Est-ce que l'Indochine vous manque? Avez-vous envie de retourner au Vietnam?
7. Pourquoi êtes-vous venue à Genève?
8. Qu'est-ce que vous souhaitez dire à votre fille?

Focus on incorporating pronouns to avoid repetition when answering questions. Remember that *pronoun* means *in the place of a noun.*

2. Questions pour Camille

1. Que pensez-vous de l'éducation que votre mère adoptive vous a donnée? Pourquoi l'avez-vous quittée?
2. Qu'est-ce que votre voyage à travers votre pays vous a appris?
3. Pourquoi avez-vous tué un militaire français? Le regrettez-vous?
4. Combien de temps avez-vous passé au bagne? Comment est-ce que cette expérience vous a changée?
5. Pourquoi est-ce que vous n'avez pas voulu vivre avec votre famille après votre libération? Est-ce qu'elle vous a manqué?
6. Parlez-moi de votre vie depuis votre sortie du bagne.
7. Allez-vous revoir votre famille maintenant que la guerre d'Indochine est terminée?
8. Qu'est-ce que vous souhaitez dire à votre mère ou à votre fils?

3. À l'écrit: Une autre interview

Vous êtes chargé(e) d'interviewer Étienne (ou Jean-Baptiste avant sa mort). Écrivez cinq questions et des réponses possibles. Pour pratiquer la grammaire du chapitre, écrivez des questions qui nécessitent l'utilisation de pronoms dans la réponse.

AVANT LE PROCHAIN COURS

Cahier: Faites **Préparation à la lecture.**

Lecture

A. Discussion

1. Quel type d'informations trouve-t-on dans une autobiographie?
2. Qu'est-ce qui différencie une autobiographie d'une œuvre de fiction?
3. Pour quelles raisons est-ce qu'on peut avoir envie d'écrire son autobiographie?
4. Avez-vous déjà lu une autobiographie? Aimez-vous ce genre?

B. *Métisse blanche*

Les passages que vous allez lire sont extraits de *Métisse blanche* (1989), un récit autobiographique de Kim Lefèvre. Kim Lefèvre est née et a vécu au Vietnam pendant la colonisation française. Sa mère était vietnamienne et son père était un militaire français. C'est la raison pour laquelle elle a choisi le titre *Métisse blanche.* Au Vietnam, elle a beaucoup souffert de sa situation de métisse. Puis elle est allée faire des études universitaires en France et elle a décidé d'y rester. Dans *Métisse blanche,* elle raconte son enfance et sa jeunesse au Vietnam et explique comment elle a finalement accepté ses origines et trouvé son identité.

1. L'enfance

Je suis née, paraît-il°, à Hanoi un jour de printemps, peu avant la Seconde Guerre mondiale, de l'union éphémère entre une jeune Annamite° et un Français.

Je n'ai, sur ce sujet, pas de preuve tangible, aucun acte de naissance n'ayant été établi avant ma quinzième année. D'ailleurs je n'ai pas cherché à le savoir. Cela n'avait aucune importance ni pour moi, ni pour les autres. Nous vivions dans une société où la notion du temps quantifié n'existait pas. Nous savions que notre vie se divise en grandes périodes: l'enfance, le temps des règles° pour une fille—signe de l'enfantement possible, donc du mariage proche—, l'âge d'être mère, puis celui d'être belle-mère lorsque enfin on a acquis le droit—si la chance vous a doté d'un fils°—de régner sur une bru craintive° qui entre dans votre maison. Quatre ou cinq ans de plus ou de moins représentaient peu de chose.

Je ne sais à quoi ressemble mon géniteur°. Ma mère ne m'en a jamais parlé. Dans mes jours sombres il me plaît de l'imaginer légionnaire, non pas « mon beau légionnaire », comme dit ici la chanson, mais colon arrogant, détestable, un homme de l'autre côté. J'ai nourri à l'égard de ce père inconnu une haine violente, comme seuls en sont capables les enfants profondément meurtris°.

J'ai porté des noms successifs qui ont été les charnières° de ma vie. D'abord celui de ma mère—Trân—, lorsqu'elle s'est retrouvée seule avec une enfant à charge. Affolée° par l'ampleur des conséquences que mon existence allait faire peser° sur sa vie, elle me confia° à une nourrice° avant de s'enfuir loin, jusqu'à Saigon, terre pour elle étrangère où elle espérait rebâtir° un avenir. Ensuite, le nom de mon géniteur—Tiffon—, à l'époque où, poussée par la famille unanime, ma mère chercha° à me placer dans un orphelinat afin de me « rendre à ma race »°. Car j'étais à proprement parler une monstruosité dans le milieu très nationaliste où je vivais. Mon oncle faisait partie du Viêt-minh° depuis 1941 et tenait régulièrement des réunions dans la forêt de Tuyên-Quang. Tout en moi heurtait mes proches°: mon

paraît-il: *supposedly*
une jeune Annamite: *a young woman from Annam, a region in central Vietnam*
règles: *menstruation*
vous a doté d'un fils: *endowed you with a son*
une bru craintive: *a timid daughter-in-law*
géniteur: *progenitor*
meurtris: *hurt*
charnières: *turning points (literally: hinges)*
Affolée: *Frightened*
allait faire peser: *was going to have*
me confia: m'a confiée
nourrice: *wet nurse*
rebâtir: *to rebuild*
chercha: a cherché, a essayé
afin de me « rendre à ma race »: *to give me back to my race* (The narrator's mother was pressured by her family to give up her daughter and send her to an orphanage run by French Catholic nuns.)
Viêt-minh: Ligue pour l'indépendance du Vietnam
heurtait mes proches: *offended my relatives*

physique de métisse, mon caractère imprévu°, difficile à comprendre, si peu Viêt-Namien, en un mot. On mettait tout ce qui était mauvais en moi sur le compte° du sang français qui circulait dans mes veines. C'était ce qui empêchait les gens d'éprouver une affection réelle à mon égard°. Je les comprenais. Je les approuvais. Moi aussi, je détestais ce sang que je portais. Petite fille°, je rêvais d'accidents providentiels qui me videraient de ce sang maudit, me laissant° pure Viêt-Namienne, réconciliée avec mon entourage et avec moi-même. Car j'aimais ce pays, les rizières, les haies de bambous verts, les mares° où je pataugeais° en compagnie d'autres enfants du même âge.

Je n'ai gardé aucun souvenir des premières années de ma vie, hormis° ce sentiment très tôt ressenti d'être partout déplacée, étrangère. J'en ai beaucoup souffert, non comme d'une injustice mais comme d'une tare° existentielle.

imprévu: *unpredictable*
On mettait... sur le compte: *Everything that was bad in me was put down to*
à mon égard: *toward me*
Petite fille: Quand j'étais petite fille
qui me videraient de ce sang maudit, me laissant: *that would empty me of this accursed blood and leave me*
mares: *ponds*
pataugeais: *splashed about*
hormis: *except*
tare: *shortcoming*

a. Compréhension

1. Qui étaient les parents de la narratrice? Pourquoi est-ce que la narratrice ne sait pas exactement quand elle est née et pourquoi est-ce que ce fait n'est pas très important?
2. Quelles étaient les étapes importantes dans la vie d'une femme vietnamienne de la génération de la narratrice? Laquelle était particulièrement importante pour être respectée?
3. Comment la narratrice nomme-t-elle son père? Quels sentiments avait-elle pour lui?
4. Qui s'est occupé de la narratrice pendant les premières années de sa vie?
5. Pourquoi est-ce que sa mère l'a confiée à une nourrice au lieu de (*instead of*) s'occuper d'elle?
6. Pourquoi est-ce que la narratrice était mal acceptée dans la famille de sa mère?
7. Comment la narratrice vivait-elle sa différence et l'attitude de sa famille? (Est-ce qu'elle acceptait facilement d'être différente? Comment jugeait-elle l'attitude de sa famille?)
8. De quels aspects de son enfance est-ce qu'elle se souvient?

b. Questions de langue

1. Quels adjectifs du dernier paragraphe résument l'identité de la narratrice?
2. Qu'est-ce que les pronoms en italique remplacent dans les phrases suivantes?
   a. je n'ai pas cherché à *le* savoir (lignes 8–9)
   b. il me plaît de *l'*imaginer légionnaire (lignes 28–29)
   c. comme seuls *en* sont capables les enfants profondément meurtris (lignes 34–35)
   d. Je *les* comprenais. Je *les* approuvais. (lignes 64–65)
   e. J'*en* ai beaucoup souffert. (lignes 78–79)

2. Le départ pour la France

La narratrice a grandi. Elle a fait de brillantes études et est devenue institutrice au Vietnam. Puis elle a obtenu une bourse pour faire des études universitaires en France, où elle s'est installée définitivement. Le passage suivant décrit ses émotions au moment où elle a quitté le Vietnam et explique sa décision de rester en France.

semblable à: similaire à
arraché du sein maternel: *pulled away from his/her mother's breast*
une vierge: *a virgin*
Mais la vie s'est chargée d'apporter un démenti à mes pressentiments d'alors: *But life has shown me that my former fears were unjustified*
déçue: *disappointed*
constater: *to note*
un seul défenseur: *a single advocate*
fredonner: *to hum*
ensevelis dans l'oubli: *buried in oblivion*
faire la part... soustraite: *to weigh what it gave me and what it took away from me*

Je me souviens du sentiment de terreur et de désespoir que j'ai éprouvé à l'approche du départ, sentiment semblable à° celui d'un enfant qu'on aurait brutalement arraché du sein maternel°. Je me souviens également de ma peur de la France, un mélange de panique et de répulsion, comme lorsqu'on jette une vierge° dans le lit d'un inconnu. La France, c'est l'image du père qui m'avait abandonnée.

Mais la vie s'est chargée d'apporter un démenti à mes presentiments d'alors°. Car ce que le Viêt-nam m'avait refusé, la France me l'a accordé: elle m'a reçue et acceptée. Tout compte fait, je n'en suis pas déçue°. Ici, les choses me paraissent simples. Si je dis que je suis Viêtnamienne, on me prend comme telle, si je dis que je suis française, on me demande de quelle origine je suis: sans plus. Certes, je n'ignore pas les courants racistes dirigés contre les communautés maghrébines et demain peut-être contre celles des Asiatiques de jour en jour plus nombreuses. Mais n'est-il pas réconfortant de constater° qu'il existe également tant d'antiracistes parmi les Français? Durant le temps que j'ai vécu au Viêt-nam, je n'ai pas rencontré un seul défenseur° des métis—l'attitude la plus tolérante consistant à faire comme si l'on n'avait pas remarqué leur particularité.

Je ne charge pas le Viêt-nam. C'est un pays cher à mon cœur. Je l'ai aimé d'un amour qu'il ne m'a jamais rendu. Les souvenirs de mon enfance sont imprégnés de son climat, de ses paysages, de ses odeurs, de la musique de sa langue. Je me surprends parfois à fredonner° des airs anciens que je croyais ensevelis dans l'oubli°. Le Viêt-nam, c'est la douceur du visage de ma mère.

Aujourd'hui, j'aime cette terre d'une autre façon, non plus à la manière d'une enfant meurtrie, mais comme une adulte capable de faire la part de ce qu'elle m'a donné de celle dont elle m'a soustraite°.

a. Compréhension

1. Quels sentiments éprouvait la narratrice au moment de quitter le Vietnam? Quelles images utilise-t-elle pour exprimer ses sentiments?
2. Pourquoi avait-elle peur d'aller en France?
3. La narratrice explique que sa peur était injustifiée et qu'elle apprécie sa vie en France. Pourquoi est-ce qu'elle se sent mieux en France qu'au Vietnam?
4. Que dit-elle sur le racisme en France?
5. Quels souvenirs du Vietnam a-t-elle gardés?
6. Comment ses sentiments pour le Vietnam ont-ils changé?

b. Questions de langue

1. Dans les phrases suivantes, est-ce que **me** est un pronom complément d'objet direct ou indirect? Justifiez votre réponse.
   a. La France, c'est l'image du père qui **m'**avait abandonnée.
   b. Car ce que le Viêt-nam **m'**avait refusé, la France **me** l'a accordé…
   c. elle **m'**a reçue et acceptée
   d. Je l'ai aimé d'un amour qu'il ne **m'**a jamais rendu.

2. Cherchez deux verbes au plus-que-parfait et expliquez pourquoi la narratrice utilise ce temps.

B2b2. Refer to Chapter 2 (page 258) to refresh your memory about the **plus-que-parfait.**

c. Réactions

1. Quelquefois, les personnes qui choisissent de s'exiler dans un autre pays ont une vision idyllique de leur pays adoptif. Est-ce le cas pour la narratrice?
2. Avez-vous l'impression que la narratrice s'est « réconciliée » avec le Vietnam?
3. Dans un entretien, Kim Lefèvre a dit que c'est la souffrance qui donne envie d'écrire. D'après les extraits que vous avez lus, en quoi consiste la blessure/ la souffrance qui a mené Kim Lefèvre à écrire *Métisse blanche*?
4. Quels parallèles voyez-vous entre ces extraits de *Métisse blanche* et le film *Indochine*? Comprenez-vous mieux la décision de Camille de se séparer de son fils et son désir qu'il soit élevé en France?
5. Aimez-vous les récits autobiographiques (dans les livres ou les films)? Pourquoi (pas)? Est-ce qu'il y a des émissions de télévision qui se rapprochent du genre autobiographique?

Refer to both readings from *Métisse blanche* when reflecting on these questions.

AVANT LE PROCHAIN COURS

Cahier: Faites **Préparation à l'écriture.**

INTERACTIONS

A. Sketch

Choisissez un sujet, préparez la scène et jouez-la devant la classe.

This section contains activities that allow you to work creatively with the vocabulary and structures from the chapter.

1. Étienne a décidé de voir sa mère à Genève. Imaginez leur conversation.
2. La mère de Tanh, exilée en France avec un autre fils, répond aux questions de ses petits-enfants sur le Vietnam d'autrefois et explique les raisons pour lesquelles ils ne sont pas restés là-bas.
3. Guy et Éliane se retrouvent en France. Ils évoquent le passé et parlent de leurs vies depuis leur départ d'Indochine. Guy lui demande encore une fois de se marier avec lui.
4. Guy parle de sa vie en Indochine avec un ami. Il passe beaucoup de temps à lui parler de son amie Éliane, une femme formidable.

B. Exposé

Préparez un des trois sujets à la maison pour le présenter en classe. Cherchez des informations dans des livres de référence ou sur Internet, si nécessaire.

1. Les sites touristiques du Vietnam: Sur Internet, faites une recherche sur les voyages proposés par les tours-opérateurs. Présentez les sites les plus visités à la classe.
2. L'histoire: Faites une présentation sur la guerre d'Indochine (1946–1954) ou la guerre du Vietnam (1957–1975).
3. La cuisine vietnamienne: Est-ce qu'il y a des restaurants vietnamiens là où vous habitez? En quoi consiste un repas ou un plat typique?

For extra practice with the vocabulary in this chapter, refer to the web quizzes at www.cengagebrain.com.

LISTE DE VOCABULAIRE

Adjectifs

adoptif (-ive) *adoptive*
aisé(e) *well-off*
amical(e) *friendly*
autoritaire *authoritarian*
compatissant(e) *compassionate*
conflictuel(le) *conflictual*
destructeur (-trice) *destructive*
docile *docile*
dominateur (-trice) *dominating*
émouvant(e) *moving*
étouffant(e) *stifling*
jaloux (-se) *jealous*
lâche *cowardly*
opprimé(e) *oppressed*
orphelin(e) *orphan*
passionnel(le) *passionate*
possessif (-ive) *possessive*
proche *close*

Noms

un accord *agreement*
une aventure de passage *fling*
un bateau *boat*
un colon *colonist*
la compassion *compassion*
un coup de foudre *love at first sight*
un couple mixte *mixed couple*
une course *race*
un désaccord *disagreement*
une disparition *disappearance*
une émeute *rebellion*
une épreuve *test, exam; competition*
la faiblesse *weakness*
la fermeté *strength of character*
les fiançailles (f. pl.) *engagement*
la haine *hate*
une légende *legend*
une liaison *affair*
la libération *liberation*
un lien *link; relationship*
la main-d'œuvre *labor*
un(e) métis(se) *person of mixed race*
un meurtre *murder*
la misère *dire poverty*
un paysan *peasant*
la personnification *personification*
une plantation *plantation*
une rébellion *rebellion*
les retrouvailles (f. pl.) *reunion*
une rupture *breakup*
la souffrance *suffering*
un tabou *taboo*
une troupe de théâtre *theater company*
une usine *factory*
la voix off *voiceover*

Verbes

Present tense verb conjugation is reviewed on pages 225–230, and the Appendix includes conjugation patterns (page 336). You will be referred to specific patterns in the Appendix every time an irregular verb is listed in the vocabulary lists.

aider quelqu'un à faire quelque chose *to help someone to do something*
battre (irrég.) *to beat; to defeat*
cacher/se cacher *to hide someone/to hide*
commander *to rule; to order*
défier *to defy, to challenge*
déserter *to desert*
diriger (comme *voyager*) *to run, to manage*
disparaître (comme *paraître*) *to disappear*
échapper à *to escape from someone/something*
élever (un enfant) (comme *acheter*) *to raise (a child)*
éloigner/s'éloigner (de) *to send away/to go away (from)*
étouffer *to suffocate*

évoluer *to change, to evolve*
exploiter *to exploit*
faire confiance à *to trust*
faire face à *to face someone/something*
faire son devoir *to do one's duty*
fuir (irrég.) *to flee*
grandir (comme *finir*) *to grow up*
incendier *to set fire to*
manquer à quelqu'un *to be missed by someone*
muter *to transfer*
prendre conscience de (irrég.) *to become aware of*
protéger (comme *préférer* et *voyager*) *to protect*
rejoindre (comme *joindre*) *to meet up with; to reunite with*
renvoyer (comme *envoyer*) *to dismiss, to fire*
retrouver *to find (someone/something that was lost)*
rompre (avec) (irrég.) *to break up (with)*
sauver *to save*
sauver la vie à quelqu'un *to save someone's life*
se détacher (de) *to grow apart (from)*
se disputer (avec) *to quarrel*
s'échapper (de) *to escape (from a place)*
s'éloigner (de) *to go away (from)*
s'enfuir (comme *fuir*) *to flee*
s'entendre (bien/mal) (avec) *to get along well/to not get along (with)*
se rapprocher (de) *to get closer (to)*
se rebeller (contre) *to rebel (against)*
se réconcilier (avec) *to reconcile*
se réfugier *to find refuge*
se rendre compte de/que *to realize something/that*
se révolter (contre) *to rise up, to rebel (against)*
se suicider *to commit suicide*
souffrir (comme *ouvrir*) *to suffer*
soutenir (comme *tenir*) *to support*
tomber amoureux (-euse) (de) *to fall in love (with)*

Refer to page 330 for practice on **manquer**.

Expressions

en deuil *in mourning*
par hasard *by chance*

Vocabulaire supplémentaire

Noms

une amnistie *amnesty*
un bagne *penal colony*
le caoutchouc *rubber*
le chef de la sûreté *security chief*
un contremaître *overseer*
une fumerie d'opium *opium den*
un hévéa *rubber tree*
une malédiction *curse*
un mandarin *mandarin (high dignitary)*
un marché aux esclaves *slave market*
la marine *navy*
un officier de marine *naval officer*
un sampan *sampan (flat-bottomed Chinese skiff)*
le travail forcé *forced labor*
une vente aux enchères *auction*

Verbes

accoucher (de) *to deliver (a baby)*
amnistier *to pardon*
gracier *to pardon*
passer en cour martiale *to be court-martialed*
peser (comme *acheter*) *to weigh*
torturer *to torture*

Expressions

à bord (de) *on board, aboard*
à la dérive *adrift*

Chapitre 6

LES HOMMES ET LES FEMMES

Chaos

New Yorker/Photofest

Réalisatrice: Coline Serreau, France (2001); 109 minutes

In Chaos, Coline Serreau criticizes several aspects of contemporary society through comedy. The new vocabulary in this chapter will allow you to discuss male–female relationships, as well as issues such as violence, prostitution, and forced marriages. The grammar focuses on the conditional, which will enable you to talk about what an ideal world might look like (from Serreau's point of view and your own) and how you might change the film if you were the director. The reading from *Le Monde* provides a real-life context for the social issues raised in the film.

Les personnages (La distribution: les acteurs/actrices): Hélène (Catherine Frot), Malika/Noémie (Rachida Brakni), Paul (Vincent Lindon), Mamie (Line Renaud), Fabrice (Aurélien Wiik), Florence et Charlotte, les copines de Fabrice (Chloé Lambert et Marie Denarnaud), Zora, la sœur de Malika (Hajar Nouma), Touki et Pali, les proxénètes (Ivan Franek et Wojciech Pszoniak)

- Cinq nominations aux Césars (2002): Meilleure actrice (Catherine Frot), Meilleur second rôle féminin (Line Renaud), Meilleur espoir féminin, Meilleur film, Meilleur scénario
- Un César (2002): Meilleur espoir féminin (Rachida Brakni)

Entrée en matière

A. Discussion

1. Quelquefois, on associe le mot « chaos » avec sa vie. Quand vous dites que votre vie est chaotique, qu'est-ce que cela signifie?
2. De manière plus générale, qu'est-ce qui est stressant dans la vie moderne pour les jeunes? Pour les adultes? Pour les personnes âgées?
3. Quelles difficultés est-ce que les femmes rencontrent parfois dans leur vie personnelle et professionnelle, ici et ailleurs (*elsewhere*) dans le monde?
4. Avez-vous l'habitude de voir de la violence au cinéma? Citez quelques films récents dans lesquels il y avait des scènes violentes. En quoi consistait la violence? Est-ce que certains types de violence vous dérangent (vous troublent) plus que d'autres?

Note culturelle

B. L'IMMIGRATION EN FRANCE

Une des deux intrigues du film *Chaos* concerne Malika, une jeune Française d'origine algérienne. Malika a quitté sa famille parce qu'elle était en conflit avec son père. Les informations qui suivent vous aideront à comprendre sa situation familiale.

La France est depuis longtemps un pays d'immigration. En 2010, il y avait 5,4 millions d'immigrés, soit 8,4 % de la population. Un immigré est une personne résidant en France qui est née à l'étranger et qui avait une nationalité étrangère à la naissance. Un immigré peut acquérir la nationalité française: environ 40 % des immigrés qui vivent en France sont français.

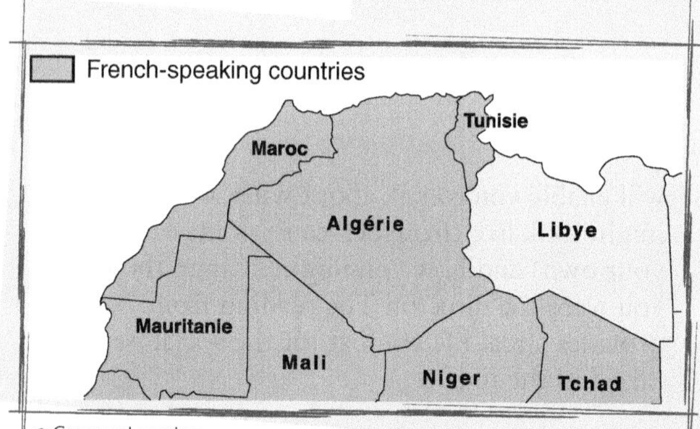

Avant la Seconde Guerre mondiale, les étrangers qui venaient travailler en France étaient surtout des Européens, en majorité des Belges, des Italiens, des Portugais et des Espagnols. Après la guerre, l'immigration s'est intensifiée pour répondre aux besoins grandissants de l'économie française. Elle s'est diversifiée aussi, et de nombreux travailleurs africains et nord-africains issus des anciennes colonies françaises sont arrivés en France. Depuis les années 1970, les Maghrébins – c'est-à dire les personnes originaires d'Algérie, de Tunisie et du Maroc – constituent le groupe d'immigrés le plus important. La première génération d' immigrés maghrébins – ceux qui sont arrivés dans les années 1950, 1960 et 1970 – étaient en général des hommes seuls qui avaient laissé leurs familles dans leur pays, comme le père de Malika. Ils leur envoyaient une partie de leur salaire chaque mois et ils leur rendaient visite une fois par an, pendant les vacances. En 1976, le gouvernement français a autorisé le regroupement familial, c'est-à-dire qu'on a permis aux travailleurs immigrés ayant un emploi stable et un logement adéquat de faire venir leurs familles en France. Même si leurs familles vivaient en France, de nombreux immigrés espéraient retourner dans leurs pays plus tard, au moment de la retraite par exemple. Ils insistaient donc pour maintenir leurs traditions; ils emmenaient leurs enfants dans leur pays pendant les vacances et ils préféraient qu'ils se marient avec des personnes de la même origine. En réalité, la plupart des immigrés maghrébins sont restés en France, car les conditions économiques étaient meilleures que dans leurs pays d'origine et parce que leurs enfants se sont intégrés dans la société française grâce à l'école et aux relations sociales. En 2010, il y avait plus de 1,6 million d'immigrés natifs du Maghreb en France, dont 729 814 d'origine algérienne, 671 225 d'origine marocaine et 241 904 d'origine tunisienne (voir tableau).

Immigrés selon le pays de naissance		
Champ: France 2010		
	en %	**effectifs**
Europe	**37,4**	**2 062 207**
Europe des 27	**33,0**	**1 820 983**
Espagne	4,5	248 324
Italie	5,5	303 923
Portugal	10,7	588 276
Royaume-Uni	2,8	153 598
Autres pays de l'UE 27	9,6	526 864
Autres pays d'Europe	4,4	241 224
Afrique	**42,8**	**2 362 099**
Algérie	13,2	729 814
Maroc	12,2	671 225
Tunisie	4,4	241 904
Autres pays d' Afrique	13,0	719 157
Asie	**14,3**	**791 231**
Turquie	4,5	245 714
Cambodge, Laos, Vietnam	2,9	161 484
Autres pays d'Asie	7,0	384 033
Amérique, Océanie	**5,4**	**298 617**
Total	**100**	**5 514 154**

Source: INSEE, recensement 2010 exploitation principale

Scène de rue à Marseille en 2008

1. Compréhension

1. D'après le texte, quel pourcentage de la population française est constitué par les immigrés?
2. D'après le tableau « Immigrés selon le pays de naissance », quel pourcentage d'immigrés venait d'Europe, d'Afrique, d'Asie et d'Amérique/Océanie en 2010? De quels pays venaient les trois groupes d'immigrés les plus représentés?
3. Comment est-ce que l'origine des immigrés a changé au cours du 20e siècle?
4. Qu'était le regroupement familial? Quelles étaient les conditions pour en bénéficier?
5. Comment est-ce que le regroupement familial a affecté l'immigration?

If you need to review which articles and prepositions to use with countries, see *Chapitre 1*, page 232.

2. Réactions

1. Imaginez les différences de vie entre les enfants des immigrés maghrébins de la première génération et leurs camarades de classe non immigrés.
2. Quelles tensions pouvaient exister entre ces enfants d'immigrés et leurs parents?
3. Est-ce que vous pouvez faire des parallèles avec l'immigration aux États-Unis?
4. Quelles sont vos origines? Avez-vous encore des traditions liées à ces origines?

C. Lecture d'un compte rendu sur le film

1. Préparation

Vous allez lire un compte rendu sur le film paru dans *Le Point* du 5 octobre 2001. C'est un texte difficile qui donne une bonne idée du style très personnel que l'on peut trouver dans des articles de presse français. Préparez-vous pour la lecture en considérant les points suivants.

1. Pensez à des mots anglais qui ressemblent à des mots français. Par exemple, quels mots anglais sont apparentés aux mots suivants?
   a. poli (ligne 11)
   b. prédit (ligne 11)
   c. époux (ligne 19)
   d. sauve (ligne 27)
   e. enfer (ligne 49)
   f. prélude (ligne 57)
2. Quel verbe trouve-t-on dans le mot « asservissement » (ligne 28)? Pouvez-vous deviner la signification de ce mot dans le contexte de la phrase où il se trouve?
3. Éliminez les passages qui ne sont pas absolument nécessaires à la compréhension du texte.

Commas can help a reader grasp a main idea without reading every word. As in this passage, one can often ignore information set off by commas. Here the deleted text provides additional information about Malika.

Exemple: « Si *Chaos*~~, le dernier film de Coline Serreau,~~ s'était limité à l'histoire de Malika, ~~jeune fille arabe qui, échappant à un mariage arrangé par son père, tombe dans la prostitution et subit l'horreur des maisons de dressage,~~ sans doute aurions-nous regardé cette nouvelle dénonciation de l'oppression des femmes arabes avec un intérêt poli. »

À vous: Éliminez les passages qui ne sont pas absolument nécessaires pour comprendre la phrase suivante: « Si, en revanche, *Chaos* s'en était tenu à la rébellion d'Hélène, bourgeoise française qui en a assez de "torcher" ses deux hommes, un époux et un fils épinglés avec virulence, il aurait fallu constater que Coline Serreau, décidément, aime à nous faire rire, depuis *Trois Hommes et un couffin*, avec la désertion des femmes. »

When one refers to un **parallélisme** (*a parallelism*), this means that there is a parallel structure. In this case, two **si** clauses are followed by the **plus-que-parfait.**

4. Remarquez les parallélismes. Cela peut vous aider à comprendre des mots que vous ne connaissez pas. Par exemple, il y a un parallèle dans les deux propositions suivantes:

   « Si *Chaos*... s'**était limité** à l'histoire de Malika... » (*If* Chaos *had limited itself to Malika's story* ...) et « Si, en revanche, *Chaos* s'en était tenu à la rébellion d'Hélène... »
   (*If, on the contrary,* Chaos *had been only about Hélène's rebellion* ...)

   Grâce au parallélisme, vous pouvez deviner que « s'en tenir à » est un synonyme de « se limiter à ».

After an expression with **si + imparfait** or **si + plus-que-parfait,** the main verb is in the **conditionnel.** You will study and work with these structures in the grammar presentation later in this chapter. If you wish to look ahead, refer to pages 301–302.

5. Identifiez les structures. Cela vous permet de trouver le verbe principal plus rapidement. Les exemples qui suivent commencent par **si** + un verbe au plus-que-parfait. On sait que le verbe principal va être au conditionnel.

   « **Si *Chaos*,** le dernier film de Coline Serreau, **s'était limité** à l'histoire de Malika, jeune fille arabe qui, échappant à un mariage arrangé par son père, tombe dans la prostitution et subit l'horreur des maisons de dressage, sans doute **aurions-nous regardé** cette nouvelle dénonciation de l'oppression des femmes arabes avec un intérêt poli. »
   (*If* Chaos *had limited itself to Malika's story ... we probably would have watched ...*)

« **Si,** en revanche, ***Chaos* s'en était tenu** à la rébellion d'Hélène, bourgeoise française qui en a assez de "torcher" ses deux hommes, un époux et un fils épinglés avec virulence, **il aurait fallu constater** que Coline Serreau, décidément, aime à nous faire rire, depuis *Trois Hommes et un couffin*, avec la désertion des femmes. »
(il aurait fallu constater = on aurait dû constater, nous aurions dû constater [*one should have noted*])
(*If, on the contrary,* Chaos *had been only about Hélène's rebellion … one should have noted …*)

2. Femmes au bord du chaos

Cinéma. « Chaos », la fable de Coline Serreau, bouscule°. Une rencontre choc entre une bourgeoise française et une jeune prostituée arabe

François-Guillaume Lorrain

emmes au bord
chaos », François-
illaume Lorrain
e Point, 2001

Si « Chaos », le dernier film de Coline Serreau, s'était limité à l'histoire de Malika, jeune fille arabe qui, échappant à un mariage arrangé par son père, tombe dans la prostitution et subit l'horreur des maisons de dressage°, sans doute aurions-nous regardé° cette nouvelle dénonciation de l'oppression des femmes arabes avec un intérêt poli. Et prédit°, malgré les « événements »°, un accueil assez mou° d'un public français s'estimant encore peu concerné.

Si, en revanche, « Chaos » s'en était tenu° à la rébellion d'Hélène, bourgeoise française qui en a assez de « torcher° » ses deux hommes, un époux et un fils épinglés° avec virulence, il aurait fallu constater° que Coline Serreau, décidément, aime à nous faire rire, depuis « Trois Hommes et un couffin », avec la désertion des femmes.

Mais « Chaos » est plus que tout cela. Car Malika—Rachida Brakni—et Hélène—Catherine Frot—se rencontrent. Rencontre qui sauve les deux femmes de leur asservissement et pose une question bien plus dérangeante°: et si une femme française gagnait à prendre modèle sur la révolte d'une femme arabe?

Drôle de rencontre°, dira-t-on: Malika fuit ses proxénètes° et se jette vers la voiture d'Hélène, dont l'époux, Paul—Vincent Lindon—verrouille° les portes. Malika rattrapée et tabassée°, Paul, sous les yeux d'Hélène, efface° le sang sur ses vitres, puis démarre°. Une ouverture choc filmée sur la musique trépidante de Saint-Germain qui donne le ton d'un film remarquablement frénétique. Si cela ne tenait qu'à Paul°, il n'y aurait pas de film. Mais, chez Serreau, ce sont les femmes qui font vivre la fiction. Et de vie, justement, il est question°, ou plutôt de résurrection: très vite, Hélène retrouve Malika dans un hôpital, l'aide à sortir de son enfer et, l'épaulant, se découvre d'autres qualités que celles de femme au foyer. Fidèle à son titre, « Chaos » est un film rude qui bouscule, déménage°, bref, nous emmène loin de la voiture verrouillée de Paul. Mais le cinéma, n'est-ce pas d'abord une drôle de rencontre qui prélude à un grand voyage?

bouscule: choque, fait réfléchir
maisons de dressage: *houses for training prostitutes*
sans doute aurions-nous regardé: *we probably would have watched*
Et prédit: *And [we would have] predicted*
« les événements »: allusion aux attentats terroristes du 11 septembre 2001
un accueil assez mou: *a lukewarm welcome*
Si... s'en était tenu: *If, on the other hand, "Chaos" had limited itself to*
torcher (fam.): *to wipe, to clean after*
épinglés: *pinned down, described*
il aurait fallu constater: *one should have noted*
dérangeante: troublante
Drôle de rencontre: *Strange encounter*
proxénètes: *pimps*
verrouille: *locks*
tabassée: *beaten up*
efface: *wipes off*
démarre: *starts the car*
Si cela ne tenait qu'à Paul: *If it were up to Paul*
Et de vie, justement, il est question: *And it is really about life*
déménage: *makes us think*

Leonard Nimoy did a remake of *Trois Hommes et un couffin* entitled *Three Men and a Baby* in 1987, starring Tom Selleck, Steve Guttenberg, and Ted Danson.

How to Answer Questions about the Reading

Avoid general answers by referring to specifics in the passage. Note line numbers in your answers so you can refer your classmates to the word or words you are citing and speak about concrete details you understood about Malika, Hélène, Paul, and Coline Serreau.

3. Compréhension

Paragraphe 1

1. Qui est Malika et qu'est-ce qui lui arrive dans le film?
2. En général, quelle est la réaction du public français quand un film parle des femmes arabes? Pourquoi?

Paragraphe 2

3. Qui est Hélène et qu'est-ce qu'elle fait dans le film?
4. Les hommes de la famille d'Hélène sont-ils présentés de manière positive ou négative? Expliquez votre réponse en citant le texte.

Paragraphe 3

5. Qu'est-ce que Malika et Hélène ont en commun?

Paragraphe 4

6. Qu'est-ce qui est arrivé à Malika?
7. Comment Paul a-t-il réagi? Et Hélène?
8. Quel effet a le film sur les spectateurs?

4. Réactions

1. Quels clichés peut-on trouver dans un film qui parle de l'oppression des femmes arabes?
2. Quels clichés peut-on trouver dans un film qui parle de la rébellion d'une bourgeoise française?
3. D'après vous, quel impact est-ce que la rencontre entre Hélène et Malika va avoir sur elles et sur leurs familles?

5. Questions de langue

1. Reliez les verbes du texte (colonne de gauche) à un synonyme (colonne de droite) en vous aidant du contexte.

1. subir (subit, ligne 5)	a. aider
2. asservir (asservissement, ligne 28)	b. fermer à clé
3. fuir (fuit, ligne 34)	c. troubler
4. verrouiller (verrouille, ligne 36)	d. dominer
5. tabasser (tabassée, ligne 37)	e. partir
6. épauler (épaulant, ligne 50)	f. battre
7. bousculer (bouscule, ligne 53)	g. endurer

Refer to the Appendix for an explanation of **faire + infinitif** (**faire causatif**).

2. Remarquez l'utilisation de **faire + infinitif** dans les phrases suivantes. Comment les traduisez-vous?
   a. « Coline Serreau… aime à nous faire rire »
   b. « … ce sont les femmes qui font vivre la fiction »

Review demonstrative pronouns (pages 279–280) and direct object pronouns (pages 282–284) if necessary.

3. Cherchez un pronom d'objet direct et un pronom démonstratif dans le dernier paragraphe et expliquez quels noms ils remplacent.

VOCABULAIRE UTILE

un ascenseur: *elevator*
battre: *to beat up*
blessé(e): *hurt*
se dépêcher: *to hurry*
éteindre: *to turn off*
le sang: *blood*
verrouiller: *to lock*
une vitre: *car window*

D. Visionnement d'une séquence
(sans son ni sous-titres)

Du début du film à la fin du générique, quand Paul et Hélène sortent de la laverie de voiture (0'-3').

1. Compréhension

Après avoir regardé la scène sans son ni sous-titres, racontez-la de façon chronologique. Consultez le **Vocabulaire utile** si nécessaire.

2. Réactions

1. D'après vous, où allait le couple quand l'incident s'est produit?

2. Est-ce que l'homme et la femme semblent heureux ensemble?

3. Quels sons imaginez-vous?

4. Imaginez: Que dit Malika quand elle se jette sur la voiture?

5. Selon vous, à qui est-ce qu'Hélène veut téléphoner?

E. Deuxième visionnement de la séquence
(avec son, sans sous-titres)

Lisez les questions ci-dessous, puis regardez la scène une seconde fois en faisant bien attention à la bande-son. Répondez ensuite aux questions.

1. Compréhension

1. La jeune fille _______.
a. demande qu'on lui ouvre la porte
b. dit qu'on veut la tuer
c. demande qu'on appelle la police

2. Paul et Hélène remontent vite dans leur voiture parce que Paul a vu _______.
a. une ambulance
b. les flics (les policiers)
c. les proxénètes

3. Hélène veut téléphoner _______.
a. à la police
b. aux pompiers (*fire department*)
c. au SAMU (Service d'Aide Médicale d'Urgence)

4. Quand elle commence à téléphoner, Paul lui dit qu'elle n'est pas raisonnable. Il dit qu'elle est _______.
a. folle
b. dingue
c. malade

5. Paul ne veut pas qu'Hélène téléphone parce qu' _______.
a. il ne veut pas être en retard à son dîner
b. il a peur d'être considéré responsable de l'accident
c. il a peur de la réaction des proxénètes

6. Paul veut laver la voiture. Il dit:
a. « Il faut laver la voiture. »
b. « On doit laver la voiture. »
c. « On va laver la voiture. »

Source: *Chaos*

2. Réactions

1. D'après le compte rendu que vous avez lu et la séquence que vous venez de regarder, pourquoi le film s'appelle-t-il *Chaos*?

2. Le compte rendu parle de l'asservissement d'Hélène et de Malika. Avez-vous remarqué des exemples d'asservissement dans la séquence?

3. Quel symbolisme voyez-vous dans le lavage de la voiture? Et dans la manière dont le titre, *Chaos*, apparaît sur l'écran? Quel mot des lignes 46–51 du compte rendu pouvez-vous associer à ces images?
4. Comment imaginez-vous la suite du film?

3. Le français parlé

1. Regardez à nouveau la séquence (0'45–2'02) et faites une transcription du dialogue.
2. Comparez votre transcription au français standard que vous avez étudié et examinez les différences:
   a. Notez les mots qui manquent.
   b. Notez les lettres qui ne sont pas prononcées.
   c. Notez les noms déposés (*trademarks*) et les mots familiers qui sont utilisés. Trouvez des synonymes en français standard et/ou une traduction en anglais.
   d. Notez un synonyme de « nous ».
3. Entraînez-vous à dire ce dialogue comme dans le film.

Viewing Tips

Notice:
- transitions between scenes, parallels, the soundtrack

Ask yourself:
- What aspects of society does Coline Serreau criticize, and how does her technique reinforce the criticism?

Anticipate:
- a few scenes depicting violence against women and prostitution

F. Préparation au visionnement du film

En regardant le film, faites attention aux aspects suivants et prenez des notes sur vos observations.

1. Les scènes: Sont-elles courtes ou longues?
2. Les transitions: Sont-elles subtiles ou explicites?
3. Les parallèles: Quelles scènes se font écho?
4. Le retour en arrière (le flashback): Quand commence-t-il?

AVANT LE PROCHAIN COURS

1. ***Chaos:*** Regardez le film.
2. ***Cahier:*** Faites **Les mots pour le dire.**

LES MOTS POUR LE DIRE

A. Définitions

1. Le mot juste

Trouvez les noms qui correspondent aux descriptions suivantes, puis faites une brève phrase avec ces noms dans le contexte du film.

1. l'enfant le (la) plus âgé(e) dans une famille
2. pas plausible
3. un trait de personnalité de quelqu'un qui veut s'en sortir
4. l'endroit où on investit de l'argent
5. là où on dépose son argent dans une banque

Références à consulter

- Liste de vocabulaire, page 151
- Votre dictionnaire personnel (page 103, ***Cahier***)

6. une personne qui assiste à un accident, un vol, un crime, etc.
7. un groupe de personnes qui se procure des prostituées et organise leur travail
8. un groupe de personnes qui discutent sur Facebook, par exemple
9. aller voir quelqu'un
10. une personne trop gentille (**Vocabulaire familier**)

2. Vos définitions

Inventez des définitions pour trois autres mots de la **Liste de vocabulaire** aux pages 152–154.

B. Le français familier

Après avoir révisé le **Vocabulaire familier** à la fin du chapitre, remplacez les mots soulignés par leurs équivalents en français standard.

Exemple: Quand Malika était sur le point de mourir, un toubib lui a donné des antibiotiques.

un médecin

1. Quand Hélène a répondu au message de son mari de la cabine au sous-sol du bar, elle était complètement bourrée.
2. Paul a vite démarré quand les flics sont arrivés.
3. Malika a été obligée de faire le trottoir.
4. Quand Fabrice a dit qu'il n'aimait pas le poisson, sa mère lui a dit de fermer sa gueule.
5. Malika a commencé à mettre de l'argent dans des planques un peu partout.
6. Les frères de Malika s'intéressent surtout au fric.
7. Paul s'intéresse surtout à son boulot.
8. Paul et Fabrice ne savent pas faire la bouffe.

C. Situations

1. Réactions

Qu'est-ce que ces personnes ont fait ou ressenti (*felt*) dans les circonstances suivantes? Faites de courtes phrases à l'aide des verbes suivants, qui viennent de la **Liste de vocabulaire.** Use object pronouns whenever possible.

agresser	saccager	se cacher	se sentir coupable
faire confiance à qqn	s'enfuir	se pendre	violer

Exemple: Paul, quand Malika s'est jetée sur sa voiture

Il a verrouillé les portières (car doors). / Il a fermé les portières à clé.

1. les voyous, quand Malika n'a pas réussi à monter dans la voiture de Paul et Hélène
2. Hélène, après qu'elle et Paul ont laissé Malika sur le trottoir et sont allés laver la voiture

3. Paul, quand Mamie lui a rendu visite et lui a apporté de l'huile de noix
4. Florence, pour se venger de Fabrice, qui la trompait
5. la mère de Malika, quand on lui a pris ses enfants et que son amant l'a abandonnée
6. Malika, quand son père lui a dit qu'il l'emmenait en Algérie pour la marier à un vieil homme
7. Malika, quand elle n'a pas compris que Touki était malhonnête et qu'elle est montée dans sa voiture
8. les truands, quand ils sont allés dans la chambre de Malika dans la maison de dressage

2. D'autres situations

Sur le modèle de l'exercice ci-dessus, décrivez trois situations du film. Lisez vos situations à la classe et demandez à vos camarades d'identifier le contexte, comme précédemment.

D. Et vous?

Comparez votre expérience à celle de certains personnages du film. Avec un(e) partenaire, répondez aux questions suivantes oralement.

1. À quel âge est-ce que tu as ouvert ton premier compte en banque?
2. Est-ce que tu fais des économies? Des investissements?
3. Tu te sens parfois coupable? Quand?
4. À qui est-ce que tu fais confiance? De qui ou de quoi est-ce que tu te méfies?
5. Est-ce que tu t'es déjà vengé(e) de quelqu'un? De qui? Pourquoi? Comment?
6. Est-ce que tu appartiens à des réseaux sociaux? Lesquels? Combien de temps est-ce que tu passes en ligne par jour?
7. Est-ce que tes parents te rendent souvent visite? Qu'est-ce qu'ils t'apportent comme cadeau? Est-ce que tu es content(e) de les voir ou est-ce que tu te caches comme Paul et Fabrice?
8. Que penses-tu des mariages arrangés? D'après toi, quels sont les avantages et les inconvénients d'un mariage arrangé?

2-3

E. À l'écoute: Les Franco-Maghrébins

The word **beur** comes from a particular type of slang called **le verlan**. In **verlan** the syllables of certain words are reversed—as in **féca** (**café**) and **tromé** (**métro**). Additional changes can occur, as is the case for **beur** (inversion of **arabe**) and **meuf** (inversion of **femme**). **Verlan** itself is the inversion of **l'envers**, which means *the reverse*. Many **verlan** words are used by young people in everyday French.

Le texte que vous allez entendre vous permettra de mieux connaître les origines et les conditions de vie des Franco-Maghrébins (comme Malika et ses frères et sœurs dans le film). On les appelait aussi les Beurs dans les années 1980 et 1990. Avant de l'écouter, relisez les informations sur l'immigration dans **Entrée en matière: Note culturelle,** consultez le **Vocabulaire utile** et lisez les questions. Puis vérifiez si vous avez compris en répondant aux questions.

VOCABULAIRE UTILE

maghrébin(e): originaire du Maghreb (l'Algérie, le Maroc, la Tunisie)
musulman(e): *Muslim*
un échec: *failure*
se maquiller: *to put on makeup*

1. Les Franco-Maghrébins sont de nationalité _______.
  a. algérienne
  b. française
  c. marocaine

2. Quand les parents des Beurs ont immigré en France, la majorité _______.
  a. parlait couramment français
  b. avait un bon niveau d'éducation
  c. parlait arabe

3. Les filles de la deuxième génération avaient _______ de problèmes d'identité que les garçons.
  a. moins
  b. autant
  c. plus

4. Souvent, les parents maghrébins n'autorisaient pas leurs filles à _______.
  a. aller à l'école
  b. faire les tâches ménagères
  c. sortir et se maquiller

5. Aujourd'hui, les Franco-Magrébins ont _______ de difficultés que les autres Français de leur génération à trouver du travail.
  a. moins
  b. autant
  c. plus

6. Beur FM est _______.
  a. une station de radio politique
  b. une station de radio culturelle
  c. le titre d'un film dans lequel le personnage principal est un Franco-Maghrébin

AVANT LE PROCHAIN COURS

1. ***Manuel:*** Étudiez *La formation du futur, L'emploi du futur, La formation du conditionnel présent* et *L'emploi du conditionnel présent* (pages 294–299) et faites les exercices des sections **Application immédiate 1** à **7**.
2. ***Cahier:*** Faites **Préparation à la discussion.**

DISCUSSION

A. Chronologie

Rétablissez la chronologie des scènes du film en les numérotant de 1 à 8, puis mettez les phrases au passé et partagez vos réponses avec la classe ou un(e) camarade de classe.

______ Hélène emmène Malika chez Mamie.

______ Mamie rend visite à Paul et Hélène rend visite à Fabrice.

______ Malika et Hélène viennent en aide à Zora à Marseille.

______ Hélène et Paul assistent à l'agression d'une prostituée.

Le Vieux-Port de Marseille

Marseille is a port city in the south of France. Ferries from Marseille leave for and arrive from Algeria.

______ Hélène va voir Malika à l'hôpital.
______ Malika raconte son histoire.
______ Malika va à Bâle pour s'occuper de ses finances.
______ Les proxénètes apprennent que Malika est à l'hôpital.

B. Quelques détails

1. Ajoutez quelques détails pour chaque phrase de la chronologie. Décidez si vous allez utiliser le passé composé, l'imparfait ou le plus-que-parfait.
2. Imaginez la vie de Malika, Zora, Hélène, Paul, Fabrice et Mamie après le film. Faites une phrase au futur pour chaque personnage.
3. Imaginez que vous êtes un des personnages du film. Expliquez deux choses que vous feriez et deux choses que vous ne feriez pas.

C. Réactions

1. Comment la rencontre entre Hélène et Malika a-t-elle provoqué le chaos dans la famille d'Hélène?
2. Serreau crée un parallélisme dans les deux scènes du début du film où les mères (Mamie et Hélène) vont rendre visite à leurs fils. Expliquez les similarités. Pourquoi ce parallèle est-il important?
3. Pourquoi Serreau met-elle en parallèle la scène où les deux copines de Fabrice s'installent chez lui et celle où Mamie, Hélène et Malika partent en voyage?
4. Pourquoi Malika a-t-elle décidé de séduire Paul et Fabrice?

New Yorker/Photofest

Où sont Malika et Paul?

5. Pourquoi est-ce que Zora a refusé de suivre Malika initialement, et pourquoi l'a-t-elle suivie à la fin du film?
6. Décrivez et interprétez le dernier plan (*shot*) du film. Qu'est-ce qui va peut-être se passer après, d'après vous?
7. Comment Serreau dépeint-elle les milieux sociaux du film (les bourgeois et les immigrés)? Est-ce que leurs valeurs sont différentes?
8. Comment est-ce que Serreau présente les trois générations du film: (1) Mamie; (2) Hélène et Paul; les parents de Malika; (3) Fabrice et ses amies; les frères et sœurs de Malika? Est-ce que sa critique est plus virulente pour une des générations? Si oui, laquelle?
9. Comment Serreau présente-t-elle les hommes et les femmes? Que pensez-vous de sa façon de montrer Paul amoureux?

The proverb **Tel père, tel fils** (*Like father, like son*) might be useful here.

10. Quel aspect du film vous a le plus intéressé(e)? L'histoire d'Hélène? Celle de Malika? Autre chose?
11. Quelle(s) scène(s) avez-vous particulièrement aimée(s)? Quelle(s) scène(s) vous a/ont fait rire?
12. Coline Serreau utilise souvent la caricature/l'exagération pour dépeindre les problèmes de société. En quoi les personnages principaux sont-ils caricaturaux, et à quoi sert la caricature dans chaque cas? (Considérez Paul, Fabrice, Hélène, Malika et Mamie.)

D. Et vous?

Discutez des questions suivantes avec un(e) camarade de classe.

1. Est-ce que tu as déjà vécu une expérience qui a un peu ou beaucoup changé ta vie? Explique (si ce n'est pas trop personnel).
2. Comment sont tes relations avec les membres de ta famille? Est-ce que tu vois souvent tes grands-parents? Qu'est-ce que vous faites ensemble?
3. Si tu habitais chez tes parents, est-ce que tu te comporterais comme Fabrice? Qu'est-ce que tu ferais? Qu'est-ce que tu ne ferais pas?
4. Si tu habitais chez tes parents et que tu te comportais comme Fabrice, comment est-ce que tes parents réagiraient? Qu'est-ce qu'ils diraient ou feraient?
5. Qu'est-ce que tu penses des relations entre les hommes et les femmes dans notre culture?
6. Qu'est-ce que tu penses des relations entre les générations dans notre culture?

E. À l'écoute: *Chaos*

2-8

Imaginons que Coline Serreau est l'invitée d'une émission de télévision consacrée au cinéma. La présentatrice a choisi de parler de *Chaos*. Écoutez leur discussion et vérifiez si vous avez compris en répondant aux questions qui suivent.

1. La présentatrice dit que Paul et Hélène réagissent _______ lorsqu'ils assistent à l'agression de Malika.
   a. avec indifférence
   b. violemment
   c. différemment
2. Avant l'agression, ils menaient une vie _______.
   a. routinière
   b. stimulante
   c. passive
3. Hélène est choquée par _______ de son mari.
   a. l'égoïsme
   b. l'indifférence
   c. le matérialisme

4. Hélène aide Malika à _______.
   a. se rendre compte du manque de respect des hommes
   b. surmonter ses difficultés
   c. exploiter les hommes
5. On reproche souvent à Coline Serreau _______.
   a. de filmer des moments de crise
   b. de ne pas respecter ses personnages
   c. de critiquer les hommes
6. Coline Serreau pense que Paul _______.
   a. est naturellement méchant
   b. mène une vie équilibrée
   c. a perdu le sens des priorités
7. Pour Serreau, les gens ne pensent plus parce que (qu') _______.
   a. leur vie est trop facile
   b. ils consomment trop
   c. ils travaillent trop
8. Les femmes prennent plus conscience de leur « robotisation » parce qu'elles _______.
   a. sont peu sensibles
   b. ont plus de temps que les hommes
   c. souffrent plus que les hommes

AVANT LE PROCHAIN COURS

1. ***Manuel:*** **Étudiez *Le conditionnel passé* (pages 299–300) et *Les phrases hypothétiques* (pages 301–302), et faites les exercices des sections Application immédiate 8 à 14.**
2. ***Cahier:*** Préparez **Pour aller plus loin.**

This chapter presents the future, the conditional, and hypothetical sentences in the context of male-female relationships, especially those involving violence, prostitution, and forced marriage. With the help of the **Liste de vocabulaire** (pages 152–154), you will articulate possible outcomes and discuss hypothetical situations related to Coline Serreau's social criticism and utopian ideas that surface in *Chaos*. If you need to review the grammar, refer to **Grammaire**, beginning on page 294. Complete and correct the **Application immédiate** exercises in the textbook, and then complete the *Cahier* sections **Préparation à la discussion** (page 107) and **Pour aller plus loin** (page 113).

POUR ALLER PLUS LOIN

A. Qui a dit quoi?

1. Les citations dans leur contexte

Notez quel personnage de la liste suivante a dit chaque phrase, puis expliquez la signification de chaque citation dans le contexte du film. Vous pouvez utiliser les noms des personnages plusieurs fois.

Fabrice	Malika	le père de Zora et Malika
Hélène	Paul	Zora

1. ________: « Tu éteins ce portable! On va laver la voiture.
   ________: —Et la fille?
   ________: —Quelle fille? »
2. ________: « Ta mère et moi, on est un peu en train de se séparer.
   ________: —Ah...
   ________: —C'est pas officiel, mais...

________: —Ah...

________: —Tu t'en fous?

________: —Euh non, je m'en fous pas.

________: —Mais si, tu t'en fous.

________: —C'est-à-dire que là, on a des potes qui nous attendent pour la séance de huit heures, et comme il est huit heures dix, euh...

________: —Ben vas-y, fonce!

________: —Salut! »

3. ________: « Moi, ce qui me passionne dans la vie, c'est mon boulot! C'est gagner dans mon boulot! Les femmes, si tu t'embringues avec elles, c'est deux minutes de plaisir pour des heures d'embêtements... quand c'est pas des années! »

4. ________: « À quelle heure elle rentre, maman?

________: —Elle rentre pas.

________: —Ah bon, et nous on fait comment, nous?... C'est n'importe quoi, cette cuisine. »

5. ________: « Il m'a dit qu'il était là pour aider les victimes du racisme, pas les femmes qui faisaient du tort à l'islam (*who harmed Islam*). »

After leaving her father, Malika seeks help from a volunteer of **SOS Racisme. SOS Racisme** is an organization that was created in 1984 to fight xenophobia and to help first- and second-generation immigrants integrate in French society. The organization still exists.

6. ________: « Ce qui est sûr, c'est qu'aujourd'hui, c'était la dernière fois que je faisais la cuisine pour toi et ton père. À partir de maintenant, ici c'est chacun pour soi.

________: — Mais tu déjantes, maman.

________: — Je te prie de fermer ta gueule.

________: —Attends, c'est quoi ça, c'est la guerre?

________: —Totale, oui. »

7. ________: « Tout ce qu'ils veulent, c'est ça: des motos, des téléphones portables, de l'argent facile et des meufs qui obéissent. S'ils se révoltent, c'est pour avoir ça, c'est tout. Soi-disant qu'ils devaient me tuer si je reviens à la maison. Soi-disant pour l'honneur de leur famille, l'honneur des Arabes, l'honneur de leur religion. »

8. ___________: « Tu la touches pas, hein, tu la touches pas. Qu'est-ce que je vais faire avec elle si tu démolis son visage, hein (*if you mess up her face*)? Je t'interdis de la toucher jusqu'au départ.

___________: —Quel départ?

___________: —En Algérie. »

-9, 2-10

2. Le français parlé

Retournez aux citations de **Qui a dit quoi?** et faites les activités suivantes.

1. Dans les citations 1 (« Tu éteins ce portable! ») et 8 (« Tu la touches pas, hein, tu la touches pas. »), le verbe est à l'impératif. Quelle différence y a-t-il avec la forme standard de l'impératif?
2. Quelles différences voyez-vous entre le français familier de la citation 4 et le français standard?
3. Relevez les mots et expressions qui sont répétés dans les citations 2 et 7. Quelles sont quelques fonctions de la répétition dans ces phrases?
4. Quel mot d'argot (verlan) trouve-t-on dans la citation 7? Quel est son équivalent en français standard?
5. Imaginez comment les personnages prononcent les citations de **Qui a dit quoi?** Puis écoutez les citations 2 et 6 sur votre *Audio Program* et répétez-les comme vous les entendez en vous mettant dans la peau des personnages.

Source: *Chaos*

VOCABULAIRE UTILE

le chacun pour soi: *everyone for himself/herself*
le conservatisme: *conservatism*
le cynisme: *cynicism*
l'égoïsme (m.): *selfishness*
l'hypocrisie (f.): *hypocrisy*
l'indifférence (f.): *indifference*
le manque de respect: *lack of respect*
le matérialisme: *materialism*
la paresse: *laziness*
le sexisme: *sexism*

B. Le monde de Coline Serreau

1. Le commentaire social

Oralement, expliquez ce que Coline Serreau critique dans chaque situation de **Qui a dit quoi?** Consultez le **Vocabulaire utile** si nécessaire.

2. La société idéale

À partir des critiques de la société que vous avez remarquées dans le film, imaginez comment serait la société idéale selon Coline Serreau. En petits groupes, faites des phrases décrivant cinq aspects de cette nouvelle société. Utilisez le conditionnel présent.

Exemple: *Dans une société idéale, les personnes âgées ne vivraient pas seules.*

3. Les invraisemblances du film

Dans la réalité, qu'est-ce qui ne se passerait pas? Faites une liste des situations invraisemblables du film. Écrivez vos réponses au conditionnel présent.

Exemple: *Dans la réalité, Hélène n'abandonnerait pas son travail.*

Une invraisemblance (*an improbability*) refers here to events represented in the film that are unlikely to happen in real life. The situations in this film are exaggerated to create comedy and to communicate a message.

4. Hypothèses et réactions

- Imaginez la vie de Malika si elle s'était mariée avec le vieil Algérien. Faites quatre phrases au conditionnel passé en utilisant la structure suivante.

  Exemple: *Si Malika s'était mariée avec le vieil Algérien, ...*

- Essayez d'aller plus loin avec les propositions avec **si.** Complétez chaque phrase oralement au conditionnel passé, puis transformez la fin de la phrase en proposition introduite par **si.** Continuez ainsi, selon le modèle, en petits groupes.

  Exemple: Si Hélène n'avait pas offert de bouilloire (*kettle*) à Fabrice, ...

  Étudiant(e) 1: Si Hélène n'avait pas offert de bouilloire à Fabrice, elle ne serait pas allée chez lui.

  Étudiant(e) 2: Si elle n'était pas allée chez lui, elle n'aurait pas su qu'il ne voulait pas la voir.

  Étudiant(e) 3: Si elle n'avait pas su qu'il ne voulait pas la voir, elle n'aurait pas eu d'épiphanie...

Pay attention to the structure **si + plus-que-parfait... conditionnel passé.** For each sentence, take the main verb of the preceding sentence and put it in a **si** clause, and so on. The verb will switch from the **conditionnel passé** to the **plus-que-parfait.**

1. Si Malika n'avait pas retrouvé son vrai passeport, ...
2. Si Rosario (la femme de ménage) avait été là, ...
3. Si Malika avait téléphoné à Paul pendant sa réunion (*meeting*), ...
4. Si Hélène n'avait pas été une poire, ...
5. Si Mamie avait été plus stricte avec Paul, ...

C. À l'écrit: Une autre version du film

Qu'est-ce que vous auriez ou n'auriez pas fait à la place de Coline Serreau? Écrivez cinq commentaires au conditionnel passé.

Suggestions

- **Les personnages:** Sont-ils bien interprétés? Sont-ils trop caricaturaux? Les acteurs sont-ils bien choisis?
- **La longueur et la structure du film:** Le film est-il trop court? Trop long? Comme il faut? Le film est-il équilibré? Avez-vous aimé les transitions? Est-ce que Serreau maintient votre intérêt tout au long du film?
- **L'action:** Est-elle trop compliquée? Est-ce que le retour en arrière est bien intégré?
- **Les scènes:** Auriez-vous éliminé des scènes? En auriez-vous ajouté?
- **Le dénouement:** Auriez-vous choisi une fin moins ouverte? Comment auriez-vous terminé le film?

Exemple: *Les personnages: Dans mon film, Fabrice aurait été plus responsable et plus respectueux.*

1. Les personnages
2. La longueur et la structure du film
3. L'action
4. Les scènes
5. Le dénouement

VOCABULAIRE UTILE

le décor: *set*
le dénouement: *denouement, ending*
le dialogue: *dialog*
la distribution: *cast*
le générique: *credits*
l'intrigue (f.): *plot*
le jeu/l'interprétation (f.): *acting*
le personnage: *character*
le retour en arrière/ le flashback: *flashback*
interpréter (un rôle, un personnage): *to play (a part, a character)*
jouer: *to act*
tourner: *to shoot (a film)*

AVANT LE PROCHAIN COURS

Cahier: Faites **Préparation à la lecture.**

LECTURE

A. Discussion

1. D'après vous, pourquoi est-ce que le père de Malika voulait marier ses filles avec des Algériens?
2. Quand vous étiez au lycée, qu'auriez-vous fait si une de vos camarades de classe n'était pas revenue après les vacances de printemps sans avoir mentionné son absence?

B. L'histoire vraie de Fatoumata

Dans son film, Coline Serreau s'est inspirée de la réalité des mariages arrangés. L'article que vous allez lire relate une histoire similaire à celle de Malika, l'histoire d'une jeune Sénégalaise qui a disparu pendant sa dernière année de lycée. La journaliste explique ce que les professeurs et les amis de cette jeune fille ont fait pour la retrouver.

The official website for *Chaos* had a section called **Dossier** in which Serreau posted articles with themes relevant to her film, such as arranged marriages, prostitution, and domestic violence. This article is taken from this site.

Un lycée se mobilise après la disparition d'une élève sénégalaise. Fatoumata n'est pas rentrée de vacances

Marie-Pierre Subtil

Le Monde, 28 mai 2000

Excellente élève de latin, elle avait choisi cette option, facultative au baccalauréat. Mais le jour de l'examen, elle n'était pas là. Aujourd'hui, ses camarades du lycée Colbert, dans le 10e arrondissement de Paris, craignent° qu'elle manque aussi les épreuves à venir, alors qu'elle avait toute chance d'être admise en hypokhâgne à la prochaine rentrée.

Mais où est donc passée Fatoumata Konta, brillante élève de terminale littéraire, disparue depuis début avril? L'ensemble du lycée, élèves, administration et enseignants, remuent ciel et terre pour résoudre l'énigme. Lors de la première semaine des vacances de Pâques, cette Sénégalaise de vingt ans rencontre des camarades de classe dans le métro. Pendant la seconde, elle doit rejoindre son père — « sans profession », selon les uns, « marabout° », selon les autres — , au Sénégal depuis un mois. Juste pour les vacances. Mais deux de ses amies reçoivent un courrier, posté le 18 avril de Dakar. Dans l'un, elle charge sa camarade de « bien prendre les cours » pour elle. Dans l'autre, elle dit que tout va bien, mais termine sa missive° par: « Très bonne rentrée… sans moi. À bientôt… Fatou. »

UN MARIAGE FORCÉ?

Depuis, pas de nouvelles. Ses camarades, qui savaient sa détermination à poursuivre des études supérieures, pensent qu'elle est restée au Sénégal contre son gré. Ils craignent un mariage forcé. Simple supposition, mais les présomptions sont fortes. La mère de la jeune fille, domiciliée dans le 19e arrondissement, multiplie les versions en fonction de ses interlocuteurs. Dans un premier temps, elle invoque « un problème d'avion », puis une maladie. À l'un, elle dit que Fatoumata, aînée d'une famille de sept enfants, est en Afrique mais pas au Sénégal, à l'autre, elle affirme que sa fille est à Paris…

Des 750 élèves du lycée Colbert, 600 ont signé une pétition en faveur de « Fatou », qui a été remise au service social de l'ambassade du Sénégal à Paris. Profitant de la visite officielle du président Abdoulaye Wade, une délégation d'élèves a rencontré la conseillère de l'épouse du chef de l'État sénégalais. Elle leur a suggéré d'entrer en contact avec une association de défense des droits de l'homme à Dakar, qui pourrait jouer les intermédiaires.

Reste à localiser la jeune fille°. Notre correspondante à Dakar, Brigitte Breuillac, nous indique qu'aucune Sénégalaise du nom de Fatoumata Konta n'a été enregistrée ni à l'arrivée ni au départ, à l'aéroport Léopold-Sédar-Senghor, entre le 10 mars et le 25 avril, selon les services de la police des frontières. Les amis de Fatou mènent l'enquête, ne négligeant aucun détail. Elle avait emprunté un téléphone portable à un camarade, avant son départ, afin de passer un coup de fil° au Sénégal? Ils se débrouillent pour retrouver le numéro appelé, pour localiser son interlocuteur. Ils alertent le Ministère de l'Éducation nationale.

Jack Lang a fait savoir qu'il avait demandé à son homologue° des affaires étrangères, Hubert Védrine, de tout mettre en œuvre pour que la jeune fille puisse réintégrer sa classe. Mais nul n'est dupe°: si sa famille la séquestre, il sera très difficile de la retrouver.

"Un lycée se mobilise après la disparition d'une élève sénégalaise. Fatoumata n'est pas rentrée de vacances" par Marie-Pierre Subtil

The **hypokhâgne**: after the **bac**, the first year of a **classe préparatoire** for students who want to prepare to take a competitive exam for admission to a **Grande École** specializing in the humanities

craignent: *fear*
un marabout: *marabout (wise man with supernatural powers in Muslim Africa)*
sa missive: sa lettre
Reste à localiser la jeune fille: *But first the young woman must be found*
passer un coup de fil: *to telephone*
son homologue: *his counterpart*
nul n'est dupe: *no one can be fooled*

1. Compréhension

1. Qu'est-ce que vous avez appris sur Fatoumata dans cet article?
2. Pourquoi les camarades de Fatou ont-ils trouvé son absence bizarre?
3. Sous quel prétexte Fatou est-elle allée au Sénégal?

4. Comment sa mère explique-t-elle son absence? Est-ce que ses explications sont logiques?
5. Qu'est-ce que les lycéens ont fait pour obtenir des informations sur Fatou et aider à la rechercher?
6. Quel élément de l'enquête rend la situation encore plus mystérieuse?

2. Questions de langue

1. Donnez des synonymes pour les expressions suivantes:
   a. craignent (ligne 7)
   b. les épreuves à venir (ligne 8)
   c. lors de (ligne 16)
   d. qui savaient sa détermination à poursuivre des études supérieures (lignes 33–34)
2. Aux lignes 16–31, la journaliste utilise le présent pour parler du passé (c'est ce qu'on appelle « le présent historique »).
   a. Réécrivez ce passage au passé. Utilisez le passé composé ou l'imparfait, selon le contexte.
   b. Comparez la version au présent et celle au passé. D'après vous, quel est l'effet du présent historique?
3. Quel type de pronom est utilisé dans les phrases suivantes? Quel nom est-ce que le pronom remplace?
   a. « Elle leur a suggéré » (ligne 56)
   b. « il sera très difficile de la retrouver » (lignes 82–83)
4. Utilisez une phrase avec **si** pour expliquer les conséquences de l'absence de Fatou sur son avenir. Ces conséquences sont expliquées dans la phrase « Aujourd'hui, ses camarades du lycée Colbert… craignent qu'elle manque aussi les épreuves à venir, alors qu'elle avait toute chance d'être admise en hypokhâgne… » (lignes 4–10). Si Fatou…

C. La fin de l'histoire

Le Monde, 19 juillet 2000

Après avoir été retenue au Sénégal par son père, Fatoumata Konta est rentrée en France

Sandrine Blanchard et Brigitte Breuillac

Fatoumata Konta est rentrée en France. Brillante élève du lycée Colbert à Paris, cette jeune fille de vingt ans, partie au Sénégal pendant les vacances de Pâques, était retenue dans un village du sud de la Casamance par son père, un marabout, qui refusait sa relation amoureuse avec un Français. Fatoumata est arrivée, lundi 17 juillet, à Paris et « est à nouveau libre », a indiqué le Ministère de l'Éducation nationale.

Depuis trois mois, ses amies, l'équipe du lycée et plusieurs associations, dont° le MRAP et la Ligue des droits de l'homme, s'étaient mobilisés pour obtenir le retour de Fatoumata. Résidant à Paris avec sa mère depuis l'âge de huit ans, la jeune fille devait passer son bac et avait toute chance d'être admise en hypokhâgne à la prochaine rentrée. « Dimanche dernier, Fatoumata a réussi à regagner Dakar. C'est alors que son fiancé a pu lui transmettre un billet d'avion pour la France, » explique le ministère. « Jack Lang s'est longuement entretenu au téléphone dimanche après-midi avec le président du Sénégal, qui a immédiatement donné son accord pour que la lycéenne quitte sans encombre le territoire sénégalais. »

"Après avoir été retenue au Sénégal par son père, Fatoumata Konta est rentrée en France" par Sandrine Blanchard et Brigitte Breuillac

This excerpt relates the happy ending of Fatoumata's story. Held against her will in Senegal, she succeeded in escaping and returned to France three months after her disappearance.

dont: *including*

1. Compréhension

1. Où était Fatou? Pourquoi son père l'avait-il séquestrée?
2. Qui a participé à sa recherche?
3. Comment a-t-elle pu rentrer en France?

2. Questions de langue

1. Quels synonymes pourrait-on utiliser pour les mots suivants?
   a. résidant (ligne 17)
   b. regagner (ligne 22)
   c. longuement (ligne 26)
   d. le territoire (ligne 30)
2. Cherchez des synonymes dans le texte pour les mots ou expressions suivants.
   a. douée
   b. a retrouvé sa liberté
   c. sans incident
3. Choisissez la traduction correcte.
   a. la jeune fille devait passer son bac
      had to pass the bac | *was supposed to take the bac*
   b. et avait toute chance d'être admise
      was lucky to be admitted | *was likely to be admitted*
   c. Jack Lang s'est longuement entretenu au téléphone
      had a long phone conversation | *had an entertaining phone call*

3. Réaction

Quels sont les rapports entre ce texte et le film *Chaos*?

AVANT LE PROCHAIN COURS

Cahier: Faites **Préparation à l'écriture.**

INTERACTIONS

A. Sketch

This section contains activities that allow you to work creatively with the vocabulary and structures from the chapter.

Choisissez un sujet, préparez la scène et jouez-la devant la classe.

1. C'est la guerre! Hélène part de chez elle un matin pour rendre visite à Malika à l'hôpital. La cuisine n'est pas rangée; il n'y a rien dans le frigo; la lessive n'est pas faite. Paul explose et ils se disputent.
2. Chez le conseiller conjugal. À la fin du film, Paul et Hélène vont consulter un conseiller conjugal pour essayer de reconstruire leur couple sur de nouvelles bases.

3. Vous êtes assistant(e) social(e) dans un lycée. Une jeune fille d'origine étrangère vient vous voir, car elle pense que son père veut la marier avec un homme qu'elle ne connaît pas. Vous convoquez le père pour discuter de la situation et essayer de le dissuader. Soyez respectueux (-euse) des différences culturelles.
4. Mamie rend visite à une amie. Elles parlent de leurs vies et de leurs familles. Mamie parle de ses difficultés avec Paul et demande conseil à son amie.
5. Vous êtes journaliste et vous interviewez Malika après le démantèlement du réseau de proxénétisme. Vous voulez connaître son histoire personnelle et savoir comment elle est arrivée à s'en sortir.

B. Exposé

Préparez un des sujets à la maison pour le présenter en classe.

1. Connaissez-vous un(e) jeune d'une autre culture qui vit aux États-Unis? Comment s'est passée son intégration (à l'école, dans la société)? Quelles difficultés a-t-il/elle rencontrées? Présentez son parcours à la classe. N'oubliez pas de donner des exemples spécifiques et de raconter des anecdotes. Vous pouvez apporter des photos si vous le souhaitez.
2. Faites une petite recherche sur les mariages arrangés. Où les pratique-t-on aujourd'hui? Où les pratiquait-on autrefois? Pour quelles raisons?
3. Avez-vous vu un autre film ou lu un livre qui traite d'une épiphanie ou d'une histoire similaire à celle de Malika? Si oui, présentez ce livre ou ce film à la classe.

LISTE DE VOCABULAIRE

...ce with the ...ary in this chapter, ...erer to the web quizzes at www.cengagebrain.com.

Adjectifs

complice (adj. et nom) *accomplice*
invraisemblable *implausible, unlikely*
irresponsable *irresponsible*
lâche *cowardly*
pressé(e) *in a hurry*

Noms

une agression *attack*
un(e) aîné(e) (adj. et nom) *oldest child*
le bac(calauréat) *exam taken at the end of high school*
la Bourse *the stock exchange*
une cité *housing project*
un compte en banque *bank account*
une épiphanie *epiphany*
la force de caractère *strength of character*
un investissement *investment*
une invraisemblance *implausibility*
la lâcheté *cowardice*
un mariage arrangé *arranged marriage*
un portable *cell phone*
une prostituée *prostitute*
un proxénète *pimp*
un réseau (social) *(social) network*
un réseau de prostitution *prostitution ring*
une rupture *breakup*
le sang *blood*
la solidarité *solidarity*
les tâches ménagères (f. pl.) *housework*
un témoin *witness*
la volonté *will power*
un voyou *crook, bad guy*

Verbes

Refer to the Appendix on page 334 for an explanation of sentir/se sentir/ressentir.

agresser *to attack*
annuler *to cancel*
appeler au secours *to call for help*
assister à quelque chose *to attend; to witness*
avertir (comme *finir*) *to warn*
avoir le coup de foudre *to fall in love at first sight*
battre (irrég.) *to beat (up)*
cacher quelque chose ou quelqu'un *to hide something or someone*
démanteler (comme *acheter*) *to dismantle*
donner rendez-vous à quelqu'un *to set up a date with someone*
être dans le coma *to be in a coma*
faire confiance à quelqu'un *to trust someone*
faire des économies/économiser *to save money*
faire un investissement/investir (comme *finir*) *to invest*
hériter (de) *to inherit (from)*
protéger (comme *préférer* et *voyager*) *to protect*
rendre visite à quelqu'un *to visit someone*
rompre (avec quelqu'un) (irrég.) *to break up (with someone)*
saccager (comme *voyager*) *to vandalize, to ransack*
se cacher *to hide (oneself)*
se consacrer à *to dedicate oneself to*
se dépêcher *to hurry*
se méfier (de) *to mistrust, to beware (of)*
s'enfuir (comme *fuir*) *to run away*
s'en sortir (voir *sortir*) *to overcome, to rise above a difficult situation*
se rendre + préposition *to go*
se rendre compte (de quelque chose/que + phrase) *to realize (something/that)*
se sentir + adjectif ou adverbe (comme *partir*) *to feel + adjective or adverb*
se sentir coupable *to feel guilty*

se sentir revivre *to feel alive again*
se venger (de quelqu'un/quelque chose) (comme *voyager*) *to take revenge (on someone; for something)*
séduire (comme *conduire*) *to seduce*
tromper quelqu'un *to cheat on someone*
venir en aide à quelqu'un (irrég.) *to help someone in need*
violer *to rape*

Vocabulaire familier (entendu dans le film)

Adjectifs

accro (adj. invariable et nom) = dépendant (d'une drogue)
bourré(e) = ivre (pas familier) *drunk*
dingue *crazy*

Noms

motorcycle

une bécane = une mobylette
un boulot = un travail
la came = la drogue
un dealer = un revendeur
un flic = un policier
le fric = l'argent
un gros bonnet, un gros poisson = une personne importante dans son milieu "mob boss"
un maquereau, un mac = un proxénète
une meuf = une femme
une passe = un rapport sexuel avec un(e) client(e)
une planque = une cachette
une poire = quelqu'un qui se laisse exploiter
une pute (vulgaire) = une prostituée
un toubib = un médecin

Verbes

allumer = séduire
avoir la haine = ressentir une grande haine
déjanter = devenir un peu fou, avoir un comportement anormal
faire la bouffe = faire la cuisine
faire la manche = mendier
faire le trottoir = se prostituer
fermer sa gueule = se taire
ramer = faire des efforts, se donner du mal
tabasser = frapper

Vocabulaire supplémentaire

Noms

un embêtement *bother, complication*
un fauteuil roulant *wheelchair*
une maison de dressage (*in this context*) *training center for prostitutes*
une mobylette *moped*
un pare-brise *windshield*
une planche *board, plank*
un portefeuille *portfolio* (*of investments*)
une portière *car door*
une procuration *power of attorney*
la réanimation (être en réanimation) *intensive care unit (to be in the ICU)*
un truand *gangster, crook*

Verbes

amocher quelqu'un *to mess someone up (to make someone ugly, by beating them, for example)*
assommer quelqu'un *to knock someone out*
blanchir (de l'argent) (comme *finir*) *to launder (money)*
déchiqueter (comme *acheter*) *to tear to shreds*
démarrer *to start (a car)*
être en manque *to have withdrawal symptoms*
léguer (comme *préférer*) *to bequeath, to will*
mettre de l'argent de côté (irrég.) *to save money*
placer (de l'argent) (comme *commencer*) *to invest (money)*
rechuter *to relapse*
se pendre *to hang oneself*
sursauter *to start, to jump*
verrouiller *to lock*

Chapitre 7

ÉCOLE ET SOCIÉTÉ

Entre les murs

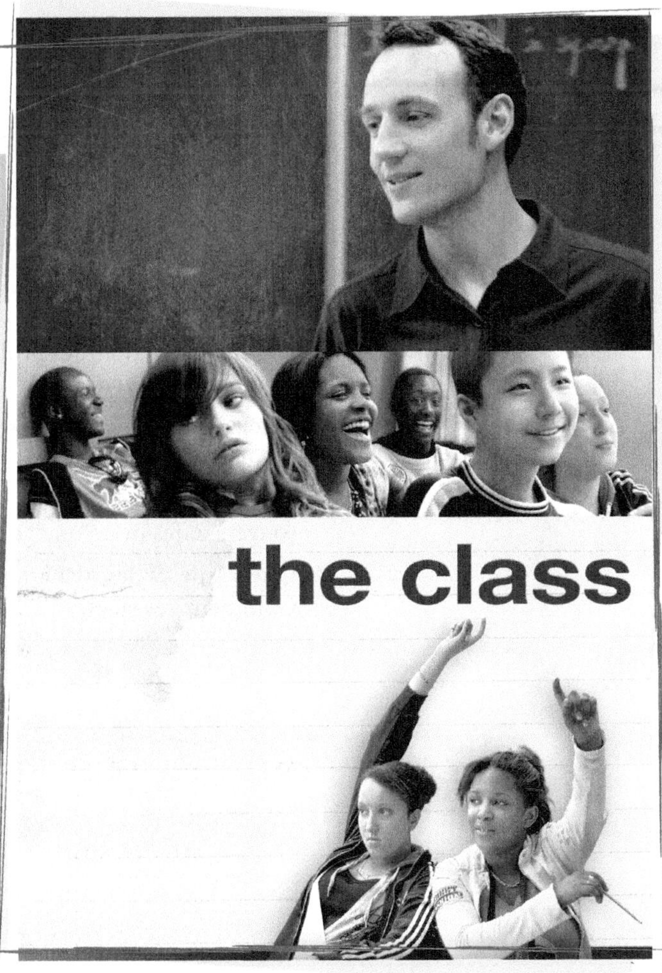

Sony Pictures Classics/Photofest

Réalisateur: Laurent Cantet, France (2008); 128 minutes

Entre les murs is a fictional film with a documentary feel. It chronicles the lives of French teacher François Marin and his eighth-grade students at a Parisian middle school over the course of an academic year. The students come from diverse backgrounds. The film is based on a best-selling book by teacher François Bégaudeau, who wrote the screenplay and plays the character based on himself in the movie. Cantet shows François and his students engaged in their daily activities. The film focuses on the animated back-and-forth exchanges between the students and their teacher and each other. One of the students, Souleymane, goes too far, and the second half of the film focuses on his situation. The film was shot on location, with real-life students playing themselves. It won the award for Best Film at the Cannes film festival in 2008 and sparked heated debates about its representation of teachers, students, and the French educational system.

The vocabulary and the grammar for the chapter will help you discuss the plot, as well as your own experiences as a student. You will explore the uses of the subjunctive in order to express your opinions about the characters' actions and your views about education in general.

The reading by Daniel Pennac expands on the chapter themes and looks at education from the point of view of a bad student turned teacher and writer (Pennac himself).

Les personnages (La distribution: les acteurs/actrices): François Marin (François Bégaudeau), Souleymane (Franck Keïta), Esmeralda (Esmeralda Ouertani), Khoumba (Rachel Régulier), autres élèves du Collège Dolto

- Quatre autres nominations aux Césars (2009) pour Meilleur film, Meilleur réalisateur, Meilleur son, Meilleur montage
- Une nomination aux Academy Awards (2009) dans la catégorie Meilleur film étranger

- De nombreux prix, dont la Palme d'Or au festival de Cannes (2008) et le César du Meilleur scénario dans la catégorie adaptation (2009)

Entrée en matière

A. Discussion

Avant de voir ce film, souvenez-vous de votre expérience d'élève en classe de 4e (*8th grade*) et réfléchissez aux questions suivantes.

1. Comment étaient les relations entre les élèves et les profs? Et entre les élèves? Est-ce qu'il y avait des problèmes de discipline? Vous souvenez-vous d'un incident en particulier?
2. Quelles règles deviez-vous respecter? Qu'est-ce que vous ne pouviez pas faire, et quelles étaient les conséquences si vous faisiez quelque chose d'interdit?
3. Quel était le programme dans votre cours d'anglais? Est-ce que vous vous souvenez des livres que vous avez lus?
4. Quels aspects de la langue avez-vous étudiés: la grammaire? le vocabulaire? Comment ces sujets étaient-ils enseignés?

B. Le collège en France

Le film se passe dans une classe de 4e au Collège Dolto, dans le 20e arrondissement, à l'est de Paris. Les informations suivantes sur le contexte scolaire vous permettront de mieux comprendre le film.

Les arrondissements de Paris

Le collège

Le film *Entre les murs* se passe dans un collège, qui est un établissement scolaire pour les élèves âgés de douze à quinze ans environ. Il y a quatre niveaux au collège: la classe de 6e (*6th grade*), la 5e (*7th grade*), la 4e (*8th grade*) et la 3e (*9th grade*).

La classe

Une « classe » dans un collège ou un lycée français est un niveau scolaire (la 6e, la 5e, etc.), mais le terme est surtout utilisé pour faire référence à des sections comprenant une trentaine d'élèves, appelées 6e A, 6e B, 6e C, etc., ou 6e 1, 6e 2, 6e 3 (les élèves du film sont en 4e 3). Les élèves de ces classes spécifiques restent ensemble pendant une année scolaire, de septembre à juin. Ils suivent les mêmes cours, à l'exception d'une ou deux options, et ils ont les mêmes professeurs. Chaque classe a un(e) professeur principal(e) qui sert de liaison entre les élèves, leurs parents, les autres professeurs de la classe et l'administration. C'est au/à la « prof principal(e) » qu'on s'adresse quand il y a un problème. Les élèves ont un « carnet de correspondance » dans lequel le/la prof principal(e) peut écrire des messages que les élèves doivent faire signer par leurs parents. Chaque classe a aussi deux délégué(e)s d'élèves élu(e)s par leurs camarades et deux délégué(e)s de parents. Les délégué(e)s servent aussi de liaison et ils participent aux conseils de classe et aux conseils de discipline.

The term **la professeur** is used more and more frequently in France to refer to a female teacher, but some still prefer to say **le professeur.** The abbreviation **la prof** is widely accepted. In Quebec, a female teacher is called **une professeure.**

LE CONSEIL DE CLASSE

C'est l'ensemble des personnes responsables d'une classe: les professeurs, le/la principal(e), le/la CPE (conseiller/conseillère principal[e] d'éducation, l'équivalent approximatif du *guidance counselor*) et les délégué(e)s des élèves et des parents. Le conseil de classe se réunit à la fin de chaque trimestre (et la réunion s'appelle aussi un conseil de classe). On y parle de chaque élève de la classe: on analyse ses résultats, on parle de son comportement, on calcule sa moyenne générale (la moyenne des notes qu'il/elle a obtenues dans chaque matière), et on écrit un commentaire général sur son bulletin. On décide aussi si on va lui donner une mention spéciale, comme les félicitations (pour un excellent élève), les encouragements (pour un[e] élève qui fait des efforts ou pour un[e] bon[ne] élève qui ne mérite pas tout à fait les félicitations) ou un avertissement (pour un[e] élève ayant un mauvais comportement ou des difficultés scolaires).

Le conseil de classe est très important en fin de 3e parce qu'il décide si l'élève va continuer sa scolarité dans un lycée général (qui mène au bac général et à l'université) ou dans un lycée professionnel (qui mène au bac pro et au monde du travail). Le lycée général a une meilleure réputation, donc la plupart des élèves espèrent que le conseil de classe les autorisera à y aller. Les parents qui ne sont pas d'accord avec la décision du conseil de classe peuvent faire appel.

At the end of the film, Henriette is depressed because she is afraid that she will have to go to the **lycée professionnel** (although the decision won't be made for another year).

LES NOTES

Les élèves français sont notés de 0 à 20. Pour réussir, il faut avoir au moins la moyenne, c'est-à-dire 10 sur 20. La notation est moins généreuse qu'aux États-Unis. 12/20 correspond à peu près à un B et 15/20 à un A. Il est rare d'avoir une moyenne supérieure à 16/20, surtout dans les matières plus subjectives, comme le français (ou la philosophie au lycée).

Le système éducatif français
Lycée
Terminale
Première
Seconde
Collège
Troisième
Quatrième
Cinquième
Sixième
École élémentaire
École maternelle

1. Compréhension

1. À quoi correspond le collège aux États-Unis?
2. Quel est le rôle du/de la prof principal(e) et des délégué(e)s d'élèves?
3. Qu'est-ce que c'est qu'un conseil de classe? (deux définitions)
4. Pourquoi est-ce que le conseil de classe est particulièrement important la dernière année de collège?

2. Réactions

1. Quelles différences remarquez-vous entre un collège français et une *middle school* américaine? Quels sont les avantages et les inconvénients des deux systèmes, à votre avis?
2. Que pensez-vous des notes en France? Est-ce que c'est une bonne façon d'encourager les élèves à faire plus d'efforts?

A good understanding of relative pronouns will help you improve your reading skills. Refer to **Grammaire** on pages 272–279 if necessary.

C. Lecture d'un compte rendu sur le film

Voici un compte rendu paru dans *La Vie*, un journal hebdomadaire (*a weekly*) parisien, le 25 septembre 2008. Lisez-le avant de regarder le film, puis répondez aux questions.

1. Préparation

1. Regardez le paragraphe qui commence par « Un tel unanimisme... ».
   a. Quels noms est-ce que les pronoms démonstratifs « celle » et « ceux » remplacent? (lignes 23 et 26)
   b. Quels sont les antécédents des trois pronoms « qui »? Comment traduisez-vous ce pronom dans chaque cas?
2. Regardez de près la phrase « Le spectacle de cette classe... réjouissant » (lignes 29–32).
   a. Quelle est la proposition principale (*the main clause*) (elle contient l'idée principale)?
   b. Quelle est la proposition relative (*the relative clause*) (elle contient des informations supplémentaires sur un nom de la proposition principale)?
   c. Quel est le pronom relatif? Quel nom remplace-t-il?
   d. Remplacez cette phrase par deux phrases indépendantes.

Reading Tips

Avoid general answers by referring to specifics in the passage. Note line numbers so you can refer to the words you are citing in your answers.

2. Éducation Le film de Laurent Cantet primé à Cannes est-il un chef-d'œuvre ou une imposture? Enquête sur les réalités du collège.

ENTRE LES MURS

La Palme du Malaise

Que se joue-t-il dans le huis clos° d'une salle de classe? La réponse apparaissait déjà dans le roman de François Bégaudeau, ancien prof de français qui, dans *Entre les murs,* racontait une année scolaire. Riche de cette lecture, le réalisateur Laurent Cantet a filmé les élèves d'une classe de 4e d'un collège de Zep° du 20e arrondissement de Paris. On connaît la suite. Présenté au festival de Cannes, son film subjugue° le jury qui lui décerne à l'unanimité la Palme d'or. Aujourd'hui, il débarque° sur les écrans, précédé d'un concert de louanges°, qui fait applaudir aussi bien Jack Lang que Xavier Darcos°...

Un tel unanimisme pourtant étonne° au regard d'un film qui nous renvoie en pleine face une crise majeure de notre société: celle du collège qui concentre toutes les difficultés de l'école aujourd'hui. Échec des gamins° et mal-être° profond des profs, même parmi ceux qui y croient et s'accrochent°.

Laurent Cantet a beau répéter° qu'il s'agit d'un film, pas d'un documentaire, on ne peut° se voiler la face°. Le spectacle de cette classe dont certains° ne veulent voir que l'étonnante vitalité n'est pas réjouissant°. Il doit nous interroger. Il est plus que temps, si on ne veut pas envoyer des milliers de gamins droit... dans le mur°.

"LA VIE" n°3291 du 25 septembre 2008 - www.lavie.fr

dans le huis clos: *behind closed doors*
Zep: zone d'éducation prioritaire *(areas in which high-need schools receive extra funding for education)*
subjugue: *fascinates*
il débarque: il arrive
louanges: *praise*
Jack Lang, Xavier Darcos: *former Ministers of Education in left- and right-wing governments, respectively*
étonne: *is surprising*
gamins: *kids*
mal-être: *malaise, anxiety*
s'accrochent: *hang on*
a beau répéter: *repeats in vain*
on ne peut: on ne peut pas
se voiler la face: *to ignore something (here: to ignore the questions raised by the film)*
certains: certaines personnes
réjouissant: amusant
envoyer... droit dans le mur: *variation on* aller droit dans le mur *(to head straight for disaster)*

3. Compréhension

1. Sur quoi est basé le film *Entre les murs*?
2. Qui sont les acteurs du film?
3. Comment est-ce que le film a été reçu? (Citez des mots précis.) Est-ce que sa réception dépend de l'affiliation politique des spectateurs?
4. Pourquoi est-ce que le succès du film peut surprendre?
5. Quel aspect positif de la classe est-ce que les admirateurs du film remarquent?
6. Est-ce que l'auteur de l'article partage l'enthousiasme et l'optimisme de ceux qui aiment le film?

4. Réactions

Après avoir lu ce compte rendu, imaginez quels aspects de la vie de la classe de 4e vont être présentés dans le film.

5. Questions de langue

1. Trouvez une autre manière de poser la première question de l'article (lignes 1–2).
2. Quel nom est-ce que vous pourriez substituer au pronom **y** (ligne 26)? (Ce nom n'est pas dans le texte.) Comment pourriez-vous réécrire « ceux qui y croient » en utilisant le nom au lieu du pronom **y**?
3. Quelle est la différence dans l'utilisation du pronom **Il** dans les deux dernières phrases (ligne 32)?

Refer to **Grammaire** page 289 for a review of **y**.

D. Visionnement d'une séquence

(avec son, sans sous-titres)

Du début du film à la fin de la scène dans la salle des professeurs (4–5 minutes).

E. Premier visionnement de la séquence

Compréhension

1. De quoi parlent les professeurs?
2. Quelle impression avez-vous de l'ambiance et des conditions de travail dans ce collège?

F. Deuxième visionnement de la séquence

1. Compréhension

Regardez la scène dans la salle des professeurs une seconde fois (de 2' à 3'40") en faisant bien attention à la bande-son. Notez des informations dans le tableau suivant.

Équipe éducative	Responsabilité/Fonction au collège	Est au collège depuis	Autre information?
Hervé			
Olivier			
Patrick			
Anne			
Frédéric			
Julie			
Aline			
Gilles			
François			

2. Réactions

1. Est-ce que les profs du collège vous semblent sympathiques?
2. Avez-vous d'autres commentaires à faire sur cette séquence?

3. Le français parlé

1. Lisez la transcription du dialogue de la séquence apportée par votre professeur et analysez les points suivants:
   a. Soulignez les mots de remplissage (*conversation fillers*). Comment les traduiriez-vous en anglais?
   b. Barrez les lettres qui ne sont pas prononcées.
   c. Notez les mots qui sont prononcés différemment de ce que vous avez appris.
2. Entraînez-vous à dire ce dialogue comme dans le film.

G. Préparation au visionnement du film

En regardant le film, faites attention aux aspects suivants et prenez des notes.

1. Qu'est-ce que les élèves étudient en cours de français? Quand est-ce qu'ils critiquent les méthodes pédagogiques du prof?
2. De quels pays sont originaires les élèves qu'on voit le plus? Quelle est leur attitude vis-à-vis de la France et des pays d'où viennent leurs camarades de classe?
3. Quels incidents font « boule de neige » (*snowball*) pour Souleymane?
4. Le décor, les images et les sons: Qu'est-ce qu'on voit dans le film? Où est placée la caméra? Quels sons remarquez-vous?

Viewing Tips

Notice:
- camera movements, close-ups, and sounds
- the use of **verlan** (Refer to the annotation on page 140 for information about this type of slang, and to the list of **Vocabulaire familier** on pages 152–154 for some examples of **verlan**.)

Ask yourself:
- Why does the situation worsen?
- Are the teacher's methods effective?

Anticipate:
- some foul language

AVANT LE PROCHAIN COURS

1. *Entre les murs:* Regardez le film.
2. ***Cahier:*** Faites **Les mots pour le dire.**
3. ***Manuel:*** Étudiez *Le subjonctif* (*Introduction, Le subjonctif présent* et *Le subjonctif passé*) aux pages 304–308 et faites les exercices des sections **Application immédiate 1** à **4.**

LES MOTS POUR LE DIRE

A. Définitions

1. Le mot juste

Quels noms correspondent aux descriptions suivantes?

1. un(e) élève qui représente ses camarades de classe
2. ce qu'on trouve sur un bulletin scolaire
3. le sentiment qu'on a parfois pour quelqu'un qu'on trouve inférieur
4. la section d'une ville où on habite
5. une personne qui vit et travaille illégalement dans un pays
6. les choses qu'un(e) élève apporte en classe (livres, cahiers, stylos, sac, etc.)
7. le moment où l'année scolaire commence
8. une conséquence possible quand un(e) élève ne respecte pas les règles

Référence à consulter

- Liste de vocabulaire, page 177

2. Vos définitions

Inventez des définitions pour trois autres mots de la **Liste de vocabulaire** à la page 177.

B. Structures

1. Écrivez des phrases avec les verbes ci-dessous en vous référant à *Entre les murs*. Ces verbes ont une structure similaire: **conseiller/interdire/permettre/reprocher à quelqu'un de faire quelque chose.**

Exemple: M. Marin interdit à ses élèves de porter des casquettes en classe.

1. **conseiller** (*to advise*):
2. **interdire** (*to forbid*):
3. **permettre** (*to allow*):
4. **reprocher** (*to reproach*):

2. Un bulletin scolaire

Regardez le bulletin d'Élodie, élève de 4ᵉ dans un collège de Lorraine, et répondez aux questions.

BULLETIN DU 1er TRIMESTRE

Professeur principal : Mme D

Discipline Nom du professeur	Moyennes Élève	Moyennes Classe	Notes extrêmes -	Notes extrêmes +	Appréciations générales
Français	13,3	11,8	4,8	15,9	Bon trimestre. Elève souvent trop discrète, c'est dommage!
Mathématiques	14,7	12,0	6,3	16,4	Bon trimestre, Elodie est une élève agréable et sérieuse qui devrait plus s'affirmer en classe,
Histoire-Géographie	10,5	9,1	3,0	15,6	Résultats moyens, il faut persévérer et ne pas vous décourager.
Anglais	9,7	10,9	4,0	16,5	Des diffcultés mais de la bonne volonté en classe. Poursuivez vos efforts et essayez de participer plus souvent afin de progresser.
Espagnol	7,0	10,0	4,0	17,0	Des difficultés. Le travail est trop superficiel,
S.V.T	12,4	12,2	3,6	19,2	Résultats moyens, Il faut persévérer,
Physique - Chimie	9,9	9,6	3,2	15,0	Résultats moyens. Il faut continuer à s'accorcher et ne pas hésiter à intervenir en classe.
Technologie	9,3	10,3	4,6	16,0	un peu juste
E.P.S	10,5	14,0	10,5	17,8	Ensemble moyen, cependant Elodie fournit le travail nécessaire pour réussir.Poursuivez vos efforts!
Éducation musicale	13,5	14,7	11,2	17,0	Bon trimestre.
Arts plastiques	14,5	15,1	9,0	17,0	Trimestre satisfaisant.
Latin	13,0	15,4	9,5	19,2	Ensemble correct, Elodie ne doit pas se décourager.
Note de Vie Scolaire	20,0	18,3	10,0	20,0	
Moyenne générale	**12,2**	12,2			
Vie Scolaire	Absences (en 1/2 journées) : 1 Retards : 1				

1. Quelle est la moyenne générale d'Élodie? Dans quels cours est-ce qu'elle a de bonnes notes (au-dessus de 12)? Dans quels cours est-ce qu'elle n'a pas la moyenne?
2. Dans sa classe, est-ce qu'Élodie est une bonne élève, une mauvaise élève ou une élève moyenne? Expliquez.
3. Dans quels cours est-ce que les notes de la classe sont les meilleures (trois cours)? Les moins bonnes (deux cours)?
4. Quels adjectifs sont utilisés par les professeurs pour décrire Élodie?
5. En général, qu'est-ce que les professeurs reprochent à Élodie? Qu'est-ce qu'ils lui conseillent?
6. Qu'est-ce que vous pensez des notes de la classe? Des appréciations des professeurs? Est-ce que ce bulletin ressemble à un de vos bulletins quand vous étiez au collège?

C. Et vous?

Discutez des questions suivantes avec un(e) camarade de classe.

1. Qu'est-ce que tu penses de ton emploi du temps ce semestre?
2. Tu aimes les professeurs exigeants? Pourquoi (pas)?
3. Est-ce que tu te plains parfois quand tu as une mauvaise note?
4. Est-ce que tes profs te permettent de manquer des cours? Si non, quelle est la sanction si tu manques un cours?
5. Qu'est-ce que tu conseilles de faire à un nouvel étudiant pour réussir à l'université?
6. Quel est le rôle des délégués des étudiants à l'université? Est-ce que tu participes à l'élection des délégués? Tu as envie d'être délégué(e)?

D. À l'écoute: L'éducation prioritaire en France

2-12

Le collège qui est représenté dans le film est un établissement où les difficultés scolaires et sociales sont plus importantes que dans la majorité des collèges français. Le texte que vous allez entendre explique ce qu'on fait en France pour aider les établissements de ce type, situés dans des « zones d'éducation prioritaire ». Consultez le vocabulaire et lisez les questions, puis écoutez le passage et vérifiez si vous avez compris en répondant aux questions.

1. En France, _______ décide des programmes et détermine quels professeurs vont enseigner dans un établissement particulier.
   a. le principal
   b. le district scolaire
   c. le Ministère de l'Éducation
2. Il y a des différences entre les établissements en ce qui concerne _______.
   a. les qualifications des professeurs
   b. le niveau des élèves
   c. la qualité des équipes sportives
3. On a commencé à prendre des mesures spécifiques pour aider les établissements à risque dans les années _______.
   a. 1980
   b. 1990
   c. 2000
4. Les établissements qui se trouvent dans des zones d'éducation prioritaire _______.
   a. reçoivent plus d'argent
   b. peuvent choisir leurs élèves
   c. proposent des programmes qui font alterner les études et le travail
5. Les élèves des établissements d'éducation prioritaire ont _______.
   a. un plus grand choix de langues étrangères
   b. plus d'aide dans leurs études
   c. plus de vacances
6. Quel est le pourcentage d'élèves qui fréquentent des établissements d'éducation prioritaire en France?
   a. 10 %
   b. 15 %
   c. 20 %

VOCABULAIRE UTILE

un établissement scolaire: *a school* (école élémentaire, collège, lycée)

AVANT LE PROCHAIN COURS

1. ***Manuel:*** Étudiez *Emploi du subjonctif* aux pages 308–313 et faites les exercices des sections **Application immédiate 5 à 8.**
2. ***Cahier:*** Faites **Préparation à la discussion.**

DISCUSSION

A. Chronologie

Rétablissez la chronologie des scènes du film en les numérotant de 1 à 8. Puis mettez les phrases au passé et lisez-les à haute voix pour vérifier vos réponses.

_____ a. M. Marin dit qu'il est déçu par le comportement des déléguées pendant et après le conseil de classe.

_____ b. Khoumba manque de respect à M. Marin pendant la discussion du *Journal d'Anne Frank.*

_____ c. Le conseil de discipline se réunit et prononce l'exclusion de Souleymane.

_____ d. Un prof craque dans la salle des profs, car il ne peut plus supporter ses élèves.

_____ e. Esmeralda et Louise se plaignent de M. Marin auprès de la CPE.

_____ f. Une discussion sur le foot dégénère en conflit.

_____ g. Souleymane s'énerve contre Carl et Esmeralda. M. Marin interrompt son cours pour l'emmener chez le principal.

_____ h. Les élèves reprochent à M. Marin d'enseigner des choses inutiles ou de choisir de mauvais exemples.

B. Quelques détails

Ajoutez quelques détails pour chaque phrase de la chronologie en finissant les phrases suivantes.

a. M. Marin s'attendait à ce que…

Il est fâché que…

b. M. Marin voulait que…

Khoumba pensait que…

c. Le principal a expliqué les faits avant que…

Un des délégués des parents était surpris que…

d. Ce prof est furieux que…

Il faudrait que ce prof…

e. Elles n'étaient pas contentes que…

Elles sont allées voir la CPE pour que…

f. Le conflit a eu lieu après que Carl…

M. Marin accepte les différences d'opinion à condition que…

g. M. Marin a fait cela parce qu'il est inadmissible qu'un élève…

Le principal n'était pas surpris que…

h. M. Marin a utilisé Bill comme exemple bien que…

Les élèves préfèreraient que M. Marin…

C. Réactions

1. Faites un portrait rapide du prof et des élèves de cette classe, en particulier Esmeralda, Khoumba, Souleymane, Carl, Arthur et Wei (servez-vous de leurs autoportraits).
2. Qu'est-ce que les élèves apprennent dans leur cours de français pendant l'année? (Quelles activités sont montrées?)
3. Comment le film est-il différent de la vie réelle d'une classe? Sur quels moments est-ce que le réalisateur insiste? Qu'est-ce qu'on ne voit pas?
4. Quelles tensions existent dans cette classe? Comment pouvez-vous décrire les relations des élèves entre eux et leurs relations avec le prof, François Marin? Quand est-ce que des élèves font front / sont solidaires contre lui?
5. Quelles sont les objections des élèves pour certaines des activités (pensez à l'imparfait du subjonctif, à l'explication du mot « succulent », aux autoportraits)?
6. Qu'est-ce qui s'est passé au conseil de classe? De quoi et de qui est-ce qu'on a parlé? Est-ce que certains aspects de la réunion vous ont surpris(e)?
7. Faites une liste des problèmes de Souleymane dans le cours de français, et expliquez pourquoi il se retrouve devant le conseil de discipline. Êtes-vous d'accord avec sa punition (l'éviction du collège)?
8. Qu'est-ce que les réunions entre parents et professeur nous apprennent sur le contexte familial des élèves? Sur les aspirations des parents? Sur la réputation du collège?
9. (Si vous avez vu *Monsieur Lazhar*) Quelles différences avez-vous remarquées entre *Monsieur Lazhar* et *Entre les murs* en ce qui concerne les relations prof-élèves et les méthodes pédagogiques?
10. Qu'est-ce que vous pensez du film? Décrivez en détail une scène ou un personnage qui vous a intéressé(e).

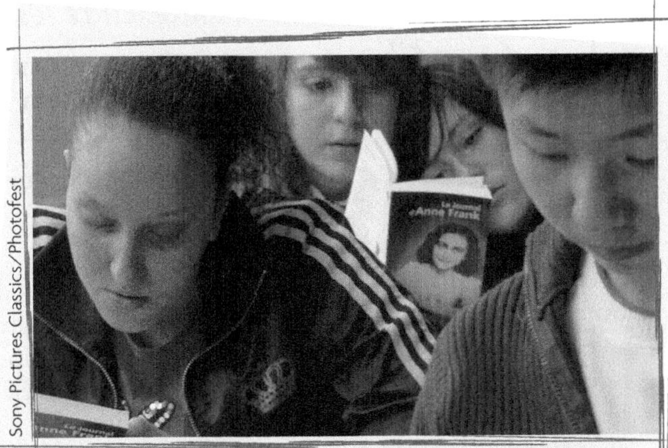

Sony Pictures Classics/Photofest

Qu'est-ce que les élèves sont en train de faire? Qu'est-ce qui s'est passé pendant cette scène?

D. Et vous?

Discutez des questions suivantes avec un(e) camarade de classe.

1. Qu'est-ce que tu penses de François Marin et de ses méthodes pédagogiques? Est-ce qu'il ressemble à un(e) prof que tu as eu(e) au collège ou au lycée? Tu aurais aimé avoir un prof comme lui?
2. Où était ton collège? Combien d'élèves y avait-il? Comment étaient les relations entre les élèves et les profs? Et entre les élèves? Quelles règles deviez-vous respecter? Est-ce qu'il y avait des problèmes de discipline?

3. Qu'est-ce que tu as étudié en cours d'anglais en 4e? Est-ce que tu as fait de la grammaire? Quels livres est-ce que tu as lus? Donne quelques détails.
4. Est-ce que tu te souviens d'un prof en particulier quand tu étais au collège? D'un événement marquant? D'un élève perturbateur? Explique.

2-17

E. À l'écoute: *Entre les murs*

Youcef et Marine, deux jeunes professeurs, discutent du film en sortant du cinéma. Écoutez leur conversation et vérifiez si vous avez compris en répondant aux questions.

VOCABULAIRE UTILE:
la tchatche: *jabber*
un gamin: *a kid*
l'argenterie: *silverware*
Cannes: la ville où a lieu le festival international de films chaque année en mai

1. Marine pense que le film donne une représentation _______ du collège.
   a. vraie
   b. irréaliste
   c. idéalisée
2. Elle ne comprend pas que le prof du film passe tant de temps à _______.
   a. expliquer les expressions difficiles
   b. répondre quand les élèves le provoquent
   c. exercer son autorité
3. Marine trouve que le prof _______ ses élèves.
   a. méprise (*scorns*)
   b. valorise
   c. a un vrai dialogue avec
4. Marine et Youcef sont d'accord pour dire que les élèves du film _______.
   a. ont honte de leur manière de parler
   b. n'essaient pas de s'intéresser à leurs cours
   c. ont un vocabulaire très limité
5. Après avoir vu le film, Youcef va faire attention à _______.
   a. ne pas ridiculiser ses élèves
   b. employer un vocabulaire accessible
   c. rendre ses cours plus amusants
6. Marine et Youcef enseignent dans un collège _______.
   a. privilégié
   b. de banlieue
   c. parisien
7. Youcef mentionne Cannes parce qu(e) _______.
   a. il va y emmener ses élèves
   b. Marine va y passer ses vacances d'été
   c. les élèves du film y sont allés
8. En général, l'opinion de Youcef sur le film est _______ que celle de Marine.
   a. meilleure
   b. moins bonne
   c. la même

AVANT LE PROCHAIN COURS

1. ***Manuel:*** Étudiez *Subjonctif ou infinitif?* aux pages 313–317 et faites les exercices des sections **Application immédiate 9** à **13.**
2. ***Cahier:*** Faites **Pour aller plus loin.**

POUR ALLER PLUS LOIN

A. Qui a dit quoi?

1. Les citations dans leur contexte

Les phrases suivantes sont extraites du film. Mettez le verbe au subjonctif, puis notez quel personnage de la liste ci-dessous a dit chaque phrase. Ensuite, expliquez brièvement le contexte.

M. Marin	La mère de Burak	Le principal
La prof enceinte	Souleymane	

1. ________: « Je veux juste que tu ______________ (lire), c'est tout. Mais je pense que je suis dans mon droit en te demandant de lire. Non?
   ______________: —Non!
   ______________: —Tu crois pas?
   ______________: —Tout le monde n'a pas lu le livre, je suppose, et vous vous excitez sur moi, c'est quoi?
   ______________: —Pas du tout, je m'excite sur rien. J'aimerais juste qu'on ______________ (travailler). »
2. ______________: « J'en attends à peu près la même chose, c'est-à-dire que vous me ______________ (révéler) des choses, que vous ______________ (exprimer) des sentiments, des sensations, que vous ______________ (raconter)... des faits qui me permettront de mieux vous connaître. »
3. ______________: « Burak, moi, mon souhait, ce serait qu'il ______________ (aller) à Henri IV.
   ______________: —Henri IV... Pourquoi vous souhaitez ça? »
4. ______________: « Pourquoi elle a ce geste-là?
   ______________: —Elle aime pas les photos.
   ______________: —Eh ben, tu mets ça. Tu mets: "Ma mère n'aime pas qu'on la ______________ (prendre) en photo." Voilà, tu fais une légende, tu vois.
   ______________: —Ouais ouais.
   ______________: —Et tu fais ça avec toutes les autres photos et... t'as gagné. »
5. ______________: « Je souhaite deux choses: la première chose, c'est que la maman de Wei ______________ (rester) en France et la deuxième, c'est que mon enfant ______________ (être) aussi intelligent que Wei. »
6. ______________: « Tu trouves normal qu'un professeur ______________ (interrompre) son cours pour emmener un élève dans le bureau du principal? »
7. ______________: « J'aimerais que vous le ______________ (mentionner) dans votre rapport parce que lors du conseil de discipline, je veux pas que ça ______________ (être) utilisé contre nous. C'est pas la peine de se cacher, mieux vaut l'écrire.
   ______________: —Je comprends. »

Source: Entre les murs

8. ______________: « Bon, là, tu passes en 3e. T'as très largement le temps de penser à ton orientation à la fin de la 3e. Il est pas du tout évident que tu ______________ (aller) en [voie/orientation] professionnelle. Ça dépend de tes résultats en 3e. C'est... c'est tout. »

→

2. Le français parlé

Retournez aux citations de **Qui a dit quoi?** et faites les activités suivantes.

1. Quelles remarques pouvez-vous faire sur les négations?
2. Quel type de question est utilisé?
3. En plus des négations et des questions, notez d'autres mots ou structures de phrases caractéristiques du français parlé.
4. Imaginez comment les personnages prononcent les citations de **Qui a dit quoi?** Puis écoutez les citations 1 et 4 sur votre *Audio Program* et répétez-les comme vous les entendez en vous mettant dans la peau des personnages.

2-18, 2-19

B. La pédagogie de M. Marin

Voici quelques situations du film dans lesquelles nous pouvons observer la manière d'enseigner de M. Marin. Exprimez votre opinion sur son attitude en utilisant le subjonctif quand il est nécessaire. Vous pouvez commencer votre discussion de la manière suivante:

Refer to **Grammaire** pages 308–309 for other expressions you can use.

Je pense/crois/trouve que..., Il me semble que..., C'est une réaction appropriée/normale/compréhensible, etc.

OU **Je ne pense/crois/trouve pas que ce soit une réaction appropriée/normale/compréhensible..., Il ne faut pas que..., Il vaudrait mieux que..., À sa place, je... (+ conditionnel)**

1. Le premier jour, il dit que les élèves des autres collèges perdent moins de temps et apprennent plus de choses que ceux du Collège Dolto.
2. Il veut que les élèves apprennent l'imparfait du subjonctif (et il est agréablement surpris que Khoumba sache conjuguer une partie du verbe **être** à l'imparfait du subjonctif).
3. Quand les élèves lui reprochent d'utiliser le prénom Bill dans ses exemples, il se justifie en disant que c'est un prénom très courant et que c'est le prénom d'un président américain récent.
4. Quand Esmeralda et Khoumba lui demandent d'épeler le mot **Lafayette,** il s'étonne qu'elles sortent de leur quartier et qu'elles fassent du shopping aux Galeries Lafayette (et il ne répond pas à la question).
5. Quand Souleymane lui demande s'il est homosexuel, il engage une discussion sur le sujet et il veut savoir pourquoi cela intéresse Souleymane.
6. Après que Khoumba a refusé de lire un extrait du *Journal d'Anne Frank,* il l'oblige à rester après la classe et à dire « Je m'excuse, Monsieur, d'avoir été insolente ».
7. Après la présentation de Wei, il le félicite et dit qu'il a l'impression de mieux le connaître.

Sony Pictures Classics/Photofest

Qu'est-ce qu'ils regardent? Comment Souleymane et M. Marin s'entendent-ils dans cette scène?

8. Quand Souleymane manque d'inspiration pour son autoportrait, il lui suggère d'utiliser des photos. Puis il affiche le travail de Souleymane sur le mur.
9. Il défend Souleymane pendant le conseil de classe du deuxième trimestre. Il préfèrerait qu'on ne le sanctionne pas. Il pense que Souleymane ne s'intéresse pas aux études parce qu'il est « scolairement limité ».
10. Quand la CPE lui dit que Louise et Esmeralda se sont plaintes de lui, il est furieux et il descend dans la cour pour discuter avec les élèves.

C. La vie au collège

1. L'idéal et la réalité

Imaginez que M. Marin et un élève de la classe parlent de leur collège avec un(e) ami(e). Ils décrivent leur vie actuelle et la vie qu'ils aimeraient avoir. Complétez les phrases selon le modèle.

Refer to **Grammaire** pages 312–313 for the use of the subjunctive to express hypothetical situations.

Exemple: J'ai des élèves qui ne peuvent pas se concentrer. (réalité → indicatif)
J'aimerais avoir des élèves qui fassent attention à ce que je dis. (idéal → subjonctif)

François Marin

1. J'ai des élèves qui...	J'aimerais avoir des élèves qui...
2. J'ai des collègues qui...	Je voudrais avoir des collègues qui...
3. J'enseigne dans un collège où/qui...	Je préfèrerais enseigner dans un collège où/qui...

Un(e) élève de la classe (au choix): ________

1. J'ai un prof qui...	J'aimerais avoir un prof qui...
2. J'ai des camarades de classe qui...	Je voudrais avoir des camarades de classe qui...
3. Je vais à un collège où/qui...	Je préfèrerais aller à un collège où/qui...

Réflexions sur l'année scolaire
Exemple: You've learned that the usual order for negations with an infinitive is to have both parts before the infinitive (Je suis contente de **ne pas revenir** au collège cette année). With past infinitives, there are two options: the two parts of the negation can go before the past infinitive (Je regrette de **ne rien avoir appris**) or around the auxiliary (Je regrette de **n'avoir rien appris**).

2. Réflexions sur l'année scolaire

À la fin de l'année, M. Marin, le principal et un élève de la classe font le bilan (*assessment*) de leur année et prennent des résolutions pour l'année suivante. Imaginez trois phrases que chacun pourrait dire ou écrire.

Exemple (Henriette): *Je suis contente que l'année soit terminée.*
Je regrette de ne rien avoir appris.
J'espère que je comprendrai mieux l'année prochaine.

Le principal

1. Je suis heureux que…
2. Je regrette que…
3. Je souhaite…

François Marin

1. C'est dommage que…
2. Je regrette de…
3. Il faudrait que…

Un(e) élève de la classe (au choix): ________

1. Je suis content(e) que…
2. Je regrette de…
3. J'aimerais…

3. Et vous?

Discutez de l'année universitaire avec un(e) camarade de classe. Utilisez les suggestions pour commencer votre discussion, puis ajoutez quelques détails.

1. J'ai un/des cours qui… J'aimerais avoir un/des cours qui…
2. J'ai un prof de _____ qui… Je préférerais…
3. Je suis content(e) de/que…
4. Je regrette de/que…
5. Le semestre prochain, j'espère…
6. (Au choix)

D. Félicitations, encouragements, avertissements

Chaque semestre, le conseil de classe attribue les félicitations, les encouragements ou un avertissement à certains élèves. Voici un commentaire trouvé sur un blog concernant cette pratique. Assurez-vous que vous avez compris en répondant aux questions, puis préparez des arguments pour répondre à la question posée à la fin du commentaire.

Je rentre du conseil de classe de mes 2 sixièmes, et on a parlé du fait de distribuer un diplôme de félicitation, d'attribuer des encouragements ou bien un avertissement au travail ou au comportement en fonction des résultats, mais aussi en fonction du comportement, des efforts, etc.

Et l'autre maman déléguée, dont la petite fille vit très mal le fait de ne pas réussir à être félicitée (alors que d'autres élèves le sont avec une moyenne identique, mais plus de participation orale, ou plus de régularité) a critiqué cette « tradition », qui d'après elle renforce l'esprit de compétition déjà assez costaud dans les classes et apporte une certaine honte à ceux qui ne réussissent pas à décrocher le diplôme.

Pour ma part, j'avoue ne pas être choquée par cette habitude, même si l'un de mes fils a déjà versé quelques larmes parce qu'il avait honte d'avoir raté les précieuses félicitations. On dédramatise et il repart pour le trimestre prochain.

D'après vous, c'est positif ce genre de choses, ou bien c'est préjudiciable à 12 ans?

Adapted from forum.aufeminin.com

1. Compréhension

1. Qu'est-ce qu'on apprend sur la personne qui a écrit ce commentaire: Pourquoi est-elle allée au conseil de classe? Combien d'enfants a-t-elle au collège? En quelle classe sont ses enfants?
2. Quels arguments sont présentés contre la pratique des félicitations, des encouragements et des avertissements? Qui est contre? Pourquoi?
3. Comment est-ce que l'auteur du commentaire est affectée personnellement par cette pratique (les félicitations, encouragements, etc.)? Quelle est sa réaction?
4. Quelle question pose l'auteur du commentaire? (Réécrivez-la de manière plus explicite.)

2. Discussion

Préparez des arguments pour répondre à la question posée dans le commentaire. Utilisez le subjonctif (quand cela est nécessaire) pour exprimer vos opinions et nuancer vos idées.

E. À l'écrit: Répondre au commentaire

Écrivez quelques phrases en réponse à la question sur les félicitations, les encouragements et les avertissements. Dans votre paragraphe, vous pouvez expliquez comment cette pratique ressemble à/diffère de ce qu'on fait aux États-Unis pour féliciter/encourager/avertir les élèves.

AVANT LE PROCHAIN COURS

Cahier: Faites **Préparation à la lecture.**

LECTURE

A. Discussion

1. D'après vous, quelles sont les différences entre une classe de collège dans les années 1950 et aujourd'hui? Classez ces différences par ordre d'importance.
2. Selon vous, pourquoi est-ce que certains élèves ont du mal à s'exprimer avec précision et concision?

B. *Chagrin d'école*

Chagrin d'école (2007) est un livre de souvenirs et de réflexions sur l'école. L'auteur, Daniel Pennac, était un mauvais élève, mais, à force d'efforts et grâce aux encouragements de quelques professeurs exceptionnels, il a réussi l'examen du baccalauréat et est allé à l'université. Plus tard, il est même devenu professeur, puis écrivain. Il a écrit *Chagrin d'école* pour parler de la souffrance des mauvais élèves à l'école et dans leurs familles et pour s'interroger sur les raisons de leurs difficultés.

1. Une visite dans un lycée

Dans le premier extrait, Daniel Pennac raconte une visite qu'il a faite dans une classe de lycée technique dans la région de Lyon. Il était invité pour parler aux élèves de leur expérience scolaire et de son travail d'écrivain.

—Les profs, ils nous prennent la tête°, m'sieur!

...

—Comment ça, les profs vous prennent la tête?

—Ils prennent la tête, c'est tout! Avec leurs trucs qui servent à rien!

—Par exemple, quel truc qui ne sert à rien?

—Tout, quoi! Les... matières°! C'est pas la vie!

—Comment t'appelles-tu?

—Maximilien.

—Eh bien tu te trompes, Maximilien, les profs ne te prennent pas la tête, ils essaient de te la rendre. Parce que ta tête, elle est déjà prise.

—Elle est prise, ma tête?

—Qu'est-ce que tu portes à tes pieds?

—À mes pieds? J'ai mes N, m'sieur! (Ici le nom de la marque°.)

—Tes quoi?

—Mes N, j'ai mes N!

—Et qu'est-ce que c'est, tes N?

—Comment ça, qu'est-ce que c'est? C'est mes N!

—Comme objet, je veux dire, qu'est-ce que c'est comme objet?

—C'est mes N!

Et, comme il ne s'agissait pas d'humilier Maximilien, c'est aux autres que j'ai, une nouvelle fois, posé la question:

—Qu'est-ce que Maximilien porte à ses pieds?

Il y eut des échanges de regards, un silence embarrassé; nous venions de passer une bonne heure ensemble, nous avions discuté, réfléchi, plaisanté, beaucoup ri, ils auraient bien voulu m'aider, mais il fallut en convenir, Maximilien avait raison:

—C'est ses N, m'sieur.

—D'accord, j'ai bien vu, oui, ce sont des N, mais comme objet, qu'est-ce que c'est comme objet?

Silence.

Puis, une fille, soudain:

—Ah! Oui, comme objet! Ben, c'est des baskets!

—C'est ça. Et un nom plus général que « baskets » pour désigner ce genre d'objet, tu aurais°?

—Des... chaussures?

—Voilà, ce sont des baskets, des chaussures, des pompes, des groles, des godasses, des tatanes, tout ce que vous voulez, mais pas des N! N, c'est leur marque et la marque n'est pas l'objet!

Question de leur professeur:

—L'objet sert à marcher, la marque sert à quoi?

Une fusée éclairante° au fond de la classe:

—À s'la péter°, m'dame!

Rigolade° générale.

La professeur:

—À faire le prétentieux, oui.

Nouvelle question de leur prof, qui désigne le pull-over d'un autre garçon.

prendre la tête: agacer, embêter, ennuyer
les matières: les sujets étudiés en classe (les maths, le français, etc.)
marque: *brand (name)*
Et un nom... tu aurais?: Tu aurais un nom plus général...?
fusée éclairante: *flare*
se la péter: *to show off*
Rigolade: Rires

—Et toi, Samir, qu'est-ce que tu portes, là?

Même réponse instantanée:

—C'est mon L, m'dame!

Ici, j'ai mimé une agonie atroce, comme si Samir venait de m'empoisonner et que je mourais en direct devant eux, quand une autre voix s'est écriée en riant:

—Non, non, c'est un pull! Ça va, m'sieur, restez avec nous, c'est un pull, son L, c'est un pull!

Résurrection:

—Oui, c'est son pull-over, et même si « pull-over » est un mot d'origine anglaise, c'est toujours mieux qu'une marque! Ma mère aurait dit: son chandail, et ma grand-mère: son tricot, vieux mot, « tricot », mais toujours mieux qu'une marque, parce que ce sont les marques, Maximilien, qui vous prennent la tête, pas les profs! Elles vous prennent la tête, vos marques: C'est mes N, c'est mon L, c'est ma T, c'est mon X, c'est mes Y! Elles vous prennent votre tête, elles vous prennent votre argent, elles vous prennent vos mots, et elles vous prennent votre corps aussi, comme un uniforme, elles font de vous des publicités vivantes, comme les mannequins en plastique des magasins!

Ici, je leur raconte que dans mon enfance il y avait des hommes-sandwichs et que je me rappelais encore l'un d'eux, sur le trottoir, en face de chez moi, un vieux monsieur sanglé entre deux panneaux° qui vantaient une marque de moutarde:

—Les marques font la même chose avec vous.

Maximilien, pas si bête:

—Sauf que nous, elles nous paient pas!

panneau: *board*

a. Compréhension

1. Qu'est-ce que Maximilien veut dire quand il dit que les profs prennent la tête des élèves? Qu'est-ce que Maximilien reproche aux profs?
2. Le narrateur utilise la même expression que Maximilien, mais de manière plus littérale. Qu'est-ce qu'il veut dire quand il dit que les profs ne prennent pas la tête des élèves, mais qu'ils la leur rendent?
3. Qu'est-ce que la discussion sur les N montre? D'après vous, à quoi est-ce que N fait référence?
4. Comment est-ce que le narrateur a réagi quand Samir a dit qu'il portait un L? Est-ce qu'il était sérieux? Qu'est-ce que c'est, un L?
5. Qu'est-ce que le narrateur reproche aux marques? À quoi est-ce qu'il compare les élèves qui portent des vêtements de marque?
6. Quelle est la différence entre les hommes-sandwichs d'autrefois et les élèves d'aujourd'hui?

b. Réactions

1. Qu'est-ce que vous pensez de ce que dit le narrateur sur les marques et de la comparaison des lignes 97–98?
2. Est-ce que les marques étaient importantes quand vous étiez au collège ou au lycée? Si oui, expliquez l'impact qu'elles avaient sur les élèves.
3. Avez-vous remarqué si les élèves du film *Entre les murs* portaient des vêtements ou des accessoires de marque?
4. Quelles similarités pouvez-vous remarquer entre les élèves de ce texte et ceux du film (dans leur attitude face à leurs études et leur comportement en classe)? Comparez aussi la réaction du narrateur et celle de M. Marin dans le film.

c. Questions de langue

1. Les niveaux de langue: Analysez les différences entre la manière de parler des élèves, de leur prof et du narrateur.
   a. Comment est-ce que la prof exprime l'idée de « se la péter »?
   b. Quelles différences remarquez-vous dans les échanges suivants:
   - —Ils prennent la tête, c'est tout! Avec leurs trucs qui servent à rien!
     —Par exemple, quel truc qui ne sert à rien?
   - —C'est ses N, m'sieur.
     —D'accord, j'ai bien vu, oui, ce sont des N…

2. Le français oral
   a. Analysez la structure des paires de phrases suivantes: Quel est le sujet? Comment le sujet est-il renforcé?
   - (élève) Les profs, ils nous prennent la tête, m'sieur!
     (narrateur) Elles vous prennent la tête, vos marques.
   - (narrateur) Ta tête, elle est déjà prise.
     (élève) Elle est prise, ma tête?

   b. Faites une phrase sur le même modèle pour parler d'un objet qui vous appartient ou d'une personne que vous connaissez.

3. Quels sont d'autres moyens d'exprimer les mots ou expressions ci-dessous?
   a. le mot **chaussure**
   b. le mot **pull-over**
   c. l'expression en italique: Et, comme *il ne s'agissait pas d'humilier Maximilien,* c'est aux autres que j'ai, une nouvelle fois, posé la question…

2. Les élèves d'hier et d'aujourd'hui

Dans ce deuxième extrait de *Chagrin d'école,* le narrateur réfléchit aux différences entre les élèves d'hier et d'aujourd'hui.

« Fais attention, m'ont prévenu mes amis quand j'ai entrepris la rédaction de ce livre, les élèves ont énormément changé depuis ton enfance, et même depuis la douzaine d'années où tu as cessé d'enseigner! Ce ne sont plus du tout les mêmes, tu sais! »

Oui et non.

Ce sont des enfants et des adolescents du même âge que moi à la fin des années cinquante, voilà au moins un point de reconnaissance. Ils se lèvent toujours aussi tôt, leurs horaires et leurs sacs sont toujours aussi lourds et leurs professeurs, bons ou mauvais, restent des mets de choix° au menu de leurs conversations, trois autres points communs.

Ah! Une différence: ils sont plus nombreux que dans mon enfance, quand les études s'arrêtaient pour beaucoup au certificat du même nom°. Et ils sont de toutes les couleurs, du moins dans mon quartier, où vivent les immigrés qui ont construit le Paris contemporain. Le nombre et la couleur font des différences notables, c'est vrai, mais qui s'estompent° dès qu'on quitte le XXe arrondissement, surtout les différences de couleur. De moins en moins nombreux, les élèves de couleur, en descendant de nos collines° vers le centre de Paris. Presque plus aucun dans les lycées qui flanquent le Panthéon. Très peu d'élèves black ou beurs dans nos centres-villes — la proportion de la charité, disons — et nous voici ramenés à la blanche école des années soixante.

Non, la différence fondamentale entre les élèves d'aujourd'hui et ceux d'hier est ailleurs: ils ne portent pas les vieux pulls de leurs grands frères. La voilà, la vraie différence! Ma mère tricotait un pull-over à Bernard qui, ayant grandi, me le refilait. Même chose pour Doumé et Jean-Louis, nos aînés.

met de choix: nourriture très appréciée
certificat du même nom: le certificat d'études, *a difficult exam that students used to take at the end of elementary school (Refer to page 48 for more information)*
s'estompent: disparaissent progressivement
collines: *hills*

Les « chandails » de notre mère constituaient l'inévitable surprise de Noël. Il n'y avait pas de marque, pas d'étiquette° *pull Maman;* pourtant la plupart des enfants de ma génération portaient des pulls maman.

Aujourd'hui non; C'est Mère-Grand° marketing qui habille grands et petits. C'est elle qui habille, nourrit, désaltère°, chausse, coiffe, équipe tout un chacun°, c'est elle qui barde° l'élève d'électronique, le monte sur rollers, vélo, scooter, moto, trottinette, c'est elle qui le distrait, l'informe, le branche°, le place sous transfusion musicale permanente et le disperse aux quatre coins de l'univers consommable, c'est elle qui l'endort, c'est elle qui le réveille et, quand il s'assied en classe, c'est elle qui vibre au fond de sa poche pour le rassurer: Je suis là, n'aie pas peur, je suis là, dans ton téléphone, tu n'es pas l'otage du ghetto scolaire!

étiquette: *tag*
Mère-Grand: Grand-Mère
désaltérer: *to quench somebody's thirst*
tout un chacun: tout le monde
barde: couvre
branche: *connects*

a. Compréhension

1. Qu'est-ce que le narrateur faisait avant d'être écrivain?
2. De quoi est-ce que ses amis avaient peur quand il a commencé à écrire son livre *Chagrin d'école*?
3. D'après le narrateur, qu'est-ce qui n'a pas changé depuis qu'il était élève? Qu'est-ce qui a changé? Comment explique-t-il ces changements?
4. Qu'est-ce que le narrateur dit sur la diversité dans les établissements scolaires parisiens?
5. Quelle est la différence principale entre les élèves d'avant et ceux d'aujourd'hui? Qu'est-ce que le narrateur veut dire?
6. Comment est-ce que cette différence affecte la scolarité des élèves?

b. Réactions

1. Qu'est-ce que vous pensez de ce que l'auteur considère la différence fondamentale entre les élèves d'hier et d'aujourd'hui? Avez-vous été surpris(e) par cette idée? Que veut-il dire, en fait?
2. Pourquoi est-ce que les mères d'aujourd'hui tricotent rarement? Est-ce que votre mère vous tricote des pulls ou vous fait des vêtements? Est-ce que vous portez les vieux pulls de vos grands frères ou de vos grandes sœurs?
3. Qu'est-ce que le narrateur pense de la société de consommation? Quel(s) rapport(s) (*connection[s]*) pouvez-vous faire entre les deux extraits de *Chagrin d'école* que vous avez lus?
4. Pensez-vous que la consommation ait un impact important sur l'éducation aux États-Unis?

c. Questions de langue

1. D'après vous, à quels objets est-ce que le narrateur fait implicitement référence quand il dit: « C'est elle [Mère-Grand marketing] qui le distrait, l'informe, le branche, le place sous transfusion musicale permanente… l'endort, c'est elle qui le réveille et, quand il s'assied en classe, c'est elle qui vibre au fond de sa poche pour le rassurer »?
2. Comment est-ce que le narrateur crée un rythme rapide dans le dernier paragraphe? Pourquoi a-t-il choisi ce rythme? (Qu'est-ce qu'il veut imiter?)

AVANT LE PROCHAIN COURS

Cahier: Faites **Préparation à l'écriture.**

INTERACTIONS

This section contains activities that allow you to work creatively with the vocabulary and structures from the chapter.

A. Sketch

Choisissez un sujet (ou inventez-en un), préparez la scène et jouez-la devant la classe.

1. Conversation entre un(e) élève du collège et Souleymane quelques mois après l'expulsion de celui-ci: l'élève veut savoir comment Souleymane s'est habitué à son nouveau collège; Souleymane demande des nouvelles de ses anciens camarades; ils parlent de ce qui s'est passé en 4e.
2. Conversation entre le prof déprimé et son médecin: le prof qui craque dans la salle des profs va voir son médecin, car il se sent déprimé; le médecin l'interroge sur son travail et lui fait quelques suggestions.
3. Le conseil de classe: quelques profs discutent des résultats et du comportement de Khoumba, d'Esmeralda et de Wei.
4. Entretien avec un(e) ou plusieurs élèves au Festival de Cannes: les élèves qui ont joué dans le film sont allés à Cannes pour la présentation du film, qui a gagné la Palme d'Or. Un journaliste les interroge sur leur collège et sur leur rôle dans le film, et il leur demande leurs impressions de Cannes et du festival.

B. Exposé

Préparez un des sujets suivants à la maison pour le présenter en classe.

1. Faites votre autoportrait et illustrez-le par quelques documents.
2. Parler pour convaincre: choisissez un sujet qui vous passionne et présentez vos arguments à la classe.
3. Parlez d'un prof qui vous a marqué à l'école élémentaire, au collège ou au lycée.
4. Faites un exposé sur un monument ou un lieu connu du 20e arrondissement de Paris.
5. Faites une recherche sur Cannes et son festival de films. Parlez brièvement de quelques films en compétition lors d'un festival récent.

Liste de vocabulaire

Adjectifs

agressif (-ive) *aggressive*
blessé(e) *injured*
bruyant(e) *noisy*
compréhensif (-ive) *understanding*
débrouillard(e) *resourceful*
discipliné(e)/indiscipliné(e) *disciplined/undisciplined*
dur(e) *difficult*
énervé(e) *irritated*
exigeant(e) *demanding*
fâché(e) *angry*
favorisé(e)/défavorisé(e) *privileged/underprivileged*
fier, fière *proud*
gentil(le) *nice, kind*
grossier, grossière *foul-mouthed*
insolent(e) *insolent*
juste/injuste *just/unjust*
laxiste *lax*
maladroit(e) *clumsy, tactless*
méprisant(e) *disdainful*
moqueur (-euse) *mocking*
moyen(ne) *average*
patient(e)/impatient(e) *patient/impatient*
poli(e)/impoli(e) *polite/impolite*
provocateur, provocatrice *confrontational*
respectueux (-euse)/irrespectueux (-euse) *respectful/disrespectful*
rival(e) *rival*
sain(e)/malsain(e) *healthy/unhealthy (for a relationship, a situation, housing, or food)*
strict(e) *strict*
vulgaire *vulgar*

For extra practice with the vocabulary in this chapter, refer to the web quizzes at **www.cengagebrain.com.** Refer to the **Liste de vocabulaire** on page 35 (Chapter 1) for more school-related vocabulary.

Noms

les affaires (f. pl.) *belongings*
une année scolaire *school year*
une attitude *attitude*
un autoportrait *self-portrait*
un avenir *future*
un avertissement *warning*
une banlieue *suburb*
un bulletin (scolaire) *report card*
un (immigré) clandestin *illegal alien*
un collège *middle school, junior high school*
le comportement *attitude*
un conflit *conflict*
une confrontation *conflict, clash*
la conjugaison *conjugation*
un conseil de classe *teacher-parents-students committee (see* **Note culturelle** *page 157)*
un conseil de discipline *disciplinary committee*
un(e) délégué(e) [de classe] *[class] representative*
un échec (scolaire) *failure (at school)*
un(e) élève *elementary, middle, high school student*
un emploi du temps *schedule*
une exclusion *suspension, expulsion*
une explication (de texte) *explanation, (textual) analysis*
le favoritisme *favoritism*
le mépris *scorn*
une moyenne *grade point average*
une note *grade*
un portable *cell phone*
un(e) principal(e) *principal*
un(e) prof(esseur) principal(e) (équivalent approximatif de) *homeroom teacher*
une punition *punishment*
un quartier *neighborhood*
la récré(ation) *recess*
le règlement, les règles (f. pl.) *rules*

la rentrée (scolaire) *the beginning of the school year*
un renvoi *suspension, expulsion*
une réunion *meeting*
un rival(e) *rival*
la rivalité *rivalry*
la salle des profs *teachers' lounge*
une sanction *punishment, disciplinary measure*
une sensation *feeling, sensation*
un sentiment *feeling, emotion*
un tableau *blackboard*
la tension *tension*
un trimestre *an academic quarter*

Present tense verb conjugation is reviewed in the **Grammaire** (pages 225–230), and the Appendix on page 336 includes conjugation patterns.

Verbes

accueillir (irrég.) *to welcome*
afficher (un poster, une photo) *to display*
aider quelqu'un (à faire quelque chose) *to help someone (do something)*
assister à (une réunion, un cours, un concert, etc.) *to attend (a meeting, a class, a concert, etc.)*
avertir (de) (comme *finir*) *to warn (about)*
avoir honte (de) *to be ashamed (of)*
avoir la moyenne *to have a passing grade*
avoir le droit (de faire quelque chose) *to have the right/to be allowed (to do something)*
avoir peur (de, que) *to be afraid (of, that)*
blesser *to hurt*
conjuguer *to conjugate*
conseiller à quelqu'un de faire quelque chose *to advise someone to do something*
convaincre quelqu'un de faire quelque chose (comme *vaincre*) *to convince someone to do something*
échouer *to fail*
en avoir marre (de) *to be fed up (with)*
enseigner *to teach*
exclure (de) (irrég.) *to expel (from)*
exiger *to demand*
exprimer *to express*
expulser *to expel*
faire du bruit *to make noise, to be noisy*
faire exprès de faire quelque chose *to do something on purpose*
faire mal à quelqu'un *to hurt someone*
insulter *to insult*
interdire à quelqu'un de faire quelque chose (comme *dire*) *to forbid someone to do something*
interroger (un élève) *to call on (a student)*
interrompre (comme *rompre*) *to interrupt*
lever le doigt/la main *to raise one's hand*
lire (à haute voix) (irrég.) *to read (aloud)*
manquer de respect à quelqu'un *to lack respect for someone*
pénaliser *to penalize*
perdre du temps *to waste time*
perdre patience *to lose patience*
permettre à quelqu'un de faire quelque chose (comme *mettre*) *to allow someone to do something*
porter plainte (contre) *to register a complaint (against)*
poser une question *to ask a question*
provoquer *to provoke*
renvoyer (comme *envoyer*) *to dismiss, to expel, to send back*
reprocher quelque chose à quelqu'un, reprocher à quelqu'un de faire quelque chose *to reproach someone for (doing) something*
réussir (à) (comme *finir*) *to succeed*
s'améliorer *to improve*
se comporter + adverbe (bien, mal) *to behave + adverb (well, badly)*
se conduire + adverbe (bien, mal) (voir *conduire*) *to behave + adverb (well, badly)*
se débrouiller *to be resourceful*
se détériorer *to get worse (for a thing or a situation)*
s'énerver *to get mad*
s'ennuyer (voir *ennuyer*) *to be bored*
s'entendre (bien/mal) *to get along (well, badly)*
se fâcher *to get angry*
se plaindre (de) (voir *plaindre*) *to complain (about)*
tutoyer *to address with* tu
vouvoyer *to address with* vous

Vocabulaire familier (entendu dans le film)

Adjectifs

cheum = verlan pour moche, laid
ouf = verlan pour fou
séfran = verlan pour français
tebé = verlan pour bête
vénère = verlan pour énervé

Noms et pronoms

ace, aç = verlan pour ça (comme ace = comme ça)
un baggy *baggy pants*
un bahut = un lycée
un bled = un village
un bouffon = un imbécile, une personne très stupide
un(e) daron(ne) = père, mère
un look = un style
une pétasse *slut; vulgar looking, bad-mouthed woman or teenage girl*
un séfran = verlan pour français
un tiéquar = verlan pour quartier

Verbes et expressions

charrier = exagérer, aller trop loin (vous charriez trop, faut pas charrier)
francer = se comporter comme un français
je m'en fous *I don't care*

Refer to the marginal note on page 140 for information on verlan.

This section of the list is designed to help you understand the film, but it is not intended for academic use and may contain objectionable language.

Vocabulaire supplémentaire

Noms

le bavardage *chattering*
un cahier de texte *homework notebook*
une capuche *hood*
un carnet de correspondance *notebook for parent-teacher communication*
une carte de séjour *resident alien card*
une casquette *cap*
un classeur *ring binder*
une cour (de récréation) *school yard, (playground)*
les encouragements (m. pl.) = une distinction scolaire *(see* **Note culturelle** *page 157)*
une équipe *team*
les félicitations (f. pl.) = une distinction scolaire *(see* **Note culturelle** *page 157)*
une légende *caption*
le réfectoire *dining hall*
la retraite, prendre sa retraite *retirement, to retire*
un sac à dos *backpack*
un tatouage *tattoo*

Chapitre 8

LA VIE ET SES OBSTACLES

Intouchables

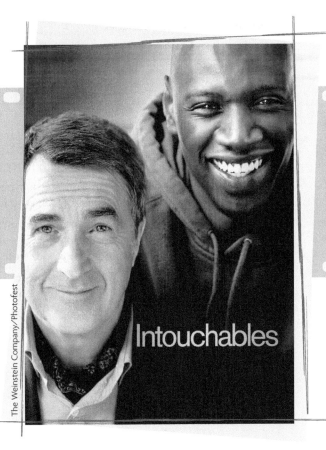

The Weinstein Company/Photofest

Réalisateurs: Éric Toledano et Olivier Nakache, France (2011); 112 minutes

Intouchables became the second most popular comedy in France and the most watched foreign film in the United States. The film, inspired by real-life events, tells the story of a rich quadriplegic who hires a man from the projects to become his caretaker. The new vocabulary for this chapter focuses on the themes of male friendship, social classes, Paris and its outskirts **(banlieue)** as well as the use of **verlan.** The reading by French author of Algerian ancestry Faïza Guène addresses themes from the film such as life in the **banlieue,** poverty, and socio-cultural challenges.

Les personnages (la distribution: les acteurs/actrices): Philippe (François Cluzet), Driss (Omar Sy), Yvonne (Anne Le Ny), Magalie (Audrey Fleurot), Marcelle (Clotilde Mollet), Élisa (Alba Gaïa Kraghede Bellugi), Adama (Cyril Mendy), Fatou, la mère de Driss (Salimata Kamate), Antoine, l'ami avocat de Philippe (Grégoire Oestermann), Albert (Christian Ameri).

- Césars: Omar Sy, Meilleur acteur (2012)
- Goya du Meilleur film européen (2013)
- Prix spécial de la critique – COLCOA Film Festival (2012)
- Festival international du film de Tokyo: Tokyo Sakura Grand Prix et prix du Meilleur acteur pour Omar Sy (2011)

Entrée en matière

A. Discussion

1. Que signifie le terme « banlieue »? Quelle(s) image(s) associe-t-on à ce terme en France et aux États-Unis? Quel type de population habite en banlieue aux États-Unis? Et en France, à votre avis?
2. Quels sont différents types de handicaps? Connaissez-vous des personnes handicapées? Quels obstacles ces personnes doivent-elles affronter?
3. Quelle importance donnez-vous à l'amitié dans votre vie? Quelles qualités appréciez-vous chez vos amis? Quels défauts sont pour vous inacceptables? Comment choisissez-vous vos amis?
4. Comment est-ce que les préjugés ou les différences socio-culturelles peuvent affecter les rapports entre les gens? Citez des exemples de cela dans des films que vous avez vus.

Note culturelle

B. LA BANLIEUE

L'action du film *Intouchables* se passe à Paris et dans la banlieue parisienne, montrant de façon stéréotypée deux mondes socio-culturels distincts. Le mot «banlieue» désigne à l'origine l'ensemble des communes qui entourent les grandes villes françaises comme Paris et où résident «les banlieusards», ces habitants qui travaillent souvent dans la capitale mais rentrent chaque soir dans les «villes-dortoirs» pour y dormir. Les logements sont financièrement plus accessibles en banlieue, mais les distractions et avantages de la ville manquent. Les banlieusards sont quotidiennement confrontés au problème du transport et au syndrome «métro-boulot-dodo». Ils utilisent beaucoup les transports en commun: autobus, métro et trains de banlieue.

Toutefois, les communautés de banlieues géographiquement marquées sont très inégales: certaines, appelées les «pavillonnaires», sont plutôt riches et peuplées par les classes moyennes et supérieures; d'autres, appelées les «cités» ou «zones urbaines sensibles», sont peuplées par les classes pauvres et populaires, majoritairement issues de l'immigration. La pauvreté, l'échec scolaire, le chômage chez les jeunes et la précarité touchent particulièrement les populations des cités. Construites à partir des années 1950, ces cités renferment dans leurs disgracieux HLM (habitations à loyer modéré) une population d'origine étrangère, principalement d'Afrique du Nord et d'Afrique noire, pour qui l'intégration n'est pas toujours facile. Depuis les années 1980, les tensions sociales dans certaines zones pauvres de la banlieue parisienne ont évolué en de violentes confrontations entre les jeunes et la police. Ce « malaise des banlieues», que les gouvernements de droite et de gauche gèrent difficilement, se traduit souvent par des incendies de voitures et des destructions de biens. C'est cette banlieue et son image négative inscrite dans les consciences qui fait régulièrement la une des journaux (*makes headline news*) et domine les débats politiques.

Au cinéma, la banlieue française est devenue un sujet privilégié pour certains réalisateurs contemporains, particulièrement préoccupés par la «fracture sociale», ce clivage entre ceux qui ont le pouvoir et ceux qui ne l'ont pas. Leur cinéma engagé s'interroge sur les difficultés des pauvres et des faibles et privilégie l'être humain face à une société dominée par l'argent et la violence. *La Haine* (Matthieu Kassovitz, 1995), aujourd'hui considéré comme le prototype du film de banlieue, exprime de façon dramatique ce malaise. Le film cherche aussi à redéfinir l'identité française dans le contexte d'une société devenue multiethnique, parfois surnommée «black, blanc, beur». Depuis, les films directement ou indirectement liés à la banlieue se sont diversifiés. Les jeunes réalisateurs Éric Toledano et Olivier Nakache se spécialisent dans la comédie pour parler de la diversité socio-culturelle. Ils explorent également les liens profonds tels que l'amitié qui unit les êtres au-delà de leurs différences. *Intouchables* est leur quatrième film, après *Je préfère qu'on reste amis* (2004), *Nos Jours heureux* (2006) et *Tellement proches* (2008).

1. Compréhension

1. Comment définit-on les mots « banlieue » et « banlieusards »?
2. Quel est l'avantage et l'inconvénient d'habiter dans une « ville-dortoir »?
3. À quoi fait référence l'expression « métro-boulot-dodo »?
4. Quelles sont les différences entre une banlieue « pavillonnaire » et une « zone urbaine sensible »?
5. Qu'est-ce que « le malaise des banlieues »?
6. Quel type de réalisateurs filme la banlieue?
7. Pourquoi *La Haine* est-il un film important?
8. Quels thèmes Éric Toledano et Olivier Nakache traitent-ils dans leurs films?

2. Réactions

1. Connaissez-vous des films américains qui s'intéressent aux quartiers défavorisés? À quels obstacles les personnages sont-ils confrontés? Comment comparez-vous les quartiers défavorisés américains aux banlieues françaises?
2. En vous basant sur ce que vous savez de la société française et sur ce que vous venez de lire, imaginez comment Éric Toledano et Olivier Nakache vont représenter Paris et sa banlieue.

C. Lecture d'un compte rendu sur le film

Une banlieue parisienne

Voici un compte rendu sur le film paru dans *Excessif.com*. Lisez-le pour avoir une idée du film et des thèmes qu'il aborde, puis répondez aux questions.

1. Préparation

1. Indiquez l'infinitif des verbes conjugués qui suivent:
   a. vécue (ligne 7)
   b. devenu (ligne 8)
   c. suivi (ligne 15)
   d. formaient (ligne 45)
   e. aurait (ligne 51)
2. Devinez la signification des mots suivants en vous aidant de leur ressemblance avec des mots français ou anglais que vous connaissez.
   a. hilarantes (ligne 18)
   b. maîtrise (ligne 29)
   c. pas calculée (ligne 32)
   d. adhésion (ligne 59)

2. ***Intouchables.*** *La critique: Une très grande réussite*

tétraplégique: *quadriplegic*
constat: *observation*
émaillé de: *dotted with, full of*
l'équilibre: *the balance*
se laisser déborder: *overdo it*
surfait: *overdone*
découle: *ensues, follows*
pareille: *such*
de par: *because of*

Olivier Corriez

« Si vous faites ce film, il faut que ce soit drôle. Car cette histoire doit passer par le prisme de l'humour. » Cette phrase est la recommandation de Philippe Pozzo di Borgo à Olivier Nakache et Éric Toledano, les réalisateurs de *Intouchables*. Le film est inspiré de l'histoire vécue par cet homme devenu tétraplégique° à la suite d'un accident de parapente. L'histoire d'une rencontre improbable entre un homme riche mais handicapé et un autre homme venu d'une banlieue difficile. Premier constat°, les deux cinéastes ont suivi le conseil à la lettre. *Intouchables* est un film drôle, émaillé de° surprises hilarantes. Mais ce n'est pas seulement cela. Le film n'est pas une comédie de plus dans l'univers du genre en France, il est autre chose, il passe dans une dimension supérieure.

Olivier Corriez, "Intouchables. La critique: Une très grande réussite" - *Excessif.com*, 27 octobre 2011

Ce qui frappe dans *Intouchables*, c'est l'équilibre° parfait trouvé par Olivier Nakache et Éric Toledano entre humour et émotion. Avec cette histoire forte, le duo de réalisateurs pouvait facilement se laisser déborder° mais il maîtrise entièrement le sujet et nous parle droit au cœur en nous offrant un de ces films rares, d'une sensibilité juste et pas calculée. Rien n'est surfait° dans *Intouchables*, tout découle° naturellement, sans artifices. C'est subtil et d'une grande finesse d'esprit. Et derrière les mots et les images, nous assistons à une belle leçon d'humanité et de tolérance.

Intouchables est non seulement l'histoire de la rencontre entre deux hommes mais aussi la rencontre entre deux acteurs: François Cluzet et Omar Sy. Ces deux-là semblent complémentaires comme les deux personnages qu'ils incarnent, comme s'ils ne formaient qu'un. Une pareille° alchimie entre deux comédiens que tout oppose est, là encore, quelque chose de rare. Et on peut s'avancer à dire que sans les présences de François Cluzet et Omar Sy, le film n'aurait certainement pas été le même.

Vous l'aurez compris, *Intouchables*, de par°, entre autres arguments, son histoire, sa sincérité, ses interprètes, est une grande, une très grande réussite. Ses qualités sont telles qu'on ne voit pas comment il n'emporterait pas l'adhésion du public.

How to Answer Questions about a Reading

Avoid general answers by referring to specifics in the passage. Note line numbers in your responses so you can refer your classmates to the words you are citing.

3. Compréhension

1. Quelle recommandation a été faite aux réalisateurs?
2. Qui est Philippe Pozzo di Borgo?
3. Quelles sont les différences des personnages au niveau socio-culturel?
4. Quelles sont les qualités de ce film?
5. Pourquoi ce film est-il bien plus qu'une simple comédie?
6. Que pouvez-vous dire à propos du choix des acteurs? Justifiez votre réponse.
7. Pourquoi *Intouchables* est-il une grande réussite?

4. Réactions

1. D'après vous, quels sont les thèmes importants du film?
2. Comment l'affiche du film illustre-t-elle les informations que vous avez trouvées dans le compte rendu?
3. Avez-vous déjà vu des films dans lesquels un duo masculin est en tête d'affiche? Citez quelques titres.

5. Questions de langue

1. Trouvez un synonyme dans le texte pour:
 a. comique (paragraphe 1)
 b. invalide (paragraphe 1)
 c. suggestion (paragraphe 1)
 d. puissante (paragraphe 2)
 e. acceptation de l'autre (paragraphe 2)
 f. qui se complètent (paragraphe 3)
 g. authenticité (paragraphe 4)
 h. succès (paragraphe 4)

2. Les pronoms relatifs
 a. Trouvez un pronom relatif sujet (paragraphe 2).
 b. Trouvez un pronom relatif complément d'objet direct (paragraphe 3).

D. Visionnement d'une séquence (première partie)
(avec son et sous-titres)

Lisez les questions ci-dessous, puis regardez la première partie de la scène de l'entretien d'embauche (à partir de 7'55 jusqu'à 10'10) en faisant bien attention au placement de la caméra. Répondez ensuite aux questions.

1. Compréhension

1. Quel diplôme n'est pas mentionné par les candidats?
 a. le certificat d'aptitude aux fonctions d'aide à domicile
 b. le bac pro service de proximité et vie sociale
 c. la licence en économie sociale

2. Quelle phrase n'est pas l'une des motivations données?
 a. « J'aime les difficultés. »
 b. « Je suis à fond dans l'humain. »
 c. « J'aime bien le quartier. »

3. D'après les candidats, qu'est-ce qui est important pour les personnes handicapées?
 a. leur insertion professionnelle
 b. leur autonomie
 c. leur hygiène alimentaire

4. Les candidats ont surtout travaillé _______.
 a. dans un centre sportif
 b. dans un centre de pédiatrie
 c. avec des dames handicapées

5. Philippe demande à Magalie de vérifier _______.
 a. les diplômes des candidats
 b. s'il reçoit une aide au logement
 c. si le contrat de l'auxiliaire de vie (*personal care assistant*) inclut un logement

VOCABULAIRE UTILE

le bac pro: le bac(calauréat) professionnel (*professional high school diploma*)
les gens diminués: *impaired people*
l'insertion: *inclusion, integration*
bouger: *to move*
les démarches administratives: *administratrive procedures, paperwork*

2. Réactions

1. Si vous étiez Philippe, voudriez-vous embaucher un de ces candidats comme auxiliaire de vie?

2. Que pensez-vous du travelling (*travelling/tracking shot*) qui montre les diverses paires de chaussures au début de l'extrait?

3. D'après vous, comment est-ce que Driss (l'homme en jean et en baskets) va se différencier des autres candidats?

E. Visionnement d'une séquence (seconde partie)
(avec son, sans sous-titres)

Lisez les questions ci-dessous, puis regardez la seconde partie de la scène de l'entretien d'embauche (à partir de 10'11 jusqu'à 13'06) en faisant bien attention aux dialogues. Répondez ensuite aux questions.

1. Compréhension

1. Les références de Driss sont _______.
   a. professionnelles
   b. littéraires
   c. musicales
2. Driss _______.
   a. aime blaguer (faire de l'humour)
   b. apprécie Berlioz
   c. habite dans le bâtiment Chopin
3. Quelle information n'est pas correcte?
   a. Berlioz est un compositeur du 19ᵉ siècle.
   b. Berlioz est le nom d'une cité de banlieue.
   c. Berlioz est le nom d'une station de métro dans le 19ᵉ arrondissement (*district*) de Paris.
4. Driss est venu à l'entretien d'embauche pour _______.
   a. rencontrer un patron riche
   b. trouver du travail
   c. faire signer un papier administratif
5. Driss demande si Magalie _______.
   a. a de la motivation pour son travail
   b. peut signer à la place de Philippe
   c. sera là demain
6. Driss doit revenir _______.
   a. le lendemain à six heures
   b. le lendemain à neuf heures
   c. le lendemain à dix-neuf heures

> VOCABULAIRE UTILE
> **inculte:** *uneducated*
> **une vanne (familier):** *a joke*
> **Assedic:** *unemployment benefits*

2. Réactions

1. Comparez l'entretien de Driss et celui des autres candidats.
2. Quelles différences entre Driss et Philippe sont montrées dans cette scène?
3. D'après le compte rendu que vous avez lu et la séquence que vous venez de regarder, de quels obstacles le film *Intouchables* va-t-il parler?
4. Comment imaginez-vous la suite du film?

3. Le français parlé

1. Vous allez lire une transcription de la séquence distribuée par votre professeur. Analysez les éléments du dialogue qui appartiennent au langage parlé:
   a. Quel type de question est utilisé par Magalie?
   b. Que pouvez-vous dire sur les négations?
   c. Quelles lettres et quels mots ne sont pas prononcés ou sont prononcés différemment?

2. Soulignez les verbes à l'impératif, au subjonctif, au conditionnel présent et au conditionnel passé.
3. Regardez à nouveau la séquence et entraînez-vous à dire le dialogue comme dans le film.

F. Préparation au visionnement du film

En regardant le film, faites attention aux aspects suivants et prenez des notes.

1. Les personnages: Quelles sont leurs différences et leurs similarités (physiques, psychologiques, socio-culturelles)?
2. L'esthétique du film: Comment Paris et la banlieue parisienne sont-elles représentées? Quelle est l'importance de la musique?
3. Le français utilisé dans le film: Quels types de vocabulaire sont utilisés par les différents personnages?

AVANT LE PROCHAIN COURS

1. *Intouchables:* Regardez le film.
2. ***Cahier:*** Faites **Les mots pour le dire.**
3. ***Manuel:*** Révisez *Le passé composé et l'imparfait* (pages 252–255) et *Le plus-que-parfait* (page 258).

Viewing Tips

Notice:

- camera movements, close-ups, and sounds
- the use of French slang (Refer to the list of **Vocabulaire familier** on pages 203–204.)

Ask yourself:

- What are the main handicaps both main characters face?
- How do Driss and Philippe help each other?

Anticipate:

- difficulties understanding French slang **(verlan)**

Références à consulter

- Liste de vocabulaire, pages 202–204
- Votre dictionnaire personnel *(Cahier)*

LES MOTS POUR LE DIRE

A. Définitions

1. Le mot juste

Quels mots correspondent aux descriptions suivantes?

1. faire des blagues (verbe)
2. recruter un nouvel employé (verbe)
3. une chose drôle (adjectif)
4. perdre conscience (verbe)
5. un adjectif qui décrit une personne réaliste ou pratique
6. une personne sans travail qui est aidée par des aides gouvernementales
7. un adjectif qui décrit quelqu'un d'invalide
8. s'occuper des besoins médicaux d'une personne (verbe)
9. une grande douleur
10. une correspondance écrite (adjectif)

2. Vos définitions

Inventez des définitions pour trois mots de la **Liste de vocabulaire** à la page 202.

B. Le français familier

Associez les phrases de la première colonne (expressions familières) à celles de la deuxième colonne (équivalents en français standard).

______ **1.** Elle est chome.	a. Il n'abandonne pas.
______ **2.** Il se barre.	b. Il blague souvent.
______ **3.** Il ne jette pas l'éponge.	c. Elle lui plaît.
______ **4.** Il fait beaucoup de vannes.	d. Il part.
______ **5.** Il la kiffe.	e. Il va devenir fou.
______ **6.** Il va péter les plombs.	f. Elle fait des bêtises.
______ **7.** C'est une vraie pipelette!	g. Elle est laide.
______ **8.** Elle déconne.	h. Elle parle beaucoup.

C. Situations

1. Réactions

Qu'est-ce que ces personnages ont fait ou ont éprouvé dans les circonstances suivantes? Faites des phrases courtes au passé composé en utilisant les verbes suivants, qui proviennent de la **Liste de vocabulaire.**

Exemple: Philippe, quand Driss a postulé pour l'emploi d'auxiliaire de vie
Il l'a embauché. / Il a été intrigué.

prendre peur	faire semblant de + verbe	faire une blague
former	mettre à la porte	passer un entretien
raser	s'amuser beaucoup	

1. Fatou, la mère de Driss, quand Driss était assis dans sa cuisine
2. Magalie, quand Driss lui a montré sa salle de bains
3. Yvonne, quand Driss s'est intéressé à Magalie
4. Les hommes qui attendaient chez Philippe au début du film
5. Philippe, quand il s'est rendu au premier rendez-vous avec Éléonore
6. Marcelle, quand Driss a commencé son travail chez Philippe
7. Driss, quand il a revu Philippe avec une barbe
8. Philippe et Driss, pendant l'anniversaire de Philippe

2. Et vous?

Comparez votre vie à celle de certains personnages du film. Avec un(e) partenaire, répondez aux questions oralement.

1. Quand as-tu été embauché(e) pour la première fois? Quel type de travail faisais-tu? Comment était ton patron/ta patronne? Tes collègues?
2. Comment est ta relation avec un de tes parents? Est-ce que vous vous entendez bien? Pourquoi?
3. Aimes-tu faire des blagues? Aimes-tu que tes amis te fassent des blagues? Quelle est la meilleure blague que tu aies faite ou qu'on t'ait faite?
4. Dans quelles circonstances as-tu déjà pris peur? Quand? Pourquoi?

5. Quels traits physiques trouves-tu particulièrement attrayants (*attractive*) chez un(e) petit(e) ami(e)? Pourquoi?
6. En général, comment fêtes-tu l'anniversaire de tes amis? As-tu déjà organisé une fête pour l'anniversaire d'un(e) ami(e)? Raconte l'événement.

D. À l'écoute: La culture des banlieues

2-21

Le texte que vous allez entendre explique la culture des banlieues. Lisez les questions, puis écoutez le passage et vérifiez si vous avez compris en répondant aux questions.

1. La majorité des habitants des banlieues sont originaires du continent _______.
   a. africain
   b. américain
   c. asiatique
2. Les cultures des pays d'origine sont principalement _______.
   a. littéraires
   b. orales
   c. visuelles
3. Le verlan est une forme d'expression _______.
   a. intellectuelle
   b. poétique
   c. populaire
4. Le rap français est apparu dans les années _______.
   a. 1970
   b. 1980
   c. 1990
5. MC Solaar est né _______.
   a. en France
   b. au Maroc
   c. au Sénégal
6. Il s'est inspiré de _______.
   a. la vie de ses parents au Tchad
   b. sa vie en Afrique
   c. sa vie en banlieue parisienne
7. L'utilisation du verlan a été favorisée par _______.
   a. la publicité
   b. les moyens de communication
   c. les moyens de transport

AVANT LE PROCHAIN COURS

1. ***Manuel:*** Révisez *Le futur* (pages 294–296) et *Le conditionnel présent et passé* (pages 297–300).
2. ***Cahier:*** Faites **Préparation à la discussion.**

Discussion

A. Chronologie

Review the conjugation of past tenses for a few verbs of the **Chronologie**.

Rétablissez la chronologie des scènes du film en les numérotant de 1 à 8. Puis mettez les verbes au passé composé ou à l'imparfait et lisez les phrases à voix haute en classe pour vérifier la chronologie.

_____ a. La mère de Driss refuse qu'il revienne habiter chez elle.
_____ b. Adama a besoin de l'aide de Driss.
_____ c. Driss est formé pour devenir auxiliaire de vie.
_____ d. Driss passe un entretien d'embauche chez Philippe.
_____ e. La présence de Driss chez Philippe inquiète Antoine.
_____ f. Philippe rencontre enfin Éléonore.
_____ g. Driss se met à peindre.
_____ h. L'anniversaire de Philippe est une vraie réussite.

B. Quelques détails

Ajoutez quelques détails pour chaque phrase de la chronologie. Expliquez le contexte de chaque scène (ce qui s'est passé avant), ce que les personnages ont fait ou ressenti, comment la scène s'est terminée, etc. Utilisez le passé composé, l'imparfait ou le plus-que-parfait.

C. Réactions

1. Quel regard les différents candidats du début du film portent-ils sur les handicapés? Comment Driss se différentie-t-il?
2. Décrivez et comparez les logements de Driss (dans la cité) et de Philippe.
3. Comparez les méthodes de séduction de Philippe et de Driss. Quelle approche préférez-vous?
4. Comment le film traite-t-il le thème du handicap social? Comment Driss y fait-il face? Quelle évolution remarquez-vous chez ce personnage?
5. Quels types de musique entend-on? À quels moments? Quel est le rôle de la musique dans le film? Le mélange de différents types de musique a-t-il une réelle signification?
6. Donnez des exemples de mots, de gestes et de situations comiques. À quoi sert la comédie dans le film? Est-ce que certaines scènes comiques vous ont choqué(e)?
7. Identifiez les personnages suivants et expliquez l'opinion qu'ils ont de Driss:
   Fatou, sa mère
   Adama
   Magalie
   Élisa
   Antoine
   Yvonne
8. Quels rôles les femmes jouent-elles dans la vie de Philippe et de Driss?
9. Comment imaginez-vous la vie de Philippe et celle de Driss après la fin du film? Comment sera la vie personnelle et professionnelle de ce dernier?
10. Qu'est-ce que vous pensez de l'histoire et de la manière dont Toledano et Nakache l'ont filmée? Avez-vous été touché(e) ou amusé(e) par un personnage ou une scène en particulier?

D. Et vous?

Discutez des questions suivantes avec un(e) camarade de classe.

1. Où et avec qui habitais-tu quand tu avais l'âge d'Adama, le frère de Driss? Quels types d'amis avais-tu? Avaient-ils une bonne ou une mauvaise influence sur toi?
2. Quel a été jusqu'ici le plus grand obstacle/la plus grande difficulté de ta vie? Comment as-tu réussi à vaincre cet obstacle/cette difficulté?
3. As-tu déjà été victime de discrimination ou traité(e) de façon injuste? Quand? Par qui?
4. Quelle est l'importance de la musique dans ta vie? Quel genre de musique préfères-tu? Pourquoi? Quand écoutes-tu de la musique?
5. Qu'est-ce que tu ferais si un(e) de tes ami(e)s devenait handicapé(e) comme Philippe? Votre amitié changerait-elle?

E. À l'écoute: *Intouchables*

2-26

Laura suit un cours de français. Elle doit passer un examen oral qui consiste à résumer un des films qu'elle a vus pendant le semestre et à exprimer son opinion sur le film. Écoutez le paragraphe qu'elle a préparé et vérifiez si vous avez compris en répondant aux questions qui suivent.

1. Laura dit qu'elle _______.
   a. a assez aimé le film
   b. n'a pas aimé le film
   c. a beaucoup aimé le film
2. Laura a beaucoup ri en regardant _______.
   a. Driss faire son jogging avec Philippe
   b. Driss utiliser le shampooing sur les pieds de Philippe
   c. Driss rire à l'opéra
3. Selon Laura, qu'est-ce que Philippe et Driss réussissent à découvrir?
   a. le bonheur
   b. le pouvoir
   c. la jalousie
4. Laura n'aime pas Antoine parce qu'il _______.
   a. n'a pas de famille
   b. a des goûts de luxe
   c. a des préjugés
5. Laura pense que Driss _______.
   a. est devenu un homme responsable
   b. aurait dû trouver un meilleur travail
   c. est devenu un bon peintre
6. Laura ne comprenait pas toujours _______.
   a. les références culturelles
   b. les blagues
   c. le langage familier

7. Laura a apprécié _______.
   a. le jeu des acteurs
   b. la musique
   c. le décor parisien

8. Qu'est-ce que Laura voudrait maintenant faire?
   a. lire le scénario du film
   b. lire le livre de Philippe Pozzo di Borgo
   c. lire les critiques du film

AVANT LE PROCHAIN COURS

1. ***Manuel:*** Révisez *Le subjonctif présent, Le subjonctif passé, Emploi du subjonctif* et *Subjonctif ou infinitif?* (pages 305–316).
2. ***Cahier:*** Préparez **Pour aller plus loin.**

POUR ALLER PLUS LOIN

A. *Qui a dit quoi?*

1. Les citations dans leur contexte

Les phrases ci-dessous sont extraites du film. Complétez-les avec la forme et le temps du verbe indiqués entre parenthèses. Puis notez quel personnage a dit chaque phrase et expliquez son importance dans le contexte du film.

Adama	Antoine	Driss	Élisa	Fatou, la mère
Magalie	Marcelle	Philippe	Yvonne	de Driss

1. _______: —Sinon, vous pensez que vous _______ (être, conditionnel présent) quand même capable de travailler. Je veux dire avec des contrats, des horaires, des responsabilités?

   _______: —Je _______ (se tromper, passé composé) en fait. Vous en avez de l'humour. [...]

   _______: —Je parie que vous ne _______ (tenir, futur) pas deux semaines.

2. _______: «Tu _______ (me frapper, futur proche), c'est ça? C'est comme ça qu'on traite les femmes dans ton pays?»

3. _______: «On doit garder la peau et les articulations en bon état. Pour cela il _______ (falloir, futur proche) que tu _______ (être, subjonctif présent) méticuleux.»

4. _______: «Ils m' _______ (choper, passé composé) avec trois grammes. Tu connais le tarif: une garde à vue (*custody*) et bye-bye.»

5. _______: «Je crois que vous avez un petit rendez-vous. Cette fois vous ne _______ (pouvoir, futur) pas vous barrer.»

6. ________: « La journée commence impérativement à sept heures du matin avec l'infirmière. Il a besoin de deux à trois heures de soins. »

7. ________: —On y va, on tente le coup?

   ________: —Je ne sais pas.

   ________: —Vous ________ (ne pas kiffer, passé composé) quand vous l'________ (avoir, passé composé) au téléphone la dernière fois?

   ________: —Si j' ________ (kiffer, passé composé).

8. ________: « Je/J' ________ (beaucoup prier, passé composé) pour toi, mais que Dieu me pardonne, j'ai d'autres enfants, j'ai encore de l'espoir pour eux. »

9. ________: « Ce n'est pas à toi que je ________ (expliquer, futur proche) qu'il faut être vigilant. Tu ne dois pas faire entrer n'importe qui chez toi. »

10. ________: « Vas-y. Commence à te déshabiller. »

27, 2-28

2. Le français parlé

1. Soulignez les mots familiers ou argotiques dans les citations 4, 5 et 7. Pouvez-vous en deviner le sens d'après le contexte?
2. Dans les citations 2 et 9, quelle structure caractéristique du français parlé sert à la mise en relief du message?
3. D'où vient la force de la deuxième phrase dans la citation 4? Comment cette phrase fait-elle contraste à celles de la citation 3?
4. Imaginez comment les personnages prononcent les citations de **Qui a dit quoi?** Choisissez la citation que vous aimez le plus et prononcez-la en vous mettant dans la peau du personnage. Puis écoutez les citations 1 et 7 sur votre Audio Program et répétez-les comme vous les entendez en imitant le ton et l'émotion exprimée.

Source: *Intouchables*

B. Réactions

1. Qu'est-ce que les citations ci-dessus et leur contexte révèlent sur…
   a. les préjugés?
   b. le handicap?
   c. l'amitié?

2. À partir des citations, remémorez-vous des exemples de préjugés que rencontrent Driss et Philippe. Comment réagissent-ils?

3. Comment Driss et Philippe s'entraident-ils pour trouver chacun le bonheur?

The Weinstein Company/Photofest

C. Les loisirs des personnages

Refer to **Les activités *faire de, jouer à, jouer de*** (Appendix, page 329) to review which verbs to use to talk about leisure activities.

Imaginez les activités des personnages du film. Utilisez le subjonctif si nécessaire.

- À quelles activités culturelles ou artistiques est-ce qu'ils s'intéressent?
- À quels sports jouent-ils?
- Est-ce qu'ils jouent d'un instrument?
- Que font-ils le week-end?
- D'après leurs goûts ou leurs personnalités, quel(s) loisir(s) recommandez-vous à ces personnages?

Exemple: Philippe

Je sais qu'il s'intéresse à la peinture et à la musique classique, qu'il fait du parapente et qu'il aime aller à l'opéra. Il se peut qu'il ait joué d'un instrument, mais il ne joue plus maintemant. Je lui recommande d'assister/ je suggère qu'il aille à des expositions d'art.

1. Driss
2. Yvonne
3. Adama
4. Élisa

D. Votre temps libre

This exercise includes several of the points you have reviewed in this chapter. Refer to the ***Cahier*** exercises for Chapter 8 if you need help with past tenses, the conditional, or the subjunctive.

Référez-vous aux documents à la page 195 pour vous familiariser avec les loisirs que les Français pratiquent pendant leur temps libre. Comparez les loisirs des Français et des Américains et parlez de vos loisirs passés, présents et futurs.

1. Consultez le document « Dépenses culturelles et de loisirs en 2012 ». Que pensez-vous des choix des Français? Pensez-vous que les dépenses soient similaires aux États-Unis? Y a-t-il certains loisirs que vous ne pratiquez pas? Pour quelle activité culturelle dépensez-vous le plus d'argent? Pour quel loisir dépensez-vous le moins d'argent?
2. Consultez le document « Palmarès des activités du temps libre en 2010 ». Êtes-vous surpris(e) de l'ordre d'importance des activités de la liste? Faites une liste de vos cinq activités préférées et comparez-la avec le document. Quelles différences notez-vous?
3. Notez la place du sport dans le « Palmarès des activités du temps libre ». Le sport est-il plus ou moins important dans votre vie? Quel(s) sport(s) pratiquez-vous régulièrement? Combien de fois et pendant combien de temps par semaine? Quand avez-vous commencé ce sport? Feriez-vous plus de sport si vous aviez plus de temps ou d'argent?
4. Quel(s) sport(s) pratiquiez-vous quand vous étiez plus jeune? Si vous ne le(s) pratiquez plus, pourquoi avez-vous arrêté? Quels sports pratiquerez-vous quand vous serez plus âgé(e)?
5. De quelle(s) équipe(s) êtes-vous supporter? Comment manifestez-vous votre soutien?
6. Si vous étiez responsable de la promotion des activités culturelles sur votre campus, que feriez-vous pour encourager les étudiants à participer à ces activités?

Dépenses culturelles et de loisirs en 2012			
			en %
	2011	**2012**	**2012 (en millions d'euros)**
Services culturels (y c. redevance TV) (1)	17,4	18,1	16 656
Jardinage, animaux de compagnie	14,4	15,1	13 895
Presse, livres et papeterie	13,8	13,9	12 791
Jeux, jouets, articles de sport	10,1	10,0	9 202
Jeux de hasard	10,1	9,8	9 018
Services récréatifs et sportifs, voyages à forfait, week-ends, etc. (2)	9,3	9,7	8 926
Télévision, hi-fi, vidéo, photo	10,4	9,1	8 374
Informatique (y compris logiciels, cédéroms)	7,5	7,8	7 178
Autres biens culturels et de loisirs	4,3	4,1	3 773
Disques, cassettes, pellicules photo	2,7	2,4	2 209
Total	**100,0**	**100,0**	**92 022**

(1): cinéma, spectacles vivants, musées, abonnements audiovisuels, développements et tirages de photographies, etc.
(2): sport, location de matériel sportif, fêtes foraines ou encore parcs d'attractions.

Source: INSEE – [2012]

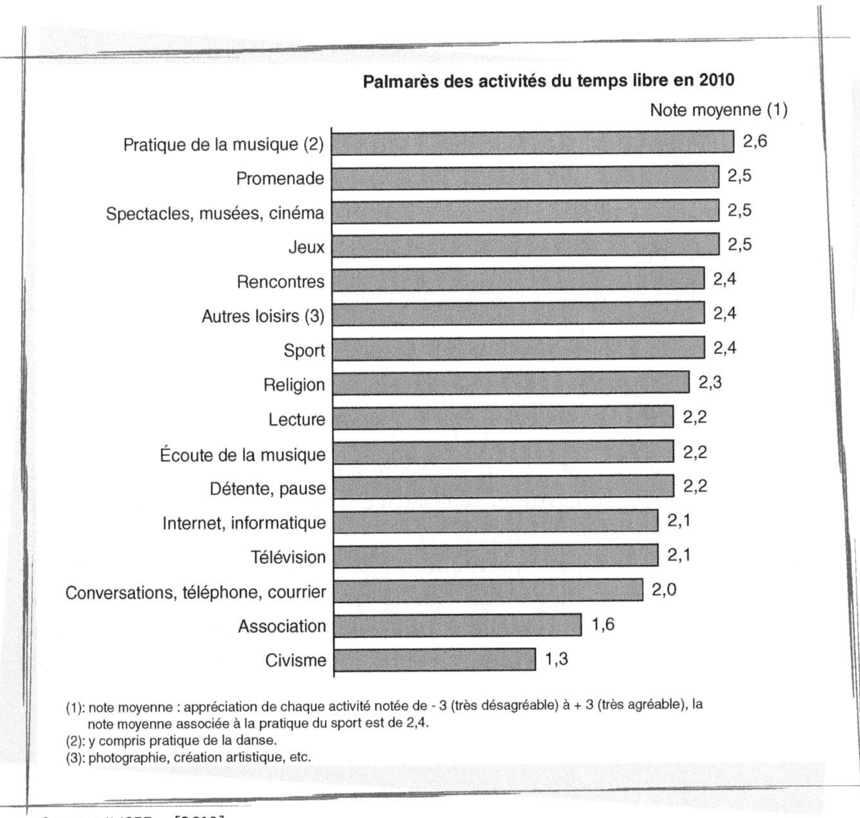

Source: INSEE – [2010]

EXPRESSIONS INTERROGATIVES UTILES

Combien
Combien de fois
Pendant combien de temps
Comment
Où
Pourquoi
Préposition + qui
Préposition + quoi
Qu'est-ce que
Qu'est-ce qui
Quand
Quel(le)(s)
Qui
Qui est-ce que

E. Les loisirs d'un(e) camarade de classe

Interrogez une(e) étudiant(e) de la classe sur ses passe-temps.

1. Écrivez cinq questions que vous souhaitez poser à votre camarade pour comprendre l'évolution de ses goûts.
   a. (au passé composé)
   b. (à l'imparfait)
   c. (au subjonctif)
   d. (avec une structure avec **si** + imparfait)
   e. (avec une structure avec **si** + plus-que-parfait)
2. Interrogez votre camarade en notant ses réponses.
3. Présentez les réponses de votre camarade à la classe.

F. À l'écrit: Les activités culturelles/Les loisirs

Écrivez cinq phrases pour décrire une activité culturelle/de loisir d'un(e) camarade de classe. Expliquez comment son intérêt pour cette activité est né et dites quand et comment il/elle pratique cette activité. Expliquez aussi comment il/elle pense pratiquer cette activité dans l'avenir et ce qui la rendrait encore plus intéressante.

AVANT LE PROCHAIN COURS

Cahier: Faites **Préparation à la lecture.**

LECTURE

A. Discussion

1. Avez-vous déjà été déçu(e) par une destination/un endroit que vous imaginiez autrement?
2. Quels sont les obstacles qu'un(e) nouvel(le) immigrant(e) peut rencontrer?
3. Comment imaginez-vous la banlieue parisienne?

B. *Kiffe Kiffe demain*

Le texte que vous allez lire est extrait du récit *Kiffe kiffe demain* (2004), de Faïza Guène, romancière, scénariste et réalisatrice française d'origine algérienne. Comme Driss dans *Intouchables,* Doria, la jeune narratrice de *Kiffe kiffe demain,* habite dans une cité de la banlieue parisienne. Elle vit seule avec sa mère depuis que son père a quitté le foyer familial. La famille est arrivée du Maroc en 1984 et s'est installée à Livry-Gargan, une banlieue située au nord-est de Paris. Le roman analyse les difficultés socio-économiques d'une jeune fille de quinze ans, fille d'immigrants.

1. La réalité

Ma mère, elle s'imaginait que la France, c'était comme dans les films en noir et blanc des années soixante. Ceux avec l'acteur beau gosse° qui raconte toujours un tas de trucs mythos° à sa meuf, une cigarette au coin du bec°. Avec sa cousine Bouchra, elles avaient réussi à capter les chaînes françaises grâce à une antenne expérimentale fabriquée avec une couscoussière° en Inox. Alors quand elle est arrivée avec mon père à Livry-Gargan en février 1984, elle a cru qu'ils avaient pris le mauvais bateau et qu'ils s'étaient trompés de pays. Elle m'a dit que la première chose qu'elle avait faite en arrivant dans ce minuscule F2°, c'était de vomir. Je me demande si c'étaient les effets du mal de mer° ou un présage de son avenir dans ce bled°.

La dernière fois que nous sommes retournées au Maroc, j'étais égarée°. Je me souviens des vieilles tatouées qui venaient s'asseoir à côté de Maman pendant les mariages, baptêmes ou circoncisions.

—Tu sais, Yasmina, ta fille devient une femme, il faudrait que tu penses à lui trouver un garçon de bonne famille. Tu connais Rachid? Le jeune homme qui fait de la soudure°. [...]

Bande de vieilles connes. Moi je le connais celui-là! Tout le monde l'appelle « Rachid l'âne bâté° ». Même les petits de six ans le mettent à l'amende° et se foutent de sa gueule. En plus, il lui manque quatre dents, il sait même pas lire, il louche° et il sent la pisse. Là-bas, il suffit que tu aies deux petites excroissances sur la poitrine en guise de seins, que tu saches te taire quand on te le demande, faire cuire du pain et c'est bon, t'es bonne à marier. Maintenant de toute façon, je crois qu'on retournera plus jamais au Maroc. Déjà, on a plus les moyens et ma mère dit que ce serait une trop grande humiliation pour elle. On la montrerait du doigt. Elle croit que c'est sa faute ce qui est arrivé°. Pour moi, il y a deux responsables dans cette histoire: mon père et le destin.

L'avenir ça nous inquiète mais ça devrait pas, parce que si ça se trouve, on en a même pas. On peut mourir dans dix jours, demain ou tout à l'heure, là, juste après. C'est le genre de trucs qui prévient pas. Y a ni préavis°, ni relance°. Pas comme pour la facture EDF° en retard. C'est comme mon voisin M. Rodriguez, mon voisin du douzième étage, celui qui a fait la guerre en vrai. Il est mort y a pas longtemps. Bon OK, il était vieux, mais quand même, on s'y attendait pas.

J'y pense à la mort des fois°. Ça m'arrive même d'en rêver. Une nuit, j'assistais à mon enterrement. Y avait presque personne. Juste ma mère, Mme Burlaud, Carla, la Portugaise qui nettoie les ascenseurs de la tour, Leonardo DiCaprio de *Titanic,* et ma copine Sarah qui a déménagé à Trappes quand j'avais douze ans. Mon père, il était pas là. Il devait s'occuper de sa paysanne° enceinte de son futur Momo pendant que moi, eh ben j'étais morte. C'est dégueulasse. Son fils je suis sûre qu'il sera bête, encore plus bête que Rachid le soudeur. J'espère même qu'il va boiter°, qu'il aura des problèmes de vue et qu'à la puberté, il aura plein d'acné.

beau gosse: *good-looking* (literally *beautiful kid*)
mythos: *made up, imaginary*
bec: *mouth (fam.)*
une couscoussière: *couscous maker*
F2: *one-bedroom apartment*
mal de mer: *sea-sickness*
bled: *village (from Arabic, fam.)*
égarée: *lost*
la soudure: *welding*
l'âne bâté: *jackass* (literally *kitted donkey*)
le mettent à l'amende: *dominate him*
il louche: *he is cross-eyed*
c'est sa faute ce qui est arrivé: *the father left Doria and her mother*
préavis: *prior notice*
relance: *reminder*
facture EDF: *electric bill* (**EDF:** Électricité de France)
des fois: quelquefois *(fam.)*
paysanne: *peasant woman*
boiter: *limp*

a. Compréhension

1. Quelle image de la France la mère avait-elle avant d'émigrer? Quelle a été sa réaction en arrivant en France?
2. Comment s'est passée la dernière visite au Maroc de Doria et de sa mère Yasmina? Qu'est-ce qu'on a conseillé à Yasmina?
3. Qui était Rachid? Qu'est-ce que Doria pensait de lui?

4. Pourquoi Doria et sa mère n'iront plus au Maroc?
5. Pourquoi Doria ne devrait-elle pas se préoccuper de l'avenir? Qui est M. Rodriguez? Que lui est-il arrivé?
6. Quel rêve étrange Doria fait-elle? Qui s'y trouve? Qui est absent? Quels sentiments exprime-t-elle envers son père?

b. Questions de langue

1. Trouvez les mots de vocabulaire qui expriment:
   a. le rêve
   b. le handicap physique
   c. la mort
2. Le premier paragraphe
   a. Notez les verbes à l'imparfait et expliquez l'emploi de ce temps.
   b. Notez les verbes au passé composé et expliquez l'emploi de ce temps.
   c. Notez les verbes au plus-que-parfait et expliquez l'emploi de ce temps.
3. Le troisième paragraphe
   a. Notez les verbes au conditionnel et expliquez l'emploi de ce mode.
   b. Notez le verbe au futur et expliquez l'emploi de ce temps.
   c. Notez les verbes au subjonctif et expliquez l'emploi de ce mode.
4. La négation. En français parlé, on élimine souvent le « ne » lorsqu'on s'exprime à la forme négative. Dans cet extrait de *Kiffe Kiffe demain,* on observe le même procédé. Relevez les phrases négatives dans lesquelles le « ne » a disparu.

2. Balade à Paris

La narratrice et sa mère se rendent à Paris et, comme des touristes, découvrent la tour Eiffel.

Comme Maman est encore en vacances jusqu'à la semaine prochaine, on a décidé d'aller se balader toutes les deux dans Paris. La tour Eiffel, c'était la première fois qu'elle la voyait en vrai alors qu'elle habite à une demi-heure depuis presque vingt ans. Autrement, c'était à la télé, au JT° de treize heures, le lendemain du jour de l'an quand elle est illuminée et qu'à ses pieds, des gens font la fête, dansent, s'embrassent et se bourrent la gueule°. En tout cas, elle était vachement° impressionnée.

—Ça doit faire peut-être deux ou trois fois notre bâtiment, non?

Je lui ai répondu que c'était sûrement ça. Sauf que notre immeuble et la cité en général, ils suscitent° moins d'intérêt auprès des° touristes. Y a pas des mafias de Japonais avec leur appareil photo au pied des tours du quartier. Les seuls qui s'y intéressent, c'est les journalistes mythos avec leurs reportages dégueulasses sur la violence en banlieue.

Maman, elle serait bien restée des heures à la regarder. Moi, je la trouve moche mais c'est vrai qu'elle en impose parce qu'elle est puissante la tour Eiffel. J'aurais bien voulu monter dans les ascenseurs° rouge et jaune, genre Ketchup-mayo, mais c'était trop cher. En plus, il fallait qu'on fasse la queue derrière des Allemands, des Italiens, des Anglais et encore plein de touristes qu'ont pas peur du vide° et encore moins de dépenser leur fric. On avait pas non plus assez de sous° pour acheter une tour Eiffel miniature, encore plus moche que l'originale mais c'est quand même la classe° d'en avoir une posée sur sa télé. Les stands attrape-touristes, c'est hyper cher. En plus, les mecs, ce qu'ils vendent c'est vraiment

JT (journal télévisé): *TV news*
se bourrent la gueule: *get wasted*
vachement: *really (fam.)*
ils suscitent: *they arouse*
auprès de: *in the eyes of*
les ascenseurs: *elevators*
qu'[qui] ont pas peur du vide: *who are not afraid of heights*
sous: *money*
c'est la classe: *that's awesome*

de la merde. Après, y a un pigeon qui m'a chié° sur l'épaule. J'ai essayé de m'essuyer discrètement sur une statue de Gustave Eiffel 1832–1923, mais la crotte° était coriace° et c'est pas parti. Dans le RER, les gens regardaient ma tache et j'avais la hchouma°. J'étais dégoûtée parce que c'est la seule veste que j'aie qui fasse pas trop pauvre. Les autres, si je les mets, tout le monde m'appelle « Cosette° ». Et puis, je m'en fous, que ça se voie ou pas, je serai pauvre quand même. Plus tard, quand j'aurai plus de seins et que je serai un peu plus intelligente, enfin quand je serai une adulte quoi, j'adhérerai à une association pour aider les gens…

a chié: *defecated (fam.)*
la crotte: *excrement*
coriace: *tenacious*
la hchouma: *shame (in Arabic)*
Cosette: *poor, victimized child in Victor Hugo's* Les Misérables *(1862)*

a. Compréhension

1. Où et quand la mère de Doria avait-elle vu la tour Eiffel avant d'y aller en personne? Pourquoi est-ce ironique?
2. Comment la tour Eiffel est-elle, comparée aux immeubles de la cité de Doria?
3. Qui s'intéresse aux banlieues?
4. Pourquoi Doria et sa mère ne sont-elles pas montées dans les ascenseurs?
5. Qu'est-ce qui est arrivé à Doria pendant sa visite de la tour Eiffel?
6. Pourquoi Doria est-elle parfois comparée à Cosette? Qu'envisage-t-elle de faire plus tard?

b. Questions de langue

1. Cherchez dans le texte les synonymes des mots suivants:
   a. se promener (verbe)
   b. le 1er janvier
   c. certainement
   d. l'argent
   e. laide
   f. les garçons
2. Indiquez les adjectifs féminins, les adjectifs masculins et les noms qui correspondent aux adverbes suivants:

adverbe	adjectif féminin	adjectif masculin	nom

   a. certainement
   b. vraiment
   c. discrètement
3. Cherchez les pronoms suivants dans le texte et indiquez quels noms ils remplacent:
   a. un pronom d'object direct
   b. un pronom d'object indirect
   c. trois pronoms relatifs

c. Réactions

1. Comparez la vie de Doria dans le texte *Kiffe Kiffe demain* et celle de Driss dans le film *Intouchables*. Quelle relation chaque personnage a-t-il avec sa mère? Comment chacun est-il affecté par sa réalité socio-culturelle?
2. Comparez l'importance de l'argent ou du manque d'argent dans *Kiffe Kiffe demain* et *Intouchables*.
3. Que pensez-vous des deux décors parisiens (le Paris touristique, la banlieue de Paris) qui sont présentés dans le livre? Comparez-les à ceux que l'on voit dans *Intouchables*. À quel moment voit-on la tour Eiffel dans *Intouchables*?

AVANT LE PROCHAIN COURS

Cahier: Faites **Préparation à l'écriture.**

INTERACTIONS

A. Sketch

Choisissez un sujet, préparez la scène et jouez-la devant la classe.

This section contains activities that will allow you to work creatively with the vocabulary and structures from the chapter.

1. Jouez une scène du film en utilisant votre propre dialogue.
2. Conversation entre Driss et Philippe: Ils se retrouvent cinq ans plus tard. Imaginez leur conversation. Que s'est-il passé depuis leur dernière rencontre? Où habitent-ils? Quelle est la situation professionnelle et familiale de Driss? Et Philippe, où en est-il avec Éléonore?
3. Conversation entre Yvonne et Magalie après le départ de Driss: Les deux femmes se souviennent de la première fois qu'elles ont vu Driss et parlent des changements qu'elles ont remarqués chez lui et chez Philippe.
4. Choisissez un des tableaux montrés dans le film (le tableau moderne dans la galerie, le tableau de la femme nue que Philippe regarde chez lui, le tableau de Salvador Dali pendant l'entretien ou le tableau peint par Driss) et imaginez une conversation à son sujet. Que représente le tableau? Quelles émotions ressentez-vous en le regardant? Est-ce que vous l'aimez? Aimeriez-vous l'acheter, et si oui, combien seriez-vous prêt(e) à payer?

B. Exposé

Préparez un des sujets à la maison pour le présenter en classe. Utilisez les questions proposées pour structurer votre présentation, mais ne vous limitez pas à ces suggestions.

1. Faites un exposé sur la question du handicap et des handicapés aux États-Unis. Quels types de handicaps discerne-t-on? Comment les handicapés sont-ils perçus? Quelles lois protègent les handicapés? Connaissez-vous personnellement des personnes handicapées? Avez-vous déjà vu des films qui parlent du handicap? Comment se comparent-ils à *Intouchables*?

2. Êtes-vous un(e) passionné(e) d'art ou de musique comme Philippe? Si oui, parlez-en à la classe.

   Répondez aux questions suivantes:
   a. Quel est votre artiste français préféré?
   b. Quels événements importants ont marqué sa vie?
   c. Quels sont ses œuvres majeures?
   d. Pourquoi trouvez-vous cet artiste intéressant/fascinant?

3. Faites des recherches sur un quartier parisien spécifique, tel que la place des Vosges, le Louvre, le Luxembourg, Passy, Barbès, Belleville, le Quartier latin, les Halles, la Bastille, Montparnasse.

   Répondez aux questions suivantes:
   a. Où se trouve ce quartier (dans quel arrondissement)? Quelles stations de métro le desservent (*stop there*)?
   b. Quelle est l'histoire de ce quartier? Pourquoi est-il célèbre?
   c. Que peut-on y faire? Que peut-on visiter?
   d. Évaluez le milieu socio-culturel du quartier que vous avez choisi. Quel type de population y trouve-t-on?

4. Vous vous souvenez probablement de la scène dans *Intouchables* où Philippe dicte une lettre pour Éléonore à Magalie. Comme Philippe, soyez poète et écrivez une belle lettre romantique que vous partagerez avec le reste de la classe. Utilisez votre imagination!

Liste de vocabulaire

For extra practice with the vocabulary in this chapter, refer to the web quizzes at www.cengagebrain.com.

Adjectifs

combatif(-ive) *combative, with a fighting spirit*
comique *comical*
complémentaire *complementary*
compréhensif (-ive) *understanding*
déprimé(e) *depressed*
drôle *funny*
énergique *energetic*
fier(-ère) *proud*
fort(e) *strong*
handicapé(e) *handicaped*
hilarant(e) *hilarious*
honnête/malhonnête *honest/dishonest*
inimaginable *unthinkable*
intrigué(e) *intrigued*
invalide *invalid*
paralysé(e) *paralyzed*
paresseux(-euse) *lazy*
pragmatique *practical*
(in)tolérant(e) *(in)tolerant*
touché(e) *touched*
travailleur(-euse) *hard-working*
vigilant(e) *watchful*
violent(e) *violent*

Noms

l'apprentissage (m.) *learning process*
un(e) assisté(e) social(e) *person on welfare*
un(e) avocat(e) *lawyer*
la banlieue *suburbs*
un(e) banlieusard(e) *resident of the surburbs (fam.)*
des bas (m.) *stocking*
un bâtiment *building*
une blague *joke*
un casier judiciaire *police record*
un cauchemar *nightmare*
le chômage *unemployment*
une cité *housing project*
un commissariat de police *police station*
une crise d'angoisse *anxiety attack*
un entretien d'embauche *interview*
un fauteuil roulant *wheelchair*
la fierté *pride*
une formation *training*
un(e) handicapé(e) *disabled person*
une HLM (habitation à loyer modéré) *government-subsidized housing*
un horaire *schedule*
un immeuble *building*
l'insertion (f.) sociale *social integration*
un(e) invalide *disabled person*
un malheur *misfortune*
un mensonge *lie*
un œuf de Fabergé *expensive jeweled egg*
le parapente *paragliding*
un quartier *neighborhood*
un refus *refusal*
un rêve *dream*
un soin (médical) *treatment*
la solitude *loneliness*
la souffrance (physique ou mentale) *(physical or mental) suffering*
le souvenir *memory*
un tableau *painting*
la violence *violence*

Verbes

aider quelqu'un (à) *to help someone to do something*
apprendre à faire quelque chose (comme *prendre*) *to learn to do something*
blaguer *to joke*
cogner *to hit*
connaître (irrég.) *to know*
conseiller à quelqu'un de faire quelque chose *to advise someone to do something*
demander à quelqu'un de faire quelque chose *to ask someone to do something*
déprimer *to be depressed*
embaucher quelqu'un *to hire someone*
emménager *to move in*
enseigner quelque chose à quelqu'un *to teach something to someone*
faire du bien/du mal à quelqu'un *to do someone good/to harm, hurt someone*
faire semblant (de) *to pretend (to)*
faire une blague *to make a joke*
gifler *to slap*
mentir (comme *partir*) *to lie*
mettre quelqu'un (irrég.) à la porte *to fire somebody, to throw somebody out*
obtenir (comme *tenir*) *to get (a diploma, a scholarship)*
passer un entretien d'embauche *to interview for a job*
plaisanter *to joke*
prendre peur (irrég.) *to take fright*
(se) raser *to shave (oneself)*
réussir (comme *finir*) *to succeed*
s'amuser *to play, to have fun*
savoir (irrég.) *to know*
s'ennuyer (comme *ennuyer*) *to be bored*
s'évanouir (comme *finir*) *to faint*
s'excuser, présenter ses excuses *to apologize*
se souvenir (de) (comme *venir*) *to remember (something/someone)*
s'installer *to settle*
s'intéresser à quelqu'un/à quelque chose *to be interested in someone/something*
soigner *to treat (in the medical sense)*
toucher *to touch*

Vocabulaire supplémentaire

un(e) auxiliaire de vie *personal care assistant*
une bêtise *something silly/stupid;* la bêtise *stupidity*
convoquer quelqu'un *to call in someone*
la culpabilité *guilt*
une dépendance *annex, outhouse*
épistolaire *epistolary (on paper)*
postuler pour un travail/emploi *to apply for a job*
une procuration *proxy*
renoncer *to give up*
viser *to aim*

Vocabulaire familier

Adjectifs

chanmé (verlan pour *méchant*) *mean*
chelou (verlan pour *louche*) *weird*
chiant *annoying (vulgar)*
chome (verlan pour *moche*) *ugly*
con(ne) *stupid (vulgar)*
dégueulasse *disgusting (vulgar)*
emmerdant(e) *annoying (vulgar)*
flippé(e) *stressed*
moche *ugly*
ouf (verlan pour *fou*) *crazy*
taré(e) *crazy*

Noms

une baraque *house*
le baratin *smooth talk*
une clope *cigarette*
une daronne *mother*
le fric *money*
un gars *guy*
un mec *guy*
l'oseille (f.) *money*
une pipelette *chatty person*
un plumeau *boyfriend*
un salaud *bastard (vulgar)*
un thon *ugly woman*
un truc de ouf *something crazy*
une vanne *joke*
les veuchs (verlan pour *cheveux*) *hair*

Verbes

clamser *to die*
déconner *to talk nonsense, to fool about*
kiffer *to like (something or someone)*
se barrer *to leave*
se casser *to leave*
se pointer *to show up*
traîner *to hang around*

Expressions

avoir des chats à fouetter *to be busy*
C'est une tuerie. *It's amazing.*
Elle galoche son plumeau. *She drags her boyfriend.*
être au taquet *to be on the edge*
Ferme ta gueule! *Shut up! (vulgar)*
foutre le camp *to leave (vulgar)*
jeter l'éponge *to give up*
Je vais pécho (une fille). *I am going to catch (a girl).*
péter les plombs *to loose one's temper/ to go crazy*
poser un lapin à quelqu'un *to stand somebody up*

Chapitre 9

VIE PRIVÉE, VIE PUBLIQUE

Tableau Ferraille

TABLEAU FERRAILLE

"The find of the festival...A full-bodied study of ambition and corruption that doesn't seek to simplify matters."
Chicago Tribune

California Newsreel

Réalisateur: Moussa Sene Absa, Sénégal (1997); 85 minutes

Set in postcolonial Senegal, the film for this chapter tells the story of an idealistic politician who is discredited because of the greed and corruption around him. His political life is enmeshed with his personal life, as he yields to pressure to take a second wife. The film is in both French and Wolof; the new vocabulary for this chapter focuses on politics and private life; and the reading addresses one of the themes of the film, polygamy.

Les personnages (La distribution: les acteurs/actrices): Daam (Ismaël Lô), Gagnesiri (Ndèye Fatou Ndaw), Kiné (Ndèye Bineta Diop), Gora (Amadou Diop), Président (Thierno Ndiaye), Anta (Isseu Niang), Ndiaye Civilisé (Akéla Sagna), Diop Dollar (Daniel Ripert)

As of February 2014, the film was available for instant viewing on the TV5 site (see http://cinema.tv5monde.com/films/tableau-ferraille).

Ismaël Lô is a well-known singer and guitarist who is sometimes called the "Bob Dylan of Senegal."

- FESPACO (1997): Meilleure image; le FESPACO est le Festival Panafricain du Cinéma de Ouagadougou, qui a lieu tous les deux ans au Burkina Faso.

ENTRÉE EN MATIÈRE

A. Discussion

1. Dans quelles circonstances est-ce qu'un homme ou une femme politique peut perdre sa réputation? Comment est-ce qu'on peut réagir face à ce genre de situation?
2. Comment est-ce que la mort de quelqu'un peut affecter la vie de ses proches? Donnez des exemples de cette situation dans des films que vous avez vus.

B. LE SÉNÉGAL

L'action du film se passe à Tableau Ferraille, un village situé à l'extérieur de Dakar, la capitale du Sénégal. Le Sénégal est un pays d'Afrique de l'Ouest qui comptait un peu plus de 13 millions d'habitants en 2013. La population appartient à une vingtaine d'ethnies, dont les principales sont les Wolofs (43 %), les Peuls ou Pulaars (24 %) et les Sérères (15 %). Dans le domaine religieux, 94 % des Sénégalais sont musulmans, 5 % chrétiens, et 1 % pratiquent une religion traditionnelle.

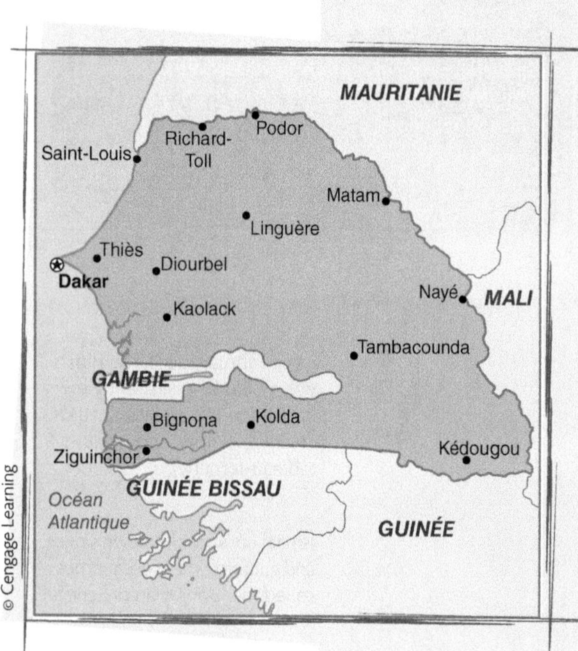

Avant son indépendance en 1960, le Sénégal faisait partie de l'Afrique occidentale française, une fédération de huit territoires colonisés par la France pour des raisons économiques et politiques (pour faire concurrence aux autres pouvoirs européens implantés en Afrique). Pour ces raisons historiques, le français est la langue officielle du Sénégal. Il est utilisé dans l'administration et l'enseignement, mais il n'est parlé et compris que par une petite fraction de la population. Les Sénégalais parlent la langue de leur groupe ethnique. 90 % de la population parle et comprend le wolof, qui est la langue de l'ethnie la plus importante du pays. Le wolof est donc la langue utilisée dans la communication de tous les jours et dans le monde des affaires. Les émissions de radio sont généralement en wolof, alors que les journaux utilisent le français.

Le Sénégal est une république depuis 1960. Son premier président, Léopold Sédar Senghor, était un intellectuel et poète renommé qui avait fait ses études à Paris. C'est lui qui a écrit les paroles de l'hymne national du Sénégal. Abdou Diouf (1983–2000), Abdoulaye Wade (2000–2012) et Macky Sall (2012–) lui ont succédé.

Des réalisateurs de talent ont représenté la société sénégalaise passée et présente dans leurs films. Moussa Sene Absa appartient à la deuxième génération de cinéastes qui, après Ousmane Sembène (1923–2007) et Djibril Diop Mambéty (1945–1998), analysent les conséquences du passé colonial et les défis de la modernité dans leurs films. Moussa Sene Absa est né à Dakar en 1958. Il a fait des études de cinéma à Paris et a réalisé plusieurs longs métrages, dont *Ça twiste à Poponguine* (1993), *Tableau Ferraille* (1997) et *Madame Brouette* (2003). Pour lui, le cinéma a la capacité de faire réfléchir les spectateurs et évoluer la société. Un de ses thèmes privilégiés est la situation des femmes dans son pays. Il aimerait que ses films contribuent à plus d'égalité entre les sexes.

1. Compréhension

1. Comment est composée la société sénégalaise actuelle?
2. Depuis quand est-ce que le Sénégal est indépendant? Qui a été son premier président?
3. Pourquoi le français est-il la langue officielle du Sénégal? Quelle langue est parlée par la majorité de la population?
4. Quels sont les thèmes importants du cinéma sénégalais?

2. Réactions

1. D'après vous, quelles langues va-t-on entendre dans le film? Qui les parle?
2. En vous basant sur ce que vous savez sur les sociétés africaines, imaginez comment Moussa Sene Absa va représenter la vie des femmes dans *Tableau Ferraille*.

California Newsreel

Moussa Sene Absa, le réalisateur de Tableau Ferraille

C. Lecture d'un compte rendu sur le film

1. Préparation

La phrase suivante est longue et complexe, car elle contient des pronoms démonstratifs et des propositions relatives. Analysez-la pour mieux la comprendre.

Refer to *Les pronoms relatifs* (pages 272–279) and *Les pronoms démonstratifs* (pages 279–280).

« Ce film ne raconte pas autre chose que l'histoire d'un deuil (*mourning*), celui des aspirations de Daam, natif du village, qui se sera hissé jusqu'aux plus hautes sphères de l'État par son sens de la probité, avant d'être trahi par ceux des siens (= sa famille, ses amis), devenus affairistes, dont il a favorisé l'ascension. »

1. Quel mot est-ce que le pronom démonstratif **celui** remplace?
2. Quelle est la proposition principale (*the main clause*)?
3. Qu'est-ce qu'on apprend sur Daam?
   a. Cherchez un adjectif qui le décrit.
   b. Trouvez la proposition relative qui le décrit.
4. Qu'est-ce qu'on apprend sur les parents et amis de Daam?
   a. Cherchez un adjectif qui les décrit.
   b. Trouvez la proposition relative qui les décrit.
5. Remplacez la proposition relative « dont il a favorisé l'ascension » par une proposition indépendante.

   Il a favorisé l'ascension…

long métrage: *feature-length film*
réquisitoire: *indictment*
prévarication: *failure to fulfill one's duties*
en liesse: *rejoicing*
carriole: *cart*
deuil: *mourning*
qui se sera hissé: *who rose*
probité: *honesty, integrity*
ceux des siens: *those close to him*
affairistes: *deal makers*
parvient à dépasser: *manages to go beyond*
abondamment fréquentée par: *a common theme of*

2.

TABLEAU FERRAILLE

Film sénégalais de Moussa Sene Absa

Jacques Mandelbaum

Cinquième long métrage° du cinéaste sénégalais Moussa Sene Absa, *Tableau Ferraille* est un réquisitoire° contre le pouvoir corrupteur de l'argent et la prévarication° des élites. Le film s'ouvre sur un montage parallèle entre l'inauguration d'une route dans le village de Tableau Ferraille et une famille quittant les rues en liesse° dans une carriole°. Une femme en descend pour se recueillir devant une tombe et introduit le long retour en arrière qui va mettre en lumière le sens de cette mystérieuse séquence d'ouverture. Ce film ne raconte pas autre chose que l'histoire d'un deuil°, celui des aspirations de Daam, natif du village, qui se sera hissé° jusqu'aux plus hautes sphères de l'État par son sens de la probité°, avant d'être trahi par ceux des siens°, devenus affairistes°, dont il a favorisé l'ascension. Scandée par des scènes chantées et dansées, cette œuvre parvient à dépasser° les limites illustratives d'un genre, la parabole sociale, abondamment fréquentée par° le cinéma africain.

a. Compréhension

Dites si les affirmations sont vraies ou fausses.

1. Le film est une critique de la corruption des personnes qui gouvernent.
2. Les premières images du film font alterner un événement public et une scène privée.
3. On voit une personne dans un cimetière.
4. La structure du film est linéaire et chronologique.
5. Daam est né à Tableau Ferraille.
6. Daam était un politicien respecté.
7. Le cinéma africain s'intéresse aux questions de société.
8. Ce film obéit totalement aux conventions du genre de la parabole sociale.

b. Réactions

1. Imaginez qui quitte le village de Tableau Ferraille et pourquoi.
2. D'après vous, l'histoire est racontée du point de vue de quel personnage?

c. Questions de langue

1. Quels noms est-ce que les pronoms suivants remplacent?
   a. en (ligne 13)
   b. qui (ligne 15)
   c. qui (ligne 20)
2. Quels pronoms utiliserait-on en anglais pour b et c? Expliquez la différence entre le français et l'anglais dans ce cas.

D. Visionnement d'une séquence
(sans son ni sous-titres)

Du début du film à la fin de la conversation des hommes dans un bureau (9 minutes).

Après le visionnement, trouvez la bonne réponse.

1. Qu'est-ce qu'on ne voit pas dans cette séquence?
  a. une plage polluée
  b. des yachts
  c. la statue de la Liberté

2. Pourquoi est-ce qu'il y a beaucoup de gens dans les rues?
  a. Ils assistent à une célébration religieuse.
  b. Ils sont en grève (*on strike*).
  c. Ils célèbrent un changement politique.

3. Les hommes dans le bureau _______.
  a. sont des personnages que nous n'avons pas encore vus
  b. préparent une élection
  c. sont tous très optimistes

4. Il y a un retour en arrière _______.
  a. quand la femme en orange est dans le cimetière
  b. quand la foule quitte le couple
  c. quand l'enfant joue avec un camion au bord de la mer

5. Pourquoi est-ce que le couple s'en va? Choisissez la réponse la plus probable.
  a. C'est par choix; ils veulent déménager.
  b. L'homme a perdu les élections.
  c. Ils sont discrédités car la femme a eu une aventure amoureuse.

6. D'après vous, les hommes en bleu qui chantent _______.
  a. sont chargés d'éloigner le couple du village
  b. sont au village pour présenter un spectacle (*show*)
  c. font des commentaires sur ce qui se passe

Viewing tips
- You will hear very little dialogue in the opening sequence, and there is more Wolof than French. Pay attention to the setting and try to notice when French is spoken. (Remember that Wolof is spoken by the people while French, the official language of Senegal, is used in government.)
- Note where the flashback begins in this clip.

Vue panoramique de Dakar

Une habitation rurale au Sénégal

E. Deuxième visionnement de la séquence
(avec son, sans sous-titres)

1. Compréhension

Lisez les questions ci-dessous, puis regardez la scène une seconde fois en faisant bien attention à la bande-son. Répondez ensuite aux questions.

1. Qui parle français? Choisissez toutes les réponses qui conviennent.
   a. les personnes qui sont sur la carriole (*cart*)
   b. les hommes dans le bureau
   c. les hommes qui accompagnent l'homme en violet

2. L'homme qui entre dans le bureau est _______.
   a. député
   b. ministre
   c. sénateur

3. De quel problème est-ce qu'il parle?
   a. Depuis 30 ans, le pays ne sait pas où il va.
   b. Son parti risque de perdre les élections.
   c. Les États-Unis ont trop d'influence.

4. Que dit l'homme au costume rose dans le bureau?
   a. Il pense gagner les élections à Tableau Ferraille.
   b. Il ne pense pas que l'Afrique puisse sortir du chaos.
   c. Il veut négocier avec les compagnies pétrolières.

2. Réactions

1. Quels thèmes sont introduits dans les images et dialogues du début du film?

2. Imaginez à quoi pense la femme au cimetière.

F. Préparation au visionnement du film

En regardant le film, faites attention aux aspects suivants et prenez des notes sur vos observations.

1. Quels éléments vous permettent de distinguer entre le passé et le présent? Qu'est-ce qui se passe au présent? En combien de séquences est-ce que le passé est présenté?

2. Comment est-ce que Daam fait sa demande en mariage? Comment est-ce que Daam et Gagnesiri passent leur première nuit ensemble (leur nuit de noces)?

3. Quelle est la réaction de Gagnesiri quand Daam décide de prendre une seconde femme?

4. Notez comment est organisée la vie de la famille polygame.

Viewing Tips

Notice:
- the marriage customs
- how the life of the polygamous family is organized

Ask yourself:
- What is the director's attitude toward tradition and modernity in this film?
- What do the two wives represent?

Anticipate:
- some disorientation due to the narrative structure
- difficulty understanding the dialogue because of the shift between French and Wolof

AVANT LE PROCHAIN COURS

1. ***Tableau Ferraille:*** Regardez le film.
2. ***Cahier:*** Faites **Les mots pour le dire.**

Les mots pour le dire

A. Définitions

1. Le bon nom

Quels noms de la **Liste de vocabulaire** (pages 223–224) correspondent aux descriptions suivantes?

1. une association qui défend les droits des travailleurs
2. ce qu'on perd quand on a la maladie d'Alzheimer
3. quelque chose qu'on achète pour se souvenir d'un voyage
4. celui ou celle qui est responsable d'un musée
5. ce dont il faut se débarrasser (*to get rid of*) pour éviter la pollution
6. l'endroit où l'on enterre les morts
7. la période de tristesse et de réflexion qui suit la mort d'une personne qu'on aime
8. la cérémonie qui a lieu après la mort de quelqu'un
9. ce qui cause parfois la chute d'un politicien
10. les neuf mois pendant lesquels une femme attend un enfant

Références à consulter
- Liste de vocabulaire, pages 223–224
- Votre dictionnaire personnel (*Cahier*)
- *Les pronoms relatifs* (pages 272–279)

2. Le bon verbe

Que font les personnes suivantes? Utilisez des verbes de la **Liste de vocabulaire** (page 224) dans vos phrases.

Exemple: ce que fait parfois une personne qui n'est pas loyale
Elle trahit.

1. ce qui se passe parfois quand une femme sans ressources a besoin d'argent
2. ce que fait un candidat avant une élection
3. ce qui arrive à quelqu'un qui tombe amoureux instantanément
4. ce que fait souvent un politicien impliqué dans un scandale
5. ce que font les patrons en période de difficultés économiques
6. ce que fait un bon ami quand ses amis ont des difficultés

3. Vos définitions

Inventez des définitions pour trois autres mots de la **Liste de vocabulaire.**

B. Structures

Tableau Ferraille est structuré par des retours en arrière pendant lesquels Gagnesiri se souvient de sa vie passée. Référez-vous à **L'expression du souvenir** dans l'Appendice (page 328) pour faire les exercices suivants.

1. Les souvenirs des personnages

Complétez les phrases suivantes en utilisant le nom ou la structure qui convient.

1. Daam _________ du jour où il a rencontré Gagnesiri. Il _________ avoir eu le coup de foudre pour elle.
2. Gagnesiri a des _________ positifs du début de son mariage.
3. Daam _________ lui et ses amis avaient beaucoup d'ambition pour leur pays.
4. Quand Gagnesiri pense à la vie d'Anta, cela lui _________ la sienne (*hers*).
5. Daam boit beaucoup, alors sa _________ est affectée. Il _________ mal des événements qui ont causé sa chute.
6. Pendant la grossesse de Kiné, Gagnesiri devait lui _________ de bien se nourrir.
7. Au cimetière, Gagnesiri _________ les bons et les mauvais moments de sa vie.

2. Et vous?

Pensez à une période de votre enfance ou de votre adolescence et dites à un(e) partenaire ce dont vous vous souvenez. Commencez vos phrases de la façon suggérée et ajoutez des détails. Consultez les phrases modèles dans la section **L'expression du souvenir** de l'Appendice.

Review *Le passé composé et l'imparfait* (pages 252–255).

Exemple: Je me souviens de...

Je me souviens de ma prof de français au lycée. C'était une prof sympathique et exigeante, etc.

1. Je me souviens de…
2. Je me rappelle…
3. Je me souviens de… / Je me rappelle + infinitif passé…
4. Je me souviens que… / Je me rappelle que + proposition…
5. Ma mère (Mon père, Mes profs) me rappelai(en)t toujours de + infinitif…

C. À l'écoute: Le Sénégal

2-30

Le texte que vous allez entendre explique la situation linguistique au Sénégal dans son contexte historique. Lisez les questions, puis écoutez le passage et vérifiez si vous avez compris en répondant aux questions.

1. Le Sénégal est devenu une colonie française en _______.
   a. 1500
   b. 1895
   c. 1960
2. Quel pourcentage de la population sénégalaise parle le français?
   a. environ 20 %
   b. 40 %
   c. 90 %
3. Le premier président du Sénégal s'appelait _______.
   a. Léopold Sédar Senghor
   b. Abdou Diouf
   c. Abdoulaye Wade

4. Le premier président du Sénégal était _______.
   a. un homme d'affaires
   b. un intellectuel
   c. un médecin
5. Il a été président _______.
   a. de 1960 à 1970
   b. de 1960 à 1980
   c. de 1970 à 1980
6. Il a encouragé _______.
   a. l'élimination du français à l'école
   b. l'utilisation de l'arabe
   c. le développement des langues nationales
7. Combien de langues nationales figurent dans la constitution du Sénégal?
   a. six
   b. huit
   c. dix
8. Quand est-ce que l'enseignement du wolof dans les écoles élémentaires a commencé?
   a. dans les années 40
   b. dans les années 70
   c. dans les années 90

AVANT LE PROCHAIN COURS

1. ***Manuel:*** Révisez *Les pronoms personnels;* ***y*** *et* ***en*** (pages 291–293).
2. ***Cahier:*** Faites **Préparation à la discussion.**

DISCUSSION

A. Chronologie

Rétablissez la chronologie de l'histoire du film en numérotant les phrases de 1 à 8. Puis mettez les verbes au passé. Lisez les phrases à haute voix en classe pour vérifier.

______ Daam est élu député de Tableau Ferraille.

______ Daam prend une deuxième femme.

______ Daam est accusé de corruption et il est discrédité.

______ Daam est nommé Ministre de l'économie et du développement et s'installe à Dakar.

______ Gagnesiri et Daam quittent le village et s'arrêtent au cimetière.

______ Daam ne soutient pas le projet de pont de Président, mais Président obtient le contrat.

______ Daam fait campagne dans le village où vit Gagnesiri.

______ Kiné devient conservatrice de musée.

B. Quelques détails

Ajoutez quelques détails pour chaque phrase de la chronologie en faisant attention à utiliser des pronoms.

C. Réactions

1. Décrivez la structure narrative du film et comment on passe du présent au passé.
2. Quel genre de politicien est Daam au début du film? À quoi croit-il?
3. Dans quelles circonstances est-ce que Daam a rencontré Gagnesiri? Comment avez-vous trouvé sa proposition de mariage?
4. Décrivez les rapports entre Daam et Président, le gérant de la conserverie.
5. Qui était Anta? Qu'est-ce qui lui est arrivé? Qu'est-ce qui est arrivé à sa fille, Ndoumbé?
6. Pourquoi Daam a-t-il décidé de prendre une seconde femme? Comment l'a-t-il annoncé à Gagnesiri? Qu'est-ce que vous pensez de la réaction de celle-ci?
7. Comment s'est organisée la vie de la nouvelle famille?
8. Comment et pourquoi est-ce que Kiné a trahi Daam?
9. Qu'est-ce qui a causé la chute politique de Daam?
10. Comment Daam et ses femmes ont-ils réagi au moment du scandale?
11. Pourquoi Gagnesiri s'est-elle arrêtée au cimetière en quittant le village? À quoi a-t-elle pensé sur la tombe de son amie? Quelle décision a-t-elle prise?
12. Donnez votre opinion sur le film. L'avez-vous aimé? Y a-t-il des choses que vous n'avez pas comprises? Y a-t-il des choses qui vous ont surpris(e) ou même choqué(e)? Avez-vous eu des difficultés à comprendre le français?

D. Et vous?

Discutez des questions suivantes avec un(e) camarade de classe.

1. Est-ce que tu t'es déjà présenté(e) à une élection (au lycée, à l'université)? Si oui, comment est-ce que tu as fait campagne?
2. Est-ce que tu t'intéresses à la politique? Quand est-ce que tu as voté récemment?
3. D'après toi, quelles qualités sont nécessaires pour faire de la politique?
4. Est-ce que tu te souviens d'hommes ou de femmes politiques américain(e)s qui ont perdu leur réputation? Pourquoi ont-ils/-elles été discrédité(e)s?
5. (Question pour les étudiantes) Est-ce que tu es plutôt comme Kiné ou comme Gagnesiri? Pourquoi?
6. (Question pour les étudiants) Est-ce que ton idéal féminin ressemble davantage à Kiné ou à Gagnesiri? Pourquoi?
7. D'après toi, qu'est-ce que Gagnesiri va faire à la fin du film? Si tu étais Gagnesiri, qu'est-ce que tu ferais?
8. Qu'est-ce que tu penses de la façon dont la polygamie est présentée dans le film?

California Newsreel

Qui sont ces deux hommes? Pourquoi se sont-ils disputés?

E. À l'écoute: *Tableau Ferraille*

-35 Jacqueline et Michel sortent du cinéma où ils viennent de voir *Tableau Ferraille* et ils donnent leurs impressions. Écoutez ce qu'ils disent et vérifiez si vous avez compris en complétant les phrases qui suivent.

1. Jacqueline a eu des difficultés à comprendre le film à cause _______.
   a. des thèmes
   b. de la structure
   c. de la langue

2. Elle a remarqué les transitions entre passé et présent grâce _______.
   a. à la bande-son
   b. aux couleurs
   c. aux dialogues

3. Michel a trouvé surprenant _______.
   a. que Daam veuille épouser Gagnesiri si vite
   b. que Daam fasse campagne dans un petit village
   c. que Daam soit élu député

4. Jacqueline a été troublée par l'attitude négative envers les femmes _______.
   a. vierges
   b. mères
   c. stériles

Une mère et son enfant

5. Pour Jacqueline, le film est _______ des femmes modernes que des femmes traditionnelles.
   a. moins critique
   b. aussi critique
   c. plus critique

6. La modernité est synonyme d(e) _______.
   a. progrès
   b. corruption
   c. américanisation

7. Michel est surpris _______.
   a. que Kiné n'ait pas résisté aux pressions
   b. que Daam n'ait pas fait son devoir
   c. que Daam n'ait pas clamé (*did not proclaim*) son innocence

8. Jacqueline pense que Daam est devenu _______.
   a. corrompu
   b. cynique
   c. alcoolique

Maah Koudia Keita, la bassiste du groupe sénégalais Takeifa

AVANT LE PROCHAIN COURS

1. ***Manuel:*** Révisez *La formation du conditionnel présent* (pages 297–298), *L'emploi du conditionnel présent* (pages 298–299), *Les pronoms relatifs* (pages 272–279) et *Les pronoms démonstratifs* (pages 279–280).
2. ***Cahier:*** Préparez **Pour aller plus loin.**

Pour aller plus loin

A. Qui a dit quoi?

Refer to *Les pronoms relatifs* (pages 272–279) and *Les pronoms personnels; y et en* (pages 291–293). Consult *La position des pronoms à l'impératif* (page 292) for #4.

1. Les citations dans leur contexte

Complétez chaque phrase avec les pronoms appropriés (pronoms personnels, y, pronoms relatifs). Puis notez quel personnage de la liste ci-dessous a dit chaque phrase. Ensuite, expliquez brièvement le contexte.

Daam   Gagnesiri   Kiné   le ministre   Ndiaye Civilisé   Président

1. _________: « Ah, si seulement on savait pourquoi on se bat aujourd'hui.

   _________: —Mais pour sortir du chaos.

   _________: —Sortir du chaos? Est-ce encore possible?

   _________: —On va _____ arriver. »
2. _________: « _____, tu fais de la politique. _____, je fais des affaires. »
3. _________: « Ne te laisse pas bouffer par cette femme _____ ne _____ donne pas d'enfant. »
4. _________: « Quoi, un député qui n'arrive pas à se faire entendre?

   _________: —Écoute- _____ bien, Gagnesiri. Tu commences à _____ casser les oreilles (*to get on my nerves; literally, to break my ears*) avec les enfants des autres pour _________ tu t'inquiètes. _____, je m'inquiète pour les enfants _____ tu _____ as pas donnés. »
5. ___________: « Je me disais que t'as besoin d'une mère pour tes enfants, et Kiné, _____ doit être féconde comme une brebis. »
6. _________: « Voici Kiné. Je veux _____ épouser.

   _________: —Tu _____ demandes mon avis ou c'est déjà décidé?

   _________: —Il m'a même pas encore demandé mon avis.

   _________: —Pour moi, c'est oui. À condition qu'elle _____ rende heureux.

   _________: —Je _____ promets. »
7. _________: « Gora Junior, voici ton cadeau. C'est oncle Sam... C'est un client américain _____ me _____ a rapporté spécialement des États-Unis. Disneyland. »
8. _________: « Qu'est-ce qui se passe ici?

   _________: —Il se passe que je m'ennuie.

   _________: —Comment ça, tu t'ennuies? Mais Kiné, tu es la femme d'un ministre. Tu ne manques de rien, tu as une belle villa comme tu _____ rêvais, une belle voiture, un enfant à élever et un autre...

   _________: —Je suis pas une poule pondeuse... »

2. Le français parlé

Retournez aux citations de **Qui a dit quoi?** et faites les activités suivantes.

1. Quelles formes de questions sont utilisées?
2. Quelles remarques pouvez-vous faire sur les négations?

3. Trouvez des synonymes pour les expressions familières en italique:
   a. «Ne te laisse pas *bouffer* par cette femme qui ne te donne pas d'enfant.»
   b. «Tu commences à me *casser les oreilles...*»
4. Notez d'autres mots caractéristiques du français parlé.
5. Imaginez comment les personnages prononcent les citations de **Qui a dit quoi?** Puis écoutez les citations 6 et 8 sur votre *Audio Program* et répétez-les comme vous les entendez en vous mettant dans la peau des personnages.

2-37

Source: Tableau Ferraille

B. La condition de la femme

1. D'après les citations ci-dessus, quel est le rôle de la femme dans la société sénégalaise?
2. Comment est-ce que les scènes suivantes du film confirment ce rôle de la femme?
   a. la nuit de noces (Comment la nuit de noces de Gagnesiri et Daam diffère-t-elle d'une nuit de noces typique dans votre culture?)
   b. les scènes où le Conseil des femmes apparaît, au moment du mariage et après la disgrâce de Daam (Qu'est-ce qui explique son changement d'attitude envers Gagnesiri?)

California Newsreel

Qui sont-elles? Comment sont leurs vies?

3. Comparez les valeurs que Gagnesiri et Kiné représentent.

C. La vie économique

1. En quoi consistait la vie économique de Tableau Ferraille?
2. Quel était l'impact de l'activité économique sur l'environnement?
3. Comment étaient les relations entre les travailleurs et les dirigeants de la conserverie? Qu'est-ce qui est arrivé à Ndoumbé, la fille d'Anta?
4. Quelles références aux États-Unis avez-vous remarquées? À quel personnage sont-elles associées? Qu'est-ce que le réalisateur suggère par ces références?

D. La vie politique

1. Vocabulaire

À quels mots du domaine politique de la **Liste de vocabulaire** ou de votre **Dictionnaire personnel** les pronoms en caractères gras font-ils référence?

Exemple: On **le** contacte parfois quand on veut attirer l'attention sur un problème.
le = *le/son député*

1. Ceux et celles qui s'intéressent à la politique **en** sont souvent membres.
2. On s'**y** présente quand on a des ambitions politiques.

3. On fait souvent pression sur **eux.**
4. Un candidat **en** a beaucoup et il doit obtenir plus de voix qu'**eux.**
5. Les candidats doivent **les** séduire pour obtenir leurs voix.
6. On **en** offre parfois aux politiciens pour obtenir leur soutien, mais c'est illégal.
7. Un politicien **le** fait après un scandale, car il n'a plus de crédibilité.
8. On **le** fait en novembre aux États-Unis pour élire ses représentants.

2. La carrière politique de Daam

1. Expliquez les différents stades de la carrière politique de Daam. Pour chaque lieu, dites en quoi consistait son travail, quelles idées il défendait et à quels problèmes il était confronté.
   a. à Tableau Ferraille
   b. à Dakar
2. D'après vous, pourquoi est-ce que Daam n'a pas essayé de clamer son innocence et de défendre sa réputation?

E. À l'écrit: Les mémoires de Daam

Une vingtaine d'années après sa disgrâce, Daam a décidé d'écrire ses mémoires. Imaginez comment il parle de sa carrière politique et du scandale qui y a mis fin. Basez-vous sur vos réponses à **La carrière politique de Daam** pour écrire un paragraphe de cinq phrases au passé, en faisant attention à votre choix de temps verbal. Utilisez des pronoms pour relier vos phrases et éviter les répétitions.

AVANT LE PROCHAIN COURS

Cahier: Faites **Préparation à la lecture.**

LECTURE

Vous avez rencontré un exemple de polygamie dans le film *Tableau Ferraille*. Les extraits que vous allez lire vont vous permettre de mieux comprendre cette pratique, qui est courante en Afrique et dans d'autres pays.

A. Discussion

1. Quels hommes de Tableau Ferraille ont décidé de prendre une deuxième femme? Pourquoi? Comment les premières femmes ont-elles réagi?
2. D'après vous, pourquoi la polygamie s'est-elle développée puis maintenue dans certaines sociétés?

B. Polygamie d'hier à aujourd'hui

1. Ce passage met la polygamie dans son contexte historique et distingue deux formes de polygamie qui se pratiquent en Afrique.

Un indice° de réussite sociale

En Afrique, mariage a longtemps rimé avec polygamie. À une époque pas encore si lointaine, 80 pour cent des foyers° étaient polygames. Aujourd'hui, les statistiques offrent un meilleur visage: 30 pour cent de polygames, dont 80 pour cent de bigames, c'est-à-dire des hommes mariés à deux épouses.

"Polygamie d'hier à aujourd'hui," Francophonies du sud #6, un supplément au *Français dans le monde* #330, novembre 2003

Mais l'Afrique a-t-elle inventé la polygamie? Une certitude: si ce continent demeure° le lieu par excellence où ce phénomène dispose encore d'°une certaine acceptation morale, il est très loin d'en avoir été le précurseur. Les Saintes Écritures, à travers l'Ancien Testament, rappelaient déjà que Salomon eut° 700 femmes, dont 300 épouses et 400 domestiques!

L'Afrique a donc forcément pris le train en marche°, mais y a trouvé pendant plus longtemps que les autres une source d'équilibre et d'harmonie de sa société. Deux grandes formes de polygamie se pratiquent en Afrique. Une polygamie héritée des traditions, et une autre héritée principalement de la religion musulmane. La polygamie héritée des traditions est sans limite. En clair, l'homme peut prendre autant de femmes qu'il le souhaite, à l'aune de° sa capacité à leur donner des terres à cultiver. La polygamie musulmane a quant à elle des règles strictes: l'homme ne doit pas prendre plus de quatre femmes, et doit les traiter toutes de manière égale. En clair, elles doivent être logées à la même enseigne°, recevoir toutes les mêmes cadeaux et garder leur mari à temps presque égal dans leur lit!

indice: *sign, index*
foyers: *households*
demeure: *remains*
dispose encore d': *still has*
eut: *had* (**passé simple** of **avoir**)
a pris le train en marche: *jumped on the bandwagon*
à l'aune de: *according to*
être logées à la même enseigne: *be treated the same way*

a. Compréhension

1. Quel pourcentage de foyers africains est polygame? Et bigame?
2. Où trouve-t-on les premiers exemples de polygamie?
3. Comment l'Afrique se distingue-t-elle des autres cultures polygames?
4. Qu'est-ce qui différencie les deux types de polygamie en Afrique?

b. Réactions

À quel type de polygamie décrite dans l'article ressemble la polygamie pratiquée dans *Tableau Ferraille*? Expliquez.

c. Questions de langue

1. Réécrivez les phrases suivantes en remplaçant les pronoms en italique par des noms.
   a. « … *il* est très loin d'*en* avoir été le précurseur. »
   b. « L'Afrique… *y* a trouvé… une source d'équilibre et d'harmonie de sa société. »
   c. « … sa capacité à *leur* donner des terres à cultiver. »
   d. « l'homme… doit *les* traiter toutes de manière égale. »
2. Réécrivez les phrases suivantes en faisant les changements suggérés.
   a. « … l'homme peut prendre autant de femmes qu'il le souhaite… » (Utilisez le verbe **se marier** et le mot **fois** [*time(s)*].)
   b. « … elles doivent… recevoir toutes les mêmes cadeaux et garder leur mari à temps presque égal dans leur lit! » (Remplacez **les mêmes cadeaux** par l'équivalent de *as many gifts* et **à temps presque égal** par l'équivalent de *as much time*.)

Refer to *La comparaison avec le nom* (page 261) to review the use of **autant** in 2.

3. Comment traduit-on les mots suivants?
   a. si (ligne 3)
   b. si (ligne 14)
   c. rappelaient (ligne 19)
   d. en clair (lignes 31 et 38–39)

2. Ce passage explique pourquoi la polygamie s'est développée en Afrique et quel impact la modernisation a eu sur cette pratique.

ne pas s'en tenir à: *not to limit themselves to*
leur vécu quotidien: *their daily lives*
en fonction de: *according to*
disposer d': *to have*
renvoyer à: *to call up*
au même titre que: *like*
ce qui ne veut nullement dire: *which does not mean at all*
Fon: *ethnic group in Benin and southwest Nigeria*
très juste: *tight (financially)*
aurait le dessus sur: *would lead to the disappearance of*
semble déjouer ces pronostics: *seems to prove this prediction false*
Au grand dam des: *This enrages*

Un mode de vie

... Si les facteurs explicatifs de la polygamie sont d'ordre économique, religieux, social ou politique, la pratique, elle, est d'abord culturelle. Les uns et les autres choisissent de ne pas s'en tenir à° une seule épouse, non pas au terme d'un calcul stratégique, mais simplement parce qu'il s'agit d'un mode de vie présent dans leur vécu quotidien° et dans leur histoire.

Il se trouve cependant un certain nombre de commodités qui ont permis à la pratique de prospérer. Cultiver la terre nécessitait une abondante main-d'œuvre et pour beaucoup, la polygamie apportait une solution au problème, et permettait par ailleurs, dans les villages où la répartition des terres se faisait en fonction de° la taille de la famille, de disposer d'° une surface plus grande.

Pour d'autres, en plus de l'avantage économique, s'ajoutait la dimension politique. « Mon grand-père était chef dans l'est de la Centrafrique, raconte Donguama. Pour avoir un royaume prospère et stable, il avait impérativement besoin d'avoir plusieurs femmes. D'abord parce qu'avec les enfants, cela donnait plus d'importance à son royaume, mais surtout parce que les différents mariages lui permettaient de s'allier aux groupes ethniques rivaux qui non seulement ne pouvaient plus l'attaquer parce qu'il avait épousé leur fille, mais en plus lui devaient assistance en cas de danger et vice versa. »

Tout cela peut sembler bien lointain et renvoyer à° des clichés de l'Afrique pré-coloniale. Et pourtant la polygamie a survécu à la modernité et continue d'être dans de nombreux pays africains une pratique courante, légale, reconnue comme régime matrimonial au même titre que° la monogamie. Au Cameroun, au Mali, au Sénégal, au Togo, la législation prévoit que les conjoints peuvent opter pour le régime matrimonial de leur choix. En Guinée et en Côte d'Ivoire, la polygamie est abolie, ce qui ne veut nullement dire° qu'elle n'existe plus.

Si des chefs comme Mswati III, trente-cinq ans, roi du Swaziland en Afrique australe, ou les Fon° du Nord-Ouest Cameroun peuvent avoir plus d'une demi-douzaine d'épouses, 80 pour cent des polygames africains sont... seulement bigames. Très souvent, ce sont les impératifs socio-économiques qui les incitent à s'en tenir à deux épouses. « Si j'avais plus d'argent, j'aurai eu trois ou quatre femmes », reconnaît Étienne Dossou, fonctionnaire béninois. « Parce que je suis le seul fils de ma mère. Mais là, avec deux femmes et sept enfants, ça commence à être très juste°. »

Mettre fin à l'hypocrisie

Alors que beaucoup prédisaient que la modernisation, à travers les contraintes de la vie urbaine et la scolarisation des populations, aurait le dessus sur° la polygamie, le phénomène semble déjouer ces pronostics° et fait de la résistance. Au grand dam des° associations de défense des droits de la femme qui dénoncent une pratique « contraignante et avilissante pour la femme ».

Celles-ci considèrent la polygamie comme une pratique « moyenâgeuse, traumatisante pour les femmes et les enfants qui en sont issus pour le seul ego des hommes ». Les mariages polygamiques offrent parfois le spectacle de violentes scènes de ménage et de querelles entre les enfants et les différentes femmes du foyer.

Mais ce serait oublier que la polygamie offre aussi une structure familiale plus élargie, qui permet un meilleur encadrement et une école de solidarité pour les enfants. À tel point qu'à Liège en Belgique, des chercheurs réunis dans le cadre de° la « Chaire Hoover d'éthique économique et sociale° » préconisent° ni plus ni moins « l'autorisation du mariage civil polygame ». Leur argumentaire se fonde notamment sur le fait qu'une « démocratie moderne repose en particulier sur l'attachement à la neutralité de l'État vis-à-vis des choix de vie des individus qui la constituent ». Autre argument, « la reconnaissance du mariage polygame mettrait de surcroît fin° à une hypocrisie ». L'allusion renvoie entre autres à tous les hommes qui vivent avec une femme et une maîtresse quasi-officielle. C'est ce que l'on appelle un « deuxième bureau » en Afrique.

dans le cadre de: *in the context of*
« Chaire Hoover d'éthique économique et sociale »: *Hoover Chair in Economic and Social Ethics at the Catholic University of Louvain (Belgium)*
préconisent: *advocate*
mettrait de surcroît fin: *would also end*

a. Compréhension

1. Pour quelle raison principale est-ce que certains Africains choisissent d'être polygames?
2. Quels avantages économiques est-ce que la polygamie apportait aux sociétés traditionnelles? Expliquez la signification de la phrase suivante: « … la polygamie… permettait… de disposer d'une surface plus grande. »
3. Quels étaient les avantages politiques de la polygamie?
4. À quelle période historique associe-t-on en général la polygamie? A-t-on raison?
5. Quels aspects de la vie moderne semblent s'opposer à la persistance de la polygamie?
6. L'article évoque des aspects négatifs et positifs de la polygamie.
   a. Qui la critique et pourquoi? Notez les adjectifs utilisés pour critiquer la pratique.
   b. Quel aspect positif est évoqué?
   c. Qui suggère d'autoriser la polygamie en Europe? Quels sont leurs arguments?

b. Réactions

1. Qu'est-ce que vous avez appris sur la polygamie en lisant ce texte?
2. Quels arguments (pour ou contre la polygamie) mentionnés dans la dernière section vous semblent les plus cohérents?
3. Est-ce que certains de ces arguments s'appliquent à la représentation de la polygamie dans *Tableau Ferraille*? Est-ce que le film présente la polygamie de façon négative, positive ou neutre?

Refer to these points for the following questions:

1. *Les pronoms relatifs* (pages 272–279)
2. *Les articles avec les pays* and *Les prépositions avec les villes et les pays* (page 232)
3. *Les phrases hypothétiques* (pages 301–302)
4. *La comparaison avec le nom* (page 261) and *Le comparatif des adjectifs* (page 270)

c. Questions de langue

1. Les pronoms
   a. Cherchez trois pronoms relatifs différents dans ce passage.
   b. Expliquez l'utilisation du pronom disjoint dans « ... la pratique, elle, est d'abord culturelle... » (lignes 3–4). Comment le traduiriez-vous?
   c. Quel nom est-ce que les pronoms suivants remplacent?
   - celles-ci (ligne 76)
   - en (ligne 79)
   - la (ligne 99)

2. En vous basant sur les lignes 44–48, décidez quel article défini (**le** ou **la**) on utilise avec les pays suivants. Puis utilisez ces pays dans une phrase qui commence par **Il vient...** (*He comes from* [*Cameroon.*]).
   a. Cameroun
   b. Côte d'Ivoire
   c. Guinée
   d. Mali
   e. Sénégal
   f. Togo

3. Trouvez l'erreur de grammaire! Il y a une erreur de structure dans la phrase d'Étienne Dossou: « Si j'avais plus d'argent, j'aurai eu trois ou quatre femmes... » Quelle(s) structure(s) aurait-il dû utiliser?

4. Cherchez:
   a. le comparatif de trois adjectifs dans les paragraphes 2 et 8
   b. le comparatif d'un nom dans le paragraphe 3

AVANT LE PROCHAIN COURS

Cahier: Faites **Préparation à l'écriture.**

INTERACTIONS

This section contains activities that allow you to work creatively with the vocabulary and structures from the chapter.

A. Sketch

Choisissez un sujet, préparez la scène et jouez-la devant la classe.

1. Président veut vraiment obtenir le contrat pour la construction du pont. Il fait pression sur Kiné pour arriver à ses fins (*to get what he wants*).

2. Dialogue entre Daam et un de ses amis: Daam explique à un de ses amis ce qui s'est vraiment passé concernant le contrat du pont, et il lui demande conseil. Doit-il se taire? Doit-il révéler la vérité? Son ami l'aide à décider.

3. Gagnesiri ne sait pas très bien ce qu'elle devrait faire ou ce qu'elle veut faire après la disgrâce de Daam. Elle cherche conseil auprès d'une femme traditionnelle.

4. Gagnesiri ne sait pas très bien ce qu'elle devrait faire ou ce qu'elle veut faire après la disgrâce de Daam. Elle cherche conseil auprès d'une femme émancipée.

B. Exposé

Préparez un des sujets suivants à la maison pour le présenter en classe.

1. Faites une recherche sur l'histoire du Sénégal, en particulier ses relations avec la France, et présentez ce que vous avez découvert.
2. Faites une présentation sur un aspect du Sénégal contemporain (l'économie, la situation politique, les coutumes, la littérature, la chanson, la gastronomie, la langue, etc.).
3. Interrogez un(e) étudiant(e) francophone sur la situation politique et les élections dans son pays. Présentez vos résultats en les comparant à la situation aux États-Unis.

Qui est président? Depuis quand? Combien de partis politiques y a-t-il? Quels sont leurs programmes? etc.

Liste de vocabulaire

For extra practice with the vocabulary in this chapter, refer to the web quizzes at www.cengagebrain.com.

Adjectifs

cynique *cynical*
déchu(e) *fallen*
digne *full of dignity*
discrédité(e) *discredited*
enceinte *pregnant*
idéaliste *idealist*
ivre *drunk*
loyal(e) *loyal*
polygame *polygamous*
radioactif (-ive) *radioactive*
résolu(e) *resolute*
soûl(e) *drunk*
stérile *sterile*
vierge *virgin*

Noms

un(e) adversaire *opponent*
un(e) candidat(e) *candidate*
le capitalisme (sauvage) *(unrestrained) capitalism*
un(e) chef d'entreprise *CEO*
un cimetière *cemetery*
un(e) citoyen(ne) *citizen*
un conservateur, une conservatrice (de musée) *curator*
un contrat *contract*
la convoitise *greed*
les déchets industriels (m. pl.) *industrial waste*
un(e) député(e) *deputy, representative*
le deuil *mourning*
la dignité *dignity*
un dossier *proposal; file*
un entrepreneur *entrepreneur*
une entreprise *business*
un fonds de solidarité *solidarity fund*
une foule *crowd*
une galerie d'art *art gallery*
une grève *strike*
la grossesse *pregnancy*
un licenciement *lay-off*
la loyauté *loyalty*
la lune de miel *honeymoon*
la maternité *motherhood*
la mémoire *memory*
la nuit de noces *wedding night*
les obsèques (f. pl.) *burial*
un(e) ouvrier(-ère) *blue-collar worker*
un parti *party*
un(e) politicien(ne) *politician*
la polygamie *polygamy*
un pont *bridge*
un pot-de-vin *bribe*
un projet *plan, project*

un retour en arrière *flashback*
un scandale *scandal*
un souvenir *a memory; a souvenir*
un syndicat *(labor) union*
une tombe *tomb*
la trahison *betrayal; treason*
la virginité *virginity*
une voix *vote*

Present tense verb conjugation is reviewed in the **Grammaire** (pages 225–230), and the Appendix on page 336 includes conjugation patterns.

Refer to the Appendix on page 327 for work on verbs and nouns that express the act of remembering; refer to pages 332–333 for explanations of **quitter**.

Verbes

accuser quelqu'un de quelque chose *to accuse someone of something*
améliorer *to improve*
avoir le coup de foudre (pour) *to fall in love at first sight (with)*
compromettre quelqu'un (comme *mettre*) *to compromise someone*
convoiter *to covet*
démissionner (de) *to resign (from)*
élire (comme *lire*) *to elect*
être candidat(e) (à) *to be a candidate (for)*
être en deuil *to be in mourning*
faire campagne *to campaign*
faire confiance à *to trust*
faire pression sur quelqu'un *to put pressure on someone*
licencier *to lay off*
quitter quelqu'un/un endroit *to leave someone/a place*
reprocher quelque chose à quelqu'un *to blame someone for something*
reprocher à quelqu'un de faire quelque chose *to blame someone for doing something*
se compromettre (comme *mettre*) *to compromise oneself*
se disputer *to quarrel*
se fâcher *to get angry; to have a falling out*
se fier à *to trust*
se méfier (de) *to mistrust*
se présenter (à une élection) *to run (for office)*
se prostituer *to prostitute oneself*
se rappeler *to remember*
se recueillir (sur la tombe de quelqu'un) (comme *accueillir*) *to meditate*
soutenir (comme *tenir*) *to support*
se souvenir (de) (comme *venir*) *to remember*
tirer profit de *to profit from*
tomber amoureux (-euse) (de) *to fall in love (with)*
trahir (comme *finir*) *to betray*
voter *to vote*

Vocabulaire supplémentaire

Adjectif

taché(e) (de sang) *(blood-) stained*

Noms

une carriole *cart*
une charrette *cart*
un chœur *chorus*
une conserverie *cannery*
un drap *sheet*
un garde du corps *bodyguard*
un griot *storyteller and family historian*
un mandat *term (of office)*
un(e) ministre *minister (political)*
le népotisme *nepotism*
une subvention *subsidy*
un tonneau *barrel*

Les études

On trouve des scènes dans un établissement scolaire ou à l'université dans plusieurs films de *Séquences,* comme *L'Auberge espagnole, Monsieur Lazhar, Persépolis* et *Entre les murs.*

AP Images/Michel Euler

Un cours d'amphi

1. Quelles ressemblances ou différences remarquez-vous entre la photo ci-dessus et le(s) campus que vous connaissez? Entre la photo et l'amphithéâtre dans *L'Auberge espagnole* et *Persépolis*? Qu'est-ce qui surprendrait un(e) étudiant(e) de l'université sur la photo s'il/si elle venait étudier sur votre campus?
2. Comment est-ce que les différences culturelles affectent la vie scolaire ou universitaire dans *L'Auberge espagnole, Monsieur Lazhar, Persépolis* et *Entre les murs*?
3. Comparez les méthodes pédagogiques de Monsieur Lazhar et de Monsieur Marin *(Entre les murs).* Quels sont les aspects positifs et négatifs de leur enseignement? Quelles méthodes pédagogiques vous conviennent bien/marchent bien pour vous?
4. Quelle est la valeur de l'éducation pour Marjane (*Persépolis*), Malika et sa sœur Zora (*Chaos*) et les élèves d'*Entre les murs*? Et pour vous?

Le sport et les loisirs

Les sports d'équipe (le foot et le rugby) et les autres loisirs plus individuels comme le parapente, par exemple, sont très appréciés par les personnages des films *Le Placard, Entre les murs* et *Intouchables.*

1. Le parapente est le sport préféré de Philippe dans *Intouchables.* Cela vous étonne-t-il? En regardant la photo, expliquez les sensations que l'on peut avoir en pratiquant ce sport.
2. Quelle est la place du foot dans *Entre les murs*? Est-ce qu'il unit ou divise les élèves? Et les élèves et les profs? En général, pensez-vous que le sport rapproche ou divise les gens et les peuples?
3. Comment les joueurs de rugby sont-ils représentés dans *Le Placard*? Plus généralement, quels stéréotypes trouve-t-on dans le domaine sportif?
4. Quelle est la place du sport dans votre vie? Quelles sont vos (autres) loisirs?

Les structures sociales et familiales

Différents modèles sociaux et familiaux sont représentés dans les films que vous avez vus ce semestre.

David Keith Jones/Images of Africa Photobank/Alamy

Une famille étendue au Congo

1. Quelles structures familiales sont représentées dans les films que vous avez vus dans ce cours (célibataires, couples, familles adoptives, monoparentales, nucléaires, polygames)?
2. Comment est-ce que la situation économique ou politique affecte les familles dans certains des films suivants: *Monsieur Lazhar, Persépolis, Indochine, Chaos, Intouchables*?
3. Quels films vous semblent les plus critiques de l'individualisme? Comment sont les rapports dans le couple et entre les générations dans ces films?
4. Quel rôle joue la grand-mère dans *Persépolis* et *Chaos*?
5. Comment est votre famille? Quelles relations avez-vous avec les membres de votre famille élargie (grands-parents, oncles et tantes, cousins, etc.)?

De l'adolescence à l'âge adulte

L'adolescence et le passage souvent difficile de l'adolescence à l'âge adulte sont des thèmes importants dans *L'Auberge espagnole, Persépolis, Indochine, Chaos,* Entre les murs et Intouchables. *Entre les murs.*

ARRÊT SUR IMAGES

© Suzanne Tucker/Shutterstock.com

© photomatz/Shutterstock.com

© photomatz/Shutterstock.com

1. D'après ces images et vos propres souvenirs, quelles sont les activités préférées des adolescents?
2. À quoi est-ce qu'on associe généralement la période de l'adolescence? Comment ces thèmes sont-ils traités dans *Persépolis, Indochine, Chaos Entre les murs* et *Intouchables*?
3. Comment la situation politique ou sociale a-t-elle affecté le développement des personnages suivants pendant l'adolescence: Marjane (*Persépolis*), Camille (*Indochine*), Malika et Zora (*Chaos*), Souleymane (*Entre les murs*), Driss, son frère et Élisa (*Intouchables*)?
4. De quel(s) aspect(s) de votre adolescence vous souvenez-vous particulièrement?

LES HOMMES ET LES FEMMES

Réfléchissez aux trajectoires de vie des femmes et aux relations entre hommes et femmes dans les films de *Séquences.*

Thierry Tronnel/Corbis

Christine Lagarde, ancienne Ministre de l'économie, des finances et de l'industrie (France), Présidente du FMI (Fonds monétaire international) depuis 2011

Time Warner/Getty Images

Bineta Diop, juriste sénégalaise, créatrice de l'ONG Femmes Africa solidarité, inscrite sur la liste des cent personnes les plus influentes dans le monde selon le numéro d'avril 2011 de Time Magazine

1. Pourquoi est-ce que Marjane (*Persépolis*), Malika (*Chaos*) et Kiné et Gagnesiri (*Tableau Ferraille*) ne sont pas totalement libres de choisir leur destin?
2. Que pensez-vous de la représentation des femmes dans les comédies populaires *Le Placard* et *Intouchables*?
3. Comment est-ce que les relations entre les hommes et les femmes sont présentées dans quelques films de *Séquences* (par exemple *L'Auberge espagnole, Indochine* et un autre film de votre choix)?
4. Est-ce que les femmes et les relations hommes-femmes sont présentées sous un angle différent par les réalisatrices (dans *Persépolis* et *Chaos*)?

Les clichés et les stéréotypes

Les films peuvent renforcer les clichés et les stéréotypes ou, au contraire, offrir de nouvelles perspectives sur les personnes et les lieux représentés.

1. Quelles impressions de la France donnent les photos de ces deux pages? Quelles photos correspondent le plus à votre image mentale de ce pays?
2. Quelles images se présentent à votre esprit quand vous pensez aux endroits suivants: l'Algérie, l'Iran, Paris, la banlieue parisienne, le Québec, le Sénégal, le Vietnam? Est-ce que la représentation de ces lieux dans *Monsieur Lazhar, Persépolis, Indochine, Entre les murs, Intouchables et Tableau Ferraille* correspond à l'idée que vous en aviez?

Les clichés et les stéréotypes (suite)

© iStockphoto.com/AdiniMalibuBarbie

La Défense à Paris

© Oleg Gekman/Shutterstock.com

Le viaduc de Millau

© ostill/Shutterstock.com

Le TGV (train à grande vitesse)

3. Quels stéréotypes vous viennent à l'esprit quand vous pensez aux nationalités suivantes: les Allemands, les Anglais, les Espagnols, les Français? Comment ces stéréotypes sont-ils traités dans *L'Auberge espagnole*?
4. Quels autres types de stéréotypes trouve-t-on dans les films de *Séquences* que vous avez vus?
5. Comment est-ce que les réalisateurs et réalisatrices renforcent ou combattent les stéréotypes dans les films suivants: *Persépolis, Le Placard, Chaos* et *Intouchables*?

Les différences

L'origine nationale, les différences sociales, la sexualité, la religion et le handicap physique créent parfois des obstacles qui sont difficiles à surmonter.

Fillette sur un balcon à Colmar, en Alsace

Deux amies et un portable

1. Quelles différences physiques et culturelles remarquez-vous sur ces photos? À quels obstacles ces jeunes filles sont-elles probablement confrontées dans leur vie quotidienne?
2. À quels obstacles les personnages suivants sont-ils confrontés à cause des différences culturelles: Monsieur Lazhar, Marjane (*Persépolis*), Malika et Zora (*Chaos*) et les élèves d'*Entre les murs*?
3. Comment Philippe et Driss d'*Intouchables* sont-ils affectés par le handicap physique et social?
4. Comment les différences d'orientation sexuelle sont-elles traitées dans *L'Auberge espagnole*, *Le Placard* et *Intouchables*?

Les vêtements

Les vêtements permettent souvent de connaître les valeurs des personnes qui les portent.

Stephane Gautier/Age Fotostock

Sheila Smart Photography/ PhotoEdit

Susan Van Etten/PhotoEdit

1. Analysez les choix vestimentaires des personnes représentées sur les photos.
2. Quelles remarques pouvez-vous faire sur l'habillement des personnages suivants: Camille et Éliane dans *Indochine;* Malika dans *Chaos;* Arthur (le gothique) dans *Entre les murs;* Driss pendant son entretien d'embauche dans *Intouchables;* Kiné et Gagnesiri dans *Tableau Ferraille*? Quelles valeurs est-ce que leurs vêtements reflètent?
3. Le port du voile par les femmes musulmanes vivant dans les sociétés occidentales est un sujet controversé. Le voile est souvent perçu comme un symbole d'oppression, mais certain(e)s le considèrent au contraire libérateur. Quels arguments pouvez-vous trouver pour ces deux interprétations? Quel est le point de vue sur le voile dans *Persépolis*?
4. Un proverbe français dit que « l'habit ne fait pas le moine (*monk*) », ce qui veut dire qu'il ne faut pas juger les gens par l'apparence. Expliquez une situation où vous vous êtes trompé(e) sur quelqu'un en vous basant sur les vêtements qu'il/elle portait.
5. Quel est votre style vestimentaire? Qu'est-ce que vos vêtements révèlent sur votre personnalité?

Les voyages

Dans *L'Auberge espagnole,* Xavier fait un séjour linguistique à Barcelone dans l'espoir d'obtenir un bon poste au Ministère de l'économie, des finances et de l'industrie à son retour. Mais les voyages peuvent transformer les gens. En rentrant d'Espagne, Xavier décide de changer d'orientation professionnelle.

Le Ministère de l'économie, des finances et de l'industrie à Paris

L'église de la Sainte Famille à Barcelone

1. Quelles sont les différences entre ces deux bâtiments? Quelles valeurs est-ce qu'ils expriment? Comment sont présentées les personnes qui travaillent au Ministère de l'économie, des finances et de l'industrie dans *L'Auberge espagnole*?
2. Le séjour à l'étranger de Xavier a eu un énorme impact sur sa vie. Comment ces deux bâtiments peuvent-ils raconter la transformation de Xavier dans le film *L'Auberge espagnole*? Et vous, à quel bâtiment vous identifiez-vous le plus?
3. Comment est-ce que le fait de voyager a transformé Marjane dans *Persépolis* et Camille dans *Indochine*? Dans quel autre film du cours est-ce que la situation géographique est intimement liée au développement d'un personnage?
4. Et vous, avez-vous déjà fait un voyage qui a changé votre perspective?

Les migrations

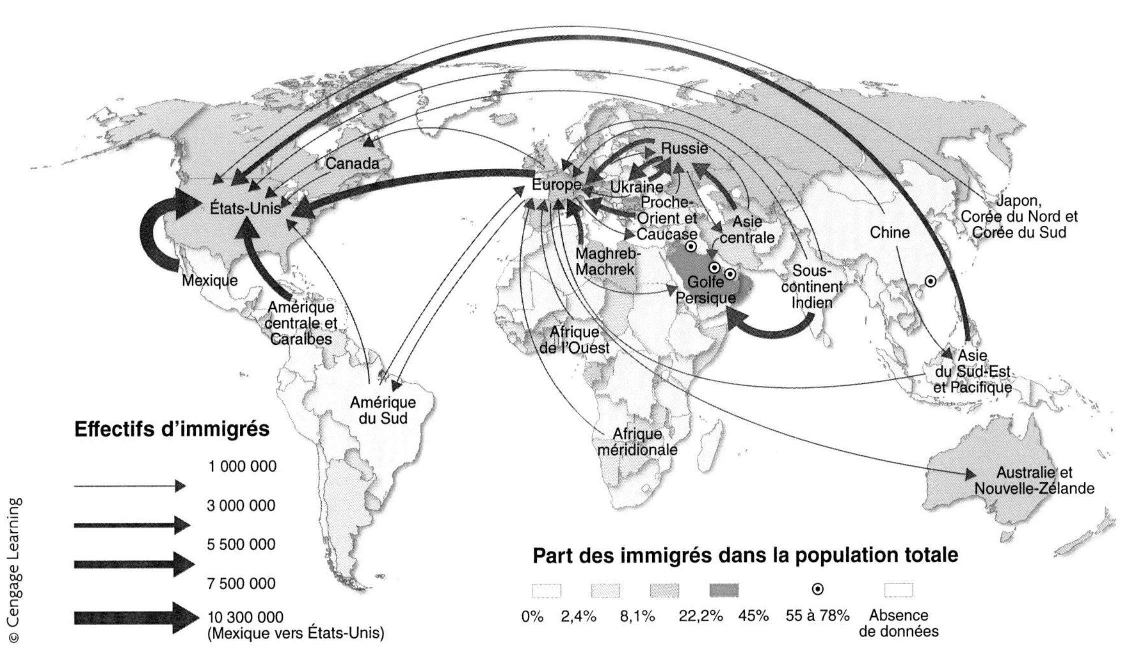

Les migrations à la fin du XXe siècle

1. Regardez la carte: D'où viennent les migrants de la fin du 20e siècle? Quels sont les principaux pays d'immigration?
2. Pour quelles raisons est-ce qu'on peut décider de quitter son pays ou sa région pour une longue période de temps ou définitivement?
3. D'où viennent les parents de quelques élèves des films *Entre les murs* et *Monsieur Lazhar*? Quel est le pays d'origine du père de Malika dans *Chaos*? Quelles raisons expliquent l'émigration de Monsieur Lazhar au Québec, l'installation de Marjane en France (*Persépolis*), celle d'Éliane en Indochine, puis en France (*Indochine*) et la décision du père de Malika (*Chaos*) et des parents de Souleymane et de Wei (*Entre les murs*) d'émigrer en France?
4. À quelles difficultés est-ce que les immigrés sont confrontés? Lesquelles sont communes à tous? Lesquelles varient? Illustrez vos réponses en parlant de quelques personnages des films de *Séquences.*

L'HISTOIRE

Plusieurs films de *Séquences* évoquent des circonstances historiques précises et leur impact sur la vie des personnages.

Des expatriés tunisiens manifestent leur soutien à la Révolution tunisienne dans les rues de Nice en janvier 2010.

1. Comment Monsieur Lazhar et Marjane (*Persépolis*) ont-ils été affectés par la guerre civile algérienne et la Révolution islamique en Iran, respectivement?
2. La question de l'identité est un thème important dans les films du cours qui traitent de la colonisation et de ses conséquences, en particulier dans *Indochine, Tableau Ferraille, Chaos* et *Entre les murs*. Quel est le contexte historique de ces films? Comment se pose la question de l'identité?
3. Quel rôle joue l'Histoire dans votre vie? Est-ce que vous vivez/avez vécu dans un lieu historique? Quels événements historiques ont marqué votre vie? Avez-vous l'impression que votre identité dépend de circonstances historiques particulières?

Les lieux de mémoire

Certains objets et lieux réels ou imaginaires occupent une place importante dans notre mémoire collective et individuelle. On les appelle des « lieux de mémoire ».

La place de la Bastille

1. Certains monuments ont une valeur symbolique. Par exemple, la place de la Bastille commémore l'endroit où la Révolution française a commencé et elle symbolise depuis la lutte contre l'oppression. D'après vous, pourquoi est-ce que le défilé de la Gay Pride passe par la place de la Bastille (dans *Le Placard* et dans la réalité)? Qu'est-ce qui arrive à François Pignon grâce à cet événement?
2. Que représente la statue de la Liberté pour les Américains et pour ceux et celles qui souhaitent vivre aux États-Unis? Dans *Tableau Ferraille,* on voit une reproduction de la statue de la Liberté sur le mur du cimetière. Quel rapport y a-t-il entre ce symbole et le contexte politique du film? Et entre ce symbole et l'évolution personnelle de Gagnesiri?
3. Imaginez de quels lieux (spécifiques ou abstraits) les personnages suivants se souviennent: Xavier (*L'Auberge espagnole*), Monsieur Lazhar, Marjane (*Persépolis*), Éliane (*Indochine*), Driss (*Intouchables*), Gagnesiri (*Tableau Ferraille*). Expliquez vos choix.
4. Quels sont vos lieux de mémoire?

La langue

Il y a des exemples de bilinguisme ou de plurilinguisme dans plusieurs films de *Séquences*.

© Lester Balajadia/Shutterstock.com

1. Dans quel film de *Séquences* pourrait-on trouver ce panneau?
2. Dans quels films est-ce que l'on entend une autre langue en plus du français? Dans quelles circonstances les personnages parlent-ils chaque langue? Comment est-ce que l'utilisation de cette autre langue est liée au thème de l'identité?
3. Même si on parle une seule langue, on la parle différemment en fonction des circonstances et des personnes à qui on s'adresse. Dans quels films avez-vous appris du français familier? Pourquoi trouve-t-on plus de langage populaire dans ces films que dans d'autres films de *Séquences*? Quels personnages emploient beaucoup d'expressions familières?
4. Comparez votre façon de parler avec celle de vos amis et de vos professeurs. Quelle importance peut avoir le langage qu'on choisit d'employer? Comment est-ce que votre langue et votre façon de parler sont liées à vos origines géographiques et aux différentes facettes de votre identité?

IDENTITÉS EN TRANSITION

La littérature et le cinéma dépeignent des personnages dans des moments de crise, confrontés à des situations qui les obligent à réfléchir et à redéfinir leur identité.

Le Penseur *d'Auguste Rodin*

1. À quoi pense l'homme sculpté par Rodin, à votre avis? Comment pouvez-vous relier la sculpture à ces mots de Xavier dans *L'Auberge espagnole:* « J'ai en général jamais su pourquoi j'étais là où j'étais »?
2. Dans quels films de *Séquences* la crise identitaire est-elle liée à des circonstances historiques? Dans lesquels est-elle due à des circonstances personnelles? Quel titre de film exprime le plus l'idée de crise?
3. Qu'est-ce qui permet aux personnages de sortir de la crise et de trouver leur voie? (Un voyage? L'intervention d'une autre personne? Une situation douloureuse?)
4. Quelle expérience personnelle ou collective a eu un grand impact sur vous et a changé votre vision de la vie (même momentanément)?

Lectures allégoriques

Dans les arts visuels et en littérature, les personnages ont parfois un rôle allégorique, c'est-à-dire qu'ils représentent aussi des idées. On peut trouver des allégories dans les tableaux ou films qui dépeignent des événements historiques.

Eugène Delacroix, La Liberté guidant le peuple (1830)

1. Regardez le célèbre tableau de Delacroix, *La Liberté guidant le peuple,* qui dépeint la révolution de 1830 contre le régime monarchique en France. Que représente la femme dans le tableau? Comment est-ce que le peintre a renforcé sa position dominante? À votre avis, est-ce que Marjane a étudié ce tableau pendant ses études d'art à Téhéran (*Persépolis*)?
2. Qu'est-ce que Camille et Éliane représentent dans le film *Indochine*? Et Gagnesiri et Kiné dans *Tableau Ferraille*?
3. En 1994, une adaptation du tableau de Delacroix a servi de poster pour un festival de films français organisé dans les universités américaines et subventionné par le gouvernement français. Dans cette adaptation, la femme est sur un globe et la baïonnette dans sa main gauche est remplacée par une pellicule (*film reel*). Comment interprétez-vous cette adaptation en sachant que l'affiche a été créée au moment des négociations du GATT (présentées dans la note à la page 3 du Chapitre préliminaire)? Quel est le rapport entre le cinéma (comme art) et la liberté?
4. Pourquoi est-il important d'encourager tous les pays qui le souhaitent à produire des films? Comment est-ce que les films de *Séquences* ont contribué à votre appréciation du cinéma en général? Classez les films que vous avez vus dans ce cours par ordre de préférence et expliquez votre classement.

Chapitre Préliminaire

GRAMMAIRE

Le présent de l'indicatif

Sommaire

This **Grammaire** section is a self-study module that appears in each chapter. Each grammar section includes formal explanations and self-corrected **Application immédiate** exercises. Homework directions in the main part of the textbook tell you when to study the different sections. Your instructor may also go over the explanations in class.

GRAMMAIRE P

LE PRÉSENT DE L'INDICATIF

In previous semesters, you probably spent a lot of time learning the forms of verbs in the present tense of the indicative. It is useful to review them briefly and to recycle them continuously as you learn new verbs and structures. This chapter presents the different types of conjugations in the present tense. You will find references to these verb families next to the verbs in each chapter's vocabulary list, and you can find out more in the regular and irregular verb tables beginning on page 336.

For more practice, visit www.cengagebrain.com.

A. La formation du présent de l'indicatif

French verbs are divided into groups, each with its own sub-patterns and exceptions. There are also many irregular verbs.

1. Les verbes en **-er**

The most common pattern is that of verbs whose infinitive ends in **-er,** such as **parler.**

1.1 To conjugate **-er** verbs, delete **-er** from the infinitive; then add the endings **-e, -es, -e, -ons, -ez, -ent.**

Parler	
je parle	nous parl**ons**
tu parl**es**	vous parl**ez**
il/elle/on parle	ils/elles parl**ent**

Note that the **je, tu, il/elle/on,** and **ils/elles** forms are pronounced the same way. Resist the temptation to pronounce the **-ent** of the third-person plural! A good way to remember this is to think of a shoe: the forms inside the shoe (the gray area in the conjugation table) have the same pronunciation.

1.2 Two types of verbs follow this basic pattern with a slight change in the **nous** form:

- verbs ending in **-ger,** such as **voyager**
Add an **e** after the stem so that the present conjugation is pronounced throughout with a soft **g** (and not as in **gorille**): **je voyage, tu voyages, il/elle/on voyage, nous voyageons, vous voyagez, ils/elles voyagent.**
- verbs ending in **-cer,** such as **commencer**
Replace the **c** with a **ç** so that the present conjugation is pronounced throughout with a soft **c** (and not as in **copain**): **je commence, tu commences, il/elle/on commence, nous commençons, vous commencez, ils/elles commencent.**

1.3 Some verbs have stem changes in all forms except **nous** and **vous.** Remember these as "shoe" verbs because of the visual pattern created by their forms: the stem of the **nous** and **vous** forms is the same as the stem of the infinitive.

- Verbs with **é** or **e** in their penultimate syllable, such as **préférer** and **acheter**: the letters **é** and **e** change to **è**.

***Verbs like* préférer**		***Verbs like* acheter**	
je préfère	nous préférons	j'achète	nous achetons
tu préfères	vous préférez	tu achètes	vous achetez
il/elle/on préfère	ils/elles préfèrent	il/elle/on achète	ils/elles achètent

- Verbs in **-yer**, like **nettoyer** or **ennuyer:** the **y** changes to **i** in front of a mute **e.**

***Verbs like* nettoyer**	
je nettoie	nous nettoyons
tu nettoies	vous nettoyez
il/elle/on nettoie	ils/elles nettoient

- Verbs like **payer** can keep the **y** or change to **i: je paye** or **je paie.**
- **Appeler** and **jeter** are exceptions: the penultimate **e** does not change to **è**. Instead, the consonant that follows **e** is doubled.

***Verbs like* appeler**		***Verbs like* jeter**	
j'appelle	nous appelons	je jette	nous jetons
tu appelles	vous appelez	tu jettes	vous jetez
il/elle/on appelle	ils/elles appellent	il/elle/on jette	ils/elles jettent

2. Les verbes en -ir

There are three types of verbs ending in **-ir:**

2.1 Verbs like **finir**

To find the stem, delete **-ir** from the infinitive; then add the endings **-is, -is, -it, -issons, -issez, -issent.**

GRAMMAIRE P

Finir (divertir, réfléchir, réussir, etc.)	
je fin**is**	nous fin**issons**
tu fin**is**	vous fin**issez**
il/elle/on fin**it**	ils/elles fin**issent**

2.2 Verbs like **partir**

These verbs have two stems, to which are added the endings **-s, -s, -t, -ons, -ez, -ent.**

- To find the singular stem **(je, tu, il/elle/on),** delete **-ir** and the consonant that precedes it.
- To find the plural stem **(nous, vous, ils/elles),** just delete **-ir.**

Partir (dormir, servir, sortir, etc.)	
je pars	nous par**tons**
tu pars	vous par**tez**
il/elle/on part	ils/elles par**tent**

Knowing the different conjugation patterns of **-ir** verbs will help you with the conjugation of the **imparfait,** which uses the **nous** form of the present tense as its stem. Compare, for example, the **imparfait** of **finir (je finissais)** and of **partir (je partais).**

2.3 Verbs like **ouvrir**

Verbs like **ouvrir** are conjugated like **-er** verbs.

Ouvrir (découvrir, offrir, souffrir)	
j'ouvr**e**	nous ouvr**ons**
tu ouvr**es**	vous ouvr**ez**
il/elle/on ouvr**e**	ils/elles ouvr**ent**

3. Les verbes en -re

To find the stem, delete **-re** from the infinitive and add the endings **-s, -s, -, -ons, -ez, -ent.**

Répondre (attendre, descendre, entendre, perdre, rendre, etc.)	
je répond**s**	nous répond**ons**
tu répond**s**	vous répond**ez**
il/elle/on répond	ils/elles répond**ent**

4. Les verbes irréguliers

Finally, there are many irregular verbs. The most important ones are listed here.

aller (*to go*): je vais, tu vas, il/elle/on va, nous allons, vous allez, ils/elles vont

avoir (*to have*): j'ai, tu as, il/elle/on a, nous avons, vous avez, ils/elles ont

battre (*to beat*): je bats, tu bats, il/elle/on bat, nous battons, vous battez, ils/elles battent

boire (*to drink*): je bois, tu bois, il/elle/on boit, nous buvons, vous buvez, ils/elles boivent

conduire (*to drive*): je conduis, tu conduis, il/elle/on conduit, nous conduisons, vous conduisez, ils/elles conduisent

connaître (*to know*): je connais, tu connais, il/elle/on connaît, nous connaissons, vous connaissez, ils/elles connaissent

croire (*to believe*): je crois, tu crois, il/elle/on croit, nous croyons, vous croyez, ils/elles croient

devoir (*to have to, to owe*): je dois, tu dois, il/elle/on doit, nous devons, vous devez, ils/elles doivent

dire (*to say*): je dis, tu dis, il/elle/on dit, nous disons, vous dites, ils/elles disent

écrire (*to write*): j'écris, tu écris, il/elle/on écrit, nous écrivons, vous écrivez, ils/elles écrivent

être (*to be*): je suis, tu es, il/elle/on est, nous sommes, vous êtes, ils/elles sont

faire (*to do, to make*): je fais, tu fais, il/elle/on fait, nous faisons, vous faites, ils/elles font

falloir (*to be necessary*): il faut

lire (*to read*): je lis, tu lis, il/elle/on lit, nous lisons, vous lisez, ils/elles lisent

mettre (*to put*): je mets, tu mets, il/elle/on met, nous mettons, vous mettez, ils/elles mettent

mourir (*to die*): je meurs, tu meurs, il/elle/on meurt, nous mourons, vous mourez, ils/elles meurent

paraître (*to appear*): je parais, tu parais, il/elle/on paraît, nous paraissons, vous paraissez, ils/elles paraissent

plaire (*to please*): je plais, tu plais, il/elle/on plaît, nous plaisons, vous plaisez, ils/elles plaisent

pouvoir (*to be able to*): je peux, tu peux, il/elle/on peut, nous pouvons, vous pouvez, ils/elles peuvent

prendre (*to take*): je prends, tu prends, il/elle/on prend, nous prenons, vous prenez, ils/elles prennent

recevoir (*to receive*): je reçois, tu reçois, il/elle/on reçoit, nous recevons, vous recevez, ils/elles reçoivent

savoir (*to know*): je sais, tu sais, il/elle/on sait, nous savons, vous savez, ils/elles savent

suivre (*to follow; to attend [a class]*): je suis, tu suis, il/elle/on suit, nous suivons, vous suivez, ils/elles suivent

tenir (*to hold*): je tiens, tu tiens, il/elle/on tient, nous tenons, vous tenez, ils/elles tiennent

venir (*to come*): je viens, tu viens, il/elle/on vient, nous venons, vous venez, ils/elles viennent

voir (*to see*): je vois, tu vois, il/elle/on voit, nous voyons, vous voyez, ils/elles voient

vouloir (*to want*): je veux, tu veux, il/elle/on veut, nous voulons, vous voulez, ils/elles veulent

GRAMMAIRE P

Application immédiate 1

Conjuguez les verbes suivants au présent de l'indicatif.

1. aller: *to go*
2. avoir: *to have*
3. choisir: *to choose* (*like* **finir**)
4. être: *to be*
5. faire: *to do*
6. louer: *to rent*
7. partager: *to share*
8. perdre: *to lose*
9. réfléchir: *to think* (*like* **finir**)
10. remplacer: *to replace*

5. Les verbes pronominaux

Pronominal verbs, also known as reflexive verbs, have the pronoun **se (s')** in front of the infinitive. They follow the same conjugation patterns as non-pronominal verbs. When the subject pronoun changes, the pronoun changes as well.

Se disputer *(to fight, to argue)*	
je **me** dispute	nous **nous** disputons
tu **te** disputes	vous **vous** disputez
il/elle/on **se** dispute	ils/elles **se** disputent

Application immédiate 2

Mettez les verbes au présent de l'indicatif.

1. Comment ______________ (s'appeler) le réalisateur de ce film?
2. Tu ______________ (connaître) cet acteur?
3. Qui ______________ (interpréter) le rôle principal?
4. On ______________ (s'habituer) aux sous-titres.
5. Ce film me ______________ (plaire).
6. Nous ______________ (appartenir) à un ciné-club.
7. Vous ______________ (s'identifier) souvent aux personnages?
8. Tu ______________ (se souvenir) du film?
9. Mes amies ______________ (se divertir) en voyant des comédies.
10. Nous ne ______________ (s'ennuyer) jamais en regardant des dessins animés.

B. L'emploi du présent de l'indicatif

1. The present tense describes actions that take place on a regular basis.

   Je vais à l'université trois fois par semaine.

   I go to the university three times a week.

2. The present tense also describes actions that are taking place right now.

   Que fais-tu?

   What are you doing?

   Je lis.

   I am reading.

3. As in English, the present tense may be used to describe future events.

   Je pars samedi prochain.

   I'm leaving next Saturday.

   Note that, unlike English, French uses the future tense after **quand** (*when*) in cases where the main verb is in the future.

   Je **mangerai** quand le cours **sera** terminé.

   ***I will eat** when the class **is** over.* (literally, *"when the class **will be** over,"* since it isn't yet over)

Translating the Present Tense

There are three translations in English for most French verbs in the present: ***je parle*** = *I speak, I do speak, I am speaking. I have been speaking (I have spoken)* is also a possible translation of the present tense when *since* or *for* is used.

4. **Aller** in the present tense followed by an infinitive expresses the future (le **futur proche**).

   Nous allons voir un film.

   We are going to see a film.

5. The present is also used to talk about an action that began in the past and is still going on. This is expressed by **depuis, il y a... que,** or **cela fait... que (ça fait... que)**. Note that French uses the present tense in these cases, but English does not.

   Depuis can be followed by:

   - an expression indicating a duration/span of time. In this case, the translation for **depuis** is *for.*

     Je **fais** mes devoirs **depuis** 20 minutes.

     *I **have been doing** my homework **for** 20 minutes.*

     or

   - an expression indicating a specific date or time. In this case, the translation for **depuis** is *since.*

     J'**étudie** le français **depuis** 1990 / **depuis** le mois d'août / **depuis** 2 heures de l'après-midi.

     *I **have been studying** French **since** 1990 / **since** August / **since** 2:00 P.M.*

     Another way to say that an action has been going on for a period of time is to use **Il y a... que** or **Cela fait... que (Ça fait... que)** and a verb in the present.

     Je **fais** mes devoirs **depuis** 20 minutes.

     Il y a 20 minutes **que** je **fais** mes devoirs.

     Cela fait (Ça fait) 20 minutes **que** je **fais** mes devoirs.

     *I **have been doing** my homework **for** 20 minutes.*

Application immédiate 3

Traduisez.

1. I have been taking film courses for two years.
2. What film is showing at the art-house theater today?
3. They are going to buy the tickets.
4. We have been shooting (the film) since January 1st.
5. She makes a film every year.

Chapitre 1

GRAMMAIRE

Pays, langues, nationalité

Sommaire

A. Les articles avec les pays
B. Les prépositions avec les villes et les pays
C. Les langues
D. Les noms et adjectifs de nationalité
   Application immédiate 1

La forme interrogative

Sommaire

A. Les questions auxquelles on peut répondre par **oui** ou **non**
   1. Intonation
   2. **Est-ce que**
   3. Inversion
B. Les adverbes interrogatifs
   Application immédiate 2
C. **Depuis quand?/Depuis combien de temps?/Pendant combien de temps?**
   Application immédiate 3
D. L'adjectif interrogatif **quel**
   Applications immédiates 4, 5
E. Le pronom interrogatif **lequel**
   Application immédiate 6
F. Le français parlé I: Les adverbes interrogatifs, **quel** et **lequel** dans les questions à intonation
   Application immédiate 7
G. Les pronoms interrogatifs **qui** et **que/quoi**
   Applications immédiates 8–11
H. Le français parlé II: Les pronoms interrogatifs **qui** et **que/quoi** dans les questions à intonation
   Application immédiate 12

This is a self-study module that appears in each chapter. Each grammar section includes formal explanations and self-corrected **Application immédiate** exercises. Homework directions in the main part of the textbook tell you when to study the different sections. Your instructor may also go over the explanations in class.

This chapter presupposes familiarity with the conjugation and uses of the present tense. Refer to *Le présent de l'indicatif* (pages 225–230) if you need a review.

Pays, langues, nationalité

For more grammar practice, visit the website www.cengagebrain.com.

Here are some guidelines to know the gender of countries and the prepositions used with them.

A. Les articles avec les pays

1. Like other nouns, countries are either masculine (**le Luxembourg**) or feminine (**la France, l'Inde**). Some are plural (**les États-Unis, les Pays-Bas**). The names of countries are capitalized.

   J'ai envie de visiter l'Irlande, la Roumanie et le Ghana.

2. Countries that end in **-e** are usually feminine; countries that end with a different vowel or a consonant are masculine (**le Pérou, le Canada, le Danemark**).

   Exceptions: le Mexique, le Cambodge, le Mozambique, le Belize, le Suriname, le Zimbabwe

Compare with **le Japon** and **l'Australie** (larger islands); and **la Guadeloupe, la Martinique, la Réunion** (small islands that are not independent).

3. An article precedes the name of most countries in French.

   Le Sénégal est en Afrique de l'Ouest.

4. Some independent countries that are islands do not take an article. Usually this is the case with small islands: **Malte, Chypre, Madagascar, Cuba, Haïti.**

GRAMMAIRE 1

B. Les prépositions avec les villes et les pays

1. To express the idea of going to/being in a city or country

   1.1 Cities: Use **à**.
   Ils vont **à** Paris, **à** Tokyo, **à** Londres. (Exceptions: **en** Avignon, **en** Arles)

   1.2 Countries: Use **en** for feminine countries.
   J'habite **en** Italie.

   Use **en** for masculine countries that start with a vowel.
   Ils habitent **en** Irak.

   Use **au** for other masculine countries.
   Nous allons **au** Nicaragua, **au** Chili et **au** Mexique.

   Use **aux** for countries with plural names.
   Nous habitons **aux** États-Unis.

   Use **à** for island countries that do not take an article.
   Nous allons **à** Malte, **à** Chypre, **à** Madagascar, **à** Cuba. (Exception: **en** Haïti)

2. To express the idea of coming/arriving from a city or country

   2.1 Cities: Use **de** (**d'**).
   Elles arrivent **de** New York. Ils viennent **d'**Annecy.

   2.2 Countries: Use **de** (**d'**) for feminine countries and small islands.
   Je viens **d'**Algérie. Il est **de** Cuba.

   Use **du** for masculine countries.
   Elle vient **du** Congo. Il est **du** Vietnam. Ils sont originaires **du** Bénin.

   Use **des** for countries with plural names.
   Ils viennent **des** États-Unis/**des** Pays-Bas.

C. Les langues

Languages are masculine and are not capitalized. An article precedes the name of a language.

Comprends-tu **le** russe?

With **parler**, it is possible to omit the article. One can say: **Je parle le japonais** or **Je parle japonais.**

D. Les noms et adjectifs de nationalité

The nouns and adjectives that describe nationality usually have the same form. Only nouns are capitalized.

Daniela est ***i*talienne** (*adjective*). C'est **une *I*talienne** (*noun*) de Milan.

Wilhem est ***a*llemand.** C'est **un *A*llemand.**

To create the feminine and plural forms of adjectives of nationality, follow the rules of regular adjectives (pages 265–268).

Application immédiate 1

Voici une liste d'étudiants qui sont partis de chez eux pour faire des études. Dites d'où ils viennent et où ils étudient.

	Étudiant(e)	Pays/État d'origine	Ville universitaire	Pays/État où il/elle étudie
Ex.	Farah	Iran	Londres	Royaume-Uni
1.	Rose	Congo	Berlin	Allemagne
2.	Marcos	Colombie	Lisbonne	Portugal
3.	Shoji (homme)	Japon	Bruxelles	Belgique
4.	Pierre	Haïti	Montréal	Canada
5.	Andrea (homme)	Grèce	Rotterdam	Pays-Bas
6.	Simida (femme)	Roumanie	Miami	États-Unis

*Exemple: Farah vient/est originaire **d'**Iran. Elle fait des études **à** Londres, **au** Royaume-Uni.*

1. Rose vient _____ Congo. Elle fait des études _____ Berlin, _____ Allemagne.
2. Marcos
3. Shoji
4. Pierre
5. Andrea
6. Simida

GRAMMAIRE 1

LA FORME INTERROGATIVE

A. Les questions auxquelles on peut répondre par **oui** ou **non**

There are three ways of asking yes/no questions in French: intonation, **est-ce que**, and inversion.

1. Intonation

1.1 Simply raise your pitch at the end of a sentence. This is the most frequent way of asking questions in oral speech.

Tu restes chez toi ce soir?

Are you staying home tonight?

The translation of **n'est-ce pas?** varies. It is helpful to translate it as *right?* even though this word is less formal than **n'est-ce pas?**

1.2 You may end a sentence with **n'est-ce pas?** (mostly in writing) or **non?** (in conversation). You can use this type of question when you want to confirm the accuracy of what you are saying.

Elle est allemande, **n'est-ce pas?** / Elle est allemande, **non?**

She is German, isn't she?

Nous partons demain, **n'est-ce pas?** / On part demain, **non?**

We are leaving tomorrow, aren't we?

2. Est-ce que

Add **est-ce que** at the beginning of a sentence. This is a neutral way of asking questions. It can be used in writing or in conversation.

Do not try to translate **est-ce que** (or, if you must, translate it as *Is it that...?*) Think of it simply as a question marker.

Est-ce que tu vas à la plage ce week-end?

Are you going to the beach this weekend?

Est-ce que becomes **est-ce qu'** in front of a vowel sound.

Est-ce qu'elle aime danser?

Does she like to dance?

3. Inversion

Inversion is a more formal way of asking questions. It is found primarily in the written language. The subject and the verb unit are inverted. The verb unit consists of the *conjugated* verb, the object pronouns in front of it, and the **ne** part of the negation (see verb units in bold below).

GRAMMAIRE 1

3.1 When the subject is a *pronoun* (such as **je, tu, il/elle**), the verb unit and the subject pronoun are inverted.

In b and d, the conjugated verb is the auxiliary (**être/avoir**). In b and c, the verb unit includes the conjugated verb (**est, recommandez**) and the pronouns in front of it. In d, the verb unit includes **avez** and the negation in front of it.

Intonation question	Inversion question
a. Tu **vas** à la plage ce week-end?	**Vas**-tu à la plage ce week-end?
b. Elle **s'est** inscrite à l'université?	**S'est**-elle inscrite à l'université?
c. Vous **me le recommandez**?	**Me le recommandez**-vous?
d. Vous **n'avez** pas vu ce film?	**N'avez**-vous pas vu ce film?

3.2 When the subject is a *noun*, yes/no questions are structured as follows:

subject noun + verb unit + corresponding subject pronoun + rest of the question

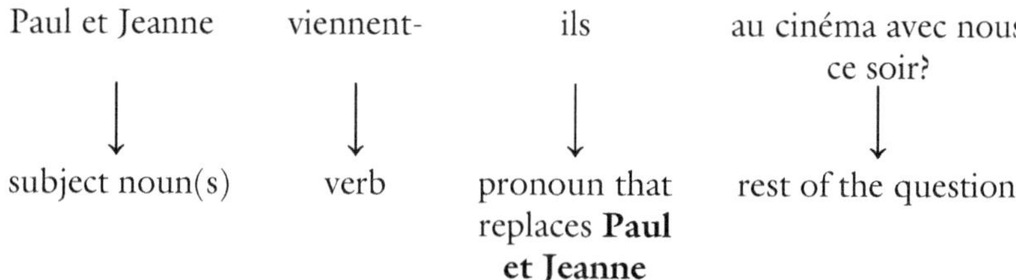

Are Paul and Jane coming to the movies with us tonight?

When the verb ends with a vowel and the pronoun begins with a vowel, **-t-** is placed between them for pronunciation purposes: **Va-t-il à la plage?**

Intonation question	Inversion question
Marc va à la plage ce week-end?	**Marc** va-t-**il** à la plage ce week-end?
Marie s'est inscrite à l'université?	**Marie** s'est-**elle** inscrite à l'université?
Tes amis te le recommandent?	**Tes amis** te le recommandent-**ils**?

B. Les adverbes interrogatifs

Pourquoi?	*Why?*
Quand?	*When?*
Où?	*Where?*
Comment?	*How?*
Combien + *verb*	*How much?*
Combien est-ce que cette voiture coûte? Combien coûte cette voiture?	*How much does this car cost?*
Combien de + *noun*	*How much?, How many?*
Combien de coca est-ce que tu bois?	*How much coke do you drink?*
Combien de cours suivez-vous ce semestre?	*How many classes are you taking this semester?*

1. The interrogative adverb comes at the beginning of questions with **est-ce que** and inversion.

   Quand est-ce que le semestre finit?

   Pourquoi étudiez-vous le français?

2. The interrogative adverb may be preceded by a preposition in order to specify the type of information you are asking for.

   D'où est-ce que tu téléphones?

   Where are you calling ***from****? (From where are you calling?)*

   Depuis quand est-ce que tu habites ici?

   How long *have you lived here? (Since when have you lived here?)*

3. The interrogative adverb cannot be separated from a preposition that precedes it.

   D'où est-ce que tu viens?

   Where are you coming ***from****?*

   Pour combien de personnes est-ce que tu cuisines?

   How many *people are you cooking* ***for****?*

4. In intonation questions, the adverbs **combien, comment,** and **où** appear at the beginning or at the end of the question. **Pourquoi** is usually used only at the beginning, and **quand** at the end.

   Comment est-ce que tu voyages? → **Comment** tu voyages? / Tu voyages **comment**?

   Quand est-ce que le semestre finit? → Le semestre finit **quand**?

   When a preposition precedes the adverb, both stay together.

   D'où viens-tu? → **D'où** tu viens?/ Tu viens **d'où**?

Questions with **depuis** and **pendant** are presented in more detail on pages 236–237.

Application immédiate 2

Complétez les questions suivantes avec l'adverbe interrogatif qui convient: **pourquoi, comment, où, quand, combien (de).**

1. ______________ est-ce que M. Perrin travaille?
   Au ministère de l'Économie et des Finances.
2. ______________ sont les couloirs (*hallways*) du ministère?
   Ils sont longs et froids.
3. ______________ réceptionnistes est-ce que Xavier voit avant de parler à M. Perrin?
   Il voit deux ou trois personnes.
4. ______________ Xavier est-il allé voir M. Perrin?
   Son père le lui a recommandé.
5. ______________ est-ce que Xavier a pris la décision d'aller en Espagne?
   Il a pris cette décision après sa conversation avec M. Perrin.

C. Depuis quand?/Depuis combien de temps?/Pendant combien de temps?

GRAMMAIRE 1

Note the difference in tense between French and English when speaking about an action that started in the past and is still going on. French uses the present tense **(Je fais)**; English uses a form of *have* + *been* + verb + *ing* (*I have been doing*).

1. To find out how long something has been going on, ask a question with **depuis quand** or **depuis combien de temps** + present tense.

   Depuis quand / Depuis combien de temps est-ce que tu fais tes devoirs?
   Je fais mes devoirs **depuis** 7 heures du soir/**depuis** deux heures.
   Since when / How long *have you been doing your homework?*
   I've been doing my homework ***since*** *7:00* P.M. */* ***for*** *two hours.*

2. To ask how long an action takes place (on a regular basis) or took place in the past, use a question with **pendant combien de temps.**

   Pendant combien de temps est-ce que tu fais tes devoirs le soir?
   Je fais mes devoirs **pendant** deux heures.
   How long *do you do your homework at night?*
   I do my homework ***for*** *two hours.*

   Pendant combien de temps est-ce que tu as fait tes devoirs ce soir?
   J'ai fait mes devoirs **pendant** deux heures.
   How long *did you do your homework tonight?*
   I did my homework ***for*** *two hours.*

A timeline can help understand the difference between **depuis** and **pendant.** Compare:

Je **fais** mes devoirs **depuis** deux heures.
I have been doing *my homework* ***for*** *two hours.*

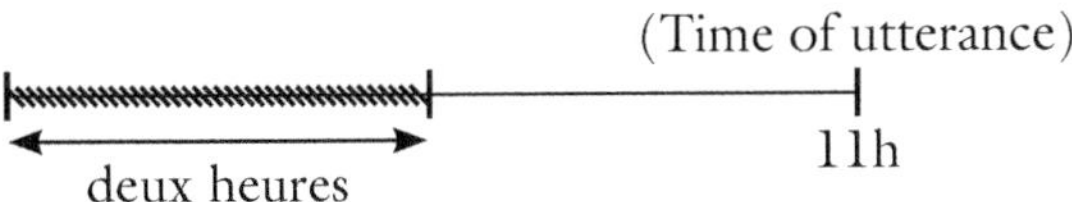

J'**ai fait** mes devoirs **pendant** deux heures.

*I **did** my homework **for** two hours.*

Application immédiate 3

Encerclez l'expression interrogative correcte, puis traduisez la question en anglais.

Faites attention au temps du verbe.

1. (Pendant combien de temps / Depuis combien de temps) est-ce que Martine est restée à Barcelone avec Xavier?

   Réponse: (Pendant / Depuis) deux jours.

   Traduction:

2. (Pendant combien de temps / Depuis combien de temps) est-ce que M. Perrin connaît le père de Xavier?

   Réponse: (Pendant / Depuis) vingt ans.

   Traduction:

3. Xavier a habité en Espagne (pendant combien de temps / depuis combien de temps)?

   Réponse: (Pendant / Depuis) un an.

   Traduction:

4. (Pendant combien de temps / Depuis quand) est-ce que les étudiants européens peuvent participer au programme Erasmus?

   Réponse: (Pendant / Depuis) 1987.

   Traduction:

D. L'adjectif interrogatif **quel** (*what* + noun, *which* + noun)

Look at the structure of common questions that use **quel:**

Quel temps fait-il?

Quelle heure est-il?

1. **Quel** is an adjective, which means that:
   - it is followed directly by a noun, except in some structures with **être.**

     Quel sport est-ce que tu préfères? (**quel** + noun + rest of the question)

     Quel est ton sport favori? (**quel est** + noun phrase)

   - it agrees with the noun that it modifies.

masculin singulier	quel	Quel âge as-tu?
féminin singulier	quelle	Quelle heure est-il?
masculin pluriel	quels	Quels sont tes auteurs préférés?
féminin pluriel	quelles	Quelles chansons aimes-tu?

2. When **quel** modifies a subject noun, **quel** + noun is followed directly by the verb.

   Quelles chaussures vont bien avec ce pantalon? ***What shoes go** well with these pants?*

   Quel film passe à la télé ce soir? ***What film is playing** on TV tonight?*

3. When **quel** modifies a noun that is the direct object of the sentence, intonation, **est-ce que**, and inversion can be used to formulate the question.

   Quel exercice on doit préparer?/**Quel** exercice est-ce qu'on doit préparer?/ **Quel** exercice doit-on préparer? *What exercise do we have to prepare?*

4. A preposition can precede **quel** + noun.

   À quelle heure est ton cours? *At what time is your class?*

   De quel film est-ce que vous parlez? *What film are you talking about?*

   Pour quelle compagnie travaillez-vous? *What company do you work for?*

Application immédiate 4

Complétez les questions par la forme appropriée de **quel.**

1. ________________ langues est-ce qu'on parle à Barcelone?

   On parle l'espagnol et le catalan.

2. ________________ église est-ce que Xavier et Anne-Sophie ont visitée?

   Ils ont visité la Sagrada Familia.

3. Dans ________________ parc est-ce que Xavier et Anne-Sophie se sont promenés?

   Ils sont allés au parc Güell.

4. ________________ sont les documents nécessaires pour faire un échange universitaire?

   Il faut un CV et une lettre de motivation, et il faut remplir beaucoup de formulaires!

Application immédiate 5

Traduisez les questions suivantes en français.

1. What university do you go to?
2. What classes are you taking?
3. What class is easy for you?
4. What language(s) do you speak?
5. What is your favorite film?
6. What city would you like to live in?

E. Le pronom interrogatif **lequel** (*Which one?*)

1. **Lequel** is a pronoun that replaces **quel** + noun to avoid repetition of the noun.

   J'aime bien ce **pull.** Et toi, **lequel** est-ce que tu préfères?

   *I like this **sweater. Which one** do you prefer?*

   In this example, **lequel** stands for **quel pull.**

2. **Lequel** takes the gender and number of the noun it replaces.

Masculin singulier	Féminin singulier	Masculin pluriel	Féminin pluriel
lequel	laquelle	lesquels	lesquelles

Quelles langues est-ce que tu étudies? ***What languages** are you studying?*

Le français et le japonais. *French and Japanese.*

Laquelle est la plus facile? ***Which one** is the easiest?*

Quels pays ton fils a-t-il visités? **Lesquels** a-t-il préférés?

***What countries** did your son visit? **Which ones** did he prefer?*

Application immédiate 6

Complétez les questions suivantes avec le pronom interrogatif correct: **lequel, laquelle, lesquels, lesquelles.**

1. Je ne peux pas décider entre la robe rouge et la robe blanche. ____________ est-ce que tu me conseilles?
2. Je sais qu'on doit préparer ces exercices pour demain. ____________ est-ce qu'on doit faire pour lundi?
3. Des deux pays que tu as visités, ____________ est-ce que tu as préféré?
4. Il y a plusieurs étudiantes qui parlent espagnol dans la classe. ____________ sont mexicaines?

3. **Lequel** is often preceded by a preposition.

Pour quelle entreprise est-ce que tu travailles? **Pour laquelle** est-ce que tu travailles?

***What company** do you work **for**? **Which one** do you work **for**?*

À quelle université est-ce que tu vas t'inscrire? Et toi, **à laquelle** est-ce que tu veux aller?

***What university** are you going to enroll **at**? And you, **which** do you want to go **to**?*

4. When preceded by the preposition **à** or **de, lequel** forms the following contractions:

Préposition	Masculin singulier	Féminin singulier	Masculin pluriel	Féminin pluriel
	lequel	laquelle	lesquels	lesquelles
à	auquel	à laquelle	auxquels	auxquelles
de	duquel	de laquelle	desquels	desquelles

On doit lire deux articles cette semaine. **Duquel** est-ce qu'on va parler en premier?

*We have to read two articles this week. **Which one** are we going to talk **about** first?*

Je me suis inscrit au cours de 9h. Et toi, **auquel** est-ce que tu t'es inscrit?

*I registered for the 9 o'clock class. And you, **which one** did you register **for**?*

These rules apply when the subject of the sentence is a subject pronoun (**je, tu, il, elle,** etc.). The situation is more complicated—and much less common—when the subject is a noun (**Marc, le professeur,** etc.)

F. Le français parlé I

Les adverbes interrogatifs, quel et lequel dans les questions à intonation

Intonation is the most frequent way of asking questions in conversation. In intonation questions, the interrogative adverbs **combien, comment, où;** the interrogative adjective **quel** + noun; and the pronoun **lequel** can be placed at the beginning *or* at the end of the question. **Pourquoi** usually appears at the beginning of the question, and **quand** at the end (but **depuis quand** can be at the beginning).

Remember that the preposition and the interrogative word cannot be separated, as in D'où tu viens? / Tu viens d'où? in the examples.

Intonation question 1	Intonation question 2
Combien tu as payé? **Combien** de cours tu suis ce semestre?	Tu as payé **combien**? Tu suis **combien** de cours ce semestre?
Comment ils vont voyager?	Ils vont voyager **comment**?
D'où tu viens?	Tu viens **d'où**?
Quels films vous avez vus récemment?	Vous avez vu **quels films** récemment?
Lequel vous avez préféré?	Vous avez préféré **lequel**?
Pourquoi tu ne viens pas avec nous?	___
___	Tu pars **quand**?
Depuis quand tu habites à New York?	Tu habites à New York **depuis quand**?

GRAMMAIRE 1

Application immédiate 7

Un de vos amis va faire un échange universitaire au Québec. Posez-lui des questions avec intonation en utilisant les éléments donnés. Faites les accords (*agreements*) nécessaires.

Aller + verb in the infinitive expresses the future.

Exemple: dans / quel / ville / aller
Dans quelle ville tu vas? Tu vas dans quelle ville?
dans / quel / ville / aller vivre
Dans quelle ville tu vas vivre? Tu vas vivre dans quelle ville?

1. quand / partir
2. combien de temps / aller rester / au Québec
3. comment / aller voyager
4. où / aller habiter
5. pourquoi / vouloir faire un échange
6. quel /vêtements / prendre

G. Les pronoms interrogatifs **qui** et **que/quoi**

Unlike **que, qui** never becomes **qu'**.

1. To ask questions about people, use **qui.**

   1.1 **Qui** aime le chocolat? ***Who likes chocolate?***
   Qui (*who*) is a subject. It is followed directly by the verb in the third person. Another option is to use **Qui est-ce qui: Qui est-ce qui** aime le chocolat?

   1.2 **Qui** aimes-tu? / **Qui est-ce que** tu aimes? ***Whom do you like?***
   Qui (*whom*) is a direct object. The subject is **tu** (*you*), and the verb agrees with the subject. **Qui** (*object*) is followed by the verb only when inversion is used. Otherwise, it is followed by **est-ce que** + subject + verb.

1.3 De qui parles-tu? / **De qui est-ce que** tu parles? ***Whom are you talking about?***
Qui (*whom*) is preceded by the preposition **de** (*about*) because the verb **parler** (*to talk*) takes that preposition. Except for the preposition, the structure of the question is the same as in b.

Application immédiate 8

Complétez les questions avec **qui, qui est-ce que** ou préposition **+ qui.**

1. ________________ est-ce que Xavier s'entend bien dans l'appartement?
   Il s'entend bien avec Wendy.
2. ________________ rend visite à Wendy à la fin du film?
   Son copain Alistair.
3. ________________ Wendy peut-elle compter quand elle a des problèmes?
   Sur ses colocataires.
4. ________________ Xavier a présenté à ses camarades?
   Il leur a présenté Isabelle.

2. To ask questions about things, situations, or ideas, use **que** or a preposition + **quoi.**

2.1 Qu'est-ce qui se passe? ***What is happening?***
When the interrogative pronoun (*what*) is the subject, use **Que (Qu')** followed by **est-ce qui** + the verb in the third person.

2.2 Qu'aimes-tu? / **Qu'est-ce que** tu aimes? ***What do you like?***
Que (qu') (*what*) is a direct object. The subject is **tu** (*you*), and the verb agrees with the subject. **Qu(e)** is followed by the verb only when inversion is used. Otherwise, it is followed by **est-ce que** + subject + verb.

2.3 De quoi parles-tu? / **De quoi est-ce que** tu parles? ***What are you talking about?***
After a preposition, use **quoi** instead of **que** to mean *what.*

You have certainly encountered prepositions (**à, avec, de, pour, sur,** etc.) followed by the pronouns **qui** and **quoi** in French. Note that **pour** and **quoi** are not separated in **pourquoi** (*why,* literally *for what*).

Application immédiate 9

Complétez les questions avec **qu'est-ce qui, que** ou préposition **+ quoi.**

1. ________________ irrite le prof quand Isabelle pose une question en classe?
   Elle lui demande de faire cours en castillan, pas en catalan.
2. ________________ dit le prof pour répondre à Isabelle?
   Il lui dit d'aller faire ses études à Madrid.
3. ________________ parlent les étudiants après le cours?
   Ils parlent de langue et d'identité.
4. ________________ est-ce qu'Isabelle pense de l'attitude du prof?
   Elle ne la comprend pas.

The following chart offers a synthesis with additional examples.

	Question about a *person*	Question about a *thing/situation*
When the *person* or *thing/situation* is the . . .		
subject	**Qui** + verb or **Qui est-ce qui** + verb Qui (est-ce qui) est important pour toi? *Who is important to you?*	**Qu'est-ce qui** + verb Qu'est-ce qui est important pour toi? *What is important to you?*
object of the verb	**Qui est-ce que** + subject + verb Or **Qui** + verb + subject Qui est-ce que tu admires? Qui admires-tu? *Whom do you admire?*	**Qu'est-ce que** + subject + verb Or **Que** + verb + subject Qu'est-ce que tu admires? Qu'admires-tu? *What do you admire?*
object of a preposition	Preposition + **qui** + rest of the question À qui est-ce que tu penses? À qui penses-tu? *Whom are you thinking about?*	Preposition + **quoi** + rest of the question À quoi est-ce que tu penses? À quoi penses-tu? *What are you thinking about?*

GRAMMAIRE 1

Application immédiate 10

Voici des questions que Tobias pourrait poser à Xavier pendant l'entretien dans le film. Encerclez l'expression correcte.

1. (Qu'est-ce qui / Qu'est-ce que) est important pour toi?
2. (Qui est-ce que / À qui est-ce que) tu téléphones souvent?
3. (Qu'est-ce que / Qui est-ce que) tu vas inviter le week-end?
4. (De quoi est-ce que / Qu'est-ce que) tu aimes parler?
5. (Avec qui est-ce que / Avec quoi est-ce que) tu habitais à Paris?
6. Si on t'accepte, (qui / qu'est-ce qui) va t'aider à emménager?

Application immédiate 11

Complétez la question avec le pronom interrogatif ou la préposition + pronom interrogatif qui convient. Utilisez **est-ce que** quand c'est nécessaire.

1. _______ est-ce que tu t'es inscrit ce semestre?

   À un cours de littérature française.

2. _______ est le prof?

   M. Marin.

3. _______ te plaît dans ce cours?

   J'aime bien la poésie du 19ᵉ siècle.

4. _______ vous devez faire comme projet final?

   On doit présenter un poème avec une autre personne de la classe.

5. _______ est-ce que tu vas travailler?

Avec Suzanne.

6. _______ vous allez parler?

D'un poème en prose de Baudelaire.

H. Le français parlé II

Les pronoms interrogatifs **qui** et **que/quoi** dans les questions à intonation

Interrogative pronouns (and preceding prepositions) can be placed at the beginning or at the end of intonation questions, except for **que.** In intonation questions, **que** is replaced by **quoi** and placed after the verb.

Questions with *est-ce que*	Intonation question 1	Intonation question 2
Qui est-ce que tu as invité?	**Qui** tu as invité?	Tu as invité **qui?**
Avec qui est-ce que tu sors?	**Avec qui** tu sors?	Tu sors **avec qui?**
À quoi est-ce que tu penses?	**À quoi** tu penses?	Tu penses **à quoi?**
De quoi est-ce que tu as besoin?	**De quoi** tu as besoin?	Tu as besoin **de quoi?**
Qu'est-ce que tu lis?	——	Tu lis **quoi?**
Qu'est-ce que tu vas faire ce soir?	——	Tu vas faire **quoi** ce soir?

Application immédiate 12

Transformez les questions suivantes en questions avec intonation. Utilisez les deux formes d'intonation quand c'est possible.

Exemple: Avec qui est-ce que tu pars en vacances?
Avec qui tu pars en vacances? Tu pars en vacances avec qui?

1. Qui est-ce que tu connais dans la classe?
2. Avec qui est-ce que tu fais tes devoirs?
3. Chez qui est-ce que tu vas le week-end?
4. Qu'est-ce que vous étudiez en cours d'histoire?
5. De quoi est-ce qu'on va parler aujourd'hui?
6. Qu'est-ce que vous faites ce soir?

Chapitre 2

GRAMMAIRE

This is a self-study module that appears in each chapter. Each grammar section includes formal explanations and self-corrected **Application immédiate** exercises. Homework directions in the main part of the textbook tell you when to study the different sections. Your instructor may also go over the explanations in class.

Les temps du passé: l'imparfait, le passé composé, le plus-que-parfait

Sommaire

GRAMMAIRE 2

For more grammar practice, visit the website www.cengagebrain.com.

LES TEMPS DU PASSÉ: L'IMPARFAIT, LE PASSÉ COMPOSÉ, LE PLUS-QUE-PARFAIT

A. L'imparfait

The **imparfait** is used to describe people, things, and states in the past, as well as ongoing and habitual past actions.

Quand j'étais jeune (*description*), j'allais en vacances à la mer tous les étés (*habitual action*). C'était toujours très agréable (*description*). Je me souviens qu'un jour, j'ai vu un dauphin pendant que je nageais (*ongoing action*).

When I was young, I used to vacation at the beach every summer. It was always very pleasant. I remember that one day, I saw a dolphin while I was swimming.

1. Formation

1.1 To form the **imparfait,** find the stem by deleting -**ons** from the **nous** form of the present indicative, then add the following endings to the stem:

-ais	**-ions**
-ais	**-iez**
-ait	**-aient**

chanter **[nous chant~~ons~~]**	**finir** **[nous finiss~~ons~~]**	**dormir** **[nous dorm~~ons~~]**	**prendre** **[nous pren~~ons~~]**
je chant**ais**	je finiss**ais**	je dorm**ais**	je pren**ais**
tu chant**ais**	tu finiss**ais**	tu dorm**ais**	tu pren**ais**
il/elle/on chant**ait**	il/elle/on finiss**ait**	il/elle/on dorm**ait**	il/elle/on pren**ait**
nous chant**ions**	nous finiss**ions**	nous dorm**ions**	nous pren**ions**
vous chant**iez**	vous finiss**iez**	vous dorm**iez**	vous pren**iez**
ils/elles chant**aient**	ils/elles finiss**aient**	ils/elles dorm**aient**	ils/elles pren**aient**

1.2 Verbs that end in -**ger** drop the **e** in the **nous** and **vous** forms. Verbs that end in -**cer** do not require a cedilla in the **nous** and **vous** forms.

Verbes en *-ger*	**Verbes en *-cer***
je voyageais	je commençais
tu voyageais	tu commençais
il/elle/on voyageait	il/elle/on commençait
nous voya**gions** (~~voyageions~~)	nous commen**cions** (~~commençions~~)
vous voya**giez** (~~voyageiez~~)	vous commen**ciez** (~~commençiez~~)
ils/elles voyageaient	ils/elles commençaient

These spelling changes are dictated by pronunciation. In the present tense, **nous voyageons** takes an **e** because **g + o** is pronounced as a hard **g**, as in **golf**. Since **g + i** is pronounced as a soft **g**, the **e** is no longer needed with **nous voyagions** in the **imparfait**. In the present, **nous commençons** takes a cedilla to turn the /k/ sound of **c + o** (think of **collège**) into a soft **c**. Since **c + i** is pronounced with a soft **c**, the cedilla is no longer needed with **nous commencions** in the **imparfait**. The letters **g** and **c** are soft when followed by **e**, **i**, and **y**.

GRAMMAIRE 2

1.3 **Être** is irregular in the **imparfait.** Here are its forms:

j'étais	nous étions
tu étais	vous étiez
il/elle/on était	ils/elles étaient

Application immédiate 1

Entraînez-vous à conjuguer quelques verbes à l'imparfait.

1. apprendre
2. connaître
3. faire
4. obtenir
5. raconter
6. réussir
7. s'amuser
8. savoir

2. Emploi

2.1 The **imparfait** is used to describe people, places, or things in the past. It also describes someone's state (how someone was, how old someone was, what someone knew) or emotions (how someone felt).

Mon grand-père **était** (1) petit et amusant. Il **habitait** (2) dans une ferme qui **se trouvait** (3) près d'un grand lac. Il **était** (4) heureux.

1. describes people

2. describes someone's circumstances

3. describes a place

4. describes someone's emotions

This translation of *would* is not to be confused with the conditional (I *would* buy a car if I were rich), presented in Chapter 6.

2.2 The **imparfait** describes habitual past actions **(actions habituelles).** In this case, it can be translated by *used to . . .* or *would . . .*

Quand j'avais dix ans, j'**allais** en classe jusqu'à 3 heures. Puis je **faisais** du sport. Après, je **jouais** avec mes amis.

*When I was ten, I **went / used to go** to school until 3:00 P.M. Then I **played / would play** sports. After that, I **played / would play** with my friends.*

Habitual past actions are sometimes introduced by the following expressions:

autrefois: *in the past*

d'habitude: *usually*

en général: *generally*

le lundi, le mardi, etc.: *on Mondays, Tuesdays, etc.*

tous les jours: *every day*

GRAMMAIRE 2

Application immédiate 2

Le paragraphe suivant décrit la vie passée et habituelle de Bachir Lazhar en Algérie. Mettez les verbes à l'imparfait.

Bachir Lazhar ________ (1) (habiter) dans un appartement à Alger avec sa femme et ses enfants. Il ________ (2) (travailler) pour le gouvernement algérien et sa femme ________ (3) (enseigner) le français dans une petite école. Elle ________ (4) (aimer) beaucoup ses élèves et ________ (5) (donner) parfois des leçons particulières aux enfants qui ________ (6) (avoir) besoin d'aide supplémentaire. À Alger, Bachir ________ (7) (vivre) bien entouré de sa famille. Sa femme et lui ________ (8) (s'entendre) très bien; d'ailleurs il ________ (9) (prendre) souvent des photos pour se souvenir de ce bonheur. Tous les soirs, il ________ (10) (préparer) le repas. Les enfants ________ (11) (devoir) d'abord finir leurs devoirs pendant que leur mère ________ (12) (corriger) les examens de ses élèves. Puis, Bachir et sa famille ________ (13) (manger) vers 19 heures. Certains soirs, Madame Lazhar ________ (14) (lire) quelques pages d'un roman de Balzac à toute la famille. En général, les enfants ________ (15) (se coucher) vers 21 heures, sauf le samedi car ils ________ (16) (aller) rendre visite à leur grand-mère et ________ (17) (rentrer) assez tard. Bachir se souvient combien la vie à Alger ______ (18) (être) belle.

2.3 The **imparfait** expresses ongoing actions, i.e., *what was going on* at a particular time in the past (at a specific time of the day, when something took place, etc.). Ongoing actions **(action en cours)** are translated by *was/were* + the *-ing* form of a verb.

Hier, à 8 heures du soir, je **regardais** la télé. Ma camarade de chambre **mangeait.**

Last night at eight o'clock, I ***was watching*** *TV. My roommate* ***was eating****.*

The verbs could also be linked by a conjunction:

Je **regardais** la télé **pendant que** ma camarade de chambre **mangeait.**

I was watching TV ***while*** *my roommate was eating.*

Application immédiate 3

Où étiez-vous et que faisiez-vous...?

Exemple: J'étais chez moi. Je dormais.

1. hier à 6 heures du matin
2. hier à 10 heures du matin
3. hier à midi
4. hier à 5 heures du soir
5. le 11 septembre 2001, quand vous avez appris l'attentat au World Trade Center

B. Le passé composé

1. Formation

The **passé composé** is used to talk about completed actions in the past. It describes what happened. The **passé composé** is a compound tense formed on the following model:

Auxiliary/helping verb (**avoir** or **être**) in the present tense + past participle of the verb

Hier, **j'ai travaillé** toute la journée et je **suis rentré(e)** chez moi très tard.

Yesterday I worked all day, and I went home very late.

Elle **a obtenu** son diplôme universitaire en 2005 et elle **s'est mariée** deux ans plus tard.

She received her college degree in 2005, and she got married two years later.

avoir **(ai, as, a, avons, avez, ont)**, être **(suis, es, est, sommes, êtes, sont)** = auxiliaire
travaillé, rentré(e), obtenu, mariée = participe passé (*past participle*)

2. Le choix de l'auxiliaire

2.1 Avoir is used with most verbs.

Pierre **a acheté** un vélo et il **a voyagé** dans toute l'Europe.

Pierre bought a bike and traveled through Europe.

GRAMMAIRE 2

Sample conjugation with *avoir: acheter*	
j'ai acheté	nous avons acheté
tu as acheté	vous avez acheté
il/elle/on a acheté	ils/elles ont acheté

2.2 Être is used with a limited number of verbs. Most of them can be memorized as pairs.

Il **est arrivé** à 8 heures du soir et il **est monté** directement dans sa chambre.

He arrived at 8 P.M., and he went up to his room right away.

Many of the verbs that take **être** in the **passé composé** describe some type of movement (but be careful: this does not mean that all verbs describing movement take **être**!). The best thing to do is to memorize the verbs that take **être**. Two common mnemonic devices are **La maison d'être** and DR and MRS P VANDERTRAMP. Ask your teacher, or look them up online.

Infinitive	Past participle
aller/venir (*to go/to come*)	allé(e)(s)/venu(e)(s)
revenir (*to come back*)	revenu(e)(s)
devenir (*to become*)	devenu(e)(s)
naître/mourir (*to be born/to die*)	né(e)(s)/mort(e)(s)
arriver/partir (*to arrive/to leave*)	arrivé(e)(s)/parti(e)(s)
*entrer/*sortir (*to enter/to go out*)	entré(e)(s)/sorti(e)(s)
*rentrer (*to go/to come back*)	rentré(e)(s)
*monter/*descendre (*to go up/to go down*)	monté(e)(s)/descendu(e)(s)
rester (*to stay*)	resté(e)(s)
*tomber (*to fall*)	tombé(e)(s)
*retourner (*to go back, to return*)	retourné(e)(s)
*passer (*to come by, to drop in*)	passé(e)(s)
(passer par [*to go through*])	

Note that **passer** is used with **avoir** when it has different meanings, such as **passer du temps** (*to spend time*) and **passer un examen** (*to take an exam*).

Sample conjugation with *être: arriver*	
je suis arrivé(e)	nous sommes arrivé(e)s
tu es arrivé(e)	vous êtes arrivé(e)(s)
il/on est arrivé / elle est arrivée	ils sont arrivés / elles sont arrivées

Note that **avoir** is used with the verbs marked with an asterisk when these verbs have a direct object. Compare:

The verb has no direct object.	The verb has a direct object.
Je **suis** entré(e) dans la classe.	J'**ai** entré ces données dans l'ordinateur.
I entered the classroom.	*I entered these data in the computer.*
Nous **sommes** descendus.	Nous **avons** descendu le lit.
We came down.	*We took the bed downstairs.*
Elle **est** montée dans sa chambre.	Elle **a** monté ses livres dans sa chambre.
She went up to her room.	*She took her books up to her bedroom.*

Pronominal verbs are verbs preceded by the pronoun **se** (**s'**) in the infinitive, like **se lever**. They are also called reflexive verbs or reciprocal verbs.

2.3 Être is also used with pronominal verbs.

Hier, je **me suis levé** tôt et je **me suis couché** tard.

Yesterday I got up early, and I went to bed late.

GRAMMAIRE 2

Sample conjugation for pronominal verbs *(être): se coucher*	
je me suis couché(e)	nous nous sommes couché(e)s
tu t'es couché(e)	vous vous êtes couché(e)(s)
il/on s'est couché / elle s'est couchée	ils se sont couchés / elles se sont couchées

Note the difference between pronominal and non-pronominal verbs:

Pronominal verbs use *être*.	**Non-pronominal verbs use *avoir*.**
se laver	**laver**
Il s'**est** lavé.	Il **a** lavé la table.
He washed himself.	*He washed the table.*
Elle s'**est** réveillée tôt.	Elle **a** réveillé les enfants.
She woke up early.	*She woke up the children.*

Application immédiate 4

Entraînez-vous à conjuguer quelques verbes au passé composé.

1. aller (participe passé: allé)
2. réussir (participe passé: réussi)
3. apprendre (participe passé: appris)
4. s'excuser (participe passé: excusé)
5. descendre (participe passé: descendu)

Application immédiate 5

Utilisez la forme correcte de l'auxiliaire **être** ou **avoir.**

1. Nous ______________ allés au restaurant et nous ______________ bien mangé. Et vous, est-ce que vous ______________ fait quelque chose d'intéressant?
2. Mes parents ______________ déménagé. Ils se (s')______________ installés à Chicago.
3. Le jour où je (j') ______________ obtenu mon diplôme, je me (m') ______________ amusé toute la nuit.
4. Elle ______________ cassé un vase chez moi, mais elle se (s') ______________ excusée.
5. Qu'est-ce que tu ______________ appris dans ce cours?
6. On ______________ étudié la Première Guerre mondiale.

3. Le participe passé

3.1 To form the past participle of regular verbs, take the infinitive, delete the ending (**-er, -ir,** or **-re**), and add the following endings:

-**er** verbs → **é** jou~~er~~ → jou**é** → J'ai jou**é** aux cartes.

-**ir** verbs → **i** fin~~ir~~ → fin**i** → Nous avons fin**i** nos devoirs.

-**re** verbs → **u** répond~~re~~ → répond**u** → Elle n'a pas répond**u** à ma lettre.

3.2 You need to memorize the past participles of irregular verbs. Some of these verbs are included below:

Infinitive	Past participle	Infinitive	Past participle
avoir	eu	pouvoir	pu
boire	bu	prendre (apprendre, comprendre, surprendre)	pris
connaître	connu		
courir	couru		
devoir	dû	recevoir	reçu
dire	dit	savoir	su
être	été	souffrir	souffert
faire	fait	suivre (poursuivre)	suivi
falloir	fallu		
mettre (commettre, permettre, promettre, soumettre, etc.)	mis	tenir (obtenir)	tenu
		venir (devenir, revenir)	venu
ouvrir (découvrir)	ouvert		
		voir	vu
plaire	plu	vouloir	voulu
pleuvoir	plu		

GRAMMAIRE 2

None of these sentences require agreement of the past participle. For agreement of the past participle, see pages 255–257.

Application immédiate 6

Mettez les phrases suivantes au passé composé en utilisant l'auxiliaire et le participe passé corrects.

1. Après la mort de Martine, la directrice _____________ (réunir) les parents des élèves et elle _____________ (offrir) l'aide de la psychologue.
2. Quand on _____________ (apprendre) le suicide de Martine, les enfants _____________ (descendre) dans la cour de récréation au lieu d'aller dans les salles de classes.
3. Les élèves _____________ (ne pas voir) le corps de Martine quand on _____________ (descendre) le corps.
4. Bachir Lazhar _____________ (entrer) dans la classe et il _____________ (sortir) le roman de Balzac de son sac.
5. Quand Alice _____________ (lire) son essai devant la classe, Simon _____________ (se moquer) d'elle.
6. Bachir Lazhar _____________ (perdre) sa femme et ses enfants dans un incendie et il _____________ (devoir) s'exiler au Québec.
7. Le père d'Anne-Frédérique _____________ (ne pas apprécier) les commentaires de Bachir et il _____________ (partir) un peu fâché.
8. Quand Bachir _____________ (quitter) l'Algérie, ses enfants _____________ (pleurer).

Refer to **Les questions auxquelles on peut répondre par *oui* ou *non*: intonation, *est-ce que*, inversion** (pages 233–234) to review question formation.

4. Le passé composé à la forme interrogative

4.1 Use intonation, **est-ce que,** or inversion to ask questions in the **passé composé.** In questions with inversion, the subject pronoun **(S)** and the auxiliary **(A)** are inverted.

Intonation question: **Tu as** compris cette explication? **(SA)**

Est-ce que question: Est-ce que **tu as** compris cette explication? **(SA)**

Inversion question: **As-tu** compris cette explication? **(AS)**

Did you understand this explanation?

4.2 In inversion questions when the subject is a noun, you must invert the auxiliary and the pronoun that corresponds to that noun.

En quel semestre **vos étudiants ont-ils** appris l'accord du participe passé?

In what semester did your students learn the agreement of the past participle?

Application immédiate 7

Utilisez les éléments donnés pour poser des questions au passé composé.

Exemple: pourquoi / Simon / se sentir coupable / (est-ce que)?
Pourquoi est-ce que Simon s'est senti coupable?

1. quel objet / Alice / mettre dans son pupitre / (est-ce que)?
2. où / Simon / aller / (intonation)?
3. comment / Bachir / aider les enfants / (est-ce que)?
4. pourquoi / Bachir / quitter l'Algérie / (inversion)?
5. quand / Bachir / arriver à Montréal / (est-ce que)?

5. Le passé composé à la forme négative

Négations

ne... pas *not*
ne... pas encore *not yet*
ne... jamais *never*
ne... personne *no one, nobody*
ne... plus *no longer*
ne... rien *nothing*

5.1 In most cases, the two parts of the negation surround the auxiliary **avoir** or **être.**

Je **n'**ai **pas** vu ce film.	*I did not see this film.*
Ils **ne** sont **pas encore** arrivés.	*They have not arrived yet.*
Elle **n'**est **jamais** allée à Québec.	*She never went to Quebec City.*
Il **n'**a **plus** fait de ski après son accident.	*He no longer went skiing after his accident.*
Je **n'**ai **rien** acheté.	*I did not buy anything.*

5.2 Ne... personne is an exception. The second half of the negation comes after the past participle.

Nous **n'**avons vu **personne.**	*We did not see anyone.*

5.3 When **personne** and **rien** are subjects, **personne ne** and **rien ne** precede the auxiliary.

Personne n'est venu me rendre visite.	*No one came to visit me.*
Rien n'a pu me convaincre.	*Nothing was able to convince me.*

Application immédiate 8

Mettez les phrases au passé composé.

Exemple: Gaston ______________ (ne... jamais, aller) en Algérie.
Gaston n'est jamais allé en Algérie.

1. À la fin, Bachir ______________ (ne… plus, enseigner) à l'école.
2. Alice ______________ (ne… pas, vouloir) garder la photo de Martine.
3. Bachir ______________ (ne… rien, comprendre) pendant la leçon d'anglais.
4. Le mari de Martine ______________ (ne… personne, parler à) après la mort de sa femme.
5. ______________ (Personne ne, pouvoir) sauver la famille de Bachir.
6. ______________ (Rien ne, convaincre) les parents de Marie-Frédérique. Ils ont refusé l'opinion de Bachir.
7. Claire ______________ (ne… pas encore, voyager) en Australie.

C. Le passé composé et l'imparfait

Deciding when to use the **imparfait** and when to use the **passé composé** can be tricky for English speakers. It takes a lot of practice in a French-speaking country and a lot of reading to master this point. The following suggestions can help you for now.

1. First, you should resist the temptation to automatically associate the **imparfait** with description and the **passé composé** with action. Both the **passé composé** and the **imparfait** are used to talk about actions, but the actions are presented from a different angle.

The *imparfait* is used to discuss actions that took place on a regular basis in the past. It can be translated by *I used to . . .* or *I would . . .*	The *passé composé* is used to discuss specific, completed actions in the past.
Quand j'avais dix ans, j'**allais** en classe jusqu'à 3 heures. Puis je **faisais** du sport. Après, je **jouais** avec mes amis.	Hier, je **suis allé** en classe, puis j'**ai fait** du sport. Le soir, je **suis sorti** avec mes amis.
*When I was ten, I **went / used to go** to school until 3:00 P.M. Then I **played / would play** sports. After that, I **played / would play** with my friends.*	*Yesterday, I **went** to class. Then I **worked out.** In the evening, I **went out** with my friends.*

In a narrative, the *imparfait* is used to talk about an ongoing action (*action en cours*). It is translated by *was/were* + the *-ing* form of the verb.	The *passé composé* is used to talk about something that happened.
Marie **lisait** un bon livre.	Le téléphone **a sonné.**
*Marie **was reading** a good book.*	*The phone **rang.***

Application immédiate 9

A. Read the stories and decide if the words in italics refer to (a) the setting / description; (b) a habitual action in the past; (c) an ongoing action / something that was going on; or (d) something that happened.

1. When I *was young* ______, my brother and I *went* ______ to the beach every summer. We *played* ______ volleyball and *had fun* ______. It *was* ______ great. The year when my brother *got* ______ his degree, he *stayed* ______ home, and I *went* ______ to the beach alone. I *did not have fun* ______.
2. We *used to go* ______ to the restaurant next door often. One day, we *were eating* ______ peacefully there. It *was* ______ about 10 P.M. A man *entered* ______ the restaurant. He *had* ______ a gun and *wore* ______ a mask. He *took* ______ the purses of a few women who *were eating* ______ next to us. We *decided* ______ not to go back to that restaurant.

B. Now complete the paragraphs in French. Put the verbs in the **passé composé** or the **imparfait.**

1. Quand je (j') ______ (être) jeune, mon frère et moi ______ (aller) à la plage tous les étés. Nous ______ (jouer) au volleyball et nous ______ (s'amuser) bien. Ce (C') ______ (être) super! L'année où mon frère ______ (obtenir) son diplôme, il ______ (rester) à la maison, et je (j') ______ (aller) à la plage tout seul. Je ______ (ne... pas s'amuser).
2. Nous ______ (aller) souvent au restaurant du coin. Un jour, nous ______ (manger) tranquillement. Il ______ (être) environ 10 heures du soir. Un homme ______ (entrer). Il ______ (avoir) un revolver et il ______ (porter) un masque. Il ______ (prendre) les sacs à main de quelques femmes qui ______ (manger) à côté de nous. Nous ______ (décider) de ne pas retourner dans ce restaurant.

2. You have learned that the **imparfait** describes someone's state or emotions. As a result, verbs such as **avoir, être,** and **savoir** are often in the **imparfait.** However, these verbs can also be found in the **passé composé** when they describe a *change* of state.

The *imparfait* describes someone's state (how someone was, how old someone was, what someone knew) or emotions (how someone was feeling).	**The *passé composé* describes a change in state or emotions. It can be translated by "I became" or "I got" instead of "I was," or "I learned" instead of "I knew."**
Avoir Hier, je regardais la télévision seul chez moi. Je n'**avais** pas peur. (how I felt) *Yesterday, I was watching TV alone at home. I **was** not scared.*	Tout à coup, j'ai entendu un bruit suspect. J'**ai eu** très peur. (how my feelings changed as a result of the noise) *All of a sudden I heard a strange noise. I **was** scared (= I **became/got** scared).*
J'**avais** vingt ans quand ma mère est morte. *I **was** twenty when my mother died.*	J'**ai eu** vingt ans la semaine dernière. *I **turned** twenty last week.*
Être J'**étais** très heureux avec ma femme. (state) *I **was** very happy with my wife.*	Quand elle a demandé le divorce, j'**ai été** très triste. (change of state) *When she asked for a divorce, I **was** very sad (= I **became** sad).*
Savoir À cinq ans, mon fils ne **savait** pas nager. (state of knowledge) *When my son was five, he **did** not **know how to** swim.*	Il **a su** nager à six ans. (change of state) *He **learned** how to swim at age six.*

Application immédiate 10

Dans les paires de phrases suivantes, décidez quel verbe doit être à l'imparfait et lequel doit être au passé composé, puis donnez la forme appropriée de chaque verbe.

1. D'habitude, Simon ______________ (ne pas être) en retard pour distribuer les berlingots. La première fois qu'il ______________ (être) en retard, c'était le jour du suicide de Martine.
2. En général, Simon ______________ (ne jamais avoir) peur. Mais quand il a vu le corps de Martine dans la salle de classe, il ______________ (avoir) vraiment peur.
3. Mme Vaillancourt ______________ (ne pas savoir) que Bachir Lazhar n'avait pas le droit de travailler. Quand elle ______________ (savoir) cela, elle a renvoyé Bachir.

3. The differences between the **imparfait** and the **passé composé** are more subtle with verbs such as **devoir, pouvoir,** and **vouloir.** Study the examples carefully to understand the differences in meaning.

Devoir	
to have to, must (obligation)	
Quand j'étais jeune, je **devais** faire mon lit avant de partir à l'école. (habitual action in the past) *When I was young, I **had to** make my bed before leaving for school.*	Un jour, j'ai été puni et j'**ai dû** aussi faire la vaisselle. (completed action in the past) *One day, I was punished and I **had to** wash the dishes as well.*
Devoir* in the *imparfait* refers to an action that *was supposed to happen.	***Devoir* in the *passé composé* refers to an action that *actually happened.***
Hier, je **devais** aller au travail en bus... *Yesterday, I **was supposed** to ride the bus to work . . . (but something happened)*	Mais le bus n'est pas passé. J'**ai dû** prendre un taxi. *But the bus did not come. I **had to** take a taxi (and I did).* (completed action in the past)

Pouvoir	
to be able to (to have the mental or physical ability to do something)	*to be able to (to use one's mental or physical ability)*
Il y a dix ans, je **pouvais** finir un marathon. *Ten years ago, I **could** finish a marathon.* (description of one's ability)	Il y a dix ans, j'**ai pu** finir un marathon. *Ten years ago, I **could** finish a marathon (and I did).* (action) Cette année, je **n'ai pas pu** terminer. *This year, I **could not** finish (i.e., I tried and failed).* (action)
to be allowed to	
Mes enfants **ne pouvaient pas** sortir le soir quand ils avaient 15 ans. *My children **could not** go out (= were not allowed to go out) at night when they were 15.*	Ils **ont pu** sortir à 17 ans. *They **could** go out (= received permission to go out) at 17.* (change of state)

GRAMMAIRE 2

Vouloir	
***Vouloir* in the *imparfait* describes the *subject's desire.* (state)**	***Vouloir* in the *passé composé* indicates whether a desire was fulfilled or not, or whether action was taken to make it happen (even if it failed).**
Paul **ne voulait pas** rester à la maison. Il **voulait** assister à un match de foot. *Paul **did not want** to stay home. He **wanted** to attend a soccer game.* (description of Paul's wishes)	Paul **n'a pas voulu** rester à la maison. Il **a voulu** assister à un match de foot. *Paul **did not want** to stay home (and he did not).* (action) *He **wanted** to go to a soccer game, and he did.)* (action) Paul **a voulu** m'embrasser, mais je ne l'ai pas laissé. *Paul **wanted** to kiss me, but I did not let him. (He tried, but failed.)* (action)

Application immédiate 11

Dans les phrases suivantes, décidez quel verbe doit être à l'imparfait et lequel doit être au passé composé, puis donnez la forme appropriée de chaque verbe.

1. Simon ______________ (ne pas pouvoir) comprendre la mort de Martine. Avec l'aide de Bachir, il ______________ (pouvoir) accepter qu'il n'était pas responsable.
2. Bachir ______________ (devoir) partir au Québec en premier, puis préparer l'arrivée de sa femme et de ses enfants. Mais après leur mort, il ______________ (devoir) apprendre à vivre seul.
3. Mme Vaillancourt ______________ (vouloir) garder Bachir comme enseignant, mais les parents des élèves ______________ (ne pas vouloir) qu'il reste.

D. L'accord du participe passé

1. With **être,** the past participle agrees in gender and number with the subject of the verb. The agreement of the past participle follows the rules for adjectives.

	Singulier	Pluriel
Masculin	Marc est parti.	Marc et Marie sont parti**s**.
Féminin	Marie est parti**e**.	Marie et ses amies sont parti**es**.

2. With **avoir,** the past participle agrees with the direct object only when the direct object comes before the verb.

   J'ai vu mes cousins hier. Je ne **les avais** pas **vus** depuis cinq ans.

   I saw my cousins yesterday. I had not seen them for five years.

   In the first sentence, the direct object **mes cousins** is after the verb. → no agreement

   In the second sentence, the direct object **les (= mes cousins)** is before the verb. → agreement

   Here are other examples in which the direct object comes before the verb:

   La pièce que j'ai vu**e** hier soir était excellente.

   The play that I saw last night was excellent.

GRAMMAIRE 2

Combien de pièces est-ce que tu as vu**es** cette année?

How many plays did you see this year?

Quelles pièces est-ce que tu as aim**ées**?

What plays did you like?

Laquelle est-ce que tu as préfér**ée**?

Which one did you prefer?

3. With pronominal verbs, the rules concerning the agreement of the past participle are more complex.

   a. There is always agreement

      - when the verb exists only as a pronominal verb, for example **se souvenir** (the verb **souvenir** does not exist).

        Elle s'est souvenu**e** de cet incident.

        She remembered that incident.

      - when the pronominal verb has a different meaning from the corresponding non-pronominal verb, for example **s'entendre** (*to get along*). (**Entendre** means *to hear.*)

        Ils se sont entendu**s** tout de suite.

        They got along right away.

   b. In other cases, the agreement with pronominal verbs follows the rule for **avoir.**

      - If the pronoun **(me, te, se, nous, vous)** is a direct object, the past participle agrees with it.

        Elle s'est lavé**e**.

        Ask yourself: Elle a lavé qui?

        Answer: Elle-même (*herself*).

        Therefore, **se** is a direct object, and the past participle agrees.

      - If the pronoun is not a direct object, there is no agreement. This happens in the following cases:

        - when the pronoun is an indirect object, i.e., when the verb takes the preposition **à**

          Les deux présidents se sont parl**é.**

          Ask yourself: Ils ont parlé à qui?

          Answer: l'un à l'autre (*to each other*)

          The verb **parler** takes **à,** so **se** is an indirect object. → The past participle does not agree.

        - when the verb already has a direct object

          Elle s'est lav**é** les mains.

          Ask yourself: Elle a lavé les mains à qui? (Here, **les mains** is the direct object; **se** is an indirect object.)

          Answer: À elle-même.

          Therefore, the past participle does not agree.

Compare:
Elle s'est lavée.
Elle s'est lavé les mains.

GRAMMAIRE 2

Tips for past participle agreement with pronominal verbs

1. Before deciding if the past participle of a pronominal verb agrees, make a simple sentence with the non-pronominal form of the verb, using **avoir** as the auxiliary.

   Ils se sont souvenu_____ (*They remembered.*) → A sentence with **avoir** is not possible (**souvenir** does not exist as a verb). → The past participle agrees: Ils se sont souvenu**s**.

   Ils se sont entendu_____. (*They got along.*) → Ils ont entendu le train.
   The meanings of **s'entendre** and **entendre** differ. → The past participle agrees: Ils se sont entendu**s**.

   Ils se sont vu_____. (*They saw each other.*) → Ils ont vu leurs amis.
   Voir takes a direct object. **Se** is a direct object. → The past participle agrees: Ils se sont vu**s**.

   Ils se sont écrit_____. (*They wrote to each other.*) → Ils ont écrit à leurs amis.
   Écrire takes an indirect object. **Se** is an indirect object. → The past participle does not agree: Ils se sont écrit.

   Elle s'est brossé_____ les cheveux. (*She brushed her hair*) → Elle a brossé les cheveux à elle-même.
   Les cheveux is the direct object of **brosser. Se** is an indirect object. → The past participle does not agree: Elle s'est brossé les cheveux.

2. You need to pay attention to the structure of the French verb, not its English equivalent. For example, *to call* takes a direct object in English (*I called my friend*), but **téléphoner** has an indirect object (Ils ont téléphoné à leurs amis).

Les deux présidents se sont téléphoné.	*The two presidents called each other.*

Application immédiate 12

Faites l'accord du participe passé dans les phrases suivantes. Mettez un Ø s'il n'y a pas d'accord.

1. La femme et les enfants de Bachir sont mort______ quand un incendie a détruit____ leur immeuble.
2. Julie Latendresse a aidé____ les enfants à faire leur deuil. Elle s'est occupé ______ d'eux, les a beaucoup écouté______ et leur a donné____ de bons conseils.
3. Bachir a lu____ le livre de Martine et s'est inspiré____ de Jean de La Fontaine pour écrire sa propre fable.
4. Claire et Bachir ont dîné____ ensemble et se sont bien entendu______.
5. Marie-Frédérique n'a pas aimé____ l'explication de grammaire que Bachir a fait______ à la classe.
6. Avant son départ, Bachir et la mère d'Alice se sont vu______ et cette femme l'a remercié____ d'avoir aidé sa fille.

E. Le plus-que-parfait

1. Formation

1.1 The **plus-que-parfait** is a compound tense formed on the following model: auxiliaire (**avoir** or **être**) à l'imparfait + participe passé du verbe.

Hier soir, mes amis voulaient sortir. J'**avais travaillé** toute la journée et j'**étais allée** au gymnase après le travail, alors j'ai préféré rester chez moi.

Last night, my friends wanted to go out. I ***had worked*** *all day and I* ***had gone*** *to the gym after work, so I preferred to stay home.*

1.2 The choice of auxiliary (**avoir** or **être**) and the agreement of the past participle with the **plus-que-parfait** are the same as with the **passé composé.**

Sample conjugation with *avoir: travailler*	Sample conjugation with *être: aller*
j'avais travaillé	j'étais allé(e)
tu avais travaillé	tu étais allé(e)
il/elle/on avait travaillé	il/on était allé, elle était allée
nous avions travaillé	nous étions allé(e)s
vous aviez travaillé	vous étiez allé(e)(s)
ils/elles avaient travaillé	ils étaient allés, elles étaient allées

GRAMMAIRE 2

2. Emploi

2.1 The **plus-que-parfait** is used to speak about an action that took place prior to a past action. There is no need for the **plus-que-parfait** if the past events are told in chronological order. Compare:

Hier, j'**ai travaillé** toute la journée et je **suis allée** au gymnase après le travail. Je **suis rentrée** chez moi à 8 heures du soir. J'**étais** très fatiguée. J'**ai mangé** rapidement et je **me suis couchée.**

(The events are told in chronological order. The **passé composé** and the **imparfait** are used.)

Hier, je suis rentrée chez moi à 8 heures du soir. J'étais très fatiguée. J'**avais travaillé** toute la journée et j'**étais allée** au gymnase après le travail. J'ai mangé rapidement et je me suis couchée.

Last night, I came home at 8 o'clock. I was very tired. ***I had worked*** *all day and I* ***had gone*** *to the gym after work. I ate quickly and went to bed.*

(**Travailler** and **aller au gymnase** are mentioned after **rentrer** and **être fatigué,** but they took place before, so the **plus-que-parfait** is used.)

2.2 Note that the sequence of tenses is less rigid in English than in French. For example, an English speaker might say, *He wanted to know who called* or *He wanted to know who had called.* In French, the verb **téléphoner** can only be in the **plus-que-parfait: Il voulait savoir qui avait téléphoné.**

Application immédiate 13

Entraînez-vous à conjuguer quelques verbes au plus-que-parfait.

1. demander
2. comprendre
3. venir
4. faire
5. s'amuser

Application immédiate 14

Dans les phrases suivantes, un des verbes doit être au passé composé et l'autre au plus-que-parfait. Donnez la forme correcte.

1. Monsieur Lazhar ______________ (venir) à l'école parce qu'il ______________ (apprendre) le suicide de Martine Lachance.
2. Claire ______________ (raconter) à Bachir les voyages qu'elle ______________ (faire) en Afrique.
3. Simon ______________ (se souvenir) que Martine ______________ (vouloir) l'aider.
4. Le jour où Martine ______________ (mourir), la mère d'Alice ______________ (partir) travailler tôt le matin.
5. Bachir Lazhar ______________ (déjà quitter) l'Algérie quand sa famille ______________ (disparaître) dans un incendie meurtrier.
6. Bachir ______________ (recevoir) les affaires que Martine ______________ (laisser) dans la salle de classe.

Chapitre 3

GRAMMAIRE

Les noms, les articles, les expressions de quantité et les adjectifs

Sommaire

LES NOMS, LES ARTICLES, LES EXPRESSIONS DE QUANTITÉ ET LES ADJECTIFS

For more grammar practice, visit the website www.cengagebrain.com.

A. Les noms

1. Le genre et le nombre

1.1 French nouns are masculine or feminine. Even though some patterns can help determine their gender, you should always memorize nouns with their articles.

le/un film — *the/a film*

la/une pièce — *the/a play*

1.2 To form the plural of nouns, the general rule is to add an **s** to the singular noun.

le film → les film**s**

la pièce → les pièce**s**

1.3 Some nouns have irregular plurals.

Singular ending	Plural ending	Examples	
-al	-aux	animal (*animal*)	anim**aux**
-eau	-x	eau (*water*)	eau**x**
most words in -eu	-x	jeu (*game*)	jeu**x**
7 words in **-ou**	-x	bijou (*jewelry*)	bijou**x**
-s	no change	fils (*son*)	fils
-x	no change	choix (*choice*)	choix
-z	no change	nez (*nose*)	nez
Special case		œil (eye)	yeux

The seven words ending in -ou and that have their plural ending in **-x** are: **bijou, caillou, chou, genou, hibou, joujou, pou.**

2. La comparaison avec le nom

To make comparisons between two nouns, use **plus de** (*more*), **moins de** (*fewer*), and **autant de** (*as much/as many*)... **que** (*than/as*).

Je mange **plus de** fruits, **autant de** légumes et **moins de** pâtisseries **que** ma camarade de chambre.

*I eat **more** fruit, **as many** vegetables, and **fewer** pastries **than** my roommate.*

Application immédiate 1

Faites des phrases selon le modèle.

Exemple: Marjane a vécu (+ expériences traumatisantes) qu'une adolescente typique.

Marjane a vécu plus d'expériences traumatisantes qu'une adolescente typique.

1. Il y a (+ libertés) pour les femmes en Europe qu'en Iran.
2. Marjane avait (= courage) que son oncle Anouche.
3. Les parents de Marjane se faisaient (− illusions) que son oncle.
4. Marjane a eu (= difficultés) à vivre en Autriche qu'en Iran.

GRAMMAIRE 3

B. Les articles

1. L'article indéfini

1.1 Indefinite articles (**un, une, des**) are used to discuss people and things that have not been specified. The singular indefinite article translates as *a* or *an* in English. The plural article **des** does not translate or is sometimes expressed by *some* or *any*.

J'ai **un** vélo, **une** voiture et **des** rollers.

I have a bike, a car, and [some] rollerblades.

Use the symbol Ø when there is no article in English. This will remind you to use an article in French: *I have a bike, a car, and Ø rollerblades*. When Ø can be replaced by *some* (in the sense of *several*), the French article is **des.**

1.2 The indefinite article becomes **de** or **d'** after a negative verb.

Je n'ai pas **de** moto. *I don't have a motorcycle.*

Je n'ai pas **d'**argent. *I don't have any money.*

1.3 The indefinite plural article **des** often becomes **de** when an adjective precedes the noun.

Vous avez **de** beaux enfants. *You have beautiful children.*

There is no article in English when you express likes/dislikes/preferences, or when you talk about people and things in general. Use the symbol Ø to remember to use an article in French: *I like Ø salad. I don't like Ø broccoli. I prefer Ø green beans.* When you can replace Ø with *in general* or *all*, you need a definite article.

2. L'article défini

2.1 Definite articles (**le/l', la/l', les**) are used with definite nouns, i.e., when the addressee recognizes the person or thing that is being talked about. The definite article often translates as *the* in English.

Regarde **les** enfants et **le** chien! — *Look at the children and the dog!*

As-tu lu **le** livre que tu as acheté hier? — *Did you read the book you bought yesterday?*

2.2 Definite articles are used to express likes/dislikes/preferences.

J'aime **la** salade. Je n'aime pas **le** brocoli. Je préfère **les** haricots verts.

I like salad. I don't like broccoli. I prefer green beans.

2.3 Definite articles are used to talk about things and people in general.

L'essence est de plus en plus chère. — *Gas is more and more expensive.*

Les enfants doivent aller à l'école. — *Children must go to school.*

2.4 Unlike the indefinite article, the definite article does not change in the negative.

Je n'aime pas **les** chats.

I don't like cats.

2.5 The definite articles **le** and **les** contract with the prepositions **à** and **de; l'** and **la** do not contract.

à + le = au	à + les = aux
de + le = du	de + les = des

Nous allons souvent **au** stade pour assister **aux** matchs de foot de notre université.

We often go to the stadium to attend the soccer games of our university.

Nous avons longtemps parlé **du** match et **des** joueurs.

We spoke about the game and the players for a long time.

GRAMMAIRE 3

There is no article in English when you talk about things that are not countable (such as patience, salt, oil) or parts of things. Use the symbol Ø to remember to use an article in French: *She has Ø patience and Ø courage.* When you can replace Ø with *some* (in the sense of *a certain amount*), you need a partitive article in French.

3. L'article partitif

3.1 The partitive article (**du/de l', de la/de l'**) is used to talk about things that are not countable. It does not translate in English, but it is sometimes expressed by *some* or *any*.

Elle a **de la** patience et **du** courage.

She has patience and courage. (*She is patient and courageous.*)

Il faut **du** sel, **de l'**huile et **de la** farine pour cette recette.

This recipe calls for [some] salt, oil, and flour.

One could also say: J'ai mangé **un** poulet et **une** tarte *(I ate a chicken and a pie)*, but that would mean a whole chicken and a whole pie.

3.2 The partitive article is used to talk about a part of something countable.

J'ai mangé **du** poulet et **de la** tarte. — *I ate [some] chicken and [some] pie.*

3.3 The partitive article becomes **de/d'** in a negative sentence.

Il n'a pas **d'**ambition. — *He does not have [any] ambition.*

English speakers have difficulty choosing the right article in French when there is no article (Ø) in English. The following tips will help.

1. If you can replace Ø with *some* (in the sense of *several*), you need an indefinite plural (**des**).

I have animals. → *I have some animals.* → J'ai **des** animaux.

(In this example, you could also put the sentence in the singular to determine that you need an indefinite article: J'ai **un** animal. → J'ai **des** animaux.)

2. If you can replace Ø with *some* (in the sense of *a certain amount*), you need a partitive article (**du, de la, de l'**).

I would like coffee, please. → *I would like some coffee.* → Je voudrais **du** café.

3. If you can replace Ø with *in general* or *all*, you need a definite article (**le, la, les**).

I like coffee. → *I like coffee in general/all coffee.* → J'aime **le** café.

Old people don't sleep much. → *Old people in general don't sleep much.* → **Les** personnes âgées ne dorment pas beaucoup.

C. Les expressions de quantité

Some common expressions of quantity

assez (de) *enough*
beaucoup (de) *a lot, many*
de nombreux *many*
plusieurs *several*
quelques *some, a few*
trop (de) *too much, too many*
un grand nombre (de) *a great number of*
un kilo (de) *a kilogram of*
un litre (de) *a liter of*
un peu (de) *a little*
une dizaine (de), une vingtaine (de), une centaine (de), un millier (de) *about ten, twenty, one hundred, one thousand*

When an expression of quantity precedes the noun, there is no article.

Il y a **beaucoup de** bruit.
There is a lot of noise.

Il faut boire **deux litres d'**eau par jour.
One must drink two liters of water a day.

J'ai **quelques** amis francophones.
I have a few French-speaking friends.

Nous avons **une centaine d'**étudiants.
We have about a hundred students.

Application immédiate 2

Complétez les phrases avec l'article qui convient. S'il ne faut pas d'article, utilisez Ø.

Marjane a eu beaucoup de/d'_______ (1) difficultés à s'habituer à _______ (2) vie en Europe. Elle avait une quinzaine de/d'_______ (3) années quand elle est arrivée à Vienne. Elle a d'abord habité dans _______ (4) internat, puis elle a déménagé plusieurs _______ (5) fois, car elle ne s'entendait pas bien avec _______ (6) personnes qui la logeaient. Elle était souvent seule car elle n'avait pas _______ (7) famille à Vienne. Elle avait quelques _______ (8) amis au lycée. Elle passait _______ (9) temps avec eux, mais _______ (10) musique alternative ne lui plaisait pas trop et elle n'aimait pas _______ (11) sujets de conversation de Momo. Ses amis avaient eu _______ (12) vie tranquille et heureuse alors qu'elle avait vécu _______ (13) événements tragiques: son oncle était mort pour _______ (14) liberté et _______ (15) guerre entre l'Iran et l'Irak avait fait des milliers de _______ (16) morts. Marjane avait _______ (17) courage, mais elle se sentait triste. Elle pensait que _______ (18) Autrichiens ne pouvaient pas la comprendre.

D. Les adjectifs démonstratifs

1. Demonstrative adjectives (*this, that*) agree in gender and number with the nouns they modify. Notice that there are two forms before singular masculine nouns: **ce** when the noun starts with a consonant and **cet** when it starts with a vowel or a mute **h.**

	Singulier	Pluriel
Masculin	**ce** film **cet** acteur **cet** homme	**ces** films **ces** acteurs **ces** hommes
Féminin	**cette** actrice	**ces** actrices

2. Use **ce... -ci** (*this one*) and **ce... -là** (*that one*) to distinguish between two nouns.

   Tu préfères **cette** robe-**ci** ou **cette** robe-**là**?

   Do you prefer this dress (here) or that dress (there)?

E. Les adjectifs possessifs

1. Possessive adjectives (*my, your,* etc.) agree in gender and number with the noun they modify.

   Je te présente **mon** père (masculin), **ma** mère (féminin) et **mes** enfants (pluriel).

   I'd like you to meet my father, my mother, and my children.

GRAMMAIRE 3

2. The masculine form of the possessive adjective is used with feminine nouns that start with a vowel or a mute **h.**

   J'apprécie **mon** amie Catherine pour **son** honnêteté.

   I appreciate my friend Catherine for her honesty.

The change of **ma/ta/sa** to **mon/ton/son** before a vowel avoids the problem of having two vowels together (**ma + amie**), which is difficult to pronounce.

Subject pronoun	Corresponding possessive adjective
je	mon, ma, mes
tu	ton, ta, tes
il/elle/on	son, sa, ses
nous	notre, nos
vous	votre, vos
ils/elles	leur, leurs

3. To determine which possessive adjective to use, look at the noun that follows (the thing "possessed"). This is different from English, where the gender of the "possessor" determines the choice of the possessive adjective.

his/her book	**son livre**
his/her car	**sa voiture**
his/her friends	**ses ami(e)s**

Application immédiate 3

Transformez les phrases en utilisant un adjectif possessif.

Exemple: Cette voiture est à Marie. → *C'est sa voiture.*
Ces livres sont à nous. → *Ce sont nos livres.*

1. Cette pipe est à mon père.
2. Ce passeport est à la jeune fille.
3. Ces livres sont à mes parents.
4. Ces médicaments sont à moi.
5. Ce foulard est à vous?
6. Cette bande dessinée est à nous.
7. Ce tableau est à moi.
8. Cette affiche est à toi.

GRAMMAIRE 3

F. Les adjectifs qualificatifs

Qualifying/descriptive adjectives are words that describe nouns. They agree in number and gender with the noun they modify.

1. Le genre et le nombre

1.1 Les adjectifs au masculin
Adjectives are usually listed in the masculine form. Three adjectives—**vieux, beau,** and **nouveau**—have two forms in the masculine singular; they change their form before a vowel or a mute **h.** The feminine form of these adjectives is based on this alternate masculine form.

Adjective	Masculine forms	Feminine form
vieux (*old*)	un vieux livre un **vieil** animal un **vieil** homme	une vieille maison
beau (*beautiful, good-looking*)	un beau garçon un **bel** enfant un **bel** habit	une belle histoire
nouveau (*new*)	un nouveau journal le **nouvel** an un **nouvel** hôpital	une nouvelle robe

1.2 Les adjectifs au féminin

a. The feminine of adjectives is usually formed by adding a mute **e** to the masculine form (there is no change when the masculine adjective already ends in an **e**). The presence of the mute **e** causes the preceding consonant to be pronounced. This makes it possible to distinguish a feminine adjective from a masculine one in speaking.

gran~~**d**~~ (masculine, the **d** is not pronounced)
gran**d**e (feminine, the **d** is pronounced)

b. In many cases, other changes occur when a masculine adjective is put in the feminine. The rules below will help you form the feminine of many adjectives. There are exceptions, so it is always a good idea to check in a dictionary.

Most adjectives ending in **-s**, like **soumis**, follow the general rule and simply take an **-e** in the feminine. A few double the final **-s**, like **gros/grosse**, as well as **gras/grasse, bas/basse, épais/épaisse, métis/métisse**.

Chic is an exception. It is invariable.

Masculine ending	Feminine ending	Example	
		Masculine adjective	**Feminine adjective**
-e	no change	mince	mince
-é	-ée	déprimé	déprimée
-consonant	*-consonant* + e	tolérant	tolérante
-s	-se -sse	soumis gros	soumise grosse
-g	-gue	long	longue
-x	-sse -ce	faux roux doux	fausse rousse douce
-ien	-ienne	canadien	canadienne
-on	-onne	bon	bonne
-il -el -eil -et	-ille -elle -eille -ète -ette	gentil naturel pareil inquiet net	gentille naturelle pareille inquiète nette
-if	-ive	sportif	sportive
-c	-che -que	blanc public	blanche publique
-er	-ère	étranger	étrangère

(continued)

GRAMMAIRE 3

Masculine ending	Feminine ending	Example	
		Masculine adjective	**Feminine adjective**
-eux	-euse	heureux	heureuse
-eur	-eure -euse	inférieur travailleur	inférieure travailleuse
-teur	-teuse -trice	menteur créateur	menteuse créatrice

The feminine of adjectives in **-eur** ends in **-euse** when the adjective is derived from a verb and has the same stem as that verb. For example, the stems of **travailleur** and **menteur** (**travaill-** and **ment-**) are the same as the stems of **travailler** and **mentir.** The examples **inférieur** and **créateur** do not follow this rule: **inférieur** is not derived from a verb; the stem of **créateur** is **créat-**, which is different from the stem of **créer,** (**cré-**).

c. Some adjectives of color do not change in the feminine. This is true of adjectives that are related to fruit (**orange, citron, marron, châtain**) and adjectives that are modified by another adjective of color (**clair, foncé,** etc.)

un pantalon **marron,** une robe **marron**

brown pants, a brown dress

La chaise est **bleu clair.** **BUT** La lampe est bleu**e.**

The chair is light blue. The lamp is blue.

Un citron is *a lemon*, **un marron** and **une châtaigne** (from which **châtain** is derived) are varieties of chestnuts.

Application immédiate 4

Complétez les phrases en mettant les adjectifs au féminin.

1. Le père de Marjane est cultivé et tolérant. Sa mère est _______ et _______.
2. L'oncle Anouche est franc et courageux. Marjane est _______ et _______.
3. Le gouvernement est conservateur et répressif. La politique du gouvernement est _______ et _______.
4. Le vocabulaire de la grand-mère est parfois moqueur et grossier. La grand-mère est parfois _______ et _______.

1.3 Les adjectifs au pluriel

a. The plural of adjectives is usually formed by adding an **-s.** There is no change for adjectives that end in **-s** and **-x** in the masculine singular.

un homme âgé → des hommes âgés

an old man, old men

une employée travailleuse → des employées travailleuses

a hard-working employee, hard-working employees

un enfant heureux → des enfants heureux

a happy child, happy children

b. Some adjectives of color do not change in the plural. This is true of adjectives that are related to fruit (**orange, citron, marron, châtain**) and adjectives that are modified by another adjective of color.

Les fleurs sont **orange.**

The flowers are orange.

Il a les yeux **bleu vert.** **BUT** Il a les yeux vert**s.**

His eyes are blue green. His eyes are green.

c. Some adjectives have an irregular plural.

- **Beau** and **nouveau** form their masculine plural in **-x.**

  beau → beau**x**

  Il y a de beaux monuments à Paris.

  There are beautiful monuments in Paris.

- Most adjectives in -**al** form their plural in -**aux.**

  loyal → loy**aux**

  J'ai des amis loyaux.

  I have loyal friends.

Application immédiate 5

Mettez l'adjectif entre parenthèses au masculin pluriel ou au féminin pluriel et insérez-le à l'endroit indiqué.

1. Marjane s'est fait de _______ amis à Vienne. (nouveau)
2. Les amis de Marjane sont des jeunes gens _______. (marginal)
3. Les étudiantes en art n'aimaient pas porter de _______ cagoules noires. (long)
4. Les idées de Marjane et de sa grand-mère ne sont pas _______. (conventionnel)
5. Les familles _______ ont beaucoup souffert pendant la guerre contre l'Irak. (iranien)
6. Les opposants étaient _______ par le gouvernement. (censuré)

2. La position des adjectifs

2.1 Most adjectives come after the noun.

un ami dévoué *a devoted friend*

2.2 A few adjectives come before the noun.

un bon ami *a good friend*

The adjectives that precede the noun they modify can be remembered by grouping them in categories.

Adjectives that precede the noun (think of the acronym BAGS)				
Beauty	**Age**	**Goodness**	**Size**	**Other**
beau, belle joli(e)	jeune nouveau (nouvelle) vieux (vieille)	bon(ne) gentil(le) mauvais(e)	grand(e) gros(se) long(ue) petit(e)	autre *(other)* même *(same)* premier (première), deuxième, etc.

Exceptions

Vieux has two possible meanings when used with **ami.** Put the adjective after the noun to express the idea of old age: **un vieil ami** (*an old friend*) vs. **un ami (qui est) vieux.**

Petit and **grand** change their meaning in front of certain nouns. In order to avoid confusion with their main meaning (*small/tall*), the sentences in which they appear may need to be rephrased.

- **Petit** expresses affection in **un petit ami, une petite amie** (*a boyfriend, a girlfriend*). A short friend can be expressed by **un(e) ami(e) (qui est) petit(e).**

GRAMMAIRE 3

- **Grand** means *great/important*, especially when describing people and events: **un grand homme** (*a great man*), **une grande dame** (*a great woman*), **un grand médecin** (*a well-known doctor*), **un grand événement** (*a great event*). *A tall man* can be expressed by **un homme (qui est) grand.**

2.3 Some adjectives have different meanings depending on whether they are placed before or after the noun.

	Before the noun	After the noun
ancien	*former* **mon ancienne maison** (*my former house*)	*old* **une maison ancienne** (*an old house*)
cher	*dear* (*in greetings*) **mon cher ami** (*my dear friend*)	*expensive* **une voiture chère** (*an expensive car*)
dernier	*the last* (*in a series*) **la dernière semaine de mai** (*the last week in May*)	*last* (*preceding*) **la semaine dernière** (*last week*)
même	*same* **le même jour** (*the same day*)	*very* **le jour même** (*the very day*)
pauvre	*unfortunate* **un pauvre homme** (*a poor/ unfortunate man*)	*poor* (*without money*) **un homme pauvre** (*a poor man*)
propre	*own* **mon propre bureau** (*my own office*)	*clean* **un bureau propre** (*a clean office*)
seul	*only* **un seul homme** (*only one man*)	*alone, lonely* **un homme seul** (*a solitary/ lonely man*)

Ancien can be used before a noun to mean *former* when referring to either a person or a thing. It can be used after a noun when referring to a thing to mean *old* or *ancient*. To refer to an old person, use **vieux** or **âgé** instead.

Application immédiate 6

Insérez la forme correcte de l'adjectif avant ou après le nom souligné.

Exemple: Marjane ne voulait pas que les __________ femmes __________ souffrent. (vieux)
Marjane ne voulait pas que les vieilles femmes souffrent.

1. Marjane avait ses __________ opinions __________ sur tout. (propre)
2. La grand-mère aimait les __________ gens __________. (intègre)
3. Marjane a eu du mal à s'habituer à sa __________ vie __________ à Vienne. (nouveau)
4. Le livre *Persépolis* est une __________ bande dessinée __________. (original)
5. Mohammad Reza Pahlavi était le __________ Shah __________ d'Iran. (dernier)
6. Il y a eu de(s) __________ manifestations __________ contre son régime. (grand)

3. Le comparatif des adjectifs

3.1 To compare people or things using adjectives, use the comparative form of the adjectives.

plus... que	*more . . . than* *(adjective) + -er than*	Mon frère est **plus grand que** moi. *My brother is taller than I am.*
moins... que	*less . . . than*	Je suis **moins riche que** mes amis. *I am less rich than my friends.*
aussi... que	*as . . . as*	Elle est **aussi sportive que** lui. *She is as athletic as he is.*

Both **bon** and **mauvais** have a regular comparative of inferiority: **moins bon, moins mauvais.**

3.2 Bon has an irregular comparative of superiority, **meilleur.** The comparative of superiority of **mauvais** has two forms.

Adjective	Comparative form		Example
bon(ne)	meilleur(e)	*better*	Ses films sont **meilleurs** que ses documentaires. *His films are better than his documentaries.*
mauvais(e)	plus mauvais(e)/pire	*worse*	Ma deuxième composition est **plus mauvaise / pire** que la première. *My second composition is worse than the first.*

Application immédiate 7

Faites des phrases selon le modèle suivant en mettant l'adjectif à la forme correcte.

Exemple: La grand-mère de Marjane est ___________ (+ direct) que sa mère.
La grand-mère de Marjane est plus directe que sa mère.

1. Marjane se sent ___________ (– seul) en Iran qu'en Autriche.
2. Le nouveau régime est ___________ (= répressif) que l'ancien.
3. La condition des femmes est ___________ (– bon) qu'avant la Révolution islamique.
4. Marjane est ___________ (+ amoureux) que Markus.
5. Marjane pense que sa vie professionnelle sera ___________ (+ bon) en France qu'en Iran.
6. Les oncles de Marjane sont ___________ (= tolérant) que ses parents.

GRAMMAIRE 3

4. Le superlatif des adjectifs

4.1 To say that something or someone is *the most* or *the least* (amusing/intelligent/etc.), use the superlative form of the adjective.

le/la/les plus + adj.	*the most + adj.*	C'est **le plus amusant.** *He is the most amusing.*
	the (adj.) + -est	C'est la **plus intelligente.** *She is the brightest.*
		Ce sont mes amis **les plus proches.** *They are my closest friends.*
le/la/les moins + adj.	*the least + adj.*	J'ai fait les problèmes de maths **les moins difficiles.** *I did the least difficult math problems.*

4.2 The superlative of **bon** is **le/la meilleur(e)** and **le/la moins bon(ne)**. The superlatives of **mauvais** are **le/la plus/moins mauvais(e)** and **le/la pire**.

4.3 If an adjective normally precedes the noun it modifies, then its superlative form will precede the noun as well.

C'est **la plus jeune** étudiante de la classe. (*before the noun*)

She's the youngest student in the class.

C'est **le meilleur** film de l'année. (*before the noun*)

It's the best film of the year.

C'est la personne **la moins efficace** de l'entreprise. (*after the noun*)

He/She is the least efficient person in the firm.

Notice that **de** is the preposition used after the superlative.

C'est le meilleur athlète **du** lycée.
He's the best athlete in the high school.

C'est le plus mauvais/le pire jour **de** ma vie.
It's the worst day in my life.

If you need to review the position of adjectives, return to page 268.

Application immédiate 8

Faites des phrases au superlatif selon le modèle.

Exemples: Marjane est / élève / + insolent / classe
Marjane est l'élève la plus insolente de la classe.

La grand-mère est / femme / + vieux / famille
La grand-mère est la plus vieille femme de la famille.

1. l'oncle Anouche est / personne / + idéaliste / famille
2. Momo est / garçon / – sympathique / Lycée français de Vienne
3. l'adolescence est souvent / moment / + difficile / vie
4. la mort de son oncle et le départ en Europe sont / événements / – heureux / adolescence de Marjane
5. les exécutions sont / + mauvais / exemples de répression / film
6. *Persépolis* était / + bon / adaptation / festival de Cannes en 2008

Chapitre 4

GRAMMAIRE

This is a self-study module that you will encounter in each chapter. Each grammar section includes formal explanations and self-corrected Application immédiate exercises. Homework directions in the main part of the textbook tell you when to study the different sections.

Les pronoms relatifs et les pronoms démonstratifs

Sommaire

GRAMMAIRE 4

LES PRONOMS RELATIFS ET LES PRONOMS DÉMONSTRATIFS

A. Les pronoms relatifs

In Chapter 3 you reviewed some of the components of a noun phrase (nouns, articles, and adjectives). Another component of a noun phrase is the relative clause. As the word *relative* suggests, the relative clause is related, or linked, to a noun. Like an adjective, a relative clause provides additional information about that noun.

Regarde l'homme **qui traverse la rue**!

Look at the man who is crossing the street!

(The relative clause **qui traverse la rue** adds information about **l'homme.**)

For more practice with relative clauses, visit the website www.cengagebrain.com.

The noun that is defined or described by the relative clause (here, **l'homme**) is called the *antecedent* because it comes before the relative clause (*ante* means *before* in Latin).

The pronoun that introduces the relative clause (here, **qui**) is called a *relative pronoun.*

1. Le choix du pronom relatif

How would you explain to a French speaker how to choose a relative pronoun in English? Look at the following examples to infer a rule.

Do you know the woman ***who*** *is crossing the street?*

Do you know the dog ***that*** *is crossing the street?*

You can infer this rule: that the pronoun will be different depending on whether the antecedent is human (*the woman*) or nonhuman (*the dog*). Now compare with the equivalent French sentences.

Connais-tu la femme **qui** traverse la rue?

Connais-tu le chien **qui** traverse la rue?

Here the pronoun is the same. Unlike English, French makes no distinction between human and nonhuman antecedents. What matters in French is whether the antecedent is the subject or the object of the verb that follows. The examples above could be broken into two sentences:

Connais-tu la femme? La femme traverse la rue.

Connais-tu le chien? Le chien traverse la rue.

In the second sentence, **la femme/le chien** is the *subject* of the verb **traverse.** To avoid the repetition of **la femme/le chien,** one can link the two sentences with the subject relative pronoun **qui.**

In the following sections you will learn how to choose the pronoun based on the grammatical function (subject, direct object, prepositional object) of the noun it replaces.

2. Les pronoms relatifs sujets: qui, ce qui

Qui and **ce qui** are used when the antecedent is the *subject* of the verb that follows (the verb of the relative clause).

2.1 **Qui** is used when the antecedent is a specified person, thing, or place.

L'accident **qui** est arrivé ce matin était horrible.

The accident ***that*** *happened this morning was horrible.*

Here the antecedent is a specified thing, **l'accident.**

2.2 **Ce** appears in front of **qui** when the antecedent is indeterminate or general enough to be omitted.

Ce qui est arrivé ce matin était horrible.

What *(= That which) happened this morning was horrible.*

If the antecedent appeared, it would be a general one, such as **les choses** (*the things*).

2.3 Verb agreement

- With **qui,** the verb of the relative clause agrees with the antecedent, since the antecedent is its subject.

  Je ne connais pas **les étudiants** qui **vont** aller en France.

  I don't know ***the students*** *who* ***are going*** *to go to France.*

- The verb that follows **ce qui** is always in the third person singular.

  Les notes, c'est **ce qui compte** le plus pour lui.

  Grades are ***what counts*** *the most for him.*

GRAMMAIRE 4

Note that **que** is never omitted in French, whereas *that* and *whom* can be dropped in English.

Notice that **offertes** is feminine plural, agreeing with the preceding direct object, **fleurs.** Refer to pages 255–257 to review the rules about past participle agreement.

3. Les pronoms relatifs objets directs: que, ce que

Que and **ce que** are used when the antecedent is the direct object of the verb of the relative clause.

3.1 **Que** is used when the antecedent is a specified person, thing, or place.

Voici une amie **que** j'aime beaucoup.

*Here is a friend (**that/whom**) I like a lot.*

Merci pour les fleurs **que** tu m'as offertes.

*Thanks for the flowers (**that**) you gave me.*

3.2 **Ce** appears in front of **que** when the antecedent is indeterminate or general enough to be omitted.

Je ne comprends pas **ce que** tu dis.

*I do not understand **what** you are saying.*

Application immédiate 1

Formulez une phrase avec **qui** et une autre avec **que,** d'après le modèle. Référez-vous aux explications ci-dessus pour savoir quel pronom utiliser.

Exemple: Mlle Bertrand: Elle travaille avec François. François aime Mlle Bertrand.

qui: Mlle Bertrand, c'est la personne qui *travaille avec François.*
que: Mlle Bertrand, c'est la personne que *François aime.*

1. M. Belone: Il habite à côté de chez François. François rencontre M. Belone sur son balcon.

   qui: M. Belone, c'est la personne qui…

   que: M. Belone, c'est la personne que…

2. Santini: Il entraîne l'équipe de rugby. Ses collègues veulent changer Santini.

   qui:

   que:

3. M. Kopel: Il dirige l'entreprise. François va voir M. Kopel pour se plaindre de Mlle Bertrand.

   qui:

   que:

GRAMMAIRE 4

Application immédiate 2

Formulez une phrase avec **ce qui** et une autre avec **ce que,** d'après le modèle.

Ask yourself if **cela** is the subject or the object of the verb.

Exemple: Le pull rose: Cela donne des soupçons (*suspicions*) à Mme Santini. Santini offre cela à François.

ce qui: Le pull rose, c'est ce qui donne des soupçons à Mme Santini.
ce que: Le pull rose, c'est ce que Santini offre à François.

1. Les plaisanteries vulgaires: Cela amuse Santini. Le patron n'apprécie pas cela.

   ce qui: Les plaisanteries vulgaires, c'est ce qui…

   ce que: Les plaisanteries vulgaires, c'est ce que…

2. Le tatouage: Cela intrigue Mlle Bertrand. Mlle Bertrand veut voir cela.

   ce qui:

   ce que:

3. Les préjugés: Cela influence l'attitude de Santini. Le film critique cela.
   ce qui:
   ce que:

Application immédiate 3

Complétez les phrases suivantes avec **qui, que/qu', ce qui** ou **ce que/ce qu'.**

Ask yourself: (1) Is there a noun / an antecedent before the blank? and (2) Is the pronoun in the blank the subject or the object of the verb that follows?

1. François Pignon est l'employé _______ le photographe n'a pas inclus sur la photo.
2. Mlle Bertrand ne croit pas les rumeurs _______ circulent sur François Pignon.
3. Frank n'aime pas _______ son père prépare quand il mange chez lui.
4. À la cafétéria, Félix parle des betteraves (*beets*) _______ François est en train de manger.
5. L'ex-femme de François a été très surprise par _______ elle a vu à la télévision.
6. François ne comprend pas _______ arrive (*happens*) quand Mlle Bertrand tente de lui enlever la chemise.
7. C'est le chef du personnel _______ a eu l'idée de faire participer François à la Gay Pride.
8. _______ explique l'attitude de Jean-Pierre Belone, c'est qu'il a été victime de discrimination.

4. Le pronom relatif **où**

4.1 **Où** is used when the antecedent is an expression of space (*the place where*) or time (*the time when*).

L'endroit **où** nous habitons est très agréable.

*The place **where** we live is very nice.*

Le 11 novembre 1918 est le jour **où** la France et l'Allemagne ont signé l'Armistice.

*November 11, 1918 was the day **when** France and Germany signed the armistice.*

Notice the different use of verb tense in French (present: **est**) and English (past: *was*).

Te souviens-tu du soir **où** nous nous sommes rencontrés?

*Do you remember the evening **when** we met?*

Be careful! Do not automatically use **où** after an expression of time and space. In the following example, **jour** is a direct object, so the pronoun **que** is used.

Le dimanche est le jour **que** je préfère.

*Sunday is the day **(that)** I prefer.*

4.2 **Là** appears in front of **où** when the antecedent is indeterminate or general enough to be omitted.

Tu es de Lyon? C'est **là où** je vais faire mes études.

*You're from Lyon? That's **where** I'm going to study.*

The pronoun **lequel** is presented on this page.

4.3 Où can often be replaced with a preposition + a form of **lequel.**

C'est une boîte **où / dans laquelle** je garde des souvenirs.

It's a box ***where / in which*** *I keep some memorabilia.*

Application immédiate 4

Complétez les phrases avec le pronom **où** ou **là où.**

1. François arrive au bureau au moment _______ ses collègues sont en train de regarder les photos.
2. L'hôpital _______ on soigne Félix ressemble à celui du film *Le Colonel Chabert.*
3. Les toilettes, c'est _______ François a appris qu'il était licencié.
4. Au restaurant, Félix parle des vestiaires _______ les joueurs se douchent après l'entraînement.

Application immédiate 5

Complétez les phrases avec le pronom **qui, que, où** ou **là où.**

1. J'ai bien aimé le moment _______ Santini et François se sont retrouvés au restaurant.
2. —La scène à la cantine est une scène _______ m'a fait rire.

   —C'est un moment _______ j'ai aimé aussi.
3. —Frank se souviendra du jour _______ il a vu son père à la télé.

   —Oui, c'est un jour _______ il n'oubliera pas!
4. —Aimerais-tu vivre _______ François habite?

   —Pas vraiment; c'est un endroit _______ je n'aime pas trop (un endroit _______ ne me plaît pas trop).

GRAMMAIRE 4

5. Les pronoms relatifs objets d'une préposition (à l'exception de **de**)

You have learned that French makes no distinction between human and nonhuman antecedents with the relative pronouns **qui** and **que.** The situation is different when the antecedent is the object of a preposition.

5.1 If the antecedent is a person, use a preposition (except **de**) + **qui.**

J'aime beaucoup l'étudiant(e) **avec qui** j'ai fait cette présentation.

I really like the student ***with whom*** *I did this presentation.*

In this example, the antecedent is a person, **l'étudiant(e)**, the preposition is **avec**, and the pronoun is **qui**.

5.2 If the antecedent is a thing or a place, use a preposition (except **de**) + a form of **lequel.**

J'aime beaucoup le livre **sur lequel** j'ai fait une présentation.

I really like the book ***on which*** *I did a presentation.*

In this example, the antecedent is a thing, **le livre**, the preposition is **sur**, and the pronoun is **lequel**.

Forms of *lequel*		
Masculin singulier	**lequel**	Le subjonctif est un point **sur lequel** le prof insiste. *The subjunctive is a point on which the prof insists.*
Féminin singulier	**laquelle**	C'est la raison **pour laquelle** je vous téléphone. *That's the reason why I am calling you.*
Masculin pluriel	**lesquels**	J'ai gardé les livres **avec lesquels** j'ai appris le français. *I've kept the books with which I learned French.*
Féminin pluriel	**lesquelles**	Ils aiment les villes **dans lesquelles** ils ont habité. *They like the cities in which they have lived.*

The reason why is translated **la raison pour laquelle**, literally, *the reason for which.*

Pourquoi is not a relative pronoun, so **la raison pourquoi** is not correct.

Also appropriate here: **les villes où.**

When the preposition is **à,** there is a contraction with **lequel, lesquels,** and **lesquelles.**

Forms of *à* + *lequel*		
Masculin singulier	**auquel** (**à + lequel**)	L'environnement est un sujet **auquel** je m'intéresse. *The environment is a topic I am interested in / in which I am interested.*
Féminin singulier	**à laquelle**	C'est une solution **à laquelle** je pense. *It's a solution I am thinking about.*
Masculin pluriel	**auxquels** (**à + lesquels**)	Il faut défendre les principes **auxquels** on croit. *We must fight for the principles in which we believe.*
Féminin pluriel	**auxquelles** (**à + lesquelles**)	Ce sont des rumeurs **auxquelles** je ne fais pas attention. *These are rumors I don't pay attention to.*

Application immédiate 6

Complétez les phrases avec **qui** ou une forme de **lequel.**

Ask yourself: Is this about a person (qui) or a thing (a form of lequel)?

1. L'homme chez _______ François va se consoler s'appelle Jean-Pierre Belone.
2. Jean-Pierre Belone dit que la voiture sur _______ François va se jeter est à lui.
3. Qu'est-ce que François a en commun avec le chat (à) _______ il se compare?
4. François est un homme discret (à) _______ on ne fait pas attention.

6. Les pronoms relatifs objets de la préposition de: dont, ce dont

The use of **dont** and **ce dont** will be easier for you if you think of them as exceptions to the previous category. Think of **dont** as a contraction for **de qui** and **de** + a form of **lequel.** The preposition **de** is "built into" the pronoun **dont.**

6.1 **Dont** and **ce dont** are used when the verb of the relative clause is followed by **de.**

Le chien est un animal **dont** j'ai peur.

The dog is an animal ***(that)*** *I am afraid of (of which I am afraid).*

The sentence above is a combination of the following two sentences:

Le chien est un animal. J'ai peur **de** cet animal.

Dont replaces **de cet animal.**

J'ai trouvé **ce dont** j'avais besoin.

I found ***what*** *I needed (= that which I needed)*

The sentence above is a combination of the following two sentences:

J'ai trouvé quelque chose. J'avais besoin **de** cette chose.

Dont replaces **de cette chose.**

Since **quelque chose** is indeterminate, it is replaced by **ce.**

GRAMMAIRE 4

The preposition **de** in the verbs included here is translated in many ways—to speak *about*, to be afraid *of*, to need + noun. To find the right pronoun in French, you must memorize the structure of the French verb instead of translating from English.

Common verbs followed by *de*

avoir besoin de: *to need* (ce dont j'ai besoin)
avoir envie de: *to want* (le cadeau dont j'ai envie)
avoir peur de: *to be afraid of* (ce dont j'ai peur)
être + *adjective* + de: *to be + adjective + about/with/of* (une composition dont je suis content[e]/fier[-ère])
faire la connaissance de: *to meet* (l'homme dont j'ai fait la connaissance)
parler de: *to speak about* (le sujet dont je parle souvent)
rêver de: *to dream about* (la vie dont je rêve)
se souvenir de: *to remember* (le match dont je me souviens)

Note that *whose parents* has two equivalent structures in French: **dont les parents** (when *parents* is the subject of the relative clause) and **dont... les parents** (when *parents* is the direct object).

6.2 Dont is also used to translate *whose*.

Marie est la fille **dont les parents** sont musiciens.
*Marie is the girl **whose parents** are musicians.*

Marie est la fille **dont** tu as rencontré **les parents** hier soir.
*Marie is the girl **whose parents** you met last night.*

GRAMMAIRE 4

Ask yourself: Is there a noun/an antecedent in front of the blank? If not, supply the antecedent by adding **ce**.

Application immédiate 7

Complétez les phrases avec **dont** ou **ce dont.**

1. Félix et le photographe ne savent pas que l'homme _______ ils parlent est dans les toilettes.
2. M. Kopel a décidé de ne pas licencier François, car l'entreprise _______ il est le patron a des clients homosexuels.
3. _______ François a besoin, c'est de passer plus de temps avec son fils.
4. François est un homme _______ on se moque souvent.

7. Les pronoms relatifs qui remplacent une proposition *(a clause)*: **ce qui, ce que, ce dont,** *ce* + préposition + **quoi**

These pronouns are presented for recognition only. They are used in writing. Many speakers would use two sentences here rather than a relative clause: **Ils ont gagné le match. Cela a surpris tout le monde.**

If the antecedent is an idea or a sentence, use **ce qui, ce que, ce dont,** or **ce** + préposition + **quoi**, and set off the pronoun from its antecedent with a comma. The English translation is *which*.

Ils ont gagné le match, **ce qui** a surpris tout le monde.
*They won the game, **which** surprised everyone.*
(The antecedent is **Ils ont gagné le match.**)

Ils ont gagné le match, **ce que** nous espérions.
*They won the game, **which** we were hoping for.*

Ils ont gagné le match, **ce dont** ils avaient bien besoin.
*They won the game, **which** they really needed.*

Ils ont gagné le match, **ce à quoi** personne ne s'attendait.
*They won the game, **which** nobody expected.*

Les pronoms relatifs: récapitulation

If the antecedent is → ↓	a specified person, thing, or place	indeterminate or general	a clause
the subject of the verb of the relative clause	**qui**	**ce qui**	**, ce qui**
the direct object	**que**	**ce que**	**, ce que**
an expression of space and time (*the place where; the time when*)	**où**	**là où**	×
the object of a preposition other than **de**	preposition + **qui** [person] preposition + a form of **lequel** [thing, place]	**ce** + preposition + **quoi**	**, ce** + preposition + **quoi**
the object of the preposition **de**	**dont**	**ce dont**	**, ce dont**

B. Les pronoms démonstratifs

The demonstrative pronoun is used to avoid the repetition of a definite noun. It is translated by *this one/that one, the one/the ones, these, those.* Its form depends on the gender and number of the noun it replaces.

	Singulier	Pluriel
Masculin	celui	ceux
Féminin	celle	celles

Demonstrative pronouns are never used alone. They are followed by **-ci** or **-là,** by a relative clause, or by **de** + noun to indicate possession.

1. Les pronoms démonstratifs + -ci ou -là

The suffixes **-ci** and **-là** are used to choose between two options: **-ci** refers to the closest object or person (in a real-life situation) or noun (in a narrative) (*this one* or *the latter*) and **-là** to the other (*that one, the former*).

> Quel livre préfères-tu? **Celui-ci** ou **celui-là**?
>
> *Which book do you prefer?* ***This one*** *or* ***that one****?*
>
> Elle devait choisir entre le collier et les boucles d'oreille. **Celles-ci** étaient plus originales, mais **celui-là** était moins cher.
>
> *She had to choose between the necklace and the earrings.* ***The latter*** *were more original, but* ***the former*** *was cheaper.*

2. Les pronoms démonstratifs + proposition relative

Demonstrative pronouns are often followed by a relative clause introduced by **qui, que, où, dont** (and, less frequently, other relative pronouns).

Marc, c'est l'homme qui porte un polo; Pierre, c'est **celui qui** porte une chemise.

*Marc is the man who is wearing a polo shirt; Pierre is **the one who** is wearing a shirt.*

Cette robe? C'est **celle que** j'ai achetée à Paris.

*This/That dress? It's **the one (that)** I bought in Paris.*

Je préfère ce restaurant à **celui où** nous avons mangé la semaine dernière.

*I prefer this restaurant to **the one where** we ate last week.*

—Quels articles devez-vous photocopier?

—**Ceux dont** nous avons parlé lundi.

—*Which articles are you supposed to photocopy?*

—***The ones (that)** we talked about on Monday (the ones about which we talked).*

3. Les pronoms démonstratifs + **de** + nom

Demonstrative pronouns are used to avoid the repetition of nouns in possessive structures.

La voiture est à qui? C'est la voiture de Marie. → C'est **celle de** Marie.

Whose car is it? It's Marie's car. → It's Marie's (literally: It is the one of Marie).

Ces clés sont à qui? Ce sont les clés de Paul. → Ce sont **celles de** Paul.

*Whose keys are these? They are Paul's keys. → They are **Paul's.***

Application immédiate 8

Remplacez les mots en italique par une forme de **celui.**

1. Le bras de François n'est pas *le bras* qu'on voit sur la photo.
2. L'ex-femme de François aime vivre seule. *La femme* de Santini préfère vivre en couple.
3. Les hommes qui ont agressé François sont *les hommes* qui jouent dans l'équipe de rugby.
4. Le patron aime les bonnes plaisanteries, mais il trouve *les plaisanteries* de Santini de mauvais goût.

GRAMMAIRE 4

Chapitre 5

GRAMMAIRE

Les pronoms personnels; *y* et *en*

Sommaire

This is a self-study module that appears in each chapter. Each grammar section includes formal explanations and self-corrected **Application immédiate** exercises. Homework directions in the main part of the textbook tell you when to study the different sections.

For more practice, visit the website www.cengagebrain.com.

Les pronoms personnels; y et *en*

A. Introduction

Relative and demonstrative pronouns are presented on pages 272–280.

You may have already studied demonstrative pronouns (**celui**) and relative pronouns (**qui, que, dont,** etc.). Like these, personal pronouns are used to avoid repetition and replace a noun phrase. They are called *personal* pronouns because they are associated with a grammatical person (first, second, and third person singular; first, second, and third person plural). Personal pronouns include subject pronouns (**pronoms sujets**), direct object pronouns (**pronoms compléments d'objet direct** or **COD**), indirect object pronouns (**pronoms compléments d'objet indirect** or **COI**), and disjunctive pronouns (**pronoms disjoints**).

Note that the -e elides before a vowel or a mute *h* for all pronouns ending in an unstable *-e* (*je, me, se,* etc.)

J'habite à Arles.

Il s'en va.

Vous m'avez vu.

Subject pronouns	Direct object pronouns definite	indefinite	Indirect object pronouns	Disjunctive pronouns
je tu	me te		me te	moi toi
il elle on	le, se la, se se	en	lui, se lui, se se	lui elle soi
nous vous	nous vous		nous vous	nous vous
ils elles	les, se les, se	en	leur, se leur, se	eux elles

The chapter also includes two pronouns that are not personal pronouns, but adverbial pronouns (because they work like adverbs): **y** and **en.**

B. Les pronoms compléments d'objet direct

1. Emploi

1.1 Direct object pronouns stand for places, people, and things that are direct objects of the verb. A direct object answers the question **quoi?** (*what?*) or **qui?** (*whom?*).

a. Tu aimes **ce film**? — *Do you like **this film**?*

b. Oui, je **l'**aime beaucoup. — *Yes, I like **it** a lot.*

c. Je **l'**ai vu trois fois. — *I've seen **it** three times.*

d. Tu veux **le** revoir avec moi? — *Do you want to see **it** again with me?*

e. D'accord, je **t'**appelle ce week-end si je ne **te** vois pas avant. — *OK, I'll call **you** this weekend if I don't see **you** before that.*

The rules about placement also apply to the indirect object pronouns and **y** and **en.** The only exception is in the affirmative imperative. See *La position des pronoms* on pages 291–293 for an in-depth explanation of pronoun placement.

1.2 Direct object pronouns go directly in front of the verb of which they are the object.

- In examples b and e above, the pronoun goes in front of the verb in the present tense.
- In the **passé composé** (and other compound tenses), the pronoun precedes the auxiliary (**avoir** or **être**), as in example c.

GRAMMAIRE 5

- When the pronoun is the object of an infinitive, it precedes that infinitive, as in example d.
- When the verb is negative, the pronoun goes between **ne** and the verb, as in example e.

1.3 Here are the direct object pronouns that correspond to the subject pronouns you already know:

Subject pronouns	Direct object pronouns (definite)	Direct object pronouns (indefinite or partitive)
je	me	
tu	te	
il	le, se	en
elle	la, se	en
on	se	en
nous	nous	
vous	vous	
ils	les, se	en
elles	les, se	en

2. Les pronoms compléments d'objet direct de la troisième personne

2.1 **Le, la, les** replace definite nouns.

Je vois souvent **Paul.** → Je **le** vois souvent.
*I see **him** often.*

Je vois souvent **ma meilleure amie.** → Je **la** vois souvent.
*I see **her** often.*

J'invite **mes amis** pour mon anniversaire. →
Je **les** invite pour mon anniversaire.
*I invite **them** for my birthday.*

A noun is definite if it is a proper noun or if it is introduced by:
- a definite article: **les amis**
- a possessive adjective: **mes amis**
- a demonstrative adjective: **ces amis**

2.2 The neuter pronoun **le** can also replace a clause or an adjective.

- a clause

Je crois **qu'il va réussir ses examens.** → Je **le** crois vraiment.
*I really believe **it.***

(**Le** replaces **qu'il va réussir ses examens,** which is the direct object of **Je crois.**)

- an adjective

Notre voisin est sympathique, mais sa femme n'est pas **sympathique.** →
Notre voisin est sympathique, mais sa femme ne **l'**est pas.
Our neighbor is nice, but his wife is not.

Note that English does not use a pronoun to avoid the repetition of an adjective: the translation for **sa femme ne l'est pas** is *his wife is not.*

GRAMMAIRE 5

2.3 **En** replaces nouns that are indefinite, partitive, or modified by a numeral or an expression of quantity.

- **En** replaces an indefinite or partitive noun clause.

—Tu as **des chats**?	*—Do you have cats?* (indefinite plural)
—Oui, j'**en** ai.	*—Yes, I have (some).*
—Non, je n'**en** ai pas.	*—No, I don't have any.*
—Tu prends **du café**?	*—Are you having coffee?* (partitive)
—Oui, j'**en** prends.	*—Yes, I'm having some.*
—Non, je n'**en** prends pas.	*—No, I'm not having any.*

- The numeral or expression of quantity is repeated when appropriate.

—Tu as un chat?	*—Do you have a cat?*
—Oui, j'**en** ai **un.**	*—Yes, I have one.*
—Non, je n'**en** ai pas.	*—No, I don't have any.*
—Je n'**en** ai pas **un,** j'**en** ai **deux.**	*—I don't have one, I have two.*
—Tu as beaucoup de devoirs?	*—Do you have a lot of homework?*
—Oui, j'**en** ai **beaucoup.**	*—Yes, I have a lot (of it).*
—Non, je n'**en** ai **pas beaucoup.**	*—No, I don't have a lot.*
—Non, je n'**en** ai pas.	*— No, I don't have any.*

- When the indefinite or partitive noun is modified by an adjective, the adjective is repeated when appropriate.

—Tu cherches une robe de quelle couleur?	*—What color dress are you looking for?*
—J'**en** cherche **une rouge.**	*—I am looking for a red one.*
—Et tu cherches aussi des chaussures?	*—Are you looking for shoes, too?*
—Oui, j'**en** cherche **des noires.**	*— Yes, I am looking for black ones.*

GRAMMAIRE 5

Refer to pages 255–257 if you need to review past participle agreement.

3. L'accord du participe passé

3.1 In compound verb forms (**passé composé, plus-que-parfait, conditionnel passé, infinitif passé, subjonctif passé,** etc.), the past participle agrees with the definite direct object pronoun, since it precedes the verb.

—Vous avez vu **votre cousine**?	*—Did you* (two men) *see your* (female) *cousin?*
—Oui, nous **l'**avons vu**e.** Elle **nous** a invit**és** chez elle.	*—Yes, we saw her* (feminine singular). *She invited us* (masculine plural) *to her house.*

3.2 There is no agreement with **en** since **en** replaces an indefinite or partitive noun.

—Tu as mangé **de la tarte**?	*—Did you eat any pie?*
—Oui, j'**en** ai mangé.	*—Yes, I ate some.*

Application immédiate 1

Remplacez les expressions en italique par un pronom complément d'objet direct. Faites l'accord si nécessaire.

1. Éliane aimait diriger *sa plantation*.
2. Éliane n'avait pas *d'enfants*. Alors elle a adopté *Camille*.
3. Guy a promis à Éliane *qu'il allait retrouver Camille*.
4. Camille a rencontré *des paysans* pendant son voyage.
5. Tanh a aidé *Camille et Jean-Baptiste* à échapper à la police.
6. La police a retrouvé *Camille* dans une troupe d'acteurs itinérants.

Application immédiate 2

Répondez aux questions suivantes en utilisant un pronom d'objet direct et en suivant les directives.

1. Est-ce qu'Éliane avait une grande plantation? Oui,
2. Éliane employait-elle beaucoup de travailleurs? Oui,
3. Est-ce qu'Éliane était stricte? Oui,
4. Combien d'enfants est-ce que Camille a eu? (1)
5. Est-ce qu'Étienne a connu sa mère? Non,
6. Est-ce que Camille a voulu revoir sa mère et son fils? Non,

C. Les pronoms compléments d'objet indirect

1. Indirect object pronouns replace nouns that are indirect objects of the verb (i.e., that answer the question **à qui?** [*to whom?*]). Indirect object pronouns differ from direct object pronouns in the third person only.

Direct object pronouns	Indirect object pronouns
me te	me te
le la se	lui lui se
nous vous	nous vous
les se	leur se

—Vous écrivez souvent **à votre fille**?	—*Do you write* ***to your daughter*** *often?*
—Oui, j'aime **lui** écrire.	—*Yes, I like writing* ***to her.***
—Qu'est-ce que vous recommandez **à vos étudiants**?	—*What do you recommend* ***to your students****?*
—Je **leur** recommande de parler français tous les jours.	—*I recommend that they speak French every day.* (literally, *I recommend* ***to them*** *to speak*)

This example demonstrates how important it is to memorize verbs like **recommander** as **recommander à quelqu'un de faire quelque chose.**

2. Indirect object pronouns go in front of the verb of which they are the object.

—Tu parles souvent à Marie?

—Do you talk to Marie often?

—Oui, je **lui** parle régulièrement. (in front of the conjugated verb)

—Yes, I talk to her regularly.

—Je **lui** ai téléphoné hier. (in front of the auxiliary verb in the **passé composé**)

—I called her yesterday.

—Je vais **lui** parler ce soir. (in front of the infinitive)

—I will call her tonight.

—Mais je ne **lui** téléphone jamais après 10 heures du soir! (in front of the conjugated verb; the **ne** part of the negation goes before the pronoun)

—But I never call her after 10:00 PM!

3. In compound tenses, there is *no* agreement of the past participle with indirect object pronouns.

Mes amies sont fâchées parce que je ne **leur** ai pas écrit. (no agreement)

My friends are unhappy because I did not write to them.

Compare with:

Mes amies sont fâchées parce que je ne **les** ai pas aid**ées.** (agreement with the direct object pronoun).

My friends are unhappy because I did not help them.

Application immédiate 3

Remplacez les expressions en italique par un pronom complément d'objet indirect.

1. Tanh écrivait *à Camille* quand il était étudiant à Paris.
2. Tanh a conseillé *à Camille et Jean-Baptiste* de quitter l'Indochine.
3. Étienne n'a pas voulu parler *à sa mère* à Genève.
4. Camille a beaucoup manqué *à Éliane.*

Be careful when using **manquer à** (*to be missed*), which takes an indirect object. See the fuller explanation of this verb on page 22.

D. Pronoms compléments d'objet direct ou indirect?

1. To choose between a direct and an indirect object pronoun, you need to pay attention to the structure of the French verb. Remember that some verbs take a direct object in English and an indirect object in French, and vice versa. For example, **téléphoner** is followed by an indirect object (**... à**), whereas its English equivalent, *to call,* takes a direct object. Conversely, **écouter** takes a direct object, but *to listen* has an indirect object (. . . *to*). Writing a simple sentence without pronouns can help you determine if the verb takes a direct or an indirect object.

Je téléphone **à mes amis.**	(**téléphoner** is followed by an indirect object)
J'écoute **mes amis.**	(**écouter** is followed by a direct object)

2. Some verbs, like **demander, dire, donner, écrire, offrir, prêter,** and **répondre,** have two structures in English, for example *to tell someone something* and *to tell*

something to someone. Thinking of the second structure will help you remember the French one: **dire quelque chose à quelqu'un.** Each of these verbs takes both a direct and an indirect object.

J'ai donné **de l'argent** à mon ami. (direct object) →

J'**en** ai donné à mon ami. — *I gave my friend some.*

J'ai donné de l'argent **à mon ami.** (indirect object) →

Je **lui** ai donné de l'argent. — *I gave him some money.*

The direct object and the indirect object can both be replaced.

The position of multiple pronouns is explained in *La position des pronoms* (pages 291–293).

J'ai donné **de l'argent à mon ami.** →

Je **lui en** ai donné. — *I gave him some.*

3. **Me, te, se, nous, vous** are both direct and indirect objects. In order to decide if the past participle agrees, you need to determine whether **me, te, se, nous, vous** are direct or indirect object pronouns.

   Merci de **nous** avoir téléphoné. — *Thanks for calling us.*

   (**téléphoner** takes **à** → **nous** is an indirect object → no agreement)

   Merci de **nous** avoir écouté**s**. — *Thanks for listening to us.*

   (**écouter** takes a direct object → agreement)

Application immédiate 4

Décidez si le participe passé s'accorde dans les phrases suivantes.

1. (Camille parle) Quand mes parents sont morts, Éliane m'a adopté____. Elle leur avait promis____ de s'occuper de moi. Elle m'a beaucoup parlé____ d'eux.
2. Ma mère ne voulait pas que je tombe amoureuse de Jean-Baptiste, alors elle nous a séparé____ et elle m'a demandé____ de ne plus le revoir.
3. Où est-ce que Camille et Tanh se sont rencontré____? Est-ce qu'ils se sont vu____ souvent avant leur mariage? Est-ce qu'ils se sont écrit____?
4. Quand Éliane et Camille se sont revu____, elles se sont un peu parlé____, puis elles se sont quitté____ définitivement.

E. Les pronoms remplaçant un complément prépositionnel: les pronoms disjoints, **y, en**

Disjunctive pronouns, **y,** and **en** replace nouns that are prepositional objects (i.e., nouns that follow a preposition). A prepositional object answers a question that starts with a preposition, for example, **Avec qui?** (*With whom?*), **Pour qui?** (*For whom?*), **Sur quoi?** (*On what?*), **De quoi?** (*About what?*), etc.

1. Les pronoms disjoints

Disjunctive pronouns replace nouns that refer to people and that follow a preposition. The word *disjunctive* means *not joined.* The pronouns are called *disjunctive* because they are not joined to the verb; they are separated from the verb by the intervening preposition.

—Tu voyages **avec Marie**? — *—Do you travel with Marie?*

—Oui, je voyage **avec elle.** — *—Yes, I travel with her.*

Soi is used when the subject is **on, tout le monde, celui,** or after an impersonal expression such as **il faut, il est important**, etc.

Disjunctive pronouns are also used in the following situations.

- when there is no verb or after **c'est/ce sont**

  —Qui aime le chocolat?
  —*Who likes chocolate?*

  — **Moi!** / Pas **moi!** / **Elle!**
  —*Me! / Not me! / She does!*

  —Marc, c'est qui?
  —*Who is Marc?*

  — C'est **lui.**
  —*That's him.*

- to emphasize a subject noun or pronoun

  Moi, j'aime le foot. **Mon frère, lui,** préfère le basket. Et **toi,** tu aimes quel sport?

  I like soccer. My brother prefers basketball. And how about you? What sport do you like?

Je suis amoureux **de toi.**	*I am in love with you.*
On doit/Il faut compter **sur soi.**	*One must rely on oneself.*
—Vous habitez **chez vos parents**?	*—Do you live at your parents'?*
—Oui, j'habite **chez eux.**	*—Yes, I live at their house.*

Here are the disjunctive pronouns that correspond to the subject pronouns.

Subject pronouns	Disjunctive pronouns
je tu	moi toi
il elle on	lui elle soi
nous vous	nous vous
ils elles	eux elles

Application immédiate 5

Terminez les phrases avec le pronom disjoint approprié.

1. Camille aimait sa mère adoptive, mais elle s'est éloignée de(d') _______ pour rejoindre Jean-Baptiste.
2. Camille aimait bien son cousin Tanh, mais elle ne voulait pas vivre avec _______.
3. Éliane avait de bonnes employées de maison. Elle pouvait compter sur _______ quand elle organisait des fêtes.
4. Les Indochinois ne voulaient plus être dominés par les Français, alors ils se sont battus contre _______.

2. Pronom disjoint ou pronom complément d'objet indirect?

With the preposition **à** + person, you need to decide whether to use a disjunctive pronoun or an indirect object pronoun. There are no clear rules, so you should keep lists of verbs that take a disjunctive pronoun vs. verbs that take an indirect object pronoun.

- Verbs such as **penser à** (*to think about*), **faire attention à** (*to pay attention to*), **se fier à** (*to trust*), **s'habituer à** (*to get used to*), and **s'intéresser à** (*to be interested in*) take a disjunctive pronoun.

  Je pense **à mes amis.** → Je pense **à eux.**

  I think about my friends. → I think about them.

- Verbs such as **donner, écrire, parler,** and **téléphoner** take an indirect object pronoun. In this chapter, **échapper à, faire confiance à, faire face à, manquer à, plaire à, résister à** also have indirect objects.

  Je parle **à mes amis.** → Je **leur** parle. (indirect object)

  I speak to my friends. → I speak to them.

GRAMMAIRE 5

Application immédiate 6

Remplacez les mots en italique par un pronom disjoint ou par un pronom complément d'objet indirect.

1. Tanh a vécu avec des nationalistes et il a été influencé par *les nationalistes.*
2. Éliane était un peu jalouse de *Camille.* C'est pour cela que Camille a voulu échapper *à Éliane.*
3. Camille s'intéressait *aux paysans indochinois.*
4. Éliane et Guy étaient amis. Éliane aimait parler *à Guy.* Elle faisait confiance *à Guy,* mais elle ne voulait pas se marier avec *Guy.*
5. Éliane et Camille étaient amoureuses de *Jean-Baptiste.*
6. Camille a beaucoup pensé *à son fils* quand elle était en prison.

When the preposition **à** is present, ask yourself: Does this verb take a disjunctive pronoun or an indirect object pronoun?

3. Le pronom **y**

Y replaces a preposition (except **de**) + a noun when the noun refers to a place, a thing, or an idea. The rules about placement are the same as for direct and indirect object pronouns (see also *La position des pronoms,* below).

—Est-ce que les clés sont **sur la table**?	*—Are the keys on the table?*
—Oui, elles **y** sont.	*—Yes, they are there.*

Je pense **à mes examens.** → J'**y** pense.
I think about my exams. → I think about them.

Je m'intéresse **à la politique.** → Je m'**y** intéresse.
I am interested in politics. → I am interested in it.

Y is not expressed in front of **aller** in the future or conditional.
—Tu vas souvent **à Paris**?
—Oui, j'**y** vais tous les ans. **J'irai** en mai cette année.
—Do you go to Paris often?
—Yes, I go there every year. I'll go (there) in May this year.

Remember that a disjunctive pronoun is used when the noun that follows the preposition refers to a *person.* Compare the above examples with:

Je pense **à mes amis.** → Je pense **à eux.**
I think about my friends. → I think about them.

Je m'intéresse **à mes amies.** → Je m'intéresse **à elles.**
I am interested in my (female) friends. → I am interested in them.

The position of double pronouns, as in *Je m'**y** intéresse,* is explained in the section *La position des pronoms multiples* (page 293).

Application immédiate 7

Répondez aux questions en utilisant les éléments donnés et le pronom **y.**

1. Pourquoi est-ce que Tanh est allé à Paris? (pour ses études)
2. Combien de temps est-ce que Camille a passé en prison? (plusieurs années)
3. Quand est-ce que Camille s'est intéressée à la politique? (pendant son emprisonnement)
4. Comment est-ce qu'Éliane faisait face aux difficultés? (courageusement)

4. Le pronom **en**

As you learned in the section *Les pronoms compléments d'objet direct* (pages 282–284), **en** replaces an indefinite direct object. In addition, **en** replaces **de** + a noun when the noun refers to a place, a thing, or an idea.

> Tu viens **de l'université**? → Oui, j'**en** viens.
>
> *Are you coming from the university? → Yes, I am coming from there.*
>
> Ils sont fiers **de leur travail.** → Ils **en** sont fiers.
>
> *They are proud of their work. → They are proud of it.*
>
> Il parle toujours **de foot.** → Il **en** parle toujours.
>
> *He always talks about soccer. → He always talks about it.*

Remember that a disjunctive pronoun is used when the noun that follows **de** refers to a *person*. Compare the above examples with:

> Il est fier **de sa petite amie.** → Il est fier d'**elle.**
>
> *He is proud of his girlfriend. → He is proud of her.*
>
> Il parle toujours **de son grand-père.** → Il parle toujours de **lui.**
>
> *He always talks about his grandfather. → He always talks about him.*

Application immédiate 8

Remplacez les expressions en italique par le pronom **en.**

1. Guy n'a pas *de compassion* pour les nationalistes.
2. —Vous arrivez de Paris?
   —Oui, je viens *de Paris.*
3. Éliane a hérité *des terres de ses amis.*
4. Avant son voyage, Camille n'était pas consciente *de la misère de son peuple.*

5. Les pronoms disjoints, **y, en**: récapitulation

Asking yourself a few questions will help you determine whether to use a disjunctive pronoun, **y**, or **en.**

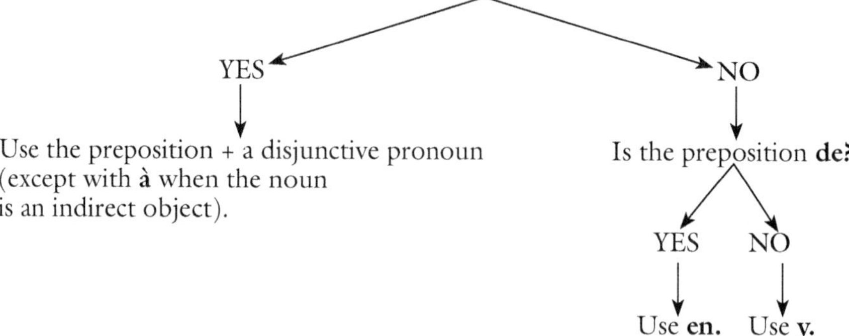
Does the noun after the preposition refer to a person?
YES
NO
Use the preposition + a disjunctive pronoun (except with **à** when the noun is an indirect object).
Is the preposition **de?**
YES
NO
Use **en.**
Use **y.**

Application immédiate 9

Remplacez les mots en italique par le pronom approprié.

1. **être fier (fière) de:** *to be proud of*
   a. Je suis fier (fière) *de mon travail.*
   b. Je suis fier (fière) *de mes enfants.*
2. **faire attention à:** *to pay attention to*
   a. Faites attention *aux enfants.*
   b. Tu devrais faire attention *à ta santé.*
3. **parler de:** *to speak about*
   a. Nous aimons parler *de nos cours.*
   b. Nous avons parlé *de nos parents.*
4. **penser à:** *to think about*
   a. Je pense *à mes amis.*
   b. As-tu pensé *à ta composition*?
5. **s'intéresser à:** *to be interested in*
   a. Il s'intéresse *aux gens.*
   b. Il s'intéresse *à la politique.*
6. **s'habituer à:** *to get used to*
   a. Je m'habitue *à mes camarades de chambre.*
   b. Je m'habitue *à ma nouvelle vie.*

Application immédiate 10

Remplacez les expressions en italique par des pronoms.

1. Éliane voulait que Camille sorte *du bagne de Poulo Condor.*
2. Camille et Jean-Baptiste espéraient trouver refuge *en Chine.*
3. Les nationalistes ne voulaient pas que les Français tirent profit *de leurs terres.*
4. Jean-Baptiste avait horreur *de Saïgon*. Il ne voulait plus vivre *dans cette ville.*
5. Éliane ne veut pas que Camille pense *à Jean-Baptiste.*
6. Elle préfère que Camille pense *à son avenir professionnel.*
7. La police doit faire attention *aux troupes de théâtre qui circulent dans le Tonkin.*
8. Éliane était amoureuse *de Jean-Baptiste*. Elle était amoureuse *de l'Indochine* aussi.

F. La position des pronoms

1. Règle générale

The pronoun goes directly in front of the verb of which it is the object. This rule applies to affirmative, negative, and interrogative sentences.

1.1 Sometimes the pronoun is the object of a conjugated verb.

Je vais à Venise chaque année. → J'**y** vais chaque année.

Je ne vais pas à Venise cette année. → Je n'**y** vais pas cette année.

Vas-tu à Venise cette année? → **Y** vas-tu?

GRAMMAIRE 5

1.2 In compound tenses, the conjugated verb is the auxiliary (**avoir** or **être**).

J'ai mangé des pâtes. → J'**en** ai mangé.

Je n'ai pas mangé de pâtes. → Je n'**en** ai pas mangé.

As-tu mangé des pâtes? → **En** as-tu mangé?

Note that there is no contraction with **de + le** and **de + les** when **le/les** is a pronoun. The contraction occurs when **le/les** is an article (followed by a noun), as in Nous parlons **du** film et **des** devoirs.

1.3 Sometimes the pronoun is the object of an infinitive.

J'ai envie de regarder ce film. → J'ai envie de **le** regarder.

Je n'ai pas envie de regarder ce film. → Je n'ai pas envie de **le** regarder.

As-tu envie de regarder ce film? → As-tu envie de **le** regarder?

2. La position des pronoms à l'impératif

2.1 In a negative imperative sentence, the general rule applies: The pronoun precedes the verb.

Ne réveille pas les enfants! → Ne **les** réveille pas!

Don't wake up the children! → Don't wake them up!

2.2 In an affirmative imperative sentence, the pronoun follows the verb and is linked to it by a hyphen.

Réveille les enfants! → Réveille-**les**!

Wake up the children! → Wake them up!

Exceptions

- The pronouns **me** and **te** change to **moi** and **toi** after the verb.

  Ne **me** réveille pas à 6 heures! Réveille-**moi** à 8 heures!
  Don't wake me up at 6 AM! Wake me up at 8 AM!

- An **-s** is added to the **tu** form of the imperative of **-er** verbs when the pronoun that follows starts with a vowel.

  Va au gymnase! → Va**s**-y! *Go there!*
  Mange des fruits! → Mange**s**-en! *Eat some!*

An **-er** verb in the **tu** form of the imperative ends without an **-s**. If the pronoun starts with a consonant, the verb respects its no **-s** rule:

Mange tes haricots! *Eat your beans!*
Mange-les! *Eat them!*

GRAMMAIRE 5

Application immédiate 11

Remplacez les expressions en italique par des pronoms.

1. Trouve *Camille*, mais ne punis pas *Camille*.
2. Va *en Chine*, mais ne va pas *en Chine* seule.
3. Parle *à Étienne* de son enfance, mais ne parle pas de moi *à Étienne*.
4. Mangez *des fruits*, mais ne mangez pas trop *de fruits*.

Transformez la phrase négative en phrase affirmative et vice versa.

5. Ne me parle pas d'argent! ______________________ d'amour!
6. Lève-toi à 7 heures! ______________________ à 10 heures!

3. La position des pronoms multiples

Here is the order to follow when using more than one pronoun with the same verb:

3.1 All sentences, except affirmative imperatives:

me	le	lui	y	en	verb
te	la	leur			
se	les				
nous					
vous					

A mnemonic device to remember the order of y and en is to think of a French donkey, which says: **y en, y en.**

Nous emmenons nos enfants à la plage. → Nous **les y** emmenons.
We are taking our children to the beach. → We are taking them there.

Tu vas offrir ce sac à ta mère? → Tu vas **le lui** offrir?
Are you going to give this bag to your mother? → Are you going to give it to her?

Ils ont parlé de leurs problèmes à leurs amis. → Ils **leur en** ont parlé.
They talked to their friends about their problems. → They spoke to them about them.

Ne me parlez pas de ce livre! → Ne **m'en** parlez pas!
Don't talk to me about this book! → Don't talk to me about it!

3.2 Affirmative imperatives:

verb	le	moi (m')*	y	en
	la	toi (t')*		
	les	lui		
		nous		
		vous		
		leur		

* **Moi** and **toi** become **m'** and **t'** in front of a vowel or a mute **h.**

Donne ce stylo à Marc! → Donne-**le**-**lui**!
Give Mark this pen! → Give it to him!

Achète-moi une voiture! → Achète-**m'en** une!
Buy me a car! → Buy me one!

Envoyez des fleurs à vos amis! → Envoyez-**leur**-**en**!
Send your friends flowers! → Send them some!

Conduis-nous à la gare! → Conduis-**nous**-**y**!
Drive us to the train station! → Drive us there!

GRAMMAIRE 5

Application immédiate 12

Remplacez les expressions soulignées par des pronoms.

1. Guy veut qu'Éliane parle à Camille de la situation politique.
2. Guy à ses policiers: « Apportez-moi des informations le plus vite possible. »
3. Guy à Éliane: « Écris à Camille que Jean-Baptiste est mort. »
4. On a envoyé Camille au bagne.
5. Camille a confié Étienne à sa mère.
6. Les nationalistes voulaient expulser les Français de leur pays.

Chapitre 6

GRAMMAIRE

This is a self-study module that appears in each chapter. Each grammar section includes formal explanations and self-corrected **Application immédiate** exercises. Homework directions in the main part of the textbook tell you when to study the different sections.

Le futur, le conditionnel et les phrases hypothétiques

Sommaire

LE FUTUR, LE CONDITIONNEL ET LES PHRASES HYPOTHÉTIQUES

For more practice, visit the website www.cengagebrain.com.

A. Le futur

1. La formation du futur

The future is formed by adding the following endings to the future stem:

-ai	**-ons**
-as	**-ez**
-a	**-ont**

The future stem is as follows:

1.1 For **-er** and **-ir** verbs, the stem is the whole infinitive. For **-re** verbs, the stem is the infinitive minus the final **-e.**

Ce soir, **je mangerai** chez moi; **je finirai** mes devoirs, puis **je prendrai** un bain.

Tonight, ***I will eat*** *at home;* ***I will finish*** *my homework, and then* ***I'll take*** *a bath.*

-er verbs	*-ir* verbs	*-re* verbs
je manger**ai**	je finir**ai**	je prendr**ai**
tu manger**as**	tu finir**as**	tu prendr**as**
il/elle/on manger**a**	il/elle/on finir**a**	il/elle/on prendr**a**
nous manger**ons**	nous finir**ons**	nous prendr**ons**
vous manger**ez**	vous finir**ez**	vous prendr**ez**
ils/elles manger**ont**	ils/elles finir**ont**	ils/elles prendr**ont**

1.2 Pay attention to stem-changing **-er** verbs. Those are verbs with **e** or **é** in their penultimate syllable in the infinitive, such as **ach*e*ter, am*e*ner, esp*é*rer, préf*é*rer, rép*é*ter,** etc. The letters **e** and **é** change to **è** in the future stem of those verbs.

acheter → achèter-	**préférer → préfèrer-**	or **préférer → préférer-**
j'ach**è**terai	je préf**è**rerai	je préf**é**rerai
tu ach**è**teras	tu préf**è**reras	tu préf**é**reras
il/elle/on ach**è**tera	il/elle/on préf**è**rera	il/elle/on préf**é**rera
nous ach**è**terons	nous préf**è**rerons	nous préf**é**rerons
vous ach**è**terez	vous préf**è**rerez	vous préf**é**rerez
ils/elles ach**è**teront	ils/elles préf**è**reront	ils/elles préf**é**reront

Pay attention to stem-changing **-er** verbs: Note that verbs with **é** in their penultimate syllable used to keep the **é** in the future stem before a reform of French spelling in 1990. You are encouraged to follow the new rule, but you may come across alternate spellings, such as "Je préférerai."

1.3 Exceptions:

a. Verbs that end in **-yer**, such as **nettoyer** and **ennuyer,** have an irregular stem in the future: **nettoier- and ennuier-.** Verbs that end in **-ayer,** such as **payer,** have two stems: a regular one, **payer-**, and an irregular one, **paier-.**

nettoyer → nettoier-	**payer → payer-** or **paier-**
je netto**i**erai	je payerai/pa**i**erai
tu netto**i**eras	tu payeras/pa**i**eras
il/elle/on netto**i**era	il/elle/on payera/pa**i**era
nous netto**i**erons	nous payerons/pa**i**erons
vous netto**i**erez	vous payerez/pa**i**erez
ils/elles netto**i**eront	ils/elles payeront/pa**i**eront

The **e** that follows i is not pronounced in the future conjugation of verbs such as **nettoyer** and **payer**: je nettoi~~e~~rai; je pai~~e~~rai.

b. the conjugation of **appeler** and **jeter** does not follow the pattern in 1.2.

appeler → appeller-	**jeter → jetter-**
j'appe**ll**erai	je je**tt**erai
tu appe**ll**eras	tu je**tt**eras
il/elle/on appe**ll**era	il/elle/on je**tt**era
nous appe**ll**erons	nous je**tt**erons
vous appe**ll**erez	vous je**tt**erez
ils/elles appe**ll**eront	ils/elles je**tt**eront

1.4 The future stem of some verbs is irregular and has to be learned.

Infinitive	Stem	Example
aller	ir-	je → j'irai
avoir	aur-	ils → ils auront
courir	courr-	nous → nous courrons
devoir	devr-	on → on devra
envoyer	enverr-	vous → vous enverrez
être	ser-	tu → tu seras
faire	fer-	je → je ferai
falloir	faudr-[1]	il → il faudra
mourir	mourr-	elles → elles mourront
pouvoir	pourr-	tu → tu pourras
recevoir	recevr-	nous → nous recevrons
savoir	saur-	vous → vous saurez
venir	viendr-	je → je viendrai
voir	verr-	on → on verra
vouloir	voudr-	vous → vous voudrez

Application immédiate 1

Entraînez-vous à conjuguer quelques verbes de la **Liste de vocabulaire** (page 152) au futur.

1. annuler
2. avertir
3. battre
4. protéger
5. se méfier
6. venir

GRAMMAIRE 6

2. L'emploi du futur

2.1 The future tense is used to refer to actions expected to take place in the future.

Je **ferai** du sport ce soir. *I will exercise tonight.*

2.2 A difference with English is the use of the future tense after the conjunctions **quand** and **lorsque** (*when*), and **dès que** and **aussitôt que** (*as soon as*). English uses the present tense after the equivalent conjunctions.

Je **ferai** du sport quand j'**aurai** le temps. *I will exercise when I **have** time.*

J'**irai** au gymnase dès que tu **téléphoneras.** *I will go to the gym as soon as you **call.***

2.3 Another way to express the future is to use **aller + infinitif (futur proche).**

Nous **allons sortir** ce soir. *We are going to go out tonight.*

[1]The verb **falloir** is always conjugated with **il.**

Application immédiate 2

Remplacez les verbes en italique par le futur.

1. Malika, tu *vas payer* les études de Zora?
2. Nous *n'allons pas aller* en Algérie.
3. Les policiers *vont recevoir* une promotion.
4. Il *va falloir* démanteler d'autres réseaux de prostitution.
5. Paul dit à Hélène: « Je *vais faire* la cuisine de temps en temps. »
6. Mamie dit à Paul et Hélène: « J'espère que vous *allez venir* me voir plus souvent. »

Application immédiate 3

Mettez les verbes au futur.

1. Paul à Hélène: « Est-ce que tu ________________ (pouvoir) repasser mon costume quand tu ________________ (rentrer) à la maison? »
2. Hélène ________________ (ne plus faire) la cuisine quand elle ________________ (revenir) chez elle.
3. Malika et Hélène ________________ (se venger) des proxénètes quand elles les ________________ (trouver).
4. Paul et Fabrice ________________ (se sentir) probablement mal à l'aise quand ils ________________ (revoir) Malika.
5. Mamie à Malika et Zora: « J'espère que vous m' ________________ (appeler) quand vous ________________ (avoir) besoin de moi. »
6. Paul à Hélène: « Nous ________________ (être) plus gentils quand ma mère nous ________________ (rendre) visite. »

B. Le conditionnel

1. La formation du conditionnel présent

The present conditional is formed by taking the conditional stem of the verb—which is the same as the future stem—and adding the endings of the **imparfait.**

-ais	**-ions**
-ais	**-iez**
-ait	**-aient**

1.1 For **-er** and **-ir** verbs, the future/conditional stem is the whole infinitive. For **-re** verbs, the future/conditional stem is the infinitive minus the final **-e.**

À ta place, **je mangerais** chez moi, **je finirais** mes devoirs, puis **je prendrais** un bain.

If I were you, ***I would eat*** *at home,* ***I would finish*** *my homework, then* ***I would take*** *a bath.*

***-er* verbs**	***-ir* verbs**	***-re* verbs**
je manger**ais** tu manger**ais** il/elle/on manger**ait** nous manger**ions** vous manger**iez** ils/elles manger**aient**	je finir**ais** tu finir**ais** il/elle/on finir**ait** nous finir**ions** vous finir**iez** ils/elles finir**aient**	je comprendr**ais** tu comprendr**ais** il/elle/on comprendr**ait** nous comprendr**ions** vous comprendr**iez** ils/elles comprendr**aient**

1.2 Pay attention to stem-changing verbs (see **La formation du futur,** Sections 1.2 and 1.3).

1.3 The conditional stem of irregular verbs is the same as the future stem (see **La formation du futur,** Section 1.4).

Application immédiate 4

Entraînez-vous à conjuguer quelques verbes de la **Liste de vocabulaire** (page 152) au conditionnel présent.

1. agresser
2. appeler
3. faire (confiance)
4. rompre
5. séduire
6. s'en sortir

Application immédiate 5

Conjuguez les verbes irréguliers suivants au conditionnel présent en utilisant le pronom indiqué.

1. aller: ils
2. devoir: vous
3. être: tu
4. pouvoir: nous
5. voir: je
6. vouloir: elle

2. L'emploi du conditionnel présent

2.1 The conditional is used to soften requests, questions, and statements, and to make verbs such as **vouloir, pouvoir,** and **devoir** more polite. Compare:

Je veux une baguette, s'il vous plaît. Je **voudrais** une baguette, s'il vous plaît.	*I want a baguette, please.* *I **would like** a baguette, please.*
Fermez la fenêtre! Est-ce que vous **pourriez** fermer la fenêtre?	*Close the window!* ***Could you / Would you** close the window?*
Tu ne dois pas fumer. / Ne fume pas! Tu ne **devrais** pas fumer.	*You must not smoke. / Don't smoke!* *You **should** not smoke.*

2.2 The conditional is used in sentences that express something hypothetical, imaginary, or potential.

Ma vie idéale? J'**habiterais** à la campagne. J'**aurais** beaucoup d'animaux et je **m'occuperais** de mon jardin.

*My ideal life? I **would live** in the country. I **would have** a lot of animals and I **would tend** my garden.*

Even though there is no subordinate clause in the example above, a subordinate clause introduced by **si** (*if*) is implied: *If I could lead my ideal life, I would . . .*

Application immédiate 6

Mettez les phrases suivantes au conditionnel présent pour les rendre plus polies.

Exemple: Il faut voir ce film.
Il faudrait voir ce film.

1. Je veux partir maintenant.
2. Tu as besoin de faire de l'exercice.
3. Vous devez venir avec nous.
4. Peuvent-ils me contacter?
5. Accepte-t-elle de me voir?
6. Tu ne dois pas manger trop de sucre.

Application immédiate 7

Mettez les verbes au conditionnel présent pour compléter les phrases. Imaginez que chaque phrase commence par « Dans un monde plus humain, ... » (*In a more humane world, . . .*).

Exemple: Les personnes âgées ______ (être) moins seules. →
Les personnes âgées seraient moins seules.

1. Les femmes ________________ (ne pas se prostituer) pour survivre.
2. Nous ________________ (ne pas se dépêcher) tout le temps.
3. On ________________ (venir) en aide aux personnes en danger.
4. Il y ________________ (avoir) moins de violence.
5. Je ________________ (s'entendre) mieux avec mes collègues de travail.
6. Tu ________________ (faire) plus souvent la cuisine et le ménage.

GRAMMAIRE 6

3. Le conditionnel passé

3.1 The past conditional is formed with the auxiliary verb **avoir** or **être** in the present conditional, followed by the past participle of the verb. To choose between **avoir** and **être,** use the rules you learned for the **passé composé,** Chapter 2.

À ta place, **j'aurais voyagé. Je serais allé(e)** au Maroc. **Je me serais amusé(e).**

*If I had been you, **I would have traveled. I would have gone** to Morocco. **I would have had a good time.***

Verbs with *avoir*	Verbs with *être*	Pronominal verbs: *être*
j'**aurais** voyagé	je **serais** allé(e)	je me **serais** amusé(e)
tu **aurais** voyagé	tu **serais** allé(e)	tu te **serais** amusé(e)
il/elle/on **aurait** voyagé	il/elle/on **serait** allé(e)	il/elle/on se **serait** amusé(e)
nous **aurions** voyagé	nous **serions** allé(e)s	nous nous **serions** amusé(e)s
vous **auriez** voyagé	vous **seriez** allé(e)(s)	vous vous **seriez** amusé(e)(s)
ils/elles **auraient** voyagé	ils/elles **seraient** allé(e)s	ils/elles se **seraient** amusé(e)s

avoir	être
j'aurais eu	j'aurais été
tu aurais eu	tu aurais été
il/elle/on aurait eu	il/elle/on aurait été
nous aurions eu	nous aurions été
vous auriez eu	vous auriez été
ils/elles auraient eu	ils/elles auraient été

3.2 In negative sentences, the two parts of the negation go around the auxiliary (**avoir** or **être**).

Je **ne** serais **pas** sortie seule si tard.
I would not have gone out alone so late.

Sans toi, je **n'**aurais **jamais** trouvé ce magasin.
Without you, I would never have found this store.

GRAMMAIRE 6

Application immédiate 8

Entraînez-vous à conjuguer quelques verbes de la **Liste de vocabulaire** (page 152) au conditionnel passé.

There is no agreement of the past participle with **se rendre compte**, since **se** is an indirect object (**compte** is the direct object).

1. assister
2. être
3. investir
4. se méfier
5. venir
6. se rendre compte

Application immédiate 9

Mettez les phrases suivantes au conditionnel passé. Imaginez que chaque phrase commence par « Dans d'autres circonstances… ».

Exemple: je / continuer mes études
Dans d'autres circonstances, j'aurais continué mes études.

1. je / avoir un meilleur travail
2. je / devenir ingénieur
3. mes parents / être très fiers de moi
4. ma femme et moi / se marier plus tôt
5. nous / ne pas avoir de difficultés financières
6. je / se sentir plus respecté(e)

Application immédiate 10

Mettez les verbes au conditionnel passé pour compléter les phrases sur le film. Imaginez que chaque phrase commence par « Si les proxénètes n'avaient pas agressé Malika, ... » (*If the pimps had not attacked Malika, . . .*).

1. Paul et Hélène ________________ (aller) chez leurs amis.
2. Hélène ________________ (ne pas se sentir) coupable.
3. Rien ne(n') ________________ (changer) dans la vie d'Hélène et de Paul.
4. Paul et Fabrice ________________ (continuer) de se faire servir par Hélène.
5. Paul ________________ (ne pas reconnaître) ses erreurs.
6. Mamie et Paul ________________ (ne pas passer) beaucoup de temps ensemble.

C. Les phrases hypothétiques

Hypothetical sentences are made up of two clauses: a subordinate clause introduced by **si** (*if*) and a main clause that expresses the result. When the **si** clause refers to a situation that is contrary to fact, the main clause is in the conditional. Hypothetical sentences have the following patterns:

Si clause (subordinate clause)	Main clause
présent (*not contrary to fact*)	présent
présent (*not contrary to fact*)	impératif
présent (*not contrary to fact*)	futur
imparfait (*contrary to fact*)	conditionnel présent
plus-que-parfait (*contrary to fact*)	conditionnel présent
plus-que-parfait (*contrary to fact*)	conditionnel passé

1. **Si + présent + présent** describes a general situation:

   S'il **pleut,** je **reste** chez moi le week-end.

   If it rains, I stay home on weekends.

   (**Si** can be replaced by **quand** in this structure.)

2. **Si + présent + impératif** expresses what the addressee should do if a certain condition is met:

   S'il **pleut,** ne **sors** pas!

   If it rains, don't go out!

3. **Si + présent + futur** expresses what will happen if a certain condition is met:

   Si tu **vas** au ciné, j'**irai** avec toi.

   If you go to the movies (today, tonight, tomorrow, etc.), I will go with you.

4. **Si + imparfait + conditionnel présent** expresses what would happen if a certain condition were met:

   Si j'**avais** le temps, j'**irais** au cinéma.

   If I had time, I would go to the movies.

   (Fact: I don't have time.)

GRAMMAIRE 6

5. **Si + plus-que-parfait + conditionnel présent** expresses what would happen or what a situation would be like now if a condition had been met.

   Si j'**avais fait** des études supérieures, j'**aurais** un travail plus intéressant.
   If I had gone to college, I would have a more interesting job (now).
   (Fact: I did not go to college.)

6. **Si + plus-que-parfait + conditionnel passé** expresses what would have happened in the past if a certain condition had been met.

   Si j'**avais eu** le temps, je **serais allée** au cinéma.
   If I had had time, I would have gone to the movies.
   (Fact: I did not have time.)

Notes

1. The main clause and the subordinate clause can appear in any order.

   Si j'avais le temps, j'irais au cinéma.
   OU J'irais au cinéma si j'avais le temps.

2. When **si** is followed by **il(s),** it is elided (the letter **i** is replaced by an apostrophe). There is no elision with **elle(s).**

   Nous sortirions **s'il** faisait beau.
   We would go out if the weather were nice.
   Si elle était restée, nous aurions joué aux cartes.
   If she had stayed, we would have played cards.

3. Attention!

   Keep in mind that, in addition to its conditional meaning, the English sentence *I would go to the movies* can also mean *I used to go to the movies.* French uses the **imparfait** in this case: **J'allais au cinéma.**

GRAMMAIRE 6

Application immédiate 11

Les phrases suivantes décrivent ce qui pourra se passer après le film. Mettez les verbes au mode et au temps qui conviennent en utilisant la structure **si + présent... futur.**

1. Si Fabrice et ses amies continuent à manquer leurs cours, ils ________________ (rater) leurs examens.
2. Zora réussira son bac si elle ________________ (suivre) les recommandations de Malika.
3. Hélène à Paul: « Je reviendrai à la maison si tu ________________ (faire) des efforts. »
4. Un(e) psychologue à Malika: « Vous ________________ (pouvoir) mener une vie normale si vous arrivez à oublier votre passé. »

Application immédiate 12

Complétez les phrases suivantes en utilisant la structure **si + imparfait... conditionnel présent.**

1. Si Hélène n'allait pas à l'hôpital, les proxénètes ________________ (se venger) de Malika.
2. Hélène à Paul et Fabrice: « Je serais plus heureuse si vous ________________ (être) plus gentils avec moi. »
3. Malika ________________ (ne pas pouvoir) voir sa sœur si elle n'offrait pas de cadeaux à ses frères.
4. Si Hélène ne les aidait pas, les policers ________________ (ne pas réussir) à démanteler les réseaux de prostitution.

Application immédiate 13

Les phrases suivantes décrivent ce qui aurait pu se passer différemment dans *Chaos*. Mettez les verbes au mode et au temps qui conviennent en utilisant la structure **si + plus-que-parfait... conditionnel passé.**

1. Malika à Hélène: « Je ne m'en serais pas sortie si je (j') ________________ (continuer) à me droguer. »
2. Si la mère de Malika n'était pas tombée amoureuse d'un voisin, elle ________________ (ne pas mourir) et les enfants ________________ (vivre) en Algérie.
3. Malika à Zora: « Tu ________________ (se marier) avec un vieil homme si tu n'avais pas suivi mes conseils. »
4. Malika écrit dans son journal: « Si Hélène et moi ________________ (ne pas aller) à Marseille, Zora serait partie en Algérie. »

Application immédiate 14

Reconstituez les phrases en reliant les éléments des deux colonnes. Faites attention aux structures utilisées, mais choisissez aussi des réponses logiques.

1. S'il avait une voiture, _______	**a.** si l'occasion se présentait.
2. Il faudra économiser _______	**b.** s'il avait fait des efforts.
3. S'il m'avait écouté, _______	**c.** nous serions sortis.
4. Il s'en serait sorti _______	**d.** il n'aurait pas averti la police.
5. Nous serions plus riches _______	**e.** si nous voulons aller en Suisse.
6. S'il n'avait pas été là, _______	**f.** si tu avais fait des études.
7. Si elle investit bien, _______	**g.** nous ferons de beaux voyages.
8. Il voyagerait _______	**h.** nous partirions plus souvent.

Chapitre 7

GRAMMAIRE

This is a self-study module that appears in each chapter. Each grammar section includes formal explanations and self-corrected **Application immédiate** exercises. Homework directions in the main part of the textbook tell you when to study the different sections.

Le subjonctif

Sommaire

LE SUBJONCTIF

For extra grammar practice, visit the website www.cengagebrain.com.

A. Introduction

The subjunctive mood is used in subordinate clauses when the verb of the main clause indicates that what is to follow is not a fact, but rather the opinions, desires, feelings, doubts, or hypotheses of the subject of the sentence. (By contrast, the indicative mood is used when the verb of the principal clause indicates that what is to follow is a fact or is considered a fact by the subject.)

	Main clause	Subordinate clause
Subjonctif	Ses amis sont tristes (*feeling*) *His friends are sad*	qu'il **soit** malade. *that he is sick.*
Indicatif	Ses amis savent (*fact*) *His friends know*	qu'il **est** malade. *that he is sick.*

The subjunctive has four tenses: **présent, passé, imparfait,** and **plus-que-parfait.** However, the **imparfait** and **plus-que-parfait** subjunctive are literary tenses and are seldom used in conversation. By comparison, the indicative mood has eight tenses, many of which you have already learned, and most of them are widely used (**présent, imparfait, passé simple, passé composé, plus-que-parfait, passé antérieur, futur, futur antérieur**).

In the film *Entre les murs,* there is a scene in which the students complain about having to learn the **imparfait du subjonctif.**

B. Le subjonctif présent

The present subjunctive expresses the subject's attitude (opinion/desire/emotion/doubt/hypothesis) regarding a present or future situation.

Je regrette que tu **sois** malade.	*I am sorry that you are sick.*
Je suis triste que tu **partes** demain.	*I am sad that you are leaving/will leave tomorrow.*

Formation

1. The present subjunctive is formed by adding the following endings to the subjunctive stem.

-e
-es
-e
-ions
-iez
-ent

2. To find the stem for most verbs, take the **ils/elles** form of the present indicative and delete the **-ent.**

   étudier → ils étudi**ent** → stem: étudi-

   finir → ils finiss**ent** → stem: finiss-

   Il faut que j'étudie et que je finisse ce projet.

   I have to study and finish this project.

Memorize the conjugation of verbs in the subjunctive by using **que** in front of the subject and verb.

Il faut...	
que j'étudi**e**	et que je finiss**e** ce projet.
que tu étudi**es**	et que tu finiss**es**...
qu'il/elle étudi**e**	et qu'il/elle finiss**e**...
que nous étudi**ions**	et que nous finiss**ions**...
que vous étudi**iez**	et que vous finiss**iez**...
qu'ils/elles étudi**ent**	et qu'ils/elles finiss**ent**...

3. Some verbs have an irregular conjugation.

3.1 Some verbs have a regular stem in their **je, tu, il/elle/on, ils/elles** forms, and an irregular stem in their **nous** and **vous** forms.

boire:	que je boive	que nous buvions	qu'ils/elles boivent
croire:	que je croie	que nous croyions	qu'ils/elles croient
devoir:	que je doive	que nous devions	qu'ils/elles doivent
envoyer:	que j'envoie	que nous envoyions	qu'ils/elles envoient
mourir:	que je meure	que nous mourions	qu'ils/elles meurent
prendre:	que je prenne	que nous prenions	qu'ils/elles prennent
tenir:	que je tienne	que nous tenions	qu'ils/elles tiennent
venir:	que je vienne	que nous venions	qu'ils/elles viennent
voir:	que je voie	que nous voyions	qu'ils/elles voient

3.2 Learn the forms of these irregular verbs.

faire → fass-	**savoir → sach-**	**pouvoir → puiss-**
que je fasse	que je sache	que je puisse
que tu fasses	que tu saches	que tu puisses
qu'il/elle/on fasse	qu'il/elle/on sache	qu'il/elle/on puisse
que nous fassions	que nous sachions	que nous puissions
que vous fassiez	que vous sachiez	que vous puissiez
qu'ils/elles fassent	qu'ils/elles sachent	qu'ils/elles puissent

aller	**avoir**	**être**	**vouloir**
que j'aille	que j'aie	que je sois	que je veuille
que tu ailles	que tu aies	que tu sois	que tu veuilles
qu'il/elle/on aille	qu'il/elle/on ait	qu'il/elle/on soit	qu'il/elle/on veuille
que nous allions	que nous ayons	que nous soyons	que nous voulions
que vous alliez	que vous ayez	que vous soyez	que vous vouliez
qu'ils/elles aillent	qu'ils/elles aient	qu'ils/elles soient	qu'ils/elles veuillent

3.3 The present subjunctive of impersonal expressions is as follows:

il faut → qu'il faille

Je suis surpris(e) qu'il faille donner son numéro de sécurité sociale.

I am surprised that one has to give one's social security number.

il pleut → qu'il pleuve

C'est dommage qu'il pleuve.

It's too bad it's raining.

Application immédiate 1

Conjuguez les verbes suivants au présent du subjonctif.

1. conjuguer

2. se fâcher

3. renvoyer

4. réussir

5. interrompre

6. interdire

Application immédiate 2

Mettez les verbes entre parenthèses au présent du subjonctif.

1. Le principal dit qu'il n'est pas normal qu'un élève ______________ (interrompre) le travail de la classe.
2. Les professeurs ne sont pas surpris que Souleymane ______________ (avoir) de mauvaises notes.
3. M. Marin aimerait que ses élèves ______________ (être) plus attentifs.
4. M. Marin est choqué que Khoumba ______________ (ne pas vouloir) lire un texte en classe.
5. Les parents veulent que leurs enfants ______________ (réussir) leurs études au collège et ______________ (aller) dans un bon lycée.
6. Les élèves souhaitent que le conseil de classe ______________ (ne pas renvoyer) Souleymane.

C. Le subjonctif passé

The past subjunctive expresses the subject's attitude (opinion/desire/emotion/doubt/hypothesis) regarding an event that took place before the time indicated by the verb of the main clause.

Je regrette que tu **sois parti(e)** si tôt.

I am sorry that you left so early.

Formation

To form the past subjunctive, use the present subjunctive of the auxiliary (**avoir** or **être**) + the past participle of the verb. The choice of **avoir** or **être** is the same as for the **passé composé.**

C'est dommage **que j'aie manqué** l'avion et **que je sois arrivé(e)** en retard.

It is too bad that I missed the plane and arrived late.

C'est dommage…

que j'aie manqué l'avion et	**que je sois arrivé(e)** en retard.
que tu aies manqué l'avion et	**que tu sois arrivé(e)** en retard.
qu'il/elle/on ait manqué l'avion et	**qu'il/elle/on soit arrivé(e)** en retard.
que nous ayons manqué l'avion et	**que nous soyons arrivé(e)s** en retard.
que vous ayez manqué l'avion et	**que vous soyez arrivé(e)(s)** en retard.
qu'ils/elles aient manqué l'avion et	**qu'ils/elles soient arrivé(e)s** en retard.

Application immédiate 3

Conjuguez les verbes suivants au subjonctif passé.

1. tutoyer
2. partir
3. se disputer
4. faire exprès

Application immédiate 4

Mettez les verbes entre parenthèses au subjonctif passé.

1. Les profs ne sont pas contents qu'on ______________ (augmenter) le prix du café.
2. M. Marin est furieux que les déléguées ______________ (aller) se plaindre de lui à la CPE.
3. C'est triste que Souleymane ______________ (s'énerver) et qu'il ______________ (blesser) Khoumba.
4. M. Marin est surpris qu'Esmeralda ______________ (lire) *La République* de Platon.

D. Emploi du subjonctif

The rules and examples in this section will help you learn when to use the subjunctive.

1. Emploi du subjonctif après certains verbes

1.1 The subjunctive is used after impersonal expressions that express the speaker's emotions (desire, will, opinion, etc.).

Il faut **que je fasse** mes devoirs.

I have to do my homework.

Expressions impersonnelles
Il faut/Il faudrait que
Il est bon/essentiel/important/juste/nécessaire que
C'est dommage que (*too bad*)
Il est inadmissible que (*unacceptable*)
Il est incroyable que (*unbelievable, incredible*)
Il est possible que/Il se peut que
Il est préférable que
Il est regrettable que
Il est surprenant que (*surprising*)
Il est temps que (*It's time that*)
Il vaut/Il vaudrait mieux que (*It's better/It would be better*)

Exception

Il est probable (which expresses a higher degree of certainty than **Il est possible**) is followed by the indicative.

Il est probable qu'il **pleuvra** ce soir. (future indicative)
It is probable that it will rain tonight. / It will probably rain tonight.

Compare with:

Il est possible qu'il **pleuve** ce soir. (present subjunctive)
It is possible that it will rain tonight. / It may rain tonight.

Remember that the present subjunctive is used to speak about a present or future situation.

GRAMMAIRE 7

1.2 The subjunctive is used after verbal clauses that express the subject's emotions (happiness, sadness, regret, fear, surprise, anger, etc.).

Je suis heureux **que tu aies obtenu** ce poste.

I am happy that you got this position.

Note that the subjunctive verb that follows **craindre** (*to fear*) and **avoir peur** (*to be afraid*) is sometimes preceded by **ne** for stylistic reasons. The **ne** is not translated by a negative.

J'ai peur qu'il **ne** pleuve.

*I'm afraid it **will** rain.*

If **pas** is present, then **ne... pas** expresses a negation.

J'ai peur qu'il **ne** pleuve **pas** et que mes fleurs **ne** meurent.

*I am afraid that it **won't** rain and that my flowers **will** die.*

Quelques verbes qui expriment les émotions

en avoir assez/en avoir marre que: *to have had enough, to be fed up*
avoir peur que: *to be afraid that*
craindre que: *to be afraid that*
être content/heureux que: *to be happy that*
être désolé/fâché/triste que: *to be sorry/angry/sad that*
être étonné/surpris que: *to be surprised that*
regretter que: *to be sorry that/to regret*
s'étonner que: *to be surprised that*

1.3 The subjunctive is used after verbs that express the subject's preference, desire, doubt, or will.

Je voudrais **que vous réussissiez.**

I would like you to succeed.

Quelques verbes qui expriment la préférence, le désir, le doute, la volonté

aimer mieux/préférer que: *to prefer that*
demander que: *to ask that*
désirer/vouloir/souhaiter que: *to desire/want/wish that*
douter que: *to doubt that*
exiger que: *to demand that*
ordonner que: *to order that*
s'attendre à ce que: *to expect that*
suggérer que: *to suggest that*
tenir à ce que: *to insist that*

Exception

Espérer is followed by the indicative.

J'espère **qu'il réussira** à son examen. (future indicative)
I hope he will pass his exam.

Compare with:

Je souhaite **qu'il réussisse** à son examen. (present subjunctive)
I hope that he will pass his exam.

Application immédiate 5

If the verb in the second sentence is in the present, as in the model, choose the present subjunctive when combining the two sentences; if it is in the past, choose the past subjunctive.

Transformez la deuxième phrase en proposition subordonnée et mettez le verbe au présent ou au passé du subjonctif.

Exemple: Les élèves voudraient... M. Marin choisit des exemples plus variés.
Les élèves voudraient ***que*** *M. Marin* ***choisisse*** *des exemples plus variés.*

1. C'est dommage... Le comportement de Souleymane ne s'est pas amélioré.
2. Il vaudrait mieux... Il obéit au règlement.
3. Il est temps... Le conseil de classe prend une décision dans le cas de Souleymane.
4. Les parents de Wei regrettent... Leur fils perd du temps à jouer sur son ordinateur.
5. M. Marin est fâché... Les déléguées ont répété ses commentaires à Souleymane.
6. Le principal souhaite... Les élèves font un bon accueil à Carl, le nouvel élève.

1.4 Verbs expressing the subject's opinion, such as **trouver, penser, croire, être sûr,** and **il me semble,** are followed by the subjunctive only in negative sentences or in questions.

Remember that the present subjunctive is used to speak about the present and the future.

Je pense qu'il réussira. (future indicative)
I think he will succeed.

Je ne pense pas qu'il réussisse. (present subjunctive)
I don't think he will succeed.

Pensez-vous qu'il réussisse? (present subjunctive)
Do you think he will succeed?

Je trouve qu'elles ont bien parlé. (indicative: **passé composé**)
I think they spoke well.

Je ne trouve pas qu'elles aient bien parlé. (past subjunctive)
I don't think they spoke well.

Ils sont sûrs qu'elle est malade. (present indicative)
They are sure that she is sick.

Sont-ils sûrs qu'elle soit malade? (present subjunctive)
Are they sure that she is sick?

GRAMMAIRE 7

Application immédiate 6

Before doing **Application immédiate 6**, reread Section 1.4, as well as the *Exceptions* in Sections 1.1 and 1.3.

Réécrivez les phrases et mettez les verbes entre parenthèses au subjonctif ou à l'indicatif. Lisez bien toute la phrase pour choisir le temps (présent, passé composé ou futur de l'indicatif; présent ou passé du subjonctif).

1. Esmeralda (devenir) rapeuse (*rapper*) plus tard.
   a. Je pense qu'Esmeralda...
   b. Pensez-vous qu'Esmeralda...

2. L'équipe de foot du Maroc (être) meilleure que celle du Mali.

a. Nassim trouve que l'équipe de foot du Maroc...

b. Souleymane ne trouve pas que l'équipe de foot du Maroc...

3. Carl (faire) des bêtises dans son ancien collège.

a. Il est possible que Carl...

b. Il est probable que Carl...

4. Leurs enfants (aller) dans un bon lycée après le collège.

a. Les parents espèrent que leurs enfants...

b. Les parents souhaitent que leurs enfants...

2. Emploi du subjonctif après certaines conjonctions

2.1 The subjunctive is used after the conjunctions **à condition que / pourvu que, à moins que, avant que, bien que / quoique, de peur que / de crainte que, jusqu'à ce que, pour que / afin que, sans que.**

As always, **que** becomes **qu'** when preceding a vowel or a mute **h.**

When two conjunctions with the same meaning are listed, the most common one appears first.

With **à moins que, avant que, de peur que / de crainte que,** and **sans que, ne** is sometimes added for stylistic reasons. It is not translated by a negative. Refer to Section 1.2 on page 309 for another example of this point.

- **à condition que / pourvu que:** *provided that, on the condition that*

  J'accepte ce contrat **à condition que** vous changiez la dernière clause.
  *I accept this contract **provided that** you change the last clause.*

- **à moins que:** *unless*

  Ils arriveront tôt **à moins qu'ils** (n')aillent chez Paul d'abord.
  *They will arrive early, **unless** they go to Paul's house first.*

- **avant que:** *before*

  Les enfants, vous devez ranger vos chambres **avant qu'**on parte.
  *Kids, you have to clean your bedrooms **before** we leave.*

- **bien que / quoique:** *although, even though*

  La course a eu lieu **bien qu'il** ait fait mauvais.
  *The race took place **although** the weather was bad.*

- **de peur que / de crainte que:** *for fear that*

  Ils ont fermé les pistes de ski **de peur qu'il** (n')y ait une avalanche.
  *They closed the ski slopes **for fear that** there might be an avalanche.*

- **jusqu'à ce que:** *until*

  Mémorisez ces conjonctions **jusqu'à ce que** vous les connaissiez.
  *Memorize these conjunctions **until** you know them.*

- **pour que / afin que:** *so that, in order that*

  Ils ont manifesté **pour que** le prisonnier soit libéré.
  *They protested **so that** the prisoner would be released.*

- **sans que:** *without*

  Il est sorti **sans que** ses parents le sachent.
  *He went out **without** his parents knowing.*

Exception

Après que (*After*) is followed by the indicative.

Nous sommes partis **après que** les enfants **ont rangé** leurs chambres. (indicative: **passé composé**)

We left after the children cleaned their bedrooms.

2.2 Some subjunctive clauses introduced by a conjunction can be replaced by a preposition and noun to avoid wordiness.

Je dois faire le ménage **avant que** les invités **arrivent.** → **avant l'arrivée** des invités.

I have to clean the house before the guests arrive. → *before the arrival of the guests.*

Nous avons pleuré **jusqu'à ce que** le train **parte.** → **jusqu'au départ** du train.

We cried until the train left. → *until the departure of the train.*

Il a lu **en attendant que** le cours **commence.** → **en attendant le début** du cours.

He read before the class started. → *before the beginning of the class.*

Application immédiate 7

Reliez les deux phrases avec la conjonction appropriée et mettez le verbe de la deuxième phrase au subjonctif, sauf s'il s'agit d'une exception.

Exemple: François reste dans la salle de classe. Khoumba lui fait des excuses. (*until*)

François reste dans la salle de classe jusqu'à ce que Khoumba lui fasse des excuses.

1. Carl a essayé de calmer Souleymane. Il (Souleymane) sort de la salle de classe. (*before*)
2. François a choisi de discuter du journal d'Anne Frank. La classe apprend à exprimer des sentiments. (*so that*)
3. M. Marin est patient. Les élèves font leurs devoirs. (*on the condition that*)
4. Esmeralda mange pendant la réunion. C'est interdit. (*although*)
5. La conduite de Carl s'est améliorée. Il a changé de collège. (*after*)
6. D'habitude, les élèves qui passent devant le conseil de discipline sont exclus. Ils peuvent trouver de bonnes raisons pour expliquer leur comportement. (*unless*)

GRAMMAIRE 7

3. Emploi du subjonctif dans certaines propositions relatives

3.1 The subjunctive is used in relative clauses when the antecedent is hypothetical.

Je cherche **une** maison qui **ait** un grand jardin.

I am looking for a house that has a big garden.

(The house is still a dream, so the subjunctive is used.)

In the first example, the relative clause is **qui ait un grand jardin** and the noun that precedes it, **une maison,** is the antecedent. Refer to Chapter 4 for a review of relative pronouns.

Compare with:

J'ai **une** maison qui **a** un grand jardin.

I have a house that has a big garden.

(The house is a reality, so the indicative is used.)

J'aimerais trouver **une** baby-sitter qui **puisse** conduire. (subjunctive)

I'd like to find a babysitter who can drive.

Compare with:

J'ai trouvé une baby-sitter qui **peut** conduire. (indicative)

I found a babysitter who can drive.

Je rêve de rencontrer **quelqu'un** qui **ait** les mêmes valeurs que moi. (subjunctive)

I dream of meeting someone who shares my values.

Compare with:

J'ai rencontré quelqu'un qui **a** les mêmes valeurs que moi. (indicative)

I met someone who shares my values.

3.2 The subjunctive is used in relative clauses after superlatives and after clauses containing **seul, unique, premier,** and **dernier.**

L'Étranger est le **meilleur** livre français que j'**aie lu.**

The Stranger *is the best French book I have read.*

L'Étranger est le **seul** livre que je **veuille** lire cet été.

The Stranger *is the only book I want to read this summer.*

Adjectives are divided into three degrees: positive, comparative, and superlative (as in *good, better, best*). *The best, the biggest, the least interesting, the most intelligent* are exemples of superlatives. To review comparative and superlative adjectives, refer to pages 270–271.

GRAMMAIRE 7

Application immédiate 8

Mettez le verbe à la forme correcte de l'indicatif ou du subjonctif.

1. Souleymane est un élève qui ___________ (venir) du Mali.
2. Souleymane est le seul élève de la classe qui ___________ (venir) du Mali.
3. M. Marin a un collègue d'histoire-géo qui ne le ___________ (soutenir) jamais au conseil de classe.
4. Il préfèrerait avoir un collègue qui le ___________ (soutenir) de temps en temps.

E. Subjonctif ou infinitif?

1. Emploi du subjonctif ou de l'infinitif

The subjunctive is used in the situations described in the section *Emploi du subjonctif* (page 308) when the subject of the main clause is different from the subject of the subordinate clause.

Je désire que **tu** apprennes l'italien.

I want you to learn Italian.

Je suis heureux que **tu** aies appris l'italien.

I am happy that you learned Italian.

In the preceding examples, the subjects of the main clauses (**je**) and of the subordinate clauses (**tu**) are different, so the subjunctive is used (**Je désire** and **Je suis heureux** are the main clauses; **que tu apprennes l'italien** and **que tu aies appris l'italien** are the subordinate clauses).

When the subjects of the main clause and the subordinate clause are the same, an infinitive clause is used instead, with some exceptions.

Je désire **apprendre** l'italien.
I want to learn Italian.

Je suis heureux **d'avoir appris** l'italien.
I am happy to have learned Italian. / I am happy I learned Italian.

In these examples, the subject of the main clauses, **Je désire / Je suis heureux,** is the person who wants to study/has studied Italian, so an infinitive is used in place of the subordinate clause. You have used this type of sentence since the beginning of your French studies, but you may not be familiar with the past infinitive in the second example, which is explained below.

2. L'infinitif passé

In the sentence **Je suis heureux d'avoir appris l'italien,** learning Italian took place before **Je** made the statement *I am happy to have learned Italian*. That is why a past infinitive is used in the subordinate clause.

To form the past infinitive, use the infinitive form of the auxiliary (**être** or **avoir**) + the past participle of the verb.

sortir → être sorti
prendre → avoir pris

Application immédiate 9

Donnez l'infinitif passé de chaque verbe.

1. aller
2. avoir
3. être
4. faire
5. réussir
6. s'énerver

3. Structure de la proposition infinitive

3.1 Verbs that do not take a preposition are followed directly by the infinitive.

Je veux **aller** à Paris.	*I want to go to Paris.*
Il faut **faire** de l'exercice.	*You need to exercise.*

GRAMMAIRE 7

3.2 When the verb of the main clause takes a preposition, that preposition introduces the infinitive clause.

regretter (de):	*to be sorry*
Je regrette **d'être arrivé** en retard.	*I am sorry I was late.*
tenir (à):	*to insist*
Je tiens **à visiter** ce musée.	*I insist on visiting this museum.*

3.3 After an adjective **(je suis content[e])** or a verbal clause that includes a noun **(j'ai peur, j'ai envie, j'ai l'intention)**, the infinitive is introduced by **de.**

Il est content **de partir** en vacances avec des amis.	*He is happy to be taking a vacation with friends.*
Nous avons peur **d'avoir** un accident de voiture.	*We are afraid of having a car accident.*

Application immédiate 10

Traduisez les phrases suivantes en vous servant de la traduction de la première phrase.

1. I want to go to Paris. → *Je veux aller à Paris.*
   I want you **(tu)** to go to Paris. ______________________
2. We are sorry that you are late. → *Nous regrettons que vous soyez en retard.*
   We are sorry to be late. ______________________
3. We are happy to be meeting today. → *Nous sommes contents de nous réunir aujourd'hui.*
   We are happy that you **(vous)** are meeting today. ______________________
4. They doubt that they passed their exams. → *Ils doutent d'avoir réussi leurs examens.*
   They doubt that I passed my exams. ______________________

Application immédiate 11

Combinez les deux phrases en une seule phrase contenant une proposition principale et une proposition subordonnée. Utilisez le présent ou le passé du subjonctif ou de l'infinitif dans la subordonnée. Faites tout autre changement nécessaire.

Ask yourself: Is there a subject change? What is the tense of the verb in the second sentence?

Exemples: M. Marin n'est pas content... La classe perd beaucoup de temps.
*M. Marin n'est pas content **que** la classe **perde** beaucoup de temps.*

Les profs n'aiment pas... Les profs se réunissent pour un conseil de discipline.
*Les profs n'aiment pas **se réunir** pour un conseil de discipline.*

1. Le prof de maths est impatient... Le prof de maths prend sa retraite.
2. M. Marin regrette... Souleymane a été insolent avec lui.
3. M. Marin est étonné... Khoumba et Esmeralda connaissent les Galeries Lafayette.
4. Henriette est triste... Henriette n'a rien appris.
5. Khoumba a peur... Souleymane doit aller au Mali.
6. Les élèves sont heureux... Les élèves partent en vacances.

Afin de is a preposition; **afin que** is a conjunction (a conjunction is followed by a clause with a conjugated verb in it).

3.4 An infinitive clause is introduced by a preposition instead of a conjunction.

Elle fait des heures supplémentaires **afin de** pouvoir voyager.
She works overtime so that she can travel.

Compare with:

Elle fait des heures supplémentaires **afin que** sa famille puisse voyager.
She works overtime so that her family can travel.

- Learn the prepositions that correspond to the conjunctions listed below.

Conjunction + subjunctive clause	Preposition + infinitive clause
à condition que	à condition de
afin que	afin de
avant que	avant de
de crainte que	de crainte de
de peur que	de peur de
pour que	pour
sans que	sans

- With **bien que, jusqu'à ce que, pourvu que,** and **quoique,** there is no corresponding infinitive clause. You need to use a conjunction + subjunctive clause whether the subjects of the main clause and the subordinate clause are different or the same.

  <u>Je</u> vais aller en France bien que <u>le billet d'avion</u> **soit** cher. (different subjects)
  <u>I</u> am going to go to France although <u>the plane ticket</u> is expensive.

  <u>Je</u> vais aller en France bien que <u>je</u> ne **sache** pas parler français. (same subject)
  <u>I</u> am going to go to France although <u>I</u> do not know how to speak French.

- With **après,** a past infinitive is used when the subjects of the main clause and of the subordinate clause are the same.

  Nous sommes partis après **avoir vu** le match.
  We left after watching the game.

  Note: **Après que** + indicative is used when the subjects are different.

  Nous sommes partis après que le match **a fini.**
  We left after the game ended.

GRAMMAIRE 7

Application immédiate 12

Complétez les phrases suivantes avec la préposition ou la conjonction selon le cas.

1. Les élèves travaillent leurs autoportraits (jusqu'à/jusqu'à ce qu') _______ ils soient capables de les présenter à la classe.
2. Souleymane a préféré utiliser des photos (pour/pour que) _______ parler de lui.
3. Carl ne devrait pas parler de foot avec Souleymane (de peur d'/de peur que) _______ Souleymane devienne violent.
4. Les élèves doivent enlever leurs casquettes (avant d'/avant qu') _______ entrer dans la salle de classe.

Application immédiate 13

Traduisez les sections de phrase qui sont en anglais.

> Tread carefully here. Ask yourself: Preposition or conjunction? Infinitive or subjunctive? Indicative or subjunctive? Present or past? If you are in doubt, return to the grammar explanations.

1. Les déléguées de classe sont allées voir la CPE (*without M. Marin knowing about it*). [to know: **savoir**]

   ____

   Les déléguées de classe sont allées voir la CPE (*without knowing*) comment M. Marin réagirait.

   ____

2. M. Marin a distribué les autoportraits aux élèves (*before going on vacation*). [to go on vacation: **partir en vacances**]

   ____

   M. Marin a distribué les autoportraits aux élèves (*before they went on vacation*).

   ____

3. Souleymane n'a rien dit (*after he learned his punishment*).

   ____

   Souleymane n'a rien dit (*after the principal informed him of his punishment*). [to inform someone of something: **apprendre quelque chose à quelqu'un**]

   ____

4. La CPE a fait circuler une pétition au collège (*to support Wei's family*). [to support: **soutenir**]

   ____

   La CPE a fait circuler une pétition au collège (*so that the teachers can support Wei's family*).

   ____

GRAMMAR ANSWER KEY

Chapitre préliminaire

Application immédiate 1

1. je vais, tu vas, il/elle/on va, nous allons, vous allez, ils/elles vont
2. j'ai, tu as, il/elle/on a, nous avons, vous avez, ils/elles ont
3. je choisis, tu choisis, il/elle/on choisit, nous choisissons, vous choisissez, ils/elles choisissent
4. je suis, tu es, il/elle/on est, nous sommes, vous êtes, ils/elles sont
5. je fais, tu fais, il/elle/on fait, nous faisons, vous faites, ils/elles font
6. je loue, tu loues, il/elle/on loue, nous louons, vous louez, ils/elles louent
7. je partage, tu partages, il/elle/on partage, nous partageons, vous partagez, ils/elles partagent
8. je perds, tu perds, il/elle/on perd, nous perdons, vous perdez, ils/elles perdent
9. je réfléchis, tu réfléchis, il/elle/on réfléchit, nous réfléchissons, vous réfléchissez, ils/elles réfléchissent
10. je remplace, tu remplaces, il/elle/on remplace, nous remplaçons, vous remplacez, ils/elles remplacent

Application immédiate 2

1. s'appelle
2. connais
3. interprète
4. s'habitue
5. plaît
6. appartenons
7. vous identifiez
8. te souviens
9. se divertissent
10. nous ennuyons

Application immédiate 3

1. Je suis des cours de cinéma depuis deux ans.
2. Quel film est à l'affiche à la salle d'art et d'essai aujourd'hui?
3. Ils/Elles vont acheter les billets.
4. Nous tournons (le film) depuis le premier janvier.
5. Elle réalise un film chaque année/tous les ans.

Chapitre 1: *L'Auberge espagnole*

Application immédiate 1

1. du, à, en
2. de, à, au
3. du, à, en
4. d', à, au
5. de, à, aux
6. de, à, aux

Application immédiate 2

1. Où
2. Comment
3. Combien de
4. Pourquoi
5. Quand

Application immédiate 3

1. Pendant combien de temps est-ce que Martine est restée à Barcelone avec Xavier? Pendant deux jours.
   How long did Martine stay in Barcelona with Xavier? For two days.
2. Depuis combien de temps est-ce que Monsieur Perrin connaît le père de Xavier? Depuis vingt ans.
   How long has M. Perrin known Xavier's father? For twenty years.

3. Xavier a habité en Espagne pendant combien de temps? Pendant un an.
How long did Xavier live in Barcelona? For one year.
4. Depuis quand est-ce que les étudiants européens peuvent participer au programme Erasmus? Depuis 1987.
Since when have European students been able to participate in the Erasmus program? Since 1987.

Application immédiate 4

1. Quelles
2. Quelle
3. quel
4. Quels

Application immédiate 5

(*Answers may vary.*)

1. À quelle université est-ce que tu vas? Tu vas à quelle université?
2. Quels cours est-ce que tu suis? Tu suis quels cours?
3. Quel cours est facile pour toi?
4. Quelle(s) langue(s) est-ce que tu parles? Tu parles quelle(s) langue(s)
5. Quel est ton film préféré?
6. Dans quelle ville est-ce que tu aimerais vivre?
Tu aimerais habiter dans quelle ville?

Application immédiate 6

1. Laquelle
2. Lesquels / Lequel
3. lequel
4. Lesquelles

Application immédiate 7

1. Tu pars quand?
2. Combien de temps tu vas rester au Québec? Tu vas rester combien de temps au Québec?
3. Comment tu vas voyager? Tu vas voyager comment?
4. Où tu vas habiter? Tu vas habiter où?
5. Pourquoi tu veux faire un échange?
6. Quels vêtements tu prends? Tu prends quels vêtements?

Application immédiate 8

1. Avec qui
2. Qui
3. Sur qui
4. Qui est-ce que

Application immédiate 9

1. Qu'est-ce qui
2. Que
3. De quoi
4. Qu'

Application immédiate 10

1. Qu'est-ce qui est important pour toi?
2. À qui est-ce que tu téléphones souvent?
3. Qui est-ce que tu vas inviter le week-end?
4. De quoi est-ce que tu aimes parler?
5. Avec qui est-ce que tu habitais à Paris?
6. Si on t'accepte, qui va t'aider à emménager?

Application immédiate 11

1. À quoi est-ce que tu t'es inscrit ce semestre?
2. Qui est le prof?
3. Qu'est-ce qui te plaît dans ce cours?
4. Qu'est-ce que vous devez faire comme projet final?
5. Avec qui est-ce que tu vas travailler?
6. De quoi (est-ce que) vous allez parler?

Application immédiate 12

1. Qui tu connais dans la classe? Tu connais qui dans la classe?
2. Avec qui tu fais tes devoirs? Tu fais tes devoirs avec qui?
3. Chez qui tu vas le week-end? Tu vas chez qui le week-end?
4. Vous étudiez quoi dans le cours d'histoire?
5. De quoi on va parler aujourd'hui? On va parler de quoi aujourd'hui?
6. Vous faites quoi ce soir?

Chapitre 2: *Monsieur Lazhar*

Application immédiate 1

1. j'apprenais, tu apprenais, il/elle/on apprenait, nous apprenions, vous appreniez, ils/elles apprenaient
2. je connaissais, tu connaissais, il/elle/on connaissait, nous connaissions, vous connaissiez, ils/elles connaissaient
3. je faisais, tu faisais, il/elle/on faisait, nous faisions, vous faisiez, ils/elles faisaient
4. j'obtenais, tu obtenais, il/elle/on obtenait, nous obtenions, vous obteniez, ils/elles obtenaient
5. je racontais, tu racontais, il/elle/on racontait, nous racontions, vous racontiez, ils/elles racontaient
6. je réussissais, tu réussissais, il/elle/on réussissait, nous réussissions, vous réussissiez, ils/elles réussissaient
7. je m'amusais, tu t'amusais, il/elle/on s'amusait, nous nous amusions, vous vous amusiez, ils/elles s'amusaient
8. je savais, tu savais, il/elle/on savait, nous savions, vous saviez, ils/elles savaient

Application immédiate 2

1. habitait
2. travaillait
3. enseignait
4. aimait
5. donnait
6. avaient
7. vivait
8. s'entendaient
9. prenait
10. préparait
11. devaient
12. corrigeait
13. mangeaient
14. lisait
15. se couchaient
16. allaient
17. rentraient
18. était

Application immédiate 3

Answers will vary.

Application immédiate 4

1. je suis allé(e)... (see sample conjugation p. xxx)
2. j'ai réussi, etc.
3. j'ai appris, etc.
4. je me suis excusé(e), etc.
5. je suis descendu(e), etc.

Application immédiate 5

1. sommes, avons, avez
2. ont, sont
3. ai, suis
4. a, est
5. as
6. a

Application immédiate 6

1. a réuni, a offert
2. a appris, sont descendus
3. n'ont pas vu, a descendu
4. est entré, a sorti
5. a lu, s'est moqué
6. a perdu, a dû
7. n'a pas apprécié, est parti
8. a quitté, ont pleuré

Application immédiate 7

1. Quel objet est-ce qu'Alice a mis dans son pupitre?
2. Simon est allé où?
3. Comment est-ce que Bachir a aidé les enfants?
4. Pourquoi Bachir a-t-il quitté l'Algérie?
5. Quand est-ce que Bachir est arrivé à Montréal?

Application immédiate 8

1. n'a plus enseigné
2. n'a pas voulu
3. n'a rien compris
4. n'a parlé à personne
5. Personne n'a pu
6. Rien n'a convaincu
7. n'a pas encore voyagé

Application immédiate 9

A.

1. When *I was young* (a), my brother and I *went* (b) to the beach every summer. We *played* (b) volleyball and *had fun* (b). It *was* (a) great. The year when my brother *got* (d) his degree, he *stayed* (d) home, and I *went* (d) to the beach alone. I *did not have fun* (d).
2. We *used to go* (b) to the restaurant next door often. One day, we *were eating* (c) peacefully there. It *was* (a) about 10 P.M. A man *entered* (d) the restaurant. He *had* (a) a gun and (a) *wore* a mask. He *took* (d) the purses of a few women who *were eating* (c) next to us. We *decided* (d) not to go back to that restaurant.

B.

1. étais, allions, jouions, nous amusions, était, a obtenu, est resté, suis allé, ne me suis pas amusé
2. allions, mangions, était, est entré, avait, portait, a pris, mangeaient, avons décidé

Application immédiate 10

1. n'était pas; a été
2. n'avait jamais; a eu
3. ne savait pas; a su

Application immédiate 11

1. ne pouvait pas; a pu
2. devait; a dû
3. voulait; n'ont pas voulu

Application immédiate 12

1. morts; ø
2. ø; occupée; écoutés; ø
3. ø; ø
4. ø; entendus
5. ø; faite
6. vus; ø

Application immédiate 13

1. j'avais demandé, etc. (see sample conjugation p. xxx)
2. j'avais compris, etc.
3. j'étais venu(e), etc.
4. j'avais fait, etc.
5. je m'étais amusé(e), etc.

Application immédiate 14

1. est venu; avait appris
2. a raconté; avait faits
3. s'est souvenu; avait voulu
4. est morte; était partie
5. avait déjà quitté; a disparu
6. a reçu; avait laissées

Chapitre 3: *Persépolis*

Application immédiate 1

1. Il y a plus de libertés pour les femmes en Europe qu'en Iran.
2. Marjane avait autant de courage que son oncle Anouche.
3. Les parents de Marjane se faisaient moins d'illusions que son oncle.
4. Marjane a eu autant de difficultés à vivre en Autriche qu'en Iran.

Application immédiate 2

1. ø
2. la
3. ø
4. un
5. ø
6. les
7. de
8. ø
9. du
10. la
11. les
12. une
13. des
14. la
15. la
16. ø
17. du
18. les

Application immédiate 3

1. C'est sa pipe.
2. C'est son passeport.
3. Ce sont leurs livres
4. Ce sont mes médicaments.
5. C'est votre foulard?
6. C'est notre bande dessinée.
7. C'est mon tableau.
8. C'est ton affiche.

Application immédiate 4

1. cultivée et tolérante
2. franche et courageuse
3. conservatrice et répressive
4. moqueuse et grossière

Application immédiate 5

1. nouveaux
2. marginaux
3. longues
4. conventionnelles
5. iraniennes
6. censurés

Application immédiate 6

1. ses propres opinions
2. les gens intègres
3. sa nouvelle vie
4. une bande dessinée originale
5. le dernier Shah
6. de grandes manifestations

Application immédiate 7

1. moins seule
2. aussi répressif
3. moins bonne
4. plus amoureuse
5. meilleure
6. aussi tolérants

Application immédiate 8

1. L'oncle Anouche est la personne la plus idéaliste de la famille.
2. Momo est le garçon le moins sympathique du Lycée français de Vienne.
3. L'adolescence est souvent le moment le plus difficile de la vie.
4. La mort de son oncle et le départ en Europe sont les événements les moins heureux de l'adolescence de Marjane.
5. Les exécutions sont les pires/les plus mauvais exemples de répression du film.
6. *Persépolis* était la meilleure adaptation du festival de Cannes en 2008.

Chapitre 4: *Le Placard*

Application immédiate 1

1. C'est la personne qui habite à côté de chez François. C'est la personne que François rencontre sur son balcon.

2. C'est la personne qui entraîne l'équipe de rugby. C'est la personne que ses collègues veulent changer.
3. C'est la personne qui dirige l'entreprise. C'est la personne que François va voir pour se plaindre de Mlle Bertrand.

Application immédiate 2

1. C'est ce qui amuse Santini. C'est ce que le patron n'apprécie pas.
2. C'est ce qui intrigue Mlle Bertrand. C'est ce que Mlle Bertrand veut voir.
3. C'est ce qui influence l'attitude de Santini. C'est ce que le film critique.

Application immédiate 3

1. que
2. qui
3. ce que
4. que
5. ce qu'
6. ce qui
7. qui
8. Ce qui

Application immédiate 4

1. où
2. où
3. là où
4. où

Application immédiate 5

1. où
2. qui, que
3. où, qu'
4. là où, que, qui

Application immédiate 6

1. qui
2. laquelle
3. auquel
4. qui

Application immédiate 7

1. dont
2. dont
3. Ce dont
4. dont

Application immédiate 8

1. celui
2. Celle
3. ceux
4. celles

Chapitre 5: *Indochine*

Application immédiate 1

1. Éliane aimait la diriger.
2. Éliane n'en avait pas. Alors elle l'a adoptée.
3. Guy l'a promis à Éliane.
4. Camille en a rencontré pendant son voyage.
5. Tanh les a aidés à échapper à la police.
6. La police l'a retrouvée dans une troupe d'acteurs itinérants.

Application immédiate 2

1. … elle en avait une (grande).
2. … elle en employait beaucoup.
3. … elle l'était.
4. Elle en a eu un.
5. … il ne l'a pas connue.
6. … elle n'a pas voulu les revoir.

Application immédiate 3

1. Tanh lui écrivait quand il était étudiant à Paris.
2. Tanh leur a conseillé de quitter l'Indochine.
3. Étienne n'a pas voulu lui parler à Genève.
4. Camille lui a beaucoup manqué.

Application immédiate 4

1. adoptée; promis; parlé
2. séparés; demandé
3. rencontrés; vus; écrit
4. revues; parlé; quittées

Application immédiate 5

1. elle
2. lui
3. elles
4. eux

Application immédiate 6

1. … et il a été influencé par eux.
2. Éliane était un peu jalouse d'elle. C'est pour cela que Camille a voulu lui échapper.
3. Camille s'intéressait à eux.
4. Éliane aimait lui parler. Elle lui faisait confiance, mais elle ne voulait pas se marier avec lui.
5. Éliane et Camille étaient amoureuses de lui.
6. Camille a beaucoup pensé à lui quand elle était en prison.

Application immédiate 7

1. Il y est allé pour ses études.
2. Elle y a passé plusieurs années.
3. Elle s'y est intéressée pendant son emprisonnement.
4. Elle y faisait face courageusement.

Application immédiate 8

1. Guy n'en a pas pour les nationalistes.
2. Oui, j'en viens.
3. Éliane en a hérité.
4. … Camille n'en était pas consciente.

Application immédiate 9

1. a. J'en suis fier.
   b. Je suis fier d'eux.
2. a. Faites attention à eux.
   b. Tu devrais y faire attention.
3. a. Nous aimons en parler.
   b. Nous avons parlé d'eux.
4. a. Je pense à eux.
   b. Y as-tu pensé?
5. a. Il s'intéresse à eux.
   b. Il s'y intéresse.
6. a. Je m'habitue à eux.
   b. Je m'y habitue.

Application immédiate 10

1. Éliane voulait que Camille en sorte.
2. Camille et Jean-Baptiste espéraient y trouver refuge.
3. Les nationalistes ne voulaient pas que les Français en tirent profit.
4. Jean-Baptiste en avait horreur. Il ne voulait plus y vivre.
5. Éliane ne veut pas que Camille pense à lui.
6. Elle préfère que Camille y pense.
7. La police doit y faire attention.
8. Éliane était amoureuse de lui. Elle en était amoureuse aussi.

Application immédiate 11

1. Trouve-la, mais ne la punis pas.
2. Vas-y, mais n'y va pas seule.
3. Parle-lui de son enfance, mais ne lui parle pas de moi.
4. Mangez-en, mais n'en mangez pas trop.
5. Parle-moi d'amour!
6. Ne te lève pas à 10 heures!

Application immédiate 12

1. Guy veut qu'Éliane lui en parle.
2. « Apportez-m'en le plus vite possible. »
3. « Écris-le-lui. »
4. On l'y a envoyée.
5. Camille le lui a confié.
6. Les nationalistes voulaient les en expulser.

Chapitre 6: *Chaos*

Application immédiate 1

1. j'annulerai, tu annuleras, il/elle/on annulera, nous annulerons, vous annulerez, ils/elles annuleront
2. j'avertirai, tu avertiras, il/elle/on avertira, nous avertirons, vous avertirez, ils/elles avertiront
3. je battrai, tu battras, il/elle/on battra, nous battrons, vous battrez, ils/elles battront
4. je protègerai, tu protègeras, il/elle/on protègera, nous protègerons, vous protègerez, ils/elles protègeront (Variation: je protégerai, etc.)
5. je me méfierai, tu te méfieras, il/elle/on se méfiera, nous nous méfierons, vous vous méfierez, ils/elles se méfieront
6. je viendrai, tu viendras, il/elle/on viendra, nous viendrons, vous viendrez, ils/elles viendront

Application immédiate 2

1. payeras/paieras
2. n'irons pas
3. recevront
4. faudra
5. ferai
6. viendrez

Application immédiate 3

1. pourras, rentreras
2. ne fera plus, reviendra
3. se vengeront, trouveront
4. se sentiront, reverront
5. appellerez, aurez
6. serons, rendra

Application immédiate 4

1. j'agresserais, tu agresserais, il/elle/on agresserait, nous agresserions, vous agresseriez, ils/elles agresseraient
2. j'appellerais, tu appellerais, il/elle/on appellerait, nous appellerions, vous appelleriez, ils/elles appelleraient
3. je ferais (confiance), tu ferais, il/elle/on ferait, nous ferions, vous feriez, ils/elles feraient
4. je romprais, tu romprais, il/elle/on romprait, nous romprions, vous rompriez, ils/elles rompraient
5. je séduirais, tu séduirais, il/elle/on séduirait, nous séduirions, vous séduiriez, ils/elles séduiraient
6. je m'en sortirais, tu t'en sortirais, il/elle/on s'en sortirait, nous nous en sortirions, vous vous en sortiriez, ils/elles s'en sortiraient

Application immédiate 5

1. ils iraient
2. vous devriez
3. tu serais
4. nous pourrions
5. je verrais
6. elle voudrait

Application immédiate 6

1. Je voudrais...
2. Tu aurais...
3. Vous devriez...
4. Pourraient-ils...?
5. Accepterait-elle...?
6. Tu ne devrais pas...

Application immédiate 7

1. ne se prostitueraient pas
2. ne nous dépêcherions pas
3. viendrait
4. aurait
5. m'entendrais
6. ferais

Application immédiate 8

1. j'aurais assisté, tu aurais assisté, il/elle/on aurait assisté, nous aurions assisté, vous auriez assisté, ils/elles auraient assisté
2. j'aurais été, tu aurais été, il/elle/on aurait été, nous aurions été, vous auriez été, ils/elles auraient été
3. j'aurais investi, tu aurais investi, il/elle/on aurait investi, nous aurions investi, vous auriez investi, ils/elles auraient investi
4. je me serais méfié(e), tu te serais méfié(e), il/elle/on se serait méfié(e), nous nous serions méfié(e)s, vous vous seriez méfié(e)(s), ils/elles se seraient méfié(e)s
5. je serais venu(e), tu serais venu(e), il/elle/on serait venu(e), nous serions venu(e)s, vous seriez venu(e)(s), ils/elles seraient venu(e)s
6. je me serais rendu compte, tu te serais rendu compte, il/elle/on se serait rendu compte, nous nous serions rendu compte, vous vous seriez rendu compte, ils/elles se seraient rendu compte

Application immédiate 9

1. aurais eu
2. serais devenu(e)
3. auraient été
4. nous serions mariés
5. n'aurions pas eu
6. me serais senti(e)

Application immédiate 10

1. seraient allés
2. ne se serait pas sentie
3. n'aurait changé
4. auraient continué
5. n'aurait pas reconnu
6. n'auraient pas passé

Application immédiate 11

1. rateront
2. suit
3. fais
4. pourrez

Application immédiate 12

1. se vengeraient
2. étiez
3. ne pourrait pas
4. ne réussiraient pas

Application immédiate 13

1. avais continué
2. ne serait pas morte, auraient vécu
3. te serais mariée
4. n'étions pas allées

Application immédiate 14

1. h
2. e
3. d, c
4. b
5. a, b, f
6. c, d
7. g
8. a

Chapitre 7: *Entre les murs*

Application immédiate 1

1. que je conjugue, que tu conjugues, qu'il/elle/on conjugue, que nous conjuguions, que vous conjuguiez, qu'ils/elles conjuguent
2. que je me fâche, que tu te fâches, qu'il/elle/on se fâche, que nous nous fâchions, que vous vous fâchiez, qu'ils/elles se fâchent
3. que je renvoie, que tu renvoies, qu'il/elle/on renvoie, que nous renvoyions, que vous renvoyiez, qu'ils/elles renvoient
4. que je réussisse, que tu réussisses, qu'il/elle/on réussisse, que nous réussissions, que vous réussissiez, qu'ils/elles réussissent
5. que j'interrompe, que tu interrompes, qu'il/elle/on interrompe, que nous interrompions, que vous interrompiez, qu'ils/elles interrompent
6. que j'interdise, que tu interdises, qu'il/elle/on interdise, que nous interdisions, que vous interdisiez, qu'ils/elles interdisent

Application immédiate 2

1. interrompe
2. ait
3. soient
4. ne veuille pas
5. réussissent; aillent
6. ne renvoie pas

Application immédiate 3

1. que j'aie tutoyé, que tu aies tutoyé, qu'il/elle/on ait tutoyé, que nous ayons tutoyé, que vous ayez tutoyé, qu'ils/elles aient tutoyé
2. que je sois parti(e), que tu sois partie(e), qu'il/elle/on soit parti(e), que nous soyons parti(e)s, que vous soyez parti(e)(s), qu'ils/elles soient parti(e)s
3. que je me sois disputé(e), que tu te sois disputé(e), qu'il/elle/on se soit disputé(e), que nous nous soyons disputé(e)s, que vous vous soyez disputé(e)(s), qu'ils/elles se soient disputé(e)s
4. que j'aie fait exprès, que tu aies fait exprès, qu'il/elle/on ait fait exprès, que nous ayons fait exprès, que vous ayez fait exprès, qu'ils/elles aient fait exprès

Application immédiate 4

1. ait augmenté
2. soient allées
3. se soit énervé, ait blessé
4. ait lu

Application immédiate 5

1. C'est dommage que le comportement de Souleymane ne se soit pas amélioré.
2. Il vaudrait mieux qu'il obéisse au règlement.
3. Il est temps que le conseil de classe prenne une décision dans le cas de Souleymane.
4. Les parents de Wei regrettent que leur fils perde du temps à jouer sur son ordinateur.
5. M. Marin est fâché que les déléguées aient répété ses commentaires à Souleymane.
6. Le principal souhaite que les élèves fassent un bon accueil à Carl, le nouvel élève.

Application immédiate 6

1. a. deviendra; b. devienne
2. a. est; b. soit
3. a. ait fait; b. a fait
4. a. iront; b. aillent

Application immédiate 7

1. avant qu'il (ne) sorte de la salle de classe.
2. pour que (afin que) la classe apprenne...
3. à condition que (pourvu que) les élèves fassent...
4. bien que ce soit interdit.
5. après qu'il a changé de collège.
6. à moins qu'ils (ne) puissent...

Application immédiate 8

1. vient
2. vienne
3. soutient
4. soutienne

Application immédiate 9

1. être allé
2. avoir eu
3. avoir été
4. avoir fait
5. avoir réussi
6. s'être énervé

Application immédiate 10

1. Je veux que tu ailles à Paris.
2. Nous regrettons d'être en retard.
3. Nous sommes contents que vous vous réunissiez aujourd'hui.
4. Ils doutent que j'aie réussi mes examens.

Application immédiate 11

1. de prendre sa retraite
2. que Souleymane ait été insolent avec lui
3. que Khoumba et Esmeralda connaissent les Galeries Lafayette
4. de ne rien avoir appris (de n'avoir rien appris)
5. que Souleymane doive aller au Mali
6. de partir en vacances

Application immédiate 12

1. jusqu'à ce qu'
2. pour
3. de peur que
4. avant d'

Application immédiate 13

1. sans que M. Marin le sache
   sans savoir comment M. Marin réagirait
2. avant de partir en vacances
   avant qu'ils (ne) partent en vacances
3. après avoir appris sa sanction
   après que le principal lui a appris sa sanction
4. pour soutenir la famille de Wei.
   pour que les professeurs soutiennent la famille de Wei.

ANSWER KEY

APPENDIX A

Sommaire

ADDITIONAL GRAMMAR AND VOCABULARY TOPICS

C'est *vs.* Il/Elle est; Ce sont *vs.* Ils/Elles sont

1. Use **c'est** or **ce sont** with a noun alone or with a noun modified by an adjective.
   C'est ma voisine. **C'est** une femme sympathique.
   She is/It's *my neighbor.* ***She is/It's*** *a nice woman.*
2. Use **il/elle est** or **ils/elles sont** with an adjective.
   Elle est amusante.
   She is *funny.*
3. An exception to this rule is with professions. Either **c'est (ce sont)** or **il/elle est (ils/elles sont)** can be used; notice the difference in how these two structures are used:
   - With **c'est,** the noun is followed by an article**.** The noun can be modified by an adjective:
     C'est un peintre (connu).
     He is *a (well-known) painter.*
   - With **il/elle est,** the noun has no article and cannot be modified by an adjective.
     Il est peintre.
     He is *a painter.*
4. **C'est** can also be used with an adjective when it refers to an indefinite antecedent, which describes a general situation.
   C'est calme.
   It is quiet.

L'expression du souvenir

Nouns

1. **Un souvenir** is *a memory* or *a souvenir.*
   J'ai peu de souvenirs de mon enfance.
   I have few childhood memories.
   J'ai acheté des souvenirs à Athènes.
   I bought souvenirs in Athens.
2. **La mémoire** is *memory* (the ability to remember).
   J'ai une bonne/mauvaise mémoire.
   I have a good/bad memory.
3. **Les mémoires** (f. pl.) refers to written *memoirs.*
   Il écrit ses mémoires.
   He is writing his memoirs.

Verbs

1. **Se rappeler** and **se souvenir** both mean *to remember,* but they are used differently.
   - **se rappeler** + nom/**se souvenir de** + nom: *to remember something*
     Je me rappelle le discours de ce candidat./Je me souviens du discours de ce candidat.
     I remember this candidate's speech.
   - **se rappeler de** + infinitif/**se souvenir de** + infinitif: *to remember to do something*
     Rappelle-toi d'acheter le journal./Souviens-toi d'acheter le journal.
     Remember to buy the newspaper.
   - **se rappeler** + infinitif passé/**se souvenir de** + infinitif passé: *to remember having done something*
     Tu te rappelles avoir visité ce monument?/Tu te souviens d'avoir visité ce monument?
     Do you remember having visited/visiting this monument?
   - **se rappeler que/se souvenir que +** proposition: *to remember that + clause*
     Vous vous rappelez que/Vous vous souvenez que nous sortons ce soir?
     Do you remember that we are going out tonight?
2. **Rappeler** means *to remind.*
   - **rappeler quelque chose à quelqu'un:** *to remind someone of something*
     Cette chanson leur rappelle leurs vacances d'été.
     This song reminds them of their summer vacation.
   - **rappeler quelqu'un à quelqu'un:** *to remind someone of someone*
     Cette femme lui rappelle sa mère.
     This woman reminds him/her of his/her mother.

Note that the usage of direct and indirect objects is reversed with **rappeler** from what is done in English. The person who is being reminded is an indirect object in French (**leur, lui** in the above examples) and a direct object in English (**them, him/her**). The thing or person they are reminded about is a direct object in French (**leurs vacances d'été, sa mère**); in English it is preceded by *of.*

- **rappeler à quelqu'un de faire quelque chose:** *to remind someone to do something*

  Rappelle-moi de passer à la banque.

  Remind me to go to the bank.

Faire de, jouer à, jouer de: les sports et les activités

1. **Faire de** is used with sports and activities.

   Je fais de la marche, de l'aérobic, du basket et du bateau.

   I walk for exercise, I do aerobics, I play basketball, and I go boating.

   Je fais de la peinture et du dessin.

   I paint and I draw.

2. **Jouer à** is used with sports that are "played" and with games.

   Nous jouons au basket et au foot.

   We play basketball and soccer.

   Nous jouons au Monopoly, à la bataille navale, aux cartes.

   We play Monopoly, Battleship, cards.

3. **Jouer de** is used for musical instruments.

   Je joue de la guitare, du piano, des cymbales.

   I play the guitar, the piano, the cymbals.

   A good way to remember that **jouer de** is for music: If you fill in the **d** of **de,** it looks like a musical note.

Faire causatif

1. **Faire + infinitif** means *to have/make someone do something.*

   J'essaie de faire parler tous mes étudiants.

   I try to make all my students talk.

2. **Faire + infinitif** also means *to have something done (by someone).*

   Je fais peindre ma maison.

   I'm having my house painted.

   You can specify who performs the task by adding **par** + a noun.

   Je fais peindre ma maison par un voisin.

   I'm having my house painted by a neighbor.

3. With **faire causatif,** direct and indirect object pronouns go before **faire.**

   Je fais peindre ma maison. Je **la** fais peindre en bleu.

   I'm having my house painted. I'm having it painted blue.

   Je fais peindre ma maison par un voisin. Je **lui** fais peindre ma maison ce week-end. [**par** + a noun is an indirect object]

   I'm having my house painted by a neighbor. I'm having him paint my house this weekend.

Manquer et plaire

These two verbs have a similar structure with an indirect object.

1. **Manquer à quelqu'un** means *to be missed by someone.*

   Son pays lui manque.

   His/Her country is missed by him/her. → *He/She misses his/her country.*

   Tu me manques.

   You are missed by me. → *I miss you.*

2. **Plaire à quelqu'un** means *to please someone* (in the sense of *to be pleasing to someone*).

   Ce livre plaît aux enfants.

   This book pleases children/is pleasing to children. → *Children like this book.*

   Ce livre me plaît.

   This book pleases me/is pleasing to me. → *I like this book.*

   Tu lui plais.

   You please him/her./You are pleasing to him/her. → *He/She likes you.*

   The past participle of **plaire** is **plu.**

   Est-ce que le film t'a plu?

   Did the film please you?/Was the film pleasing to you? → *Did you like the film?*

Le participe présent

1. The present participle of a verb (the *-ing* form) is formed by dropping the -**ons** ending from the **nous** form of the present tense and adding -**ant.**

   parler → nous parl~~ons~~ → parl**ant** (*speaking*)

2. **Avoir, être,** and **savoir** have irregular present participles: **ayant, étant,** and **sachant.**

3. The present participle is used after the preposition **en** to speak about simultaneous actions and to describe how an action takes/took/will take place. The English translation is *while* + *-ing* and *by* + *-ing.*

   Beaucoup de gens mangent en regardant la télé.

   Many people eat while watching TV.

   J'améliore mon français en écoutant des émissions françaises à la radio.

   I improve my French by listening to French radio programs.

Le passé simple

1. The **passé simple** is used in place of the **passé composé** in literary and historical texts. It marks a strong disconnection with the present. With a few exceptions, verbs in the **passé simple** do not look significantly different from the forms of the verbs you already know. The English translations are the same as for the **passé composé.**

Passé composé	Passé simple
il a mangé	il mangea
elle s'est levée	elle se leva
elles sont allées	elles allèrent

2. Regular verbs in the **passé simple**

   The **passé simple** of regular verbs is formed from the stem of the infinitive plus the endings shown below.

-er verbs: *parler*	
je parl**ai**	nous parl**âmes**
tu parl**as**	vous parl**âtes**
il/elle/on parl**a**	ils/elles parl**èrent**

-ir verbs: *finir*	
je fin**is**	nous fin**îmes**
tu fin**is**	vous fin**îtes**
il/elle/on fin**it**	ils/elles fin**irent**

-re verbs: *répondre*	
je répond**is**	nous répond**îmes**
tu répond**is**	vous répond**îtes**
il/elle/on répond**it**	ils/elles répond**irent**

3. Irregular verbs in the **passé simple**
   - Most irregular verbs use the past participle as their root in the **passé simple.**

Verbe	Participe passé	Passé simple				
boire	bu	je/tu bus	il/elle/on but	nous bûmes	vous bûtes	ils/elles burent
avoir	eu	j'/tu eus	il/elle/on eut	nous eûmes	vous eûtes	ils/elles eurent
devoir	dû	je/tu dus	il/elle/on dut	nous dûmes	vous dûtes	ils/elles durent

- The following common verbs are completely irregular in the **passé simple.**

Verbe	Passé simple				
être	je/tu fus	il/elle/on fut	nous fûmes	vous fûtes	ils/elles furent
faire	je/tu fis	il/elle/on fit	nous fîmes	vous fîtes	ils/elles firent
mourir	je/tu mourus	il/elle/on mourut	nous mourûmes	vous mourûtes	ils/elles moururent
naître	je/tu naquis	il/elle/on naquit	nous naquîmes	vous naquîtes	ils/elles naquirent
venir	je/tu vins	il/elle/on vint	nous vînmes	vous vîntes	ils/elles vinrent
voir	je/tu vis	il/elle/on vit	nous vîmes	vous vîtes	ils/elles virent

Remember that the prepositions **à** and **de** have contracted forms with the articles **le** and **les: au, aux,** and **du, des.** Refer to **Les prépositions avec les villes et les pays** on page xxx for an explanation of which preposition to use with cities and countries.

Les prépositions

Prepositions are words that are placed in front of nouns or pronouns in order to indicate a relationship between that noun and another element of the sentence.

Je travaille **pour** une compagnie américaine.

I work for an American company.

L'étudiant **devant** moi est originaire **du** Sénégal.

The student in front of me is from Senegal.

Here is a list of commonly used prepositions in French.

à *at, in, to*
à cause de *because of*
à côté de *next to*
après *after*
avant *before*
avec *with*
chez *at*
contre *against, in exchange for*
dans *in(to), inside, within*
d'après *according to*
de *of, from, about*
depuis *from, since*
derrière *behind*
devant *in front of*
en *in*
entre *between*
grâce à *thanks to*
loin de *far from*
par *per, through, by*
parmi *among, between*
pendant *for, during*
pour *for*
près de *near*
sans *without*
sauf *except for*
selon *according to*
sous *under, beneath*
sur *over, above, about*
vers *to, toward*

Partir et quitter

Partir and **quitter** both translate as *to leave*, but they are used differently.

1. **Partir** can be used by itself.

   Je pars. Au revoir!

   I'm leaving. Goodbye!

2. **Partir** is also used with a preposition.
   - **partir à/au/en/pour:** *to leave for (a place)*

     Ils vont partir en Italie demain.

     They are leaving for Italy tomorrow.
   - **partir de:** *to leave from (a place)*

     Notre croisière est partie de Marseille.

     Our cruise left from Marseille.

3. **Quitter** is always used with a direct object.
    - **quitter + nom:** *to leave a place*

      Il veut quitter son pays pour vivre au Canada.

      He wants to leave his country to live in Canada.
    - **quitter + nom:** *to leave a person/people* (temporarily or permanently)

      J'ai eu du mal à quitter ma famille quand je suis allé à l'université.

      It was hard to leave my family when I went to college.

      Elle a quitté son mari.

      She left her husband.
    - **se quitter:** *to leave each other, to separate*

      Ils se sont quittés l'année dernière.

      They left each other/They separated last year.

Savoir et connaître

Savoir and **connaître** both translate as *to know*, but they are used differently.

1. **Savoir** is used before an infinitive.

   Elle sait parler espagnol.

   She knows how to speak Spanish./She can speak Spanish.
2. **Savoir** is used before a clause introduced by **que, si,** or an adverb such as **combien, comment, où, pourquoi,** or **quand.**

   Est-ce que vous saviez qu'elle était partie?

   Did you know she had left?

   Savez-vous si elle va revenir bientôt?

   Do you know if she will come back soon?

   Je ne sais pas où elle est allée.

   I don't know where she went.
3. **Savoir** can be used by itself.

   Je sais.

   I know.
4. **Savoir** is rarely followed by a direct object. When it is, it is used for factual knowledge—answers that can be either right or wrong.

   Tu sais la réponse?

   Do you know the answer?
5. **Connaître** always has a direct object. It is used with nouns and pronouns that refer to people, places, and subject matters.

   Connaissez-vous ma mère?

   Do you know my mother?

   Oui, je la connais bien.

   Yes, I know her well.

   Ils connaissent très bien Paris et son histoire.

   They know Paris and its history very well.

Sentir, ressentir, se sentir

Sentir, ressentir, se sentir all translate as *to feel,* but they are used differently. **Sentir** also translates as *to smell.*

1. **Sentir** means *to feel* and *to smell*
   - **sentir + nom:** *to feel + noun (something concrete)*

     Je sens un caillou dans ma chaussure.

     I feel a rock in my shoe.
   - **sentir que + proposition:** *to feel that + clause*

     Je sens que je vais être malade.

     I feel that I am getting sick.
   - **sentir + adjectif:** *to smell + adjective*

     Ces fleurs sentent bon.

     These flowers smell good.
   - **sentir + nom:** *to smell something, to smell like something*

     J'aime sentir le chèvrefeuille.

     I like to smell honeysuckle.

     Ça sent le poisson.

     It smells like fish.
2. **se sentir + adjectif** ou **adverbe:** *to feel + adjective or adverb*

   Elle se sent fatiguée.

   She feels tired.

   Je me sens bien.

   I feel good.
3. **ressentir + nom:** *to feel (an emotion, pain, etc.)*

   Nous ressentons une grande tristesse.

   We feel great sadness.

   Il ressent de la jalousie/du dégoût.

   He feels jealousy/disgust.

La voix passive

1. Active vs. passive voice
   - A sentence is in the active voice when the grammatical subject performs the action described by the verb.

Le chat	mange	la souris.
The cat	*is eating*	*the mouse.*

     In this sentence, the grammatical subject **(le chat)** performs the action of eating.

- A sentence is in the passive voice when the grammatical subject does not perform the action described by the verb, but is the recipient of the action. The action is performed by the agent.

  La souris est mangée par le chat.

  The mouse is eaten by the cat.

  (subject) (agent)

In this sentence, the subject of the passive verb (**la souris**) is the recipient of the action of eating. The agent (**le chat**) performs the action.

2. Formation of the passive voice

- As in English, a verb in the passive voice is formed with **être** + the past participle of the verb. **Être** can be conjugated in any tense.

Tense or mode	Sample sentence	English translation
Présent	L'armée **est** vaincue.	*The army is defeated.*
Imparfait	L'armée **était** vaincue.	*The army was (being) defeated.*
Passé composé	L'armée **a été** vaincue.	*The army was defeated.*
Plus-que-parfait	L'armée **avait été** vaincue.	*The army had been defeated.*
Futur	L'armée **sera** vaincue.	*The army will be defeated.*
Conditionnel présent	L'armée **serait** vaincue.	*The army would be defeated.*
Subjonctif présent	L'officier regrette que l'armée **soit** vaincue.	*The officer is sorry that the army is defeated.*
Infinitif	L'armée ne veut pas **être** vaincue.	*The army does not want to be defeated.*
Impératif	Le général à ses soldats: Ne **soyez** pas vaincus!	*The general to his soldiers: Do not be defeated!*

- The past participle of the verb agrees with the subject in number and gender. The past participle of **être** (**été**) does not agree.

  L'armée **a été** vaincue. (feminine singular)

  Les soldats **ont été** vaincus. (masculine plural)

- The agent (**le complément d'agent**) is introduced by **par.** It does not appear when it is obvious, unknown, or unimportant.

  Les rebelles ont été exécutés par l'armée.

  The rebels were executed by the army.

  Ils ont été agressés sur le parking.

  They were attacked in the parking lot.

3. Differences between French and English use of the passive voice

The passive voice is much less common in French than in English. In French, the passive voice can only be used when the verb takes a direct object. In English, the passive voice can also be used when the verb has an indirect object or is followed by a preposition. For example, the sentences below have no equivalent in the passive voice in French and must be rephrased in the active voice. **On** is used when there is no agent.

Suzanne was asked to leave by the shopkeeper.

Le commerçant a demandé à Suzanne de partir.

Paul was laughed at.

On s'est moqué de Paul.

APPENDIX B

VERB CONJUGATIONS

This section includes conjugations for irregular verbs and for verbs that are listed as models in the **Liste de vocabulaire** for each chapter.

Refer to the following pages to review the formation of the tenses and modes studied in *Séquences:*

Présent de l'indicatif: pages 225–230

Imparfait: pages 244–247

Futur: pages 294–297

Conditionnel présent: pages 297–299

Subjonctif présent: pages 305–307

Passé composé: pages 247–249

Plus-que-parfait: pages 258–259

Conditionnel passé: pages 299–301

Subjonctif passé: pages 307–308

Participe passé: pages 249–250

accueillir: *to welcome*

Présent de l'indicatif
j'accueille
tu accueilles
il/elle/on accueille
nous accueillons
vous accueillez
ils/elles accueillent

Imparfait
j'accueillais
tu accueillais
il/elle/on accueillait
nous accueillions
vous accueilliez
ils/elles accueillaient

Futur
j'accueillerai
tu accueilleras
il/elle/on accueillera
nous accueillerons
vous accueillerez
ils/elles accueilleront

Subjonctif présent
que j'accueille
que tu accueilles
qu'il/elle/on accueille
que nous accueillions
que vous accueilliez
qu'ils/elles accueillent

Passé composé
j'ai accueilli
tu as accueilli
il/elle/on a accueilli
nous avons accueilli
vous avez accueilli
ils/elles ont accueilli

Conditionnel présent
j'accueillerais
tu accueillerais
il/elle/on accueillerait
nous accueillerions
vous accueilleriez
ils/elles accueilleraient

Subjonctif passé
que j'aie accueilli
que tu aies accueilli
qu'il/elle/on ait accueilli
que nous ayons accueilli
que vous ayez accueilli
qu'ils/elles aient accueilli

Plus-que-parfait
j'avais accueilli
tu avais accueilli
il/elle/on avait accueilli
nous avions accueilli
vous aviez accueilli
ils/elles avaient accueilli

Conditionnel passé
j'aurais accueilli
tu aurais accueilli
il/elle/on aurait accueilli
nous aurions accueilli
vous auriez accueilli
ils/elles auraient accueilli

Participe passé
accueilli

Infinitif passé
avoir accueilli

Participe présent
accueillant

Impératif
accueille
accueillons
accueillez

acheter: *to buy*

Présent de l'indicatif
j'achète
tu achètes
il/elle/on achète
nous achetons
vous achetez
ils/elles achètent

Subjonctif présent
que j'achète
que tu achètes
qu'il/elle/on achète
que nous achetions
que vous achetiez
qu'ils/elles achètent

Subjonctif passé
que j'aie acheté
que tu aies acheté
qu'il/elle/on ait acheté
que nous ayons acheté
que vous ayez acheté
qu'ils/elles aient acheté

Imparfait
j'achetais
tu achetais
il/elle/on achetait
nous achetions
vous achetiez
ils/elles achetaient

Passé composé
j'ai acheté
tu as acheté
il/elle/on a acheté
nous avons acheté
vous avez acheté
ils/elles ont acheté

Plus-que-parfait
j'avais acheté
tu avais acheté
il/elle/on avait acheté
nous avions acheté
vous aviez acheté
ils/elles avaient acheté

Futur
j'achèterai
tu achèteras
il/elle/on achètera
nous achèterons
vous achèterez
ils/elles achèteront

Conditionnel présent
j'achèterais
tu achèterais
il/elle/on achèterait
nous achèterions
vous achèteriez
ils/elles achèteraient

Conditionnel passé
j'aurais acheté
tu aurais acheté
il/elle/on aurait acheté
nous aurions acheté
vous auriez acheté
ils/elles auraient acheté

Participe passé
acheté

Infinitif passé
avoir acheté

Participe présent
achetant

Impératif
achète
achetons
achetez

aller: *to go*

Présent de l'indicatif
je vais
tu vas
il/elle/on va
nous allons
vous allez
ils/elles vont

Subjonctif présent
que j'aille
que tu ailles
qu'il/elle/on aille
que nous allions
que vous alliez
qu'ils/elles aillent

Subjonctif passé
que je sois allé(e)
que tu sois allé(e)
qu'il/elle/on soit allé(e)
que nous soyons allé(e)s
que vous soyez allé(e)(s)
qu'ils/elles soient allé(e)s

Imparfait
j'allais
tu allais
il/elle/on allait
nous allions
vous alliez
ils/elles allaient

Passé composé
je suis allé(e)
tu es allé(e)
il/elle/on est allé(e)
nous sommes allé(e)s
vous êtes allé(e)(s)
ils/elles sont allé(e)s

Plus-que-parfait
j'étais allé(e)
tu étais allé(e)
il/elle/on était allé(e)
nous étions allé(e)s
vous étiez allé(e)(s)
ils/elles étaient allé(e)s

Futur
j'irai
tu iras
il/elle/on ira
nous irons
vous irez
ils/elles iront

Conditionnel présent
j'irais
tu irais
il/elle/on irait
nous irions
vous iriez
ils/elles iraient

Conditionnel passé
je serais allé(e)
tu serais allé(e)
il/elle/on serait allé(e)
nous serions allé(e)s
vous seriez allé(e)(s)
ils/elles seraient allé(e)s

Participe passé
allé(e)(s)

Infinitif passé
être allé(e)(s)

Participe présent
allant

Impératif
va
allons
allez

appeler: *to call*

Présent de l'indicatif
j'appelle
tu appelles
il/elle/on appelle
nous appelons
vous appelez
ils/elles appellent

Subjonctif présent
que j'appelle
que tu appelles
qu'il/elle/on appelle
que nous appelions
que vous appeliez
qu'ils/elles appellent

Subjonctif passé
que j'aie appelé
que tu aies appelé
qu'il/elle/on ait appelé
que nous ayons appelé
que vous ayez appelé
qu'ils/elles aient appelé

Imparfait
j'appelais
tu appelais
il/elle/on appelait
nous appelions
vous appeliez
ils/elles appelaient

Passé composé
j'ai appelé
tu as appelé
il/elle/on a appelé
nous avons appelé
vous avez appelé
ils/elles ont appelé

Plus-que-parfait
j'avais appelé
tu avais appelé
il/elle/on avait appelé
nous avions appelé
vous aviez appelé
ils/elles avaient appelé

Futur
j'appellerai
tu appelleras
il/elle/on appellera
nous appellerons
vous appellerez
ils/elles appelleront

Conditionnel présent
j'appellerais
tu appellerais
il/elle/on appellerait
nous appellerions
vous appelleriez
ils/elles appelleraient

Conditionnel passé
j'aurais appelé
tu aurais appelé
il/elle/on aurait appelé
nous aurions appelé
vous auriez appelé
ils/elles auraient appelé

Participe passé
appelé

Infinitif passé
avoir appelé

Participe présent
appelant

Impératif
appelle
appelons
appelez

avoir: *to have*

Présent de l'indicatif
j'ai
tu as
il/elle/on a
nous avons
vous avez
ils/elles ont

Subjonctif présent
que j'aie
que tu aies
qu'il/elle/on ait
que nous ayons
que vous ayez
qu'ils/elles aient

Subjonctif passé
que j'aie eu
que tu aies eu
qu'il/elle/on ait eu
que nous ayons eu
que vous ayez eu
qu'ils/elles aient eu

Imparfait
j'avais
tu avais
il/elle/on avait
nous avions
vous aviez
ils/elles avaient

Passé composé
j'ai eu
tu as eu
il/elle/on a eu
nous avons eu
vous avez eu
ils/elles ont eu

Plus-que-parfait
j'avais eu
tu avais eu
il/elle/on avait eu
nous avions eu
vous aviez eu
ils/elles avaient eu

Futur
j'aurai
tu auras
il/elle/on aura
nous aurons
vous aurez
ils/elles auront

Conditionnel présent
j'aurais
tu aurais
il/elle/on aurait
nous aurions
vous auriez
ils/elles auraient

Conditionnel passé
j'aurais eu
tu aurais eu
il/elle/on aurait eu
nous aurions eu
vous auriez eu
ils/elles auraient eu

Participe passé
eu

Participe présent
ayant

Impératif
aie
ayons
ayez

Infinitif passé
avoir eu

battre: *to beat*

Présent de l'indicatif
je bats
tu bats
il/elle/on bat
nous battons
vous battez
ils/elles battent

Subjonctif présent
que je batte
que tu battes
qu'il/elle/on batte
que nous battions
que vous battiez
qu'ils/elles battent

Subjonctif passé
que j'aie battu
que tu aies battu
qu'il/elle/on ait battu
que nous ayons battu
que vous ayez battu
qu'ils/elles aient battu

Imparfait
je battais
tu battais
il/elle/on battait
nous battions
vous battiez
ils/elles battaient

Passé composé
j'ai battu
tu as battu
il/elle/on a battu
nous avons battu
vous avez battu
ils/elles ont battu

Plus-que-parfait
j'avais battu
tu avais battu
il/elle/on avait battu
nous avions battu
vous aviez battu
ils/elles avaient battu

Futur
je battrai
tu battras
il/elle/on battra
nous battrons
vous battrez
ils/elles battront

Conditionnel présent
je battrais
tu battrais
il/elle/on battrait
nous battrions
vous battriez
ils/elles battraient

Conditionnel passé
j'aurais battu
tu aurais battu
il/elle/on aurait battu
nous aurions battu
vous auriez battu
ils/elles auraient battu

Participe passé
battu

Participe présent
battant

Impératif
bats
battons
battez

Infinitif passé
avoir battu

boire: *to drink*

Présent de l'indicatif
je bois
tu bois
il/elle/on boit
nous buvons
vous buvez
ils/elles boivent

Subjonctif présent
que je boive
que tu boives
qu'il/elle/on boive
que nous buvions
que vous buviez
qu'ils/elles boivent

Subjonctif passé
que j'aie bu
que tu aies bu
qu'il/elle/on ait bu
que nous ayons bu
que vous ayez bu
qu'ils/elles aient bu

Imparfait
je buvais
tu buvais
il/elle/on buvait
nous buvions
vous buviez
ils/elles buvaient

Passé composé
j'ai bu
tu as bu
il/elle/on a bu
nous avons bu
vous avez bu
ils/elles ont bu

Plus-que-parfait
j'avais bu
tu avais bu
il/elle/on avait bu
nous avions bu
vous aviez bu
ils/elles avaient bu

Futur
je boirai
tu boiras
il/elle/on boira
nous boirons
vous boirez
ils/elles boiront

Conditionnel présent
je boirais
tu boirais
il/elle/on boirait
nous boirions
vous boiriez
ils/elles boiraient

Conditionnel passé
j'aurais bu
tu aurais bu
il/elle/on aurait bu
nous aurions bu
vous auriez bu
ils/elles auraient bu

Participe passé
bu

Infinitif passé
avoir bu

Participe présent
buvant

Impératif
bois
buvons
buvez

commencer: *to begin*

Présent de l'indicatif
je commence
tu commences
il/elle/on commence
nous commençons
vous commencez
ils/elles commencent

Subjonctif présent
que je commence
que tu commences
qu'il/elle/on commence
que nous commencions
que vous commenciez
qu'ils/elles commencent

Subjonctif passé
que j'aie commencé
que tu aies commencé
qu'il/elle/on ait commencé
que nous ayons commencé
que vous ayez commencé
qu'ils/elles aient commencé

Imparfait
je commençais
tu commençais
il/elle/on commençait
nous commencions
vous commenciez
ils/elles commençaient

Passé composé
j'ai commencé
tu as commencé
il/elle/on a commencé
nous avons commencé
vous avez commencé
ils/elles ont commencé

Plus-que-parfait
j'avais commencé
tu avais commencé
il/elle/on avait commencé
nous avions commencé
vous aviez commencé
ils/elles avaient commencé

Futur
je commencerai
tu commenceras
il/elle/on commencera
nous commencerons
vous commencerez
ils/elles commenceront

Conditionnel présent
je commencerais
tu commencerais
il/elle/on commencerait
nous commencerions
vous commenceriez
ils/elles commenceraient

Conditionnel passé
j'aurais commencé
tu aurais commencé
il/elle/on aurait commencé
nous aurions commencé
vous auriez commencé
ils/elles auraient commencé

Participe passé
commencé

Participe présent
commençant

Impératif
commence
commençons
commencez

Infinitif passé
avoir commencé

conduire: *to drive*

Présent de l'indicatif
je conduis
tu conduis
il/elle/on conduit
nous conduisons
vous conduisez
ils/elles conduisent

Subjonctif présent
que je conduise
que tu conduises
qu'il/elle/on conduise
que nous conduisions
que vous conduisiez
qu'ils/elles conduisent

Subjonctif passé
que j'aie conduit
que tu aies conduit
qu'il/elle/on ait conduit
que nous ayons conduit
que vous ayez conduit
qu'ils/elles aient conduit

Imparfait
je conduisais
tu conduisais
il/elle/on conduisait
nous conduisions
vous conduisiez
ils/elles conduisaient

Passé composé
j'ai conduit
tu as conduit
il/elle/on a conduit
nous avons conduit
vous avez conduit
ils/elles ont conduit

Plus-que-parfait
j'avais conduit
tu avais conduit
il/elle/on avait conduit
nous avions conduit
vous aviez conduit
ils/elles avaient conduit

Futur
je conduirai
tu conduiras
il/elle/on conduira
nous conduirons
vous conduirez
ils/elles conduiront

Conditionnel présent
je conduirais
tu conduirais
il/elle/on conduirait
nous conduirions
vous conduiriez
ils/elles conduiraient

Conditionnel passé
j'aurais conduit
tu aurais conduit
il/elle/on aurait conduit
nous aurions conduit
vous auriez conduit
ils/elles auraient conduit

Participe passé
conduit

Participe présent
conduisant

Impératif
conduis
conduisons
conduisez

Infinitif passé
avoir conduit

connaître: *to know*

Présent de l'indicatif
je connais
tu connais
il/elle/on connaît
nous connaissons
vous connaissez
ils/elles connaissent

Subjonctif présent
que je connaisse
que tu connaisses
qu'il/elle/on connaisse
que nous connaissions
que vous connaissiez
qu'ils/elles connaissent

Subjonctif passé
que j'aie connu
que tu aies connu
qu'il/elle/on ait connu
que nous ayons connu
que vous ayez connu
qu'ils/elles aient connu

Imparfait
je connaissais
tu connaissais
il/elle/on connaissait
nous connaissions
vous connaissiez
ils/elles connaissaient

Passé composé
j'ai connu
tu as connu
il/elle/on a connu
nous avons connu
vous avez connu
ils/elles ont connu

Plus-que-parfait
j'avais connu
tu avais connu
il/elle/on avait connu
nous avions connu
vous aviez connu
ils/elles avaient connu

Futur
je connaîtrai
tu connaîtras
il/elle/on connaîtra
nous connaîtrons
vous connaîtrez
ils/elles connaîtront

Conditionnel présent
je connaîtrais
tu connaîtrais
il/elle/on connaîtrait
nous connaîtrions
vous connaîtriez
ils/elles connaîtraient

Conditionnel passé
j'aurais connu
tu aurais connu
il/elle/on aurait connu
nous aurions connu
vous auriez connu
ils/elles auraient connu

Participe passé
connu

Participe présent
connaissant

Impératif
connais
connaissons
connaissez

Infinitif passé
avoir connu

courir: *to run*

Présent de l'indicatif
je cours
tu cours
il/elle/on court
nous courons
vous courez
ils/elles courent

Subjonctif présent
que je coure
que tu coures
qu'il/elle/on coure
que nous courions
que vous couriez
qu'ils/elles courent

Subjonctif passé
que j'aie couru
que tu aies couru
qu'il/elle/on ait couru
que nous ayons couru
que vous ayez couru
qu'ils/elles aient couru

Imparfait
je courais
tu courais
il/elle/on courait
nous courions
vous couriez
ils/elles couraient

Passé composé
j'ai couru
tu as couru
il/elle/on a couru
nous avons couru
vous avez couru
ils/elles ont couru

Plus-que-parfait
j'avais couru
tu avais couru
il/elle/on avait couru
nous avions couru
vous aviez couru
ils/elles avaient couru

Futur
je courrai
tu courras
il/elle/on courra
nous courrons
vous courrez
ils/elles courront

Conditionnel présent
je courrais
tu courrais
il/elle/on courrait
nous courrions
vous courriez
ils/elles courraient

Conditionnel passé
j'aurais couru
tu aurais couru
il/elle/on aurait couru
nous aurions couru
vous auriez couru
ils/elles auraient couru

Participe passé
couru

Participe présent
courant

Impératif
cours
courons
courez

Infinitif passé
avoir couru

croire : *to believe*

Présent de l'indicatif
je crois
tu crois
il/elle/on croit
nous croyons
vous croyez
ils/elles croient

Subjonctif présent
que je croie
que tu croies
qu'il/elle/on croie
que nous croyions
que vous croyiez
qu'ils/elles croient

Subjonctif passé
que j'aie cru
que tu aies cru
qu'il/elle/on ait cru
que nous ayons cru
que vous ayez cru
qu'ils/elles aient cru

Imparfait
je croyais
tu croyais
il/elle/on croyait
nous croyions
vous croyiez
ils/elles croyaient

Passé composé
j'ai cru
tu as cru
il/elle/on a cru
nous avons cru
vous avez cru
ils/elles ont cru

Plus-que-parfait
j'avais cru
tu avais cru
il/elle/on avait cru
nous avions cru
vous aviez cru
ils/elles avaient cru

Futur
je croirai
tu croiras
il/elle/on croira
nous croirons
vous croirez
ils/elles croiront

Conditionnel présent
je croirais
tu croirais
il/elle/on croirait
nous croirions
vous croiriez
ils/elles croiraient

Conditionnel passé
j'aurais cru
tu aurais cru
il/elle/on aurait cru
nous aurions cru
vous auriez cru
ils/elles auraient cru

Participe passé
cru

Participe présent
croyant

Impératif
crois
croyons
croyez

Infinitif passé
avoir cru

devoir: *to have to*

Présent de l'indicatif
je dois
tu dois
il/elle/on doit
nous devons
vous devez
ils/elles doivent

Subjonctif présent
que je doive
que tu doives
qu'il/elle/on doive
que nous devions
que vous deviez
qu'ils/elles doivent

Subjonctif passé
que j'aie dû
que tu aies dû
qu'il/elle/on ait dû
que nous ayons dû
que vous ayez dû
qu'ils/elles aient dû

Imparfait
je devais
tu devais
il/elle/on devait
nous devions
vous deviez
ils/elles devaient

Passé composé
j'ai dû
tu as dû
il/elle/on a dû
nous avons dû
vous avez dû
ils/elles ont dû

Plus-que-parfait
j'avais dû
tu avais dû
il/elle/on avait dû
nous avions dû
vous aviez dû
ils/elles avaient dû

Futur
je devrai
tu devras
il/elle/on devra
nous devrons
vous devrez
ils/elles devront

Conditionnel présent
je devrais
tu devrais
il/elle/on devrait
nous devrions
vous devriez
ils/elles devraient

Conditionnel passé
j'aurais dû
tu aurais dû
il/elle/on aurait dû
nous aurions dû
vous auriez dû
ils/elles auraient dû

Participe passé
dû, due, du(e)s

Participe présent
devant

Impératif
(pas utilisé)

Infinitif passé
avoir dû

dire: *to say*

Présent de l'indicatif
je dis
tu dis
il/elle/on dit
nous disons
vous dites
ils/elles disent

Subjonctif présent
que je dise
que tu dises
qu'il/elle/on dise
que nous disions
que vous disiez
qu'ils/elles disent

Subjonctif passé
que j'aie dit
que tu aies dit
qu'il/elle/on ait dit
que nous ayons dit
que vous ayez dit
qu'ils/elles aient dit

Imparfait
je disais
tu disais
il/elle/on disait
nous disions
vous disiez
ils/elles disaient

Passé composé
j'ai dit
tu as dit
il/elle/on a dit
nous avons dit
vous avez dit
ils/elles ont dit

Plus-que-parfait
j'avais dit
tu avais dit
il/elle/on avait dit
nous avions dit
vous aviez dit
ils/elles avaient dit

Futur
je dirai
tu diras
il/elle/on dira
nous dirons
vous direz
ils/elles diront

Conditionnel présent
je dirais
tu dirais
il/elle/on dirait
nous dirions
vous diriez
ils/elles diraient

Conditionnel passé
j'aurais dit
tu aurais dit
il/elle/on aurait dit
nous aurions dit
vous auriez dit
ils/elles auraient dit

Participe passé
dit

Participe présent
disant

Impératif
dis
disons
dites

Infinitif passé
avoir dit

dormir: *to sleep*

Présent de l'indicatif
je dors
tu dors
il/elle/on dort
nous dormons
vous dormez
ils/elles dorment

Subjonctif présent
que je dorme
que tu dormes
qu'il/elle/on dorme
que nous dormions
que vous dormiez
qu'ils/elles dorment

Subjonctif passé
que j'aie dormi
que tu aies dormi
qu'il/elle/on ait dormi
que nous ayons dormi
que vous ayez dormi
qu'ils/elles aient dormi

Imparfait
je dormais
tu dormais
il/elle/on dormait
nous dormions
vous dormiez
ils/elles dormaient

Passé composé
j'ai dormi
tu as dormi
il/elle/on a dormi
nous avons dormi
vous avez dormi
ils/elles ont dormi

Plus-que-parfait
j'avais dormi
tu avais dormi
il/elle/on avait dormi
nous avions dormi
vous aviez dormi
ils/elles avaient dormi

Futur
je dormirai
tu dormiras
il/elle/on dormira
nous dormirons
vous dormirez
ils/elles dormiront

Conditionnel présent
je dormirais
tu dormirais
il/elle/on dormirait
nous dormirions
vous dormiriez
ils/elles dormiraient

Conditionnel passé
j'aurais dormi
tu aurais dormi
il/elle/on aurait dormi
nous aurions dormi
vous auriez dormi
ils/elles auraient dormi

Participe passé
dormi

Participe présent
dormant

Impératif
dors
dormons
dormez

Infinitif passé
avoir dormi

écrire: *to write*

Présent de l'indicatif
j'écris
tu écris
il/elle/on écrit
nous écrivons
vous écrivez
ils/elles écrivent

Subjonctif présent
que j'écrive
que tu écrives
qu'il/elle/on écrive
que nous écrivions
que vous écriviez
qu'ils/elles écrivent

Subjonctif passé
que j'aie écrit
que tu aies écrit
qu'il/elle/on ait écrit
que nous ayons écrit
que vous ayez écrit
qu'ils/elles aient écrit

Imparfait
j'écrivais
tu écrivais
il/elle/on écrivait
nous écrivions
vous écriviez
ils/elles écrivaient

Passé composé
j'ai écrit
tu as écrit
il/elle/on a écrit
nous avons écrit
vous avez écrit
ils/elles ont écrit

Plus-que-parfait
j'avais écrit
tu avais écrit
il/elle/on avait écrit
nous avions écrit
vous aviez écrit
ils/elles avaient écrit

Futur
j'écrirai
tu écriras
il/elle/on écrira
nous écrirons
vous écrirez
ils/elles écriront

Conditionnel présent
j'écrirais
tu écrirais
il/elle/on écrirait
nous écririons
vous écririez
ils/elles écriraient

Conditionnel passé
j'aurais écrit
tu aurais écrit
il/elle/on aurait écrit
nous aurions écrit
vous auriez écrit
ils/elles auraient écrit

Participe passé
écrit

Participe présent
écrivant

Impératif
écris
écrivons
écrivez

Infinitif passé
avoir écrit

ennuyer: *to annoy, to bore* [s'ennuyer: *to be bored; the auxiliary is* être]

Présent de l'indicatif
j'ennuie
tu ennuies
il/elle/on ennuie
nous ennuyons
vous ennuyez
ils/elles ennuient

Subjonctif présent
que j'ennuie
que tu ennuies
qu'il/elle/on ennuie
que nous ennuyions
que vous ennuyiez
qu'ils/elles ennuient

Subjonctif passé
que j'aie ennuyé
que tu aies ennuyé
qu'il/elle/on ait ennuyé
que nous ayons ennuyé
que vous ayez ennuyé
qu'ils/elles aient ennuyé

Imparfait
j'ennuyais
tu ennuyais
il/elle/on ennuyait
nous ennuyions
vous ennuyiez
ils/elles ennuyaient

Passé composé
j'ai ennuyé
tu as ennuyé
il/elle/on a ennuyé
nous avons ennuyé
vous avez ennuyé
ils/elles ont ennuyé

Plus-que-parfait
j'avais ennuyé
tu avais ennuyé
il/elle/on avait ennuyé
nous avions ennuyé
vous aviez ennuyé
ils/elles avaient ennuyé

Futur
j'ennuierai
tu ennuieras
il/elle/on ennuiera
nous ennuierons
vous ennuierez
ils/elles ennuieront

Conditionnel présent
j'ennuierais
tu ennuierais
il/elle/on ennuierait
nous ennuierions
vous ennuieriez
ils/elles ennuieraient

Conditionnel passé
j'aurais ennuyé
tu aurais ennuyé
il/elle/on aurait ennuyé
nous aurions ennuyé
vous auriez ennuyé
ils/elles auraient ennuyé

Participe passé
ennuyé

Participe présent
ennuyant

Impératif
ennuie
ennuyons
ennuyez

Infinitif passé
avoir ennuyé

envoyer: *to send*

Présent de l'indicatif
j'envoie
tu envoies
il/elle/on envoie
nous envoyons
vous envoyez
ils/elles envoient

Subjonctif présent
que j'envoie
que tu envoies
qu'il/elle/on envoie
que nous envoyions
que vous envoyiez
qu'ils/elles envoient

Subjonctif passé
que j'aie envoyé
que tu aies envoyé
qu'il/elle/on ait envoyé
que nous ayons envoyé
que vous ayez envoyé
qu'ils/elles aient envoyé

Imparfait
j'envoyais
tu envoyais
il/elle/on envoyait
nous envoyions
vous envoyiez
ils/elles envoyaient

Passé composé
j'ai envoyé
tu as envoyé
il/elle/on a envoyé
nous avons envoyé
vous avez envoyé
ils/elles ont envoyé

Plus-que-parfait
j'avais envoyé
tu avais envoyé
il/elle/on avait envoyé
nous avions envoyé
vous aviez envoyé
ils/elles avaient envoyé

Futur
j'enverrai
tu enverras
il/elle/on enverra
nous enverrons
vous enverrez
ils/elles enverront

Conditionnel présent
j'enverrais
tu enverrais
il/elle/on enverrait
nous enverrions
vous enverriez
ils/elles enverraient

Conditionnel passé
j'aurais envoyé
tu aurais envoyé
il/elle/on aurait envoyé
nous aurions envoyé
vous auriez envoyé
ils/elles auraient envoyé

Participe passé
envoyé

Participe présent
envoyant

Impératif
envoie
envoyons
envoyez

Infinitif passé
avoir envoyé

essayer: *to try*

Présent de l'indicatif
j'essaie, essaye
tu essaies, essayes
il/elle/on essaie, essaye
nous essayons
vous essayez
ils/elles essaient, essayent

Subjonctif présent
que j'essaie, essaye
que tu essaies, essayes
qu'il/elle/on essaie, essaye
que nous essayions
que vous essayiez
qu'ils/elles essaient, essayent

Subjonctif passé
que j'aie essayé
que tu aies essayé
qu'il/elle/on ait essayé
que nous ayons essayé
que vous ayez essayé
qu'ils/elles aient essayé

Imparfait
j'essayais
tu essayais
il/elle/on essayait
nous essayions
vous essayiez
ils/elles essayaient

Passé composé
j'ai essayé
tu as essayé
il/elle/on a essayé
nous avons essayé
vous avez essayé
ils/elles ont essayé

Plus-que-parfait
j'avais essayé
tu avais essayé
il/elle/on avait essayé
nous avions essayé
vous aviez essayé
ils/elles avaient essayé

Futur
j'essaierai, essayerai
tu essaieras, essayeras
il/elle/on essaiera, essayera
nous essaierons, essayerons
vous essaierez, essayerez
ils/elles essaieront, essayeront

Conditionnel présent
j'essaierais, essayerais
tu essaierais, essayerais
il/elle/on essaierait, essayerait
nous essaierions, essayerions
vous essaieriez, essayeriez
ils/elles essaieraient, essayeraient

Conditionnel passé
j'aurais essayé
tu aurais essayé
il/elle/on aurait essayé
nous aurions essayé
vous auriez essayé
ils/elles auraient essayé

Participe passé
essayé

Infinitif passé
avoir essayé

Participe présent
essayant

Impératif
essaie, essaye
essayons
essayez

être: *to be*

Présent de l'indicatif
je suis
tu es
il/elle/on est
nous sommes
vous êtes
ils/elles sont

Subjonctif présent
que je sois
que tu sois
qu'il/elle/on soit
que nous soyons
que vous soyez
qu'ils/elles soient

Subjonctif passé
que j'aie été
que tu aies été
qu'il/elle/on ait été
que nous ayons été
que vous ayez été
qu'ils/elles aient été

Imparfait
j'étais
tu étais
il/elle/on était
nous étions
vous étiez
ils/elles étaient

Passé composé
j'ai été
tu as été
il/elle/on a été
nous avons été
vous avez été
ils/elles ont été

Plus-que-parfait
j'avais été
tu avais été
il/elle/on avait été
nous avions été
vous aviez été
ils/elles avaient été

Futur
je serai
tu seras
il/elle/on sera
nous serons
vous serez
ils/elles seront

Conditionnel présent
je serais
tu serais
il/elle/on serait
nous serions
vous seriez
ils/elles seraient

Conditionnel passé
j'aurais été
tu aurais été
il/elle/on aurait été
nous aurions été
vous auriez été
ils/elles auraient été

Participe passé
été

Participe présent
étant

Impératif
sois
soyons
soyez

Infinitif passé
avoir été

exclure: *to exclude, to expel*

Présent de l'indicatif
j'exclus
tu exclus
il/elle/on exclut
nous excluons
vous excluez
ils/elles excluent

Subjonctif présent
que j'exclue
que tu exclues
qu'il/elle/on exclue
que nous excluions
que vous excluiez
qu'ils/elles excluent

Subjonctif passé
que j'aie exclu
que tu aies exclu
qu'il/elle/on ait exclu
que nous ayons exclu
que vous ayez exclu
qu'ils/elles aient exclu

Imparfait
j'excluais
tu excluais
il/elle/on excluait
nous excluions
vous excluiez
ils/elles excluaient

Passé composé
j'ai exclu
tu as exclu
il/elle/on a exclu
nous avons exclu
vous avez exclu
ils/elles ont exclu

Plus-que-parfait
j'avais exclu
tu avais exclu
il/elle/on avait exclu
nous avions exclu
vous aviez exclu
ils/elles avaient exclu

Futur
j'exclurai
tu excluras
il/elle/on exclura
nous exclurons
vous exclurez
ils/elles excluront

Conditionnel présent
j'exclurais
tu exclurais
il/elle/on exclurait
nous exclurions
vous excluriez
ils/elles excluraient

Conditionnel passé
j'aurais exclu
tu aurais exclu
il/elle/on aurait exclu
nous aurions exclu
vous auriez exclu
ils/elles auraient exclu

Participe passé
exclu

Participe présent
excluant

Impératif
exclus
excluons
excluez

Infinitif passé
avoir exclu

faire: *to do; to make*

Présent de l'indicatif
je fais
tu fais
il/elle/on fait
nous faisons
vous faites
ils/elles font

Subjonctif présent
que je fasse
que tu fasses
qu'il/elle/on fasse
que nous fassions
que vous fassiez
qu'ils/elles fassent

Subjonctif passé
que j'aie fait
que tu aies fait
qu'il/elle/on ait fait
que nous ayons fait
que vous ayez fait
qu'ils/elles aient fait

Imparfait
je faisais
tu faisais
il/elle/on faisait
nous faisions
vous faisiez
ils/elles faisaient

Passé composé
j'ai fait
tu as fait
il/elle/on a fait
nous avons fait
vous avez fait
ils/elles ont fait

Plus-que-parfait
j'avais fait
tu avais fait
il/elle/on avait fait
nous avions fait
vous aviez fait
ils/elles avaient fait

Futur
je ferai
tu feras
il/elle/on fera
nous ferons
vous ferez
ils/elles feront

Conditionnel présent
je ferais
tu ferais
il/elle/on ferait
nous ferions
vous feriez
ils/elles feraient

Conditionnel passé
j'aurais fait
tu aurais fait
il/elle/on aurait fait
nous aurions fait
vous auriez fait
ils/elles auraient fait

Participe passé
fait

Participe présent
faisant

Impératif
fais
faisons
faites

Infinitif passé
avoir fait

finir: *to finish*

Présent de l'indicatif
je finis
tu finis
il/elle/on finit
nous finissons
vous finissez
ils/elles finissent

Subjonctif présent
que je finisse
que tu finisses
qu'il/elle/on finisse
que nous finissions
que vous finissiez
qu'ils/elles finissent

Subjonctif passé
que j'aie fini
que tu aies fini
qu'il/elle/on ait fini
que nous ayons fini
que vous ayez fini
qu'ils/elles aient fini

Imparfait
je finissais
tu finissais
il/elle/on finissait
nous finissions
vous finissiez
ils/elles finissaient

Passé composé
j'ai fini
tu as fini
il/elle/on a fini
nous avons fini
vous avez fini
ils/elles ont fini

Plus-que-parfait
j'avais fini
tu avais fini
il/elle/on avait fini
nous avions fini
vous aviez fini
ils/elles avaient fini

Futur
je finirai
tu finiras
il/elle/on finira
nous finirons
vous finirez
ils/elles finiront

Conditionnel présent
je finirais
tu finirais
il/elle/on finirait
nous finirions
vous finiriez
ils/elles finiraient

Conditionnel passé
j'aurais fini
tu aurais fini
il/elle/on aurait fini
nous aurions fini
vous auriez fini
ils/elles auraient fini

Participe passé
fini

Participe présent
finissant

Impératif
finis
finissons
finissez

Infinitif passé
avoir fini

fuir: *to flee*

Présent de l'indicatif
je fuis
tu fuis
il/elle/on fuit
nous fuyons
vous fuyez
ils/elles fuient

Subjonctif présent
que je fuie
que tu fuies
qu'il/elle/on fuie
que nous fuyions
que vous fuyiez
qu'ils/elles fuient

Subjonctif passé
que j'aie fui
que tu aies fui
qu'il/elle/on ait fui
que nous ayons fui
que vous ayez fui
qu'ils/elles aient fui

Imparfait
je fuyais
tu fuyais
il/elle/on fuyait
nous fuyions
vous fuyiez
ils/elles fuyaient

Passé composé
j'ai fui
tu as fui
il/elle/on a fui
nous avons fui
vous avez fui
ils/elles ont fui

Plus-que-parfait
j'avais fui
tu avais fui
il/elle/on avait fui
nous avions fui
vous aviez fui
ils/elles avaient fui

Futur
je fuirai
tu fuirai
il/elle/on fuira
nous fuirons
vous fuirez
ils/elles fuiront

Conditionnel présent
je fuirais
tu fuirais
il/elle/on fuirait
nous fuirions
vous fuiriez
ils/elles fuiraient

Conditionnel passé
j'aurais fui
tu aurais fui
il/elle/on aurait fui
nous aurions fui
vous auriez fui
ils/elles auraient fui

Participe passé
fui

Participe présent
fuyant

Impératif
fuis
fuyons
fuyez

Infinitif passé
avoir fui

jeter: *to throw (out)*

Présent de l'indicatif
je jette
tu jettes
il/elle/on jette
nous jetons
vous jetez
ils/elles jettent

Subjonctif présent
que je jette
que tu jettes
qu'il/elle/on jette
que nous jetions
que vous jetiez
qu'ils/elles jettent

Subjonctif passé
que j'aie jeté
que tu aies jeté
qu'il/elle/on ait jeté
que nous ayons jeté
que vous ayez jeté
qu'ils/elles aient jeté

Imparfait
je jetais
tu jetais
il/elle/on jetait
nous jetions
vous jetiez
ils/elles jetaient

Passé composé
j'ai jeté
tu as jeté
il/elle/on a jeté
nous avons jeté
vous avez jeté
ils/elles ont jeté

Plus-que-parfait
j'avais jeté
tu avais jeté
il/elle/on avait jeté
nous avions jeté
vous aviez jeté
ils/elles avaient jeté

Futur
je jetterai
tu jetteras
il/elle/on jettera
nous jetterons
vous jetterez
ils/elles jetteront

Conditionnel présent
je jetterais
tu jetterais
il/elle/on jetterait
nous jetterions
vous jetteriez
ils/elles jetteraient

Conditionnel passé
j'aurais jeté
tu aurais jeté
il/elle/on aurait jeté
nous aurions jeté
vous auriez jeté
ils/elles auraient jeté

Participe passé
jeté

Participe présent
jetant

Impératif
jette
jetons
jetez

Infinitif passé
avoir jeté

joindre: ***to join***

Présent de l'indicatif
je joins
tu joins
il/elle/on joint
nous joignons
vous joignez
ils/elles joignent

Subjonctif présent
que je joigne
que tu joignes
qu'il/elle/on joigne
que nous joignions
que vous joigniez
qu'ils/elles joignent

Subjonctif passé
que j'aie joint
que tu aies joint
qu'il/elle/on ait joint
que nous ayons joint
que vous ayez joint
qu'ils/elles aient joint

Imparfait
je joignais
tu joignais
il/elle/on joignait
nous joignions
vous joigniez
ils/elles joignaient

Passé composé
j'ai joint
tu as joint
il/elle/on a joint
nous avons joint
vous avez joint
ils/elles ont joint

Plus-que-parfait
j'avais joint
tu avais joint
il/elle/on avait joint
nous avions joint
vous aviez joint
ils/elles avaient joint

Futur
je joindrai
tu joindras
il/elle/on joindra
nous joindrons
vous joindrez
ils/elles joindront

Conditionnel présent
je joindrais
tu joindrais
il/elle/on joindrait
nous joindrions
vous joindriez
ils/elles joindraient

Conditionnel passé
j'aurais joint
tu aurais joint
il/elle/on aurait joint
nous aurions joint
vous auriez joint
ils/elles auraient joint

Participe passé
joint

Participe présent
joignant

Impératif
joins
joignons
joignez

Infinitif passé
avoir joint

lire: *to read*

Présent de l'indicatif
je lis
tu lis
il/elle/on lit
nous lisons
vous lisez
ils/elles lisent

Subjonctif présent
que je lise
que tu lises
qu'il/elle/on lise
que nous lisions
que vous lisiez
qu'ils/elles lisent

Subjonctif passé
que j'aie lu
que tu aies lu
qu'il/elle/on ait lu
que nous ayons lu
que vous ayez lu
qu'ils/elles aient lu

Imparfait
je lisais
tu lisais
il/elle/on lisait
nous lisions
vous lisiez
ils/elles lisaient

Passé composé
j'ai lu
tu as lu
il/elle/on a lu
nous avons lu
vous avez lu
ils/elles ont lu

Plus-que-parfait
j'avais lu
tu avais lu
il/elle/on avait lu
nous avions lu
vous aviez lu
ils/elles avaient lu

Futur
je lirai
tu liras
il/elle/on lira
nous lirons
vous lirez
ils/elles liront

Conditionnel présent
je lirais
tu lirais
il/elle/on lirait
nous lirions
vous liriez
ils/elles liraient

Conditionnel passé
j'aurais lu
tu aurais lu
il/elle/on aurait lu
nous aurions lu
vous auriez lu
ils/elles auraient lu

Participe passé
lu

Participe présent
lisant

Impératif
lis
lisons
lisez

Infinitif passé
avoir lu

mettre: *to put, to put on*

Présent de l'indicatif
je mets
tu mets
il/elle/on met
nous mettons
vous mettez
ils/elles mettent

Subjonctif présent
que je mette
que tu mettes
qu'il/elle/on mette
que nous mettions
que vous mettiez
qu'ils/elles mettent

Subjonctif passé
que j'aie mis
que tu aies mis
qu'il/elle/on ait mis
que nous ayons mis
que vous ayez mis
qu'ils/elles aient mis

Imparfait
je mettais
tu mettais
il/elle/on mettait
nous mettions
vous mettiez
ils/elles mettaient

Passé composé
j'ai mis
tu as mis
il/elle/on a mis
nous avons mis
vous avez mis
ils/elles ont mis

Plus-que-parfait
j'avais mis
tu avais mis
il/elle/on avait mis
nous avions mis
vous aviez mis
ils/elles avaient mis

Futur
je mettrai
tu mettras
il/elle/on mettra
nous mettrons
vous mettrez
ils/elles mettront

Conditionnel présent
je mettrais
tu mettrais
il/elle/on mettrait
nous mettrions
vous mettriez
ils/elles mettraient

Conditionnel passé
j'aurais mis
tu aurais mis
il/elle/on aurait mis
nous aurions mis
vous auriez mis
ils/elles auraient mis

Participe passé
mis

Participe présent
mettant

Impératif
mets
mettons
mettez

Infinitif passé
avoir mis

mourir: *to die*

Présent de l'indicatif
je meurs
tu meurs
il/elle/on meurt
nous mourons
vous mourez
ils/elles meurent

Subjonctif présent
que je meure
que tu meures
qu'il/elle/on meure
que nous mourions
que vous mouriez
qu'ils/elles meurent

Subjonctif passé
que je sois mort(e)
que tu sois mort(e)
qu'il/elle/on soit mort(e)
que nous soyons mort(e)s
que vous soyez mort(e)(s)
qu'ils/elles soient mort(e)s

Imparfait
je mourais
tu mourais
il/elle/on mourait
nous mourions
vous mouriez
ils/elles mouraient

Passé composé
je suis mort(e)
tu es mort(e)
il/elle/on est mort(e)
nous sommes mort(e)s
vous êtes mort(e)(s)
ils/elles sont mort(e)s

Plus-que-parfait
j'étais mort(e)
tu étais mort(e)
il/elle/on était mort(e)
nous étions mort(e)s
vous étiez mort(e)(s)
ils/elles étaient mort(e)s

Futur
je mourrai
tu mourras
il/elle/on mourra
nous mourrons
vous mourrez
ils/elles mourront

Conditionnel présent
je mourrais
tu mourrais
il/elle/on mourrait
nous mourrions
vous mourriez
ils/elles mourraient

Conditionnel passé
je serais mort(e)
tu serais mort(e)
il/elle/on serait mort(e)
nous serions mort(e)s
vous seriez mort(e)(s)
ils/elles seraient mort(e)s

Participe passé
mort

Participe présent
mourant

Impératif
meurs
mourons
mourez

Infinitif passé
être mort(e)(s)

nettoyer: *to clean*

Présent de l'indicatif
je nettoie
tu nettoies
il/elle/on nettoie
nous nettoyons
vous nettoyez
ils/elles nettoient

Subjonctif présent
que je nettoie
que tu nettoies
qu'il/elle/on nettoie
que nous nettoyions
que vous nettoyiez
qu'ils/elles nettoient

Subjonctif passé
que j'aie nettoyé
que tu aies nettoyé
qu'il/elle/on ait nettoyé
que nous ayons nettoyé
que vous ayez nettoyé
qu'ils/elles aient nettoyé

Imparfait
je nettoyais
tu nettoyais
il/elle/on nettoyait
nous nettoyions
vous nettoyiez
ils/elles nettoyaient

Passé composé
j'ai nettoyé
tu as nettoyé
il/elle/on a nettoyé
nous avons nettoyé
vous avez nettoyé
ils/elles ont nettoyé

Plus-que-parfait
j'avais nettoyé
tu avais nettoyé
il/elle/on avait nettoyé
nous avions nettoyé
vous aviez nettoyé
ils/elles avaient nettoyé

Futur
je nettoierai
tu nettoieras
il/elle/on nettoiera
nous nettoierons
vous nettoierez
ils/elles nettoieront

Conditionnel présent
je nettoierais
tu nettoierais
il/elle/on nettoierait
nous nettoierions
vous nettoieriez
ils/elles nettoieraient

Conditionnel passé
j'aurais nettoyé
tu aurais nettoyé
il/elle/on aurait nettoyé
nous aurions nettoyé
vous auriez nettoyé
ils/elles auraient nettoyé

Participe passé
nettoyé

Participe présent
nettoyant

Impératif
nettoie
nettoyons
nettoyez

Infinitif passé
avoir nettoyé

ouvrir: *to open*

Présent de l'indicatif
j'ouvre
tu ouvres
il/elle/on ouvre
nous ouvrons
vous ouvrez
ils/elles ouvrent

Subjonctif présent
que j'ouvre
que tu ouvres
qu'il/elle/on ouvre
que nous ouvrions
que vous ouvriez
qu'ils/elles ouvrent

Subjonctif passé
que j'aie ouvert
que tu aies ouvert
qu'il/elle/on ait ouvert
que nous ayons ouvert
que vous ayez ouvert
qu'ils/elles aient ouvert

Imparfait
j'ouvrais
tu ouvrais
il/elle/on ouvrait
nous ouvrions
vous ouvriez
ils/elles ouvraient

Passé composé
j'ai ouvert
tu as ouvert
il/elle/on a ouvert
nous avons ouvert
vous avez ouvert
ils/elles ont ouvert

Plus-que-parfait
j'avais ouvert
tu avais ouvert
il/elle/on avait ouvert
nous avions ouvert
vous aviez ouvert
ils/elles avaient ouvert

Futur
j'ouvrirai
tu ouvriras
il/elle/on ouvrira
nous ouvrirons
vous ouvrirez
ils/elles ouvriront

Conditionnel présent
j'ouvrirais
tu ouvrirais
il/elle/on ouvrirait
nous ouvririons
vous ouvririez
ils/elles ouvriraient

Conditionnel passé
j'aurais ouvert
tu aurais ouvert
il/elle/on aurait ouvert
nous aurions ouvert
vous auriez ouvert
ils/elles auraient ouvert

Participe passé
ouvert

Participe présent
ouvrant

Impératif
ouvre
ouvrons
ouvrez

Infinitif passé
avoir ouvert

paraître: *to appear*

Présent de l'indicatif
je parais
tu parais
il/elle/on paraît
nous paraissons
vous paraissez
ils/elles paraissent

Subjonctif présent
que je paraisse
que tu paraisses
qu'il/elle/on paraisse
que nous paraissions
que vous paraissiez
qu'ils/elles paraissent

Subjonctif passé
que j'aie paru
que tu aies paru
qu'il/elle/on ait paru
que nous ayons paru
que vous ayez paru
qu'ils/elles aient paru

Imparfait
je paraissais
tu paraissais
il/elle/on paraissait
nous paraissions
vous paraissiez
ils/elles paraissaient

Passé composé
j'ai paru
tu as paru
il/elle/on a paru
nous avons paru
vous avez paru
ils/elles ont paru

Plus-que-parfait
j'avais paru
tu avais paru
il/elle/on avait paru
nous avions paru
vous aviez paru
ils/elles avaient paru

Futur
je paraîtrai
tu paraîtras
il/elle/on paraîtra
nous paraîtrons
vous paraîtrez
ils/elles paraîtront

Conditionnel présent
je paraîtrais
tu paraîtrais
il/elle/on paraîtrait
nous paraîtrions
vous paraîtriez
ils/elles paraîtraient

Conditionnel passé
j'aurais paru
tu aurais paru
il/elle/on aurait paru
nous aurions paru
vous auriez paru
ils/elles auraient paru

Participe passé
paru

Participe présent
paraissant

Impératif
parais
paraissons
paraissez

Infinitif passé
avoir paru

partir: *to leave*

Présent de l'indicatif
je pars
tu pars
il/elle/on part
nous partons
vous partez
ils/elles partent

Subjonctif présent
que je parte
que tu partes
qu'il/elle/on parte
que nous partions
que vous partiez
qu'ils/elles partent

Subjonctif passé
que je sois parti(e)
que tu sois parti(e)
qu'il/elle/on soit parti(e)
que nous soyons parti(e)s
que vous soyez parti(e)(s)
qu'ils/elles soient parti(e)s

Imparfait
je partais
tu partais
il/elle/on partait
nous partions
vous partiez
ils/elles partaient

Passé composé
je suis parti(e)
tu es parti(e)
il/elle/on est parti(e)
nous sommes parti(e)s
vous êtes parti(e)(s)
ils/elles sont parti(e)s

Plus-que-parfait
j'étais parti(e)
tu étais parti(e)
il/elle/on était parti(e)
nous étions parti(e)s
vous étiez parti(e)(s)
ils/elles étaient parti(e)s

Futur
je partirai
tu partiras
il/elle/on partira
nous partirons
vous partirez
ils/elles partiront

Conditionnel présent
je partirais
tu partirais
il/elle/on partirait
nous partirions
vous partiriez
ils/elles partiraient

Conditionnel passé
je serais parti(e)
tu serais parti(e)
il/elle/on serait parti(e)
nous serions parti(e)s
vous seriez parti(e)(s)
ils/elles seraient parti(e)s

Participe passé
parti

Infinitif passé
être parti(e)(s)

Participe présent
partant

Impératif
pars
partons
partez

payer: *to pay*

Présent de l'indicatif
je paie, paye
tu paies, payes
il/elle/on paie, paye
nous payons
vous payez
ils/elles paient, payent

Subjonctif présent
que je paie, paye
que tu paies, payes
qu'il/elle/on paie, paye
que nous payions
que vous payiez
qu'ils/elles paient, payent

Subjonctif passé
que j'aie payé
que tu aies payé
qu'il/elle/on ait payé
que nous ayons payé
que vous ayez payé
qu'ils/elles aient payé

Imparfait
je payais
tu payais
il/elle/on payait
nous payions
vous payiez
ils/elles payaient

Passé composé
j'ai payé
tu as payé
il/elle/on a payé
nous avons payé
vous avez payé
ils/elles ont payé

Plus-que-parfait
j'avais payé
tu avais payé
il/elle/on avait payé
nous avions payé
vous aviez payé
ils/elles avaient payé

Futur
je paierai, payerai
tu paieras, payeras
il/elle/on paiera, payera
nous paierons, payerons
vous paierez, payerez
ils/elles paieront, payeront

Conditionnel présent
je paierais, payerais
tu paierais, payerais
il/elle/on paierait, payerait
nous paierions, payerions
vous paieriez, payeriez
ils/elles paieraient, payeraient

Conditionnel passé
j'aurais payé
tu aurais payé
il/elle/on aurait payé
nous aurions payé
vous auriez payé
ils/elles auraient payé

Participe passé
payé

Infinitif passé
avoir payé

Participe présent
payant

Impératif
paie, paye
payons
payez

peindre: ***to paint***

Présent de l'indicatif
je peins
tu peins
il/elle/on peint
nous peignons
vous peignez
ils/elles peignent

Subjonctif présent
que je peigne
que tu peignes
qu'il/elle/on peigne
que nous peignions
que vous peigniez
qu'ils/elles peignent

Subjonctif passé
que j'aie peint
que tu aies peint
qu'il/elle/on ait peint
que nous ayons peint
que vous ayez peint
qu'ils/elles aient peint

Imparfait
je peignais
tu peignais
il/elle/on peignait
nous peignions
vous peigniez
ils/elles peignaient

Passé composé
j'ai peint
tu as peint
il/elle/on a peint
nous avons peint
vous avez peint
ils/elles ont peint

Plus-que-parfait
j'avais peint
tu avais peint
il/elle/on avait peint
nous avions peint
vous aviez peint
ils/elles avaient peint

Futur
je peindrai
tu peindras
il/elle/on peindra
nous peindrons
vous peindrez
ils/elles peindront

Conditionnel présent
je peindrais
tu peindrais
il/elle/on peindrait
nous peindrions
vous peindriez
ils/elles peindraient

Conditionnel passé
j'aurais peint
tu aurais peint
il/elle/on aurait peint
nous aurions peint
vous auriez peint
ils/elles auraient peint

Participe passé
peint

Infinitif passé
avoir peint

Participe présent
peignant

Impératif
peins
peignons
peignez

plaindre: *to feel sorry for* [se plaindre: *to complain; the auxiliary is* être]

Présent de l'indicatif
je plains
tu plains
il/elle/on plaint
nous plaignons
vous plaignez
ils/elles plaignent

Subjonctif présent
que je plaigne
que tu plaignes
qu'il/elle/on plaigne
que nous plaignions
que vous plaigniez
qu'ils/elles plaignent

Subjonctif passé
que j'aie plaint
que tu aies plaint
qu'il/elle/on ait plaint
que nous ayons plaint
que vous ayez plaint
qu'ils/elles aient plaint

Imparfait
je plaignais
tu plaignais
il/elle/on plaignait
nous plaignions
vous plaigniez
ils/elles plaignaient

Passé composé
j'ai plaint
tu as plaint
il/elle/on a plaint
nous avons plaint
vous avez plaint
ils/elles ont plaint

Plus-que-parfait
j'avais plaint
tu avais plaint
il/elle/on avait plaint
nous avions plaint
vous aviez plaint
ils/elles avaient plaint

Futur
je plaindrai
tu plaindras
il/elle/on plaindra
nous plaindrons
vous plaindrez
ils/elles plaindront

Conditionnel présent
je plaindrais
tu plaindrais
il/elle/on plaindrait
nous plaindrions
vous plaindriez
ils/elles plaindraient

Conditionnel passé
j'aurais plaint
tu aurais plaint
il/elle/on aurait plaint
nous aurions plaint
vous auriez plaint
ils/elles auraient plaint

Participe passé
plaint

Infinitif passé
avoir plaint

Participe présent
plaignant

Impératif
plains
plaignons
plaignez

plaire: *to please, to be pleasing to*

Présent de l'indicatif
je plais
tu plais
il/elle/on plaît
nous plaisons
vous plaisez
ils/elles plaisent

Subjonctif présent
que je plaise
que tu plaises
qu'il/elle/on plaise
que nous plaisions
que vous plaisiez
qu'ils/elles plaisent

Subjonctif passé
que j'aie plu
que tu aies plu
qu'il/elle/on ait plu
que nous ayons plu
que vous ayez plu
qu'ils/elles aient plu

Imparfait
je plaisais
tu plaisais
il/elle/on plaisait
nous plaisions
vous plaisiez
ils/elles plaisaient

Passé composé
j'ai plu
tu as plu
il/elle/on a plu
nous avons plu
vous avez plu
ils/elles ont plu

Plus-que-parfait
j'avais plu
tu avais plu
il/elle/on avait plu
nous avions plu
vous aviez plu
ils/elles avaient plu

Futur
je plairai
tu plairas
il/elle/on plaira
nous plairons
vous plairez
ils/elles plairont

Conditionnel présent
je plairais
tu plairais
il/elle/on plairait
nous plairions
vous plairiez
ils/elles plairaient

Conditionnel passé
j'aurais plu
tu aurais plu
il/elle/on aurait plu
nous aurions plu
vous auriez plu
ils/elles auraient plu

Participe passé
plu

Participe présent
plaisant

Impératif
plais
plaisons
plaisez

Infinitif passé
avoir plu

pouvoir: *to be able to*

Présent de l'indicatif
je peux
tu peux
il/elle/on peut
nous pouvons
vous pouvez
ils/elles peuvent

Subjonctif présent
que je puisse
que tu puisses
qu'il/elle/on puisse
que nous puissions
que vous puissiez
qu'ils/elles puissent

Subjonctif passé
que j'aie pu
que tu aies pu
qu'il/elle/on ait pu
que nous ayons pu
que vous ayez pu
qu'ils/elles aient pu

Imparfait
je pouvais
tu pouvais
il/elle/on pouvait
nous pouvions
vous pouviez
ils/elles pouvaient

Passé composé
j'ai pu
tu as pu
il/elle/on a pu
nous avons pu
vous avez pu
ils/elles ont pu

Plus-que-parfait
j'avais pu
tu avais pu
il/elle/on avait pu
nous avions pu
vous aviez pu
ils/elles avaient pu

Futur
je pourrai
tu pourras
il/elle/on pourra
nous pourrons
vous pourrez
ils/elles pourront

Conditionnel présent
je pourrais
tu pourrais
il/elle/on pourrait
nous pourrions
vous pourriez
ils/elles pourraient

Conditionnel passé
j'aurais pu
tu aurais pu
il/elle/on aurait pu
nous aurions pu
vous auriez pu
ils/elles auraient pu

Participe passé
pu

Participe présent
pouvant

Impératif
(pas utilisé)

Infinitif passé
avoir pu

préférer: *to prefer*

Présent de l'indicatif
je préfère
tu préfères
il/elle/on préfère
nous préférons
vous préférez
ils/elles préfèrent

Subjonctif présent
que je préfère
que tu préfères
qu'il/elle/on préfère
que nous préférions
que vous préfériez
qu'ils/elles préfèrent

Subjonctif passé
que j'aie préféré
que tu aies préféré
qu'il/elle/on ait préféré
que nous ayons préféré
que vous ayez préféré
qu'ils/elles aient préféré

Imparfait
je préférais
tu préférais
il/elle/on préférait
nous préférions
vous préfériez
ils/elles préféraient

Passé composé
j'ai préféré
tu as préféré
il/elle/on a préféré
nous avons préféré
vous avez préféré
ils/elles ont préféré

Plus-que-parfait
j'avais préféré
tu avais préféré
il/elle/on avait préféré
nous avions préféré
vous aviez préféré
ils/elles avaient préféré

Futur
je préfèrerai, préférerai
tu préfèreras, préféreras
il/elle/on préfèrera, préférera
nous préfèrerons, préférerons
vous préfèrerez, préférerez
ils/elles préfèreront, préféreront

Conditionnel présent
je préfèrerais, préférerais
tu préfèrerais, préférerais
il/elle/on préfèrerait, préférerait
nous préfèrerions, préférerions
vous préfèreriez, préféreriez
ils/elles préfèreraient, préféreraient

Conditionnel passé
j'aurais préféré
tu aurais préféré
il/elle/on aurait préféré
nous aurions préféré
vous auriez préféré
ils/elles auraient préféré

Participe passé
préféré

Participe présent
préférant

Impératif
préfère
préférons
préférez

Infinitif passé
avoir préféré

prendre: *to take*

Présent de l'indicatif
je prends
tu prends
il/elle/on prend
nous prenons
vous prenez
ils/elles prennent

Subjonctif présent
que je prenne
que tu prennes
qu'il/elle/on prenne
que nous prenions
que vous preniez
qu'ils/elles prennent

Subjonctif passé
que j'aie pris
que tu aies pris
qu'il/elle/on ait pris
que nous ayons pris
que vous ayez pris
qu'ils/elles aient pris

Imparfait
je prenais
tu prenais
il/elle/on prenait
nous prenions
vous preniez
ils/elles prenaient

Passé composé
j'ai pris
tu as pris
il/elle/on a pris
nous avons pris
vous avez pris
ils/elles ont pris

Plus-que-parfait
j'avais pris
tu avais pris
il/elle/on avait pris
nous avions pris
vous aviez pris
ils/elles avaient pris

Futur
je prendrai
tu prendras
il/elle/on prendra
nous prendrons
vous prendrez
ils/elles prendront

Conditionnel présent
je prendrais
tu prendrais
il/elle/on prendrait
nous prendrions
vous prendriez
ils/elles prendraient

Conditionnel passé
j'aurais pris
tu aurais pris
il/elle/on aurait pris
nous aurions pris
vous auriez pris
ils/elles auraient pris

Participe passé
pris

Participe présent
prenant

Impératif
prends
prenons
prenez

Infinitif passé
avoir pris

recevoir: *to receive*

Présent de l'indicatif
je reçois
tu reçois
il/elle/on reçoit
nous recevons
vous recevez
ils/elles reçoivent

Subjonctif présent
que je reçoive
que tu reçoives
qu'il/elle/on reçoive
que nous recevions
que vous receviez
qu'ils/elles reçoivent

Subjonctif passé
que j'aie reçu
que tu aies reçu
qu'il/elle/on ait reçu
que nous ayons reçu
que vous ayez reçu
qu'ils/elles aient reçu

Imparfait
je recevais
tu recevais
il/elle/on recevait
nous recevions
vous receviez
ils/elles recevaient

Passé composé
j'ai reçu
tu as reçu
il/elle/on a reçu
nous avons reçu
vous avez reçu
ils/elles ont reçu

Plus-que-parfait
j'avais reçu
tu avais reçu
il/elle/on avait reçu
nous avions reçu
vous aviez reçu
ils/elles avaient reçu

Futur
je recevrai
tu recevras
il/elle/on recevra
nous recevrons
vous recevrez
ils/elles recevront

Conditionnel présent
je recevrais
tu recevrais
il/elle/on recevrait
nous recevrions
vous recevriez
ils/elles recevraient

Conditionnel passé
j'aurais reçu
tu aurais reçu
il/elle/on aurait reçu
nous aurions reçu
vous auriez reçu
ils/elles auraient reçu

Participe passé
reçu

Participe présent
recevant

Impératif
reçois
recevons
recevez

Infinitif passé
avoir reçu

rire: *to laugh*

Présent de l'indicatif
je ris
tu ris
il/elle/on rit
nous rions
vous riez
ils/elles rient

Subjonctif présent
que je rie
que tu ries
qu'il/elle/on rie
que nous riions
que vous riiez
qu'ils/elles rient

Subjonctif passé
que j'aie ri
que tu aies ri
qu'il/elle/on ait ri
que nous ayons ri
que vous ayez ri
qu'ils/elles aient ri

Imparfait
je riais
tu riais
il/elle/on riait
nous riions
vous riiez
ils/elles riaient

Passé composé
j'ai ri
tu as ri
il/elle/on a ri
nous avons ri
vous avez ri
ils/elles ont ri

Plus-que-parfait
j'avais ri
tu avais ri
il/elle/on avait ri
nous avions ri
vous aviez ri
ils/elles avaient ri

Futur
je rirai
tu riras
il/elle/on rira
nous rirons
vous rirez
ils/elles riront

Conditionnel présent
je rirais
tu rirais
il/elle/on rirait
nous ririons
vous ririez
ils/elles riraient

Conditionnel passé
j'aurais ri
tu aurais ri
il/elle/on aurait ri
nous aurions ri
vous auriez ri
ils/elles auraient ri

Participe passé
ri

Infinitif passé
avoir ri

Participe présent
riant

Impératif
ris
rions
riez

rompre: *to break (up)*

Présent de l'indicatif
je romps
tu romps
il/elle/on rompt
nous rompons
vous rompez
ils/elles rompent

Subjonctif présent
que je rompe
que tu rompes
qu'il/elle/on rompe
que nous rompions
que vous rompiez
qu'ils/elles rompent

Subjonctif passé
que j'aie rompu
que tu aies rompu
qu'il/elle/on ait rompu
que nous ayons rompu
que vous ayez rompu
qu'ils/elles aient rompu

Imparfait
je rompais
tu rompais
il/elle/on rompait
nous rompions
vous rompiez
ils/elles rompaient

Passé composé
j'ai rompu
tu as rompu
il/elle/on a rompu
nous avons rompu
vous avez rompu
ils/elles ont rompu

Plus-que-parfait
j'avais rompu
tu avais rompu
il/elle/on avait rompu
nous avions rompu
vous aviez rompu
ils/elles avaient rompu

Futur
je romprai
tu rompras
il/elle/on rompra
nous romprons
vous romprez
ils/elles rompront

Conditionnel présent
je romprais
tu romprais
il/elle/on romprait
nous romprions
vous rompriez
ils/elles rompraient

Conditionnel passé
j'aurais rompu
tu aurais rompu
il/elle/on aurait rompu
nous aurions rompu
vous auriez rompu
ils/elles auraient rompu

Participe passé
rompu

Infinitif passé
avoir rompu

Participe présent
rompant

Impératif
romps
rompons
rompez

savoir: *to know*

Présent de l'indicatif
je sais
tu sais
il/elle/on sait
nous savons
vous savez
ils/elles savent

Subjonctif présent
que je sache
que tu saches
qu'il/elle/on sache
que nous sachions
que vous sachiez
qu'ils/elles sachent

Subjonctif passé
que j'aie su
que tu aies su
qu'il/elle/on ait su
que nous ayons su
que vous ayez su
qu'ils/elles aient su

Imparfait
je savais
tu savais
il/elle/on savait
nous savions
vous saviez
ils/elles savaient

Passé composé
j'ai su
tu as su
il/elle/on a su
nous avons su
vous avez su
ils/elles ont su

Plus-que-parfait
j'avais su
tu avais su
il/elle/on avait su
nous avions su
vous aviez su
ils/elles avaient su

Futur
je saurai
tu sauras
il/elle/on saura
nous saurons
vous saurez
ils/elles sauront

Conditionnel présent
je saurais
tu saurais
il/elle/on saurait
nous saurions
vous sauriez
ils/elles sauraient

Conditionnel passé
j'aurais su
tu aurais su
il/elle/on aurait su
nous aurions su
vous auriez su
ils/elles auraient su

Participe passé
su

Infinitif passé
avoir su

Participe présent
sachant

Impératif
sache
sachons
sachez

sortir: *to go out*

Présent de l'indicatif
je sors
tu sors
il/elle/on sort
nous sortons
vous sortez
ils/elles sortent

Subjonctif présent
que je sorte
que tu sortes
qu'il/elle/on sorte
que nous sortions
que vous sortiez
qu'ils/elles sortent

Subjonctif passé
que je sois sorti(e)
que tu sois sorti(e)
qu'il/elle/on soit sorti(e)
que nous soyons sorti(e)s
que vous soyez sorti(e)(s)
qu'ils/elles soient sorti(e)s

Imparfait
je sortais
tu sortais
il/elle/on sortait
nous sortions
vous sortiez
ils/elles sortaient

Passé composé
je suis sorti(e)
tu es sorti(e)
il/elle/on est sorti(e)
nous sommes sorti(e)s
vous êtes sorti(e)(s)
ils/elles sont sorti(e)s

Plus-que-parfait
j'étais sorti(e)
tu étais sorti(e)
il/elle/on était sorti(e)
nous étions sorti(e)s
vous étiez sorti(e)(s)
ils/elles étaient sorti(e)s

Futur
je sortirai
tu sortiras
il/elle/on sortira
nous sortirons
vous sortirez
ils/elles sortiront

Conditionnel présent
je sortirais
tu sortirais
il/elle/on sortirait
nous sortirions
vous sortiriez
ils/elles sortiraient

Conditionnel passé
je serais sorti(e)
tu serais sorti(e)
il/elle/on serait sorti(e)
nous serions sorti(e)s
vous seriez sorti(e)(s)
ils/elles seraient sorti(e)s

Participe passé
sorti(e)(s)

Participe présent
sortant

Impératif
sors
sortons
sortez

Infinitif passé
être sorti(e)(s)

se taire: *to be quiet, to be silent, not to speak*

Présent de l'indicatif
je me tais
tu te tais
il/elle/on se tait
nous nous taisons
vous vous taisez
ils/elles se taisent

Subjonctif présent
que je me taise
que tu te taises
qu'il/elle/on se taise
que nous nous taisions
que vous vous taisiez
qu'ils/elles se taisent

Subjonctif passé
que je me sois tu(e)
que tu te sois tu(e)
qu'il/elle/on se soit tu(e)
que nous nous soyons tu(e)s
que vous vous soyez tu(e)(s)
qu'ils/elles se soient tu(e)s

Imparfait
je me taisais
tu te taisais
il/elle/on se taisait
nous nous taisions
vous vous taisiez
ils/elles se taisaient

Passé composé
je me suis tu(e)
tu t'es tu(e)
il/elle/on s'est tu(e)
nous nous sommes tu(e)s
vous vous êtes tu(e)(s)
ils/elles se sont tu(e)s

Plus-que-parfait
je m'étais tu(e)
tu t'étais tu(e)
il/elle/on s'était tu(e)
nous nous étions tu(e)s
vous vous étiez tu(e)(s)
ils/elles s'étaient tu(e)s

Futur
je me tairai
tu te tairas
il/elle/on se taira
nous nous tairons
vous vous tairez
ils/elles se tairont

Conditionnel présent
je me tairais
tu te tairais
il/elle/on se tairait
nous nous tairions
vous vous tairiez
ils/elles se tairaient

Conditionnel passé
je me serais tu(e)
tu te serais tu(e)
il/elle/on se serait tu(e)
nous nous serions tu(e)s
vous vous seriez tu(e)(s)
ils/elles se seraient tu(e)s

Participe passé
tu

Participe présent
se taisant

Impératif
tais-toi
taisons-nous
taisez-vous

Infinitif passé
s'être tu(e)(s)

suivre: *to follow; to take (a class)*

Présent de l'indicatif
je suis
tu suis
il/elle/on suit
nous suivons
vous suivez
ils/elles suivent

Subjonctif présent
que je suive
que tu suives
qu'il/elle/on suive
que nous suivions
que vous suiviez
qu'ils/elles suivent

Subjonctif passé
que j'aie suivi
que tu aies suivi
qu'il/elle/on ait suivi
que nous ayons suivi
que vous ayez suivi
qu'ils/elles aient suivi

Imparfait
je suivais
tu suivais
il/elle/on suivait
nous suivions
vous suiviez
ils/elles suivaient

Passé composé
j'ai suivi
tu as suivi
il/elle/on a suivi
nous avons suivi
vous avez suivi
ils/elles ont suivi

Plus-que-parfait
j'avais suivi
tu avais suivi
il/elle/on avait suivi
nous avions suivi
vous aviez suivi
ils/elles avaient suivi

Futur
je suivrai
tu suivras
il/elle/on suivra
nous suivrons
vous suivrez
ils/elles suivront

Conditionnel présent
je suivrais
tu suivrais
il/elle/on suivrait
nous suivrions
vous suivriez
ils/elles suivraient

Conditionnel passé
j'aurais suivi
tu aurais suivi
il/elle/on aurait suivi
nous aurions suivi
vous auriez suivi
ils/elles auraient suivi

Participe passé
suivi

Participe présent
suivant

Impératif
suis
suivons
suivez

Infinitif passé
avoir suivi

tenir: *to hold*

Présent de l'indicatif
je tiens
tu tiens
il/elle/on tient
nous tenons
vous tenez
ils/elles tiennent

Subjonctif présent
que je tienne
que tu tiennes
qu'il/elle/on tienne
que nous tenions
que vous teniez
qu'ils/elles tiennent

Subjonctif passé
que j'aie tenu
que tu aies tenu
qu'il/elle/on ait tenu
que nous ayons tenu
que vous ayez tenu
qu'ils/elles aient tenu

Imparfait
je tenais
tu tenais
il/elle/on tenait
nous tenions
vous teniez
ils/elles tenaient

Passé composé
j'ai tenu
tu as tenu
il/elle/on a tenu
nous avons tenu
vous avez tenu
ils/elles ont tenu

Plus-que-parfait
j'avais tenu
tu avais tenu
il/elle/on avait tenu
nous avions tenu
vous aviez tenu
ils/elles avaient tenu

Futur
je tiendrai
tu tiendras
il/elle/on tiendra
nous tiendrons
vous tiendrez
ils/elles tiendront

Conditionnel présent
je tiendrais
tu tiendrais
il/elle/on tiendrait
nous tiendrions
vous tiendriez
ils/elles tiendraient

Conditionnel passé
j'aurais tenu
tu aurais tenu
il/elle/on aurait tenu
nous aurions tenu
vous auriez tenu
ils/elles auraient tenu

Participe passé
tenu

Participe présent
tenant

Impératif
tiens
tenons
tenez

Infinitif passé
avoir tenu

vaincre: *to win, to defeat, to vanquish, to overcome*

Présent de l'indicatif
je vainc
tu vaincs
il/elle/on vainc
nous vainquons
vous vainquez
ils/elles vainquent

Subjonctif présent
que je vainque
que tu vainques
qu'il/elle/on vainque
que nous vainquions
que vous vainquiez
qu'ils/elles vainquent

Subjonctif passé
que j'aie vaincu
que tu aies vaincu
qu'il/elle/on ait vaincu
que nous ayons vaincu
que vous ayez vaincu
qu'ils/elles aient vaincu

Imparfait
je vainquais
tu vainquais
il/elle/on vainquait
nous vainquions
vous vainquiez
ils/elles vainquaient

Passé composé
j'ai vaincu
tu as vaincu
il/elle/on a vaincu
nous avons vaincu
vous avez vaincu
ils/elles ont vaincu

Plus-que-parfait
j'avais vaincu
tu avais vaincu
il/elle/on avait vaincu
nous avions vaincu
vous aviez vaincu
ils/elles avaient vaincu

Futur
je vaincrai
tu vaincras
il/elle/on vaincra
nous vaincrons
vous vaincrez
ils/elles vaincront

Conditionnel présent
je vaincrais
tu vaincrais
il/elle/on vaincrait
nous vaincrions
vous vaincriez
ils/elles vaincraient

Conditionnel passé
j'aurais vaincu
tu aurais vaincu
il/elle/on aurait vaincu
nous aurions vaincu
vous auriez vaincu
ils/elles auraient vaincu

Participe passé
vaincu

Participe présent
vainquant

Impératif
vaincs
vainquons
vainquez

Infinitif passé
avoir vaincu

venir: *to come*

Présent de l'indicatif
je viens
tu viens
il/elle/on vient
nous venons
vous venez
ils/elles viennent

Subjonctif présent
que je vienne
que tu viennes
qu'il/elle/on vienne
que nous venions
que vous veniez
qu'ils/elles viennent

Subjonctif passé
que je sois venu(e)
que tu sois venu(e)
qu'il/elle/on soit venu(e)
que nous soyons venu(e)s
que vous soyez venu(e)(s)
qu'ils/elles soient venu(e)s

Imparfait
je venais
tu venais
il/elle/on venait
nous venions
vous veniez
ils/elles venaient

Passé composé
je suis venu(e)
tu es venu(e)
il/elle/on est venu(e)
nous sommes venu(e)s
vous êtes venu(e)(s)
ils/elles sont venu(e)s

Plus-que-parfait
j'étais venu(e)
tu étais venu(e)
il/elle/on était venu(e)
nous étions venu(e)s
vous étiez venu(e)(s)
ils/elles étaient venu(e)s

Futur
je viendrai
tu viendras
il/elle/on viendra
nous viendrons
vous viendrez
ils/elles viendront

Conditionnel présent
je viendrais
tu viendrais
il/elle/on viendrait
nous viendrions
vous viendriez
ils/elles viendraient

Conditionnel passé
je serais venu(e)
tu serais venu(e)
il/elle/on serait venu(e)
nous serions venu(e)s
vous seriez venu(e)(s)
ils/elles seraient venu(e)s

Participe passé
venu

Infinitif passé
être venu(e)(s)

Participe présent
venant

Impératif
viens
venons
venez

vivre: *to live*

Présent de l'indicatif
je vis
tu vis
il/elle/on vit
nous vivons
vous vivez
ils/elles vivent

Subjonctif présent
que je vive
que tu vives
qu'il/elle/on vive
que nous vivions
que vous viviez
qu'ils/elles vivent

Subjonctif passé
que j'aie vécu
que tu aies vécu
qu'il/elle/on ait vécu
que nous ayons vécu
que vous ayez vécu
qu'ils/elles aient vécu

Imparfait
je vivais
tu vivais
il/elle/on vivait
nous vivions
vous viviez
ils/elles vivaient

Passé composé
j'ai vécu
tu as vécu
il/elle/on a vécu
nous avons vécu
vous avez vécu
ils/elles ont vécu

Plus-que-parfait
j'avais vécu
tu avais vécu
il/elle/on avait vécu
nous avions vécu
vous aviez vécu
ils/elles avaient vécu

Futur
je vivrai
tu vivras
il/elle/on vivra
nous vivrons
vous vivrez
ils/elles vivront

Conditionnel présent
je vivrais
tu vivrais
il/elle/on vivrait
nous vivrions
vous vivriez
ils/elles vivraient

Conditionnel passé
j'aurais vécu
tu aurais vécu
il/elle/on aurait vécu
nous aurions vécu
vous auriez vécu
ils/elles auraient vécu

Participe passé
vécu

Participe présent
vivant

Impératif
vis
vivons
vivez

Infinitif passé
avoir vécu

voir: *to see*

Présent de l'indicatif
je vois
tu vois
il/elle/on voit
nous voyons
vous voyez
ils/elles voient

Subjonctif présent
que je voie
que tu voies
qu'il/elle/on voie
que nous voyions
que vous voyiez
qu'ils/elles voient

Subjonctif passé
que j'aie vu
que tu aies vu
qu'il/elle/on ait vu
que nous ayons vu
que vous ayez vu
qu'ils/elles aient vu

Imparfait
je voyais
tu voyais
il/elle/on voyait
nous voyions
vous voyiez
ils/elles voyaient

Passé composé
j'ai vu
tu as vu
il/elle/on a vu
nous avons vu
vous avez vu
ils/elles ont vu

Plus-que-parfait
j'avais vu
tu avais vu
il/elle/on avait vu
nous avions vu
vous aviez vu
ils/elles avaient vu

Futur
je verrai
tu verras
il/elle/on verra
nous verrons
vous verrez
ils/elles verront

Conditionnel présent
je verrais
tu verrais
il/elle/on verrait
nous verrions
vous verriez
ils/elles verraient

Conditionnel passé
j'aurais vu
tu aurais vu
il/elle/on aurait vu
nous aurions vu
vous auriez vu
ils/elles auraient vu

Participe passé
vu

Participe présent
voyant

Impératif
vois
voyons
voyez

Infinitif passé
avoir vu

vouloir: *to want*

Présent de l'indicatif
je veux
tu veux
il/elle/on veut
nous voulons
vous voulez
ils/elles veulent

Subjonctif présent
que je veuille
que tu veuilles
qu'il/elle/on veuille
que nous voulions
que vous vouliez
qu'ils/elles veuillent

Subjonctif passé
que j'aie voulu
que tu aies voulu
qu'il/elle/on ait voulu
que nous ayons voulu
que vous ayez voulu
qu'ils/elles aient voulu

Imparfait
je voulais
tu voulais
il/elle/on voulait
nous voulions
vous vouliez
ils/elles voulaient

Passé composé
j'ai voulu
tu as voulu
il/elle/on a voulu
nous avons voulu
vous avez voulu
ils/elles ont voulu

Plus-que-parfait
j'avais voulu
tu avais voulu
il/elle/on avait voulu
nous avions voulu
vous aviez voulu
ils/elles avaient voulu

Futur
je voudrai
tu voudras
il/elle/on voudra
nous voudrons
vous voudrez
ils/elles voudront

Conditionnel présent
je voudrais
tu voudrais
il/elle/on voudrait
nous voudrions
vous voudriez
ils/elles voudraient

Conditionnel passé
j'aurais voulu
tu aurais voulu
il/elle/on aurait voulu
nous aurions voulu
vous auriez voulu
ils/elles auraient voulu

Participe passé
voulu

Participe présent
voulant

Impératif
veux
veuillons
veuillez

Infinitif passé
avoir voulu

voyager: *to travel*

Présent de l'indicatif
je voyage
tu voyages
il/elle/on voyage
nous voyageons
vous voyagez
ils/elles voyagent

Subjonctif présent
que je voyage
que tu voyages
qu'il/elle/on voyage
que nous voyagions
que vous voyagiez
qu'ils/elles voyagent

Subjonctif passé
que j'aie voyagé
que tu aies voyagé
qu'il/elle/on ait voyagé
que nous ayons voyagé
que vous ayez voyagé
qu'ils/elles aient voyagé

Imparfait
je voyageais
tu voyageais
il/elle/on voyageait
nous voyagions
vous voyagiez
ils/elles voyageaient

Passé composé
j'ai voyagé
tu as voyagé
il/elle/on a voyagé
nous avons voyagé
vous avez voyagé
ils/elles ont voyagé

Plus-que-parfait
j'avais voyagé
tu avais voyagé
il/elle/on avait voyagé
nous avions voyagé
vous aviez voyagé
ils/elles avaient voyagé

Futur
je voyagerai
tu voyageras
il/elle/on voyagera
nous voyagerons
vous voyagerez
ils/elles voyageront

Conditionnel présent
je voyagerais
tu voyagerais
il/elle/on voyagerait
nous voyagerions
vous voyageriez
ils/elles voyageraient

Conditionnel passé
j'aurais voyagé
tu aurais voyagé
il/elle/on aurait voyagé
nous aurions voyagé
vous auriez voyagé
ils/elles auraient voyagé

Participe passé
voyagé

Participe présent
voyageant

Impératif
voyage
voyageons
voyagez

Infinitif passé
avoir voyagé

GLOSSARY

This glossary contains French words and expressions, defined as they are used in the context of this book. The number in parentheses indicates the chapter in which the word appears.

The masculine form is given for all adjectives. When a masculine adjective ends in **-e,** the feminine form is the same. To form the feminine of regular adjectives, add an **e** to the masculine. Irregular feminine endings or forms are given in parentheses.

The gender (*m.* or *f.*) is indicated for most nouns. Nouns that can be either masculine or feminine are indicated with *n.* If the masculine form ends in **-e,** the feminine form is the same. To form the feminine for those ending in a consonant, add an **e** to the masculine. Other feminine forms are given in parentheses.

Verbs that are irregular are marked as *(irr.).* Verbs classed in verb families are indicatedwith the verb they resemble in parentheses after the French form of the verb. Both types ofverbs can be found in **Appendix B** (pages 336–370).

Abbreviations

adj.	adjective	*fam.*	familiar	*pl.*	plural
adv.	adverb	*inv.*	invariable	*n.*	noun
f.	feminine	*m.*	masculine		

A

accéléré *m.* fast action (1)
accord *m.* agreement (5)
accoucher (de) to deliver (a baby) (5)
accro *adj. inv. and n., fam.* **dépendant (d'une drogue)** (6)
accueillir to welcome (2)
accuser to accuse (2), (4), (9)
acteur (actrice) *n.* actor/actress (CP)
s'adapter (à) to adapt (to) (1)
adoptif (adoptive) *adj.* adoptive (5)
adversaire *n. and adj.* opponent (9)
affiche *f.* poster; **être à l'affiche** to play (CP)
agaçant *adj.* irritating, annoying (1)
agréable *adj.* pleasant (4)
agresser to assault, to attack (4), (6)
aider to help (5), (7); **aider quelqu'un (à)** to help someone to do something (2), (8)
ailleurs *adv.* elsewhere (1)
aîné *n. and adj.* oldest child (6)
aisé *adj.* well-off (5)
aise *f.* ease; **à l'aise** *adj.* at ease (1), (4)
aller to go; **aller à** to attend (an institution) (1)
allumer *fam.* to seduce (6)
améliorer to improve (9); **s'améliorer** to improve (7)
amical *adj.* friendly (5)
amnistie *f.* amnesty (5)
amnistier to pardon (5)
amocher quelqu'un *fam.* to mess someone up (6)
amoureux (amoureuse) (de) *adj.* in love (with) (1)
amusant *adj.* amusing, funny (1); **s'amuser** to play, to have fun (2), (8)

analyse *f.* medical test; **faire des analyses** to undergo medical tests (1)
angoissé *adj.* anxious (1)
annuler to cancel (6)
anonyme *adj.* anonymous; nondescript (4)
appartenir à to belong to (CP)
appeler to call; **appeler au secours** to call for help (6)
apprendre (comme **prendre**) to learn (8); to teach someone something (2)
apprenti *m.* trainee (7)
apprentissage *m.* learning process, work experience (8)
arrogant *adj.* arrogant (2)
asocial *adj.* antisocial (1)
assisté social *n.* person on welfare (8)
assister à to attend (CP), (1), (6)
assommer quelqu'un to knock someone out (6)
attacher to tie (7)
attentat *m.* attack (2)
auberge *f.* inn (1)
autoritaire *adj.* authoritarian (5)
auxiliaire de vie *n.* personal care assistant (8)
aventure *f.* fling; **aventure de passage** *f.* fling (5)
avertir (comme **finir**) to warn (6), (7)
aveu *m.* confession (7)
avocat(e) *n.* lawyer (2), (8)
avoir to have; **avoir de l'aisance** to be at ease (1); **avoir le coup de foudre** to fall in love at first sight (1), (6), (9); **avoir la haine** *fam.* to hate (6); **avoir du mal à** to have difficulties (1); **avoir le mal du pays** to be homesick (1); **avoir une sous-spécialisation en** to minor in (1)
avouer to admit, to confess; **avouer la vérité** to confess the truth (7)

B

bagne *m.* penal colony (5)
bague *f.* ring (7)
baignoire *f.* bathtub (1)
balcon *m.* balcony (4)
bande-annonce *f.* movie trailer (CP)
bande-son *f.* soundtrack (CP)
banlieue *f.* suburbs (8)
banlieusard *n.* resident of the suburbs (8)
baragouiner *fam.* to speak a language badly (1)
baraque *f.* house (8)
baratin *m.* *fam.* smooth talk (8)
se barrer *fam.* to leave (8)
bas *m.* bottom, stockings (8); **en bas** at the bottom (4)
baskets *f.* *pl.* tennis shoes (4)
bateau *m.* boat (5)
bâtiment *m.* building (8)
battre *irr.* to beat (up) (5), (6), (7); **se battre** *irr.* to fight (2)
bécane *f., fam.* bike, motorcycle (6)
bénéficier de to benefit from (1)
bénéfique *adj.* beneficial (1)
berlingot (de lait) *m.* small milk carton (2)
bêtise *f.* something stupid, stupidity (2), (8); **faire une bêtise** to do something stupid, to get into trouble (2)
béton *m.* concrete (7)
betterave *f.* beet (4)
bien *adv.* well; **bien au-delà** way beyond (3); **bien payé** *adj.* well paid (7)
bien *m.* good (7)
billet *m.* ticket (CP)
blague *f.* joke (8)
blaguer *fam.* to joke (8)
blanchir (de l'argent) (comme **finir**) to launder (money) (6)
blessé *adj.* injured; **grièvement blessé** seriously injured (7)
blesser to hurt; to hurt someone's feelings (1)
blouson (en cuir) *m.* (leather) jacket (4)
boîte *f., fam.* office (4)
bonbonne de gaz *f.* gas cylinder (7)
bord *m.* edge; **à bord (de)** on board, aboard (5)
bordel *m., fam.* chaos, mess (1)
bouffe *f., fam.* food; **bouffer** *fam.* to eat (1); **faire la bouffe** *fam.* to cook (6)
bouleversant *adj.* deeply distressed (2)
bouleversement *m.* disruption (2)
boulot *m., fam.* job (6)
bourgeois *adj.* bourgeois (1)
bourré *adj., fam.* drunk (6)
bourse *f.* scholarship (1)
Bourse *f.* Stock Exchange (1), (6)
brutal *adj.* brutal (4)
brute *f., fam.* bully (4)
bureaucratie *f.* bureaucracy (1)

C

(se) cacher to hide (3), (5), (6), (7)
cadre *m.* frame; executive (4); **entrer dans le cadre** to fit in the frame (4)
calme *adj.* calm (1)
came *f., fam.* drug (dealer, revendeur) (6)
camionnette *f.* van (7)
campagne *f.* campaign; **faire campagne** to campaign (9)
candidat *n.* candidate (9); **être candidat (à)** to be a candidate (for) (9)
cantine *f.* school cafeteria (2), (4)
caoutchouc *m.* rubber (5)
capitalisme (sauvage) *m.* (unrestrained) capitalism (9)
caricature *f.* caricature (1)
carié *adj.* unhealthy (teeth), with cavities (7)
carriole *f.* cart (9)
carte de séjour *f.* resident alien card (7)
casier *m.* locker (2); **casier judiciaire** police record (8)
casser to break; **casser le bras de quelqu'un** to break someone's arm (4); **se casser** *fam.* to leave (8); **se casser le bras** to break one's arm (4)
cauchemar *m.* nightmare (2), (8)
cercueil *m.* casket (5)
certificat *m.* certificate; **certificat de logement** *m.* proof of residency (7)
cerveau *m.* brain (1)
chacun pour soi *m.* everyone for himself (7)
chagrin *m.* sorrow (2)
chaîne *f.* chain (7)
chantage *m.* blackmail; **chantage affectif** *m.* emotional blackmail (7); **faire du chantage (à quelqu'un)** to blackmail (someone) (7)
chanmé *adj.* mean **(verlan)** (8)
chantier *m.* building yard (7)
char *m.* float (in a parade) (4)
charrette *f.* cart (9)
chat de gouttière *m.* stray cat (4)
chatouille *f.* tickle; **chatouiller** to tickle (7); **faire des chatouilles** to tickle (7)
chauffage *m.* heat (7)
chef *m.* boss; **chef d'entreprise** *m.* business owner, CEO (4), (9); **chef de la sûreté** *m.* security chief (5)
chelou *adj.* weird **(verlan)** (8)
chemise *f.* man's shirt (4)
chemisier *m.* woman's blouse (4)
chiant *adj., fam.* boring, annoying (4), (8)
chœur *m.* chorus (9)
chômage *m.* unemployment (7), (8)
chome *adj.* ugly **(verlan)** (8)
chum *m.* boyfriend/husband (2)
chrysalide *f.* cocoon, pupa (2)
cimetière *m.* cemetery (9)
cité *f.* housing project (6), (8)
citoyen (citoyenne) *n.* citizen (9)
clamser *fam.* to die (8)
clandestin *n. and adj.* illegal (2), (7)
cliché *m.* cliché (1)
client *n.* customer (4)
clope *f. fam.* cigarette (8)
cogner to hit (2), (8)
cohabitation *f.* living together; **cohabiter** to live together (1)
coincé *adj. fam.* inhibited (1)
coléreux (coléreuse) *adj.* prone to anger (1)
collection *f.* collection; **collecter** to collect (7)
collège *m.* middle school (2)
colocataire *n.* house/roommate (1)
colocation *f.* sharing the rent; shared rental (1)
colon *m.* colonizer (5)
coma *m.* coma; **être dans le coma** to be in a coma (6)
combatif (combative) *adj.* combative, with a fighting spirit (8)
comédie *f.* comedy; **comédien (comédienne)** *n.* actor, actress (CP)
comique *adj.* comical (8)
commander to rule; to order (5)
commissaire (d'immigration) *m.* Commissionner (2)
commissariat de police *m.* police station (8)
compassion *f.* compassion (5)
compatissant *adj.* compassionate (5)
complémentaire *adj.* complementary (8)
complice *adj. and n.* accomplice (6)
comportement *m.* behavior (4)
compréhensif (compréhensive) *adj.* understanding (2), (8)
(se) compromettre (comme **mettre**) to compromise (oneself) (9)

comptable *n.* accountant; **chef comptable** *n.* chief accountant (4)
compte en banque *m.* bank account (6)
con (conne) *adj, vulg.* stupid (8)
concours *m.* competitive exam (2)
confiance *f.* confidence; **faire confiance (à quelqu'un)** to trust (someone) (5), (9)
confier to entrust (7)
conflictuel (conflictuelle) *adj.* conflictual (5)
se conformer to conform (3)
confus *adj.* confused (1)
connaissance *f.* acquaintance; **faire la connaissance de quelqu'un** to meet someone (1)
connaître *irr.* to know (2), (8)
se consacrer (à) to dedicate oneself (to) (6)
conseil *m.* piece of advice; **conseiller (à)** to advise (4); **conseiller à quelqu'un de faire quelque chose** to advise someone to do something (2), (8)
conservateur (conservatrice) (de musée) *n.* curator (9)
conserverie *f.* cannery (9)
contrat *m.* contract (9)
contre-attaquer to counterattack (4)
contremaître *m.* overseer (5)
convoitise *f.* greed; **convoiter** to covet (9)
convoquer quelqu'un to call in someone (8)
cool *adj, fam.* cool (1)
costaud *adj.* big and strong (4)
coup de foudre *m.* love at first sight (5)
couple mixte *m.* mixed couple (5)
cours *m.* class; **cours en amphi(théâtre)** *m.* lecture class (1); **cours magistral** *m.* lecture class (1)
course *f.* race (5)
court métrage *m.* short (film) (CP)
cravate *f.* tie (4)
crise d'angoisse *f.* anxiety attack (2), (8)
culpabilité *f.* guilt (2), (8)
CV (curriculum vitæ) *m.* résumé (1)
cynique *adj.* cynical (9)

D

danger *m.* danger (2); **en danger** in danger (2)
daronne *f.* mother **(verlan)** (8)
débarquer *fam.* to arrive (1)
débrouillard *adj.* resourceful (7); **se débrouiller** to be resourceful (7)
déchets industriels *m. pl.* industrial waste (9)
déchiqueter (comme **jeter**) to tear to shreds (6)
déchu *adj.* fallen (9)
déconner *fam.* to talk nonsense, to fool about (8)
décor *m.* set (CP)
défavorisé *adj.* underprivileged (7)
se défenestrer to throw oneself through a window (2)
défier to defy, to challenge (5)
défilé *m.* parade; **défiler** to (be in a) parade (4)
dégueulasse *adj. fam.* very dirty, disgusting (1), (8)
déjanter *fam.* to go a little crazy, to behave abnormally (6)
demande *f.* request; **demander à quelqu'un de faire quelque chose** to ask someone to do something (2), (8); **faire une demande de** to apply for (a scholarship, a loan, a passport) (1)
demandeur (demandeuse) d'asile *n.* asylum-seeker (2)
démanteler (comme **acheter**) to dismantle (6)
démarrer to start (a car) (6)
déménager (comme **voyager**) to move (to change residence) (2)
démissionner to resign (9)
démodé *adj.* out of fashion (4)
dénouement *m.* denouement, ending (CP)
dépendance *f.* annex, outhouse (8)
se dépêcher to hurry up (7)
déporter to deport (7)
dépressif (dépressive) depressed (2)
déprimé *adj.* depressed (4), (8)
déprimer to be depressed (8)
député *m.* deputy, representative (9)
déraciné *adj.* uprooted (2)
dérive *f.* drift; **à la dérive** adrift (5)
des carottes râpées *f. pl.* shredded carrots (4)
désaccord *m.* disagreement (5)
déserter to desert (5)
désobéissant *adj.* disobedient (7)
désordonné *adj.* messy (for a person or a place) (1); **désordre** *m.* mess (1); **en désordre** messy (for a place) (1)

destructeur (destructrice) *adj.* destructive (5)
détacher to untie (7); **se détacher (de)** to grow apart (from) (5), (7)
(se) détendre to relax (4); **détendre l'atmosphère** to lighten up the atmosphere; to defuse a situation (4)
se détériorer to get worse (for a thing or situation) (3), (7)
dette (de jeu) *f.* (gambling) debt (7)
deuil *m.* mourning (2); **être en deuil** to be in mourning (5), (9)
devin *m.* seer (7)
deviner to guess (2)
devoir *m.* duty; **faire son devoir** to do one's duty (5), (9)
dialogue *m.* dialogue (CP)
digne *adj.* full of dignity; **dignité** *f.* dignity (9)
dictée *f.* dictation (2)
dilemme moral *m.* moral dilemma (7)
dingue *adj., fam.* crazy (6)
dire la vérité *irr.* to tell the truth (7)
diriger (comme **voyager**) to run, to manage (5)
discipliné *adj.* disciplined (1)
discrédité *adj.* discredited (9)
discret (discrète) *adj.* reserved (4)
disparition *f.* disappearance; **disparaître** *irr.* to disappear (5), (7)
se disputer (avec) to quarrel (with) (1), (5), (9)
dissuader to dissuade (4)
distribution *f.* cast (CP)
divertir (comme **finir**) to entertain (CP); **se divertir** to have fun (CP)
docile *adj.* docile (5)
doctorat *m.* PhD (1)
dominateur (dominatrice) *adj.* dominating (5)
donner to give (2); **donner rendez-vous** to set up a date (6); **donner un bec** to give a kiss (2)
dossier *m.* file, dossier (1), (9)
doublé *adj.* dubbed (CP)
doux (douce) *adj.* kind; mild-mannered (4)
drap *m.* sheet (9)
droite *f.* right; **à droite (de)** on the right (of) (4); **sur la droite (de)** on the right (of) (4)
drôle *adj.* funny (8)
dynamique *adj.* energetic (4)

E

échafaudage *m.* scaffolding (7)
échapper à to escape (5); **s'échapper** to escape (5), (6), (7)
s'éclater *fam.* to have fun (1)
école primaire *f.* primary school (2)
économies *f. pl.* savings; **faire des économies** to save money (6)
économiser to save money (6)
écran *m.* screen; **grand écran** big screen (cinema); **petit écran** small screen (television) (CP)
écrivain *m.* writer (1)
éducation *f.* education (2)
éduquer (un enfant) to raise, to bring up (a child) (2)
effacé *adj.* self-effacing (4)
effets spéciaux *m. pl.* special effects (1)
élève *n.* primary- or secondary-school student (2)
élever (un enfant) (comme **acheter**) to raise, to bring up (a child) (2), (5)
élire (comme **lire**) to elect (9)
éloigner to send away; **s'éloigner (de)** to go away (from) (5)
embaucher to hire (8)
embêtant *adj., fam.* annoying, boring (4); **embêtement** *m.* complication (6); **embêter** *fam.* to bother, to annoy (1); **s'embêter** to complicate one's life; to be bored (6)
émeute *f.* rebellion (5)
émigrer to emigrate (2)
emménager (comme **voyager**) to move in (1), (8)
emmerdant *adj., vulg.* annoying (8)
émotif (émotive) *adj.* emotional (for a person) (1)
émouvant *adj.* moving (5)
empêcher to prevent (7)
employer (comme **envoyer**) to employ (7)
enceinte *adj.* pregnant (9)
enchaîner to chain (7)
endommager to damage (4)
s'endormir (comme **dormir**) to fall asleep (4)
énergique *adj.* energetic (2), (4), (8)
s'enfuir (comme **fuir**) to flee (5), (7)
engagement *m.* commitment (7)
s'engueuler *fam.* to argue (1)
enlever (comme **acheter**) to remove (4)

ennuyer to bore (CP); **s'ennuyer** to be bored (CP), (8)
ennuyeux (ennuyeuse) *adj.* boring (4)
enrichissant *adj.* rewarding, fulfilling (1)
enseignant *n.* teacher (2)
enseigner quelque chose à quelqu'un to teach something to someone (2), (8)
enseignement supérieur *m.* higher education (1)
s'entendre (bien/mal) (avec) to get along well/to not get along (with) (5)
enterrer to bury (7)
entraîneur (entraîneuse) *n.* coach (4)
entrepreneur *m.* entrepreneur (9)
entreprise *f.* firm, business (4), (9)
entretien d'embauche *m.* job interview (1), (8)
épiphanie *f.* epiphany (6)
épistolaire *adj.* epistolary (on paper) (8)
épreuve *f.* test, exam; competition (5)
équipe *f.* team (4)
essayer to try (4)
étouffant *adj.* stifling (5); **étouffer** to suffocate (5)
étrange *adj.* strange (7)
étranger (étrangère) *adj.* foreign (1); **étranger** *m.* stranger, foreigner; **à l'étranger** *adv.* abroad (1)
être to be; **être en première, 2e, 3e, 4e, année** to be a freshman, sophomore, junior, senior (1); **être en règle** to be legal, to have one's papers (7)
études *f. pl.* studies; **étudier à** to attend (an institution) (1); **faire des études** to go to school (1); **faire des études de** to major in (1)
étudiant *n.* student; **être étudiant à** to attend (an institution) (1); **être étudiant en** to major in (1)
s'évanouir (comme **finir**) to faint (1), (8)
évoluer to evolve, to change (5)
examen *m.* exam; **examen par IRM** *m.* MRI exam (1)
s'excuser to apologize (2), (8)
exigeant *adj.* demanding (2)
exil *m.* exile (2)
exilé *adj.* exiled (2)
exiler to exile (2); **s'exiler** to exile oneself (2)
expansif (expansive) *adj.* outgoing (4)
exploiter to exploit (5), (7)

f

fable *f.* fable (2)
fac *f., fam.* college, university (1); **fac(ulté) de droit** *f.* law school (1); **fac(ulté) de médecine** *f.* medical school (1)
face *f.* face; **faire face à** to face someone/something (5)
fâché *adj.* angry (7)
se fâcher to get angry; to have a falling out (1), (3), (9)
faible *adj.* weak (4); **faiblesse** *f.* weakness (5)
faire to make, to do (2); **faire des études** to go to school (2); **faire du bien/du mal à quelqu'un** to do someone good/to harm, hurt someone (8); **faire l'appel** to take attendance (2); **faire semblant (de)** to pretend (to) (8); **faire son deuil** to grieve (2); **faire une bêtise** to do something stupid, silly; to get into trouble (2); **faire une blague** to make a joke (8)
se familiariser avec to familiarize oneself with (1)
fauteuil roulant *m.* wheelchair (6), (8)
faux papiers *m. pl.* forged papers (7)
favorisé *adj.* privileged (7)
fermer sa gueule *fam.* to shut up (6)
fermeté *f.* strength of character (5)
fiançailles *f. pl.* engagement (5)
fier (fière) *adj.* proud (2), (8); **fierté** *f.* pride (2), (8)
se fier à to trust (9)
fièvre *f.* fever; **avoir de la fièvre** to have a fever (7)
flashback *m.* flashback (9)
flic *m., fam.* cop (6)
flippé *adj., fam.* stressed (8)
fluide correcteur *m.* white-out (7)
fonds de solidarité *m.* solidarity fund (9)
force de caractère *f.* strength of character (6)
formation *f.* training (8)
formulaire *m.* form (1)
fort *adj.* strong (2), (4), (8)
foulard *m.* scarf (2)
foule *f.* crowd (9)
frais *m. pl.* expenses; **frais médicaux** medical expenses (7); **frais universitaires** tuition and fees (1)
fric *m., fam.* money (6), (8)
frigo *m., fam.* fridge (1)

fuir *irr.* to flee (2); (5)
fumerie d'opium *f.* opium den (5)

G

galère *f., fam.* hell; **c'est la galère** it's hell (1); **galérer** (comme **préférer**) *fam.* to have a hard time (1)
galerie *f.* gallery; **galerie d'art** art gallery (9)
garage *m.* garage, shop (7)
garde du corps *m.* bodyguard (9)
garrot *m.* tourniquet; **défaire un garrot** to undo a tourniquet; **faire un garrot** to do a tourniquet (7)
gars *m.* guy (8)
gauche *adj.* awkward (4)
gauche *f.* left; **à gauche (de)** on the left (of) (4); **sur la gauche (de)** on the left (of) (4)
gaulois *adj, fam.* French (1)
générique *m.* credits (CP)
gentil (gentille) *adj.* kind, nice (1), (4)
gifler to slap (2), (8)
go-kart *m.* go-kart (7)
goût *m.* taste; **à chacun son goût** to each his own; **avoir du goût, avoir bon goût** to have good taste (4); **des goûts et des couleurs, on ne discute point/pas** to each his own; **retrouver le goût à la vie** to recover one's zest for life (3), (4)
gracier to pardon (5)
grandir (comme **finir**) to grow up (5)
grève *f.* strike (9)
griot *m.* storyteller, family historian (9)
gris *adj.* gray; **grisâtre** *adj.* grayish (4)
gros (grosse) *adj.* fat; **gros bonnet** *m., fam.* important person (6); **gros poisson** *m., fam.* important person (6)
grossesse *f.* pregnancy (9)
grossier (grossière) *adj.* coarse, crude, rude (3)
guérir quelqu'un/guérir (comme **finir**) to cure someone; to recover, to get better (7)

H

s'habituer (à) to get used to (1), (3)
haine *f.* hate (5)
handicapé *adj. and noun* handicaped, disabled person (8)
harcèlement sexuel *m.* sexual harassment (4)
haut *m.* top; **en haut** at the top (4)
héberger (comme **voyager**) to put (someone) up (1)
héritage culturel *m.* cultural heritage (2)
hévéa *m.* rubber tree (5)
hilarant *adj.* hilarious (8)
HLM (habitation à loyer modéré) *f.* government-subsidized housing (8)
homophobe *adj. and n.* homophobe (4)
homosexuel (homosexuelle) *adj. and n.* homosexual (4)
honnête *adj.* honest (2), (4), (8)
horaire *m.* schedule (8)

I

idéaliste *adj.* idealistic (9)
s'identifier à to identify with (1)
image numérique *f.* digital image (1)
imagerie par résonance magnétique *f.* MRI (1)
immature *adj.* immature (1)
immeuble *m.* building (8)
immigré *n.* immigrant (2); **immigré clandestin** *m.* illegal alien (7)
immigrer to immigrate (2)
incendie *m.* fire (2); **incendier** to set fire to (5)
incompréhensible *adj.* incomprehensible (2)
inconnu *adj.* unknown; **inconnu (inconnue)** *n.* stranger (1)
inimaginable *adj.* unthinkable (2), (8)
injuste *adj.* unjust (2); **injustice** *f.* injustice (2)
s'inquiéter (comme **préférer**) to worry (3)
inscription *f.* registration (1); **s'inscrire** (comme **écrire**) to register (1)
insertion sociale *f.* social integration (8)
insignifiant *adj.* insignificant (4)
inspecteur du travail *m.* immigration inspector (7)
s'installer to settle (2) (8)
intrigué *adj.* intrigued (8)
instituteur (institutrice) *n.* elementary school teacher (2)
instruction *f.* schooling (2)
insupportable *adj.* unbearable (1)
intégré (bien/mal) *adj.* (well/badly) integrated (2), (4)
s'intégrer (comme **préférer**) to fit in (3)

s'intéresser (à) to be interested (in) (4), (8)
interprétation *f.* acting, performance (CP); **interprète** *n.* film or theater actor (CP)
interpréter (un rôle, un personnage) (comme **acheter**) to play (a part, a character), to perform (CP)
interrompre to interrupt (7)
intolérant *adj.* intolerant (2), (8)
intrigue *f.* plot (CP)
invalide *n. and adj.* invalid, disabled person (8)
investir (comme **finir**) to invest (6); **investissement** *m.* investment; **faire un investissement** to invest (6)
invraisemblable *adj.* implausible, unlikely (6)
invraisemblance *f.* implausibility (6)
irresponsable *adj.* irresponsible (6)
ivre *adj.* drunk (6), (9)

J

jaloux (jalouse) *adj.* jealous (5)
se jeter (sur/de) (comme **appeler**) to throw oneself on/off of something (4)
jeu *m.* acting (CP); **jouer** to act (CP)
juste *adj.* just (2); **justice** *f.* justice (2)

K

kiffer *fam.* to like (8)
klaxonner to honk (7)

L

lâche *adj.* cowardly (5), (6)
lâcheté *f.* cowardice (6)
lamentable *adj.* pitiful (4)
langue maternelle *f.* native language (1)
légende *f.* legend (5)
léguer (comme **préférer**) to bequeath, to will (6)
lesbienne *adj.* lesbian (1)
lettre de motivation *f.* statement of purpose (1)
liaison *f.* affair (4), (5)
libre *adj.* free (having liberty) (2)
libération *f.* liberation (5)
licence *f.* Bachelor's degree (1)
licencié *adj.* fired (4), (9); **licenciement** *m.* layoff (4), (9)
lien *m.* link, relationship (5)
livrer to deliver; **livrer quelqu'un** to turn someone in (7)
logement *m.* place to live; housing (1)
long métrage *m.* feature-length film (more than 58 min.) (CP)
louer to rent; to lease (1), (7)
louper quelque chose *fam.* to fail at something (4); **louper sa vie** *fam.* to be a failure (4)
loyal *adj.* loyal (9); **loyauté** *f.* loyalty (9)
loyer *m.* rent (1), (7)
lutter to fight (2)

M

mac *m., fam.* pimp (6)
macho *adj. inv. and n.* macho (4)
maigre *adj.* (unpleasantly) thin (4)
main-d'œuvre *f.* labor (5)
maison de dressage *f.* training center for prostitutes (6)
maître (maîtresse) *n.* master; elementary school teacher (2)
maîtrise *f.* Master's degree (1)
mal *m.* evil (7); **malédiction** *f.* curse (5)
mal à l'aise uncomfortable (1), (4)
malheur *m.* misfortune (8)
malhonnête *adj.* dishonest (2), (8)
mal payé *adj.* poorly paid (7)
malsain *adj.* unhealthy (7)
maltraitance *f.* (child) abuse (7); **maltraiter** to abuse (7)
manche *f.* sleeve; **faire la manche** *fam.* to beg (6)
mandarin *m.* mandarin (high dignitary) (5)
mandat *m.* term (of office) (9)
maniaque *adj.* particular, fussy (1)
manque *m.* withdrawal; **être en manque** to have withdrawal symptoms (6); **manquer à quelqu'un** to be missed by someone (5); **tu me manques** I miss you (1)
maquereau *m., fam.* pimp (6)
se maquiller to put on makeup (3)
marché aux esclaves *m.* slave market (5)
mariage arrangé *m.* arranged marriage (6); **se marier** to get married (3), (9)

marine *f.* navy (5)
marrant *adj.* funny, amusing (4)
maternité *f.* motherhood (9)
matière *f.* subject (1)
maturité *f.* maturity (1)
mauvais esprit *m.* evil spirit (7)
mec *m., fam.* guy (8)
mécanicien *m.* mechanic (7)
médiocre *adj.* mediocre (4)
méfiant *adj.* distrustful; **se méfier (de)** to mistrust (6), (9)
mémoire *f.* memory (the ability to remember) (9); **mémoires** *f. pl.* memoirs (9)
menace de mort *f.* death threat (2)
ménage *m.* housework; **faire le ménage** to do the housework (1)
mensonge *m.* lie (2), (7), (8)
mentir (comme **partir**) to lie (2), (7), (8)
métis (métisse) *n.* person of mixed race (5)
mettre *irr.* to put; **mettre de l'argent de côté** to save money (6); **mettre le feu (à)** to set fire (to) (2); **mettre quelqu'un à la porte** to fire somebody, to throw somebody out (8)
meublé *m.* furnished room or apartment (7)
meuf *f., fam.* woman (1), (6)
meurtre *m.* murder (5)
milieu *m.* middle; **au milieu (de)** in the middle (of) (4);
minable *adj., fam.* pitiful (4)
mince *adj.* thin (4)
ministre *m.* minister (politics) (9)
misère *f.* dire poverty (5)
mobylette *f.* moped (6)
moche *adj., fam.* ugly (4), (8)
mode *f.* fashion; **à la mode** in fashion (4)
se moquer (de) to make fun (of) (4)
mort *adj.* dead (2)
mortel (mortelle) *adj, fam.* very boring (1)
motard *m.* motorcyclist (7)
motocycliste *n.* motorcyclist (7)
mouche *f.* fly (1)
moyen métrage *m.* short film (less than 58 min.) (CP)
mûr *adj.* mature (1)
musclé *adj.* muscular (4)
musique *f.* music (CP)
muter to transfer (5)

N

naïf (naïve) *adj.* naive (1)
népotisme *m.* nepotism (9)
nettoyer (comme **envoyer**) to clean (1)
neurologue *n.* neurologist (1)
niais *adj.* simple and naive, stupid (1)
nuit de noces *f.* wedding night (9)

O

obéir (à quelqu'un) (comme **finir**) to obey (someone) (7); **obéissant** *adj.* obedient (7)
obsèques *f. pl.* burial (9)
obstiné *adj.* obstinate (2)
obtenir (comme **tenir**) to get (a diploma, a scholarship) (2), (8); **obtenir un diplôme** to graduate (1)
œuf de Fabergé *m.* expensive jeweled egg (8)
officier de marine *m.* navy officer (5)
opprimé *adj.* oppressed (5)
ordonné *adj.* clean, orderly (for a person or a place) (1)
ordre *m.* order (1); **en ordre** clean, orderly (for a place) (1)
orphelin *adj.* orphan (5)
oseille *f., fam.* money (8)
ouf *adj.* crazy **(verlan)** (8)
ouvert (à) *adj.* open (to) (1); **ouverture d'esprit** *f.* open-mindedness (1)
ouvrier *m.* blue-collar worker (9); **ouvrier (du bâtiment)** *m.* (construction) worker (7)

P

panne d'électricité *f.* power outage (1)
pantalon *m.* pair of pants (4)
paralysé *f.* paralyzed (8)
parapente *m.* paragliding (8)
par hasard by chance (5)
pare-brise *m.* windshield (6)
paresseux (paresseuse) *adj.* lazy (8)
parler couramment to speak fluently (1)
partager (comme **voyager**) to share (1)
parti *m.* party (9)
participer (à) to take part (in) (1)
passe *f., fam.* trick (6)
passer (un examen, un concours) to take (an exam, a competitive exam) (1); **passer**

à l'affiche to play (CP); **passer en cour martiale** to be court martialed (5); **passer inaperçu** to go unnoticed (4); **passer un entretien d'embauche** to interview for a job (8); **se faire passer pour** to pass oneself as (4)

passionnel (passionnelle) *adj.* passionate (5)

patron (patronne) *n.* boss (4)

paumer *fam.* to lose (1)

pauvreté *f.* poverty (7)

payer to pay; **se payer la tête de quelqu'un** (comme **essayer**) *fam.*

pays d'accueil *m.* host country (2)

paysan *m.* peasant (5)

pendaison *f.* hanging (2)

se pendre to hang oneself (2)

pensionnaire *adj. and noun* boarder, boarding-school student (3)

perdre to lose; **perdre quelque chose/quelqu'un** to lose something/someone (2); **perdre son sang** to bleed heavily (7)

perdu *adj.* lost (1)

permettre à (comme **mettre**) to allow (1)

permis de travail *m.* work permit (7)

personnage *m.* character (CP)

personnification *f.* personification (5)

perte *f.* loss (2)

peser (comme **acheter**) to weigh (5)

péter sa coche to loose one's temper, to go crazy (2)

photo *f.* photo (4); **sur la photo** in the picture (4)

pipelette *f.* chatty person (8)

pitié *f.* pity (8)

placer (de l'argent) (comme **commencer**) to invest (6)

se plaindre (de) to complain about (7)

plaire (à) *irr.* to please; **plaire à quelqu'un** to be liked by someone; **il me plaît** I like him (1)

plaisanter to joke (4), (8); **plaisanterie (de bon/mauvais goût)** *f.* joke (in good/bad taste) (4); **faire des plaisanteries** to crack jokes (4)

plan *m.* shot (CP)

planche *f.* board; plank (6)

planque *f., fam.* hiding place (6)

plantation *f.* plantation (5)

plaquer quelqu'un *fam.* to break up with someone (1)

plein *adj.* full; **plein de bonne volonté** well-meaning, who tries hard (4); **plein de vie** full of life (4)

pleurer quelqu'un to grieve someone (2)

plumeau *m.* boyfriend (8)

point *m.* point; **être sur le point de** to be about to (4)

se pointer *fam.* to show up (8)

poire *f., fam.* pushover, doormat (6)

politicien (politicienne) *n.* politician (9)

polygame *adj.* polygamous (9); **polygamie** *f.* polygamy (9)

pompe à essence *f.* gas pump (7)

pont *m.* bridge (9)

portable *m.* cell phone (6)

portefeuille *m.* portfolio (of investments) (6)

porte-monnaie *m.* pocketbook, wallet (7)

porter (un nom) to bear (a name) (2); **porter plainte (contre)** to register a complaint (against) (7); **se porter à merveille** to be in excellent health (3); **porter secours à quelqu'un** to help someone who is in danger, to rescue (7)

portière *f.* car door (6)

poser (une question) to ask (a question) (2)

possessif (possessive) *adj.* possessive (5)

poste *m.* position, (2) job (1)

postuler pour un travail/emploi to apply for a job (8)

pot-de-vin *m.* bribe (9)

pouvoir to be able; **j'en peux plus** *fam.* I've had it, I can't take it any more

pragmatique *f.* practical (8)

préjugé *m.* prejudice (4)

prendre to take (2); **prendre les présences** to take attendance (2); **prendre conscience de** to become aware of (5), (7); **prendre peur** to take fright (8)

préparer to prepare; **préparer une sous-spécialisation en** to minor in (1)

présenter to present; **présenter ses excuses** to apologize (2), (8); **se présenter (à une élection)** to run (for office) (9)

préservatif *m.* condom (4)

pressé *adj.* in a hurry (6), (7)

pression *f.* pressure; **faire pression sur** to put pressure on (9)

prêt *m.* loan (1)

prévenir (comme **venir**) to warn (7)

prise de conscience *f.* awareness (7)
problème de conscience *m.* moral dilemma (7)
proche *adj.* close (5)
procuration *f.* power of attorney (6); proxy (8)
producteur (productrice) *n.* producer (CP)
programme d'échange *m.* exchange program (1)
projet *m.* plan, project (9)
projection *f.* screening (CP)
promesse *f.* promise (7); **faire une promesse (à quelqu'un)** to make a promise (to someone) (7);
promettre à (comme **mettre**) to promise (7)
promotion *f.* promotion; **être promu** to be promoted (4); **obtenir une promotion** to be promoted (4)
propre *adj.* clean (1)
propriétaire *n.* owner, landlord (1)
prostituée *f.* prostitute (6); **se prostituer** to prostitute oneself (9)
protéger (comme **préférer** et **voyager**) to protect (5), (6)
proxénète *m.* pimp (6)
psychologue *n.* psychologist (2)
pub(licité) *f.* ad(vertising) (4); **faire de la pub(licité)** to advertise (4)
pull(over) *m.* sweater (4)
punir (comme **finir**) to punish (2); **puni** *adj.* punished (2); **punition** *f.* punishment (2)
pupitre *m.* desk (2)
pute *f., vulg.* prostitute (6)

Q

quartier *m.* neighborhood (8)
quitter to leave (4), (9); **se quitter** to say good-bye; to separate (1)

R

raconter une histoire to tell a story (2)
radioactif (radioactive) *adj.* radioactive (9)
ramer *fam.* to make an effort (6)
rang *m.* row; **au premier (dernier) rang** in the first (last) row (4)
rangée *f.* row (2)
rappeler (comme **appeler**) to call back; to remind (9); **se rappeler** to remember (3), (9)
se rapprocher (de) to get closer (to) (5), (7)
(se) raser to shave (oneself) (8)
rater *fam.* to fail (4); **rater sa vie** *fam.* to be a failure (4)
réalisateur (réalisatrice) *n.* director (CP); **réaliser un film** to make a film (CP)
réanimation *f.* intensive care unit; **être en réanimation** to be in the ICU (6)
rébellion *f.* rebellion (5); **se rebeller (contre)** to rebel (against) (5)
rebondir (comme **finir**) to rebound (4)
recevoir *irr.* to receive; to get (1), (2)
rechuter to relapse (6)
récit d'éducation/d'apprentissage/de formation *m.* coming-of-age story (1)
se réconcilier (avec) to reconcile (with) (5), (7)
récré(ation) *f.* recess (7)
se recueillir (sur la tombe de quelqu'un) *irr.* to meditate (9)
réfléchir (comme **finir**) to think (CP)
réfrigérateur *m.* refrigerator (1)
réfugié politique *n.* political refugee (2)
se réfugier to find refuge (3), (5)
refus *m.* refusal (8)
regarder to look at; **regarder par le trou de la serrure** to peep through the keyhole (7)
règle *f.* ruler (to draw lines); rule, regulation (1)
règlement de compte *m.* settling of scores (6)
rejoindre (comme **joindre**) to meet up with; to reunite with (5)
se remémorer to recall (3)
remise des diplômes *f.* graduation (1)
remplaçant *n.* substitute teacher (2)
remplir (comme **finir**) to fill; to fill out (1)
rendez-vous *m.* appointment; date (1)
rendre to give back (4); **se rendre compte de/que** to realize something/that (5), (6)
renoncer to give up (2), (8)
renverser to knock over; to spill (4)
renvoyer (comme **envoyer**) to dismiss; to fire (5)
réparer to repair (7)
reprocher (à) to blame (9)
réseau *m.* network, ring (6), (7)
réservé *adj.* reserved (1), (4)
résident permanent *n.* permanent resident (2)
résolu *adj.* resolute (9)
retard *m.* lateness; **en retard** late (in the sense of "later than planned") (2)
retour en arrière *m.* flashback (9)

retrouvailles *f. pl.* reunion (5)
retrouver to get back, to recover; to find again (4), (7); to find (someone/something that was lost) (5); **se retrouver** to meet again; to see one another again (1); **retrouver du/son travail** to find another job/to get one's job back (4); **retrouver le goût à la vie** to recover one's zest for life (3), (4)
réunion *f.* meeting (4)
réussir (comme **finir**) to succeed (8); **réussir (à) un examen** to pass an exam (1), to succeed (2)
rêve *m.* dream (2), (8)
révéler la vérité to reveal the truth (7)
se réveiller to wake up (4)
révolté *adj.* rebellious (2); **se révolter (contre)** to rebel (against) (2), (5), (7)
rire to laugh (CP)
robe *f.* dress (4)
rompre (avec) to break up (with) (1), (5), (6)
rupture *f.* breakup (5), (6)

S

sable *m.* sand (7)
saccager (comme **voyager**) to vandalize, to ransack (6)
saignement de nez *m.* nose bleed (2)
sain *adj.* healthy (7)
salaud *m., vulg.* bastard (8)
sale *adj.* dirty (1)
salle *f.* room (in a movie theater); **salle d'art et essai** art-house theater (CP); **salle de classe** classroom (2)
sampan *m.* sampan (flat-bottomed Chinese skiff) (5)
sang *m.* blood (6), (7)
sauver to save (5)
savoir *irr.* to know (8)
scandale *m.* scandal (9)
scène *f.* scene; stage (CP)
séance *f.* showing (CP)
se battre to fight (2)
secourir (comme **courir**) to help someone who is in danger, to rescue (7)
séduire to seduce (6)
séjour *m.* stay (1)
sensibiliser to sensitize (4); **sensible** *adj.* sensitive (2), (4)
se sentir (comme **partir**) to feel (1), (2), (4); **se sentir** + adjectif **(coupable, seul)** to feel + adjective (guilty, lonely) (2), (3), (6); **se sentir revivre** to feel alive again (6)
se séparer to separate (3)
sérieux (sérieuse) *adj.* serious (1)
se serrer to get closer (4)
seul *adj.* alone (2), (4)
sévère *adj.* strict (2)
signaler to report (a disappearance, a theft, etc.) (7)
sociable *adj.* sociable (1)
soigner to treat, to give medical assistance (7), (8); **se soigner** to take care of oneself (3)
soin (médical) *m.* treatment (8)
solidarité *f.* solidarity (6)
solitude *f.* loneliness (2), (8)
sortie (d'un film) *f.* release (CP)
sortir (comme **partir**) to be released (CP); **s'en sortir** to succeed, to rise above a difficult situation (6); **sortir du placard** *fam.* to come out of the closet (4)
souder to solder (7); **faire une soudure** to solder (7)
souffrance physique/mentale *f.* physical/mental suffering (5), (8)
souffrir (comme **ouvrir**) to suffer (5)
soûl *adj.* drunk (9)
soumis *adj.* submissive (7)
sourire *m.* smile (7)
sourire (comme **rire**) to smile (7)
sous-spécialisation *f.* subspecialization; **faire une sous-spécialisation en** to minor in (1)
sous-titre *m.* subtitle (CP); **sous-titré** *adj.* subtitled (CP)
soutenir (comme **tenir**) to support (5), (9)
souvenir *m.* memory (2), (8); souvenir (9); **se souvenir de** (comme **venir**) to remember (2), (3), (8), (9)
spécialisation *f.* specialization; **se spécialiser en** to major in (1)
split screen *m.* split screen (1)
sportif (sportive) *adj.* athletic (4)
star *f.* star (CP)
station-service *f.* gas station (7)

stéréotype *m.* stereotype (1); **stéréotypé** *adj.* stereotypical (1)
stérile *adj.* sterile (9)
subir (comme **finir**) to be the victim of; to accept (6)
subvention *f.* subsidy (9)
suicide *m.* suicide (2)
se suicider to commit suicide (2), (3), (4), (5)
suivre un cours *irr.* to take a class (1)
supporter to stand, to bear (1)
sûr de soi *adj.* self-confident (4)
sursauter to startle, to jump (6)
susceptible *adj.* oversensitive (1)
sympa *adj. fam.* nice (1)
sympathiser (avec) to strike up an acquaintance (with) (4)
syndicat *m.* (labor) union (9)

T

tabasser *fam.* to hit (6)
tableau *m.* painting (8)
tabou *m.* taboo (5)
taché (de sang) *adj.* (blood) stained (9)
tâches ménagères *f. pl.* household chores (1), (6)
tailleur *m.* woman's business suit (4)
se taire *irr.* to be quiet (not to speak) (7)
tampon *m.* stamp (2)
taré *adj., fam.* crazy (8)
tarif *m.* price; **plein tarif** full price; **tarif réduit** reduced price (CP)
tatouage *m.* tattoo (4), (7)
taudis *m.* slum (7)
taxage *m.* racket (2)
téléphérique *m.* cable car (1)
télévision *f.* television; **à la télé(vision)** on TV (4)
témoin *m.* witness (6)
tenir une promesse *irr.* to keep a promise (7)
thon *f., fam.* ugly woman (8)
tiers-monde *m.* Third World (1)
timide *adj.* shy (4)
tirer to pull; **tirer profit de** to profit from (9); **se tirer** *fam.* to leave (1)
tolérant *adj.* tolerant (8)
tombe *f.* tomb (9)
tomber to fall; **tomber amoureux(-euse) (de)** to fall in love (with) (5), (9)
tonneau *m.* barrel (9)
torturer to torture (5)
toubib *m., fam.* doctor (1), (6)
touché *adj.* touched (8)
toucher to touch (8)
tournant *m.* turning point (1)
tourner to shoot (a film) (CP)
trahir (comme **finir**) to betray (7), (9)
traite des esclaves *f.* slave trade (2)
traîner to hang around (8)
transgression *f.* transgression (5)
traumatisé *adj.* traumatised (2)
traumatisme *m.* trauma (2)
travail forcé *m.* forced labor (5)
travailler to work; **travailler au noir** to work under the table (7); **travailler dans le bâtiment** to work in construction (7)
travailleur (travailleuse) *adj.* hardworking (1), (2), (4), (8)
triste *adj.* sad (2)
trottoir *m.* sidewalk; **faire le trottoir** *fam.* to prostitute oneself (6)
troupe de théâtre *f.* theater company (5)
truand *m.* gangster, crook (6)
truc *m., fam.* thing (8); **un truc de ouf** something crazy (8)
turban *m.* turban (7)
tutoiement *m.* the use of **tu** (informal you) (2)
tutoyer to address with **tu** (7)

U

université *f.* college, university (1)
usine *f.* plant, factory (5)

V

vachement *adv., fam.* very (1)
vaisselle *f.* dishes; **faire la vaisselle** to wash the dishes (2)
vanne *f.* joke (8)
vedette *f.* star (CP)
venger (comme **voyager**) to avenge (4); **se venger (de quelqu'un/quelque chose)** (comme **voyager**) to take revenge (on someone; for something) (4), (6)
venir *irr.* to come; **venir en aide à quelqu'un** to help someone in need, to rescue (6)

vente *f.* sale; **vente aux enchères** auction (5)
vérité *f.* truth
verrouiller to lock (6)
version française *f.* dubbed version; **en version française** dubbed (CP)
version originale subtitled version; **en v.o.** subtitled (CP)
vertige *m.* vertigo, dizzyness; **avoir le vertige** to be dizzy (1)
vestiaire *m.* locker room (4)
veuchs *m. pl.* hair **(verlan)** (8)
vexer to offend (1)
vie *f.* life; **en vie** alive (7)
vierge *adj.* virgin (9)
vieux jeu *adj.* old-fashioned (1)
vif (vive) *adj.* bright (for a person, a color) (2)
vigilant *adj.* watchful (8)
ville d'accueil *f.* host town (2)
viol *m.* rape (7); **violer** to rape (6), (7)
violence *f.* violence (2), (8)
violent *adj.* violent (2), (8)
virer *fam.* to fire (4); **viré** *adj., fam.* fired (4)
virginité *f.* virginity (9)
viser (quelqu'un/quelque chose) to aim (at) (8); to be directed against someone/something (2)
vivant *adj.* alive (7)
voix off *f.* voiceover (1), (5)
voler to steal (7)
volonté *f.* will power (6)
vomir (comme **finir**) to throw up, to vomit (1)
voter to vote (9)
vouvoiement *m.* the use of **vous** (formal *you*) (2)
vouvoyer to address with **vous (7)**
voyou *m.* crook, bad guy (6)

INDEX: STRUCTURES

S

T

U

V

W

Y

INDEX: THÈMES